中国历史文化精解

编著 刘炜·张倩仪
顾问 李学勤·葛兆光

STORIES
故事会文化传媒有限公司 出品
(00055)
商务印书馆（香港）·上海锦绣文章出版社

图书在版编目（CIP）数据

中国历史文化精解/刘炜、张倩仪编著. —上海：

上海锦绣文章出版社，2007（话说中国）

ISBN 978－7－80685－680－2

Ⅰ.中… Ⅱ.刘… Ⅲ.文化史－概况－中国 Ⅳ.K203

中国版本图书馆CIP数据核字（2006）第147710号

联合出版：上海锦绣文章出版社（上海故事会文化传媒有限公司）
商务印书馆（香港）有限公司

顾　　问：李学勤、葛兆光

出 版 人：何承伟、陈万雄

出版顾问：苏智良、范荧

责任编辑：李欣、吴铭

特邀审读：王瑞祥

封面设计：濱崎実幸

版式设计：濱崎実幸

书　　名：**中国历史文化精解**

编　　著：刘炜、张倩仪

出　　版：上海锦绣文章出版社（上海故事会文化传媒有限公司）

地　　址：上海绍兴路74号

电子信箱：cslcm@public1.sta.net.cn

网　　址：www.storychina.cn

发　　行：上海故事会文化传媒有限公司

印　　刷：上海中华商务联合印刷有限公司

版　　次：2007年4月第1版第1次印刷

规　　格：810×1050 1/16 印张22

印　　数：1－11000 册

书　　号：ISBN 978－7－80685－680－2/G · 001

定　　价：98.00 元

告读者 如发现本书有质量问题请与印刷厂质量科联系（021-59228019）

图照，数百篇美文，可读可查，脉络清晰，知识性强，其表述文字就像编撰辞典一样精推细磨，其表现手法又符合现代读者需求，堪称中国历史文化百科全书。这部书形象地表现历史文化的各个层面，通过图与文的完美组合来近距离地、有血有肉地展示中华文明的细节和深度。整部书设计独具匠心，图与文的配备组合、细节的处理，成熟而有法度，品读之下，有如展开一程赏心悦目的中国历史文化之旅。可以这么说，《话说中国》是用故事来打动读者的心，它的无论从哪一页都可以读起的表达方式为读者打开了一扇通向历史文化宝库的大门，而《中国历史文化精解》这部书主要是用凝练的知识含量来打动读者。

要编这么一部书并不容易。我们始终认为，一个新的编辑思想的形成，必定要有全新的内容与形式与之匹配，它绝不是简单地将《话说中国》抽取若干，就可以汇编而成的。这也是我们在《话说中国》出版之后，没有很快推出简编本，一直在努力寻找新载体的原因所在。众里寻她千百度。这次，终于找到了。在多年的老朋友、出版家和学者兼于一身的香港联合出版集团总裁陈万雄博士和商务印书馆（香港）有限公司总编辑张倩仪的大力促成之下，《中国历史文化精解》这部书能以简繁体汉字和英文本同时推出，作为一部历史读物，这大概是少有的先例。我相信，凭藉海内外学者专家的共同努力、在文化积累上的深厚底蕴与世界性的独到眼光，以及《话说中国》的品牌影响力，这部书一定会取得成功的。

上海文艺出版总社编审
《话说中国》总策划
何承伟
2007年3月18日

序言一

李学勤

当你打开这部《中国历史文化精解》时，会感受到五千年中华文明的历史尽收眼底。书并不厚，然而图文并茂，丰富多彩，恰如一卷“长江万里图”，将中华文明的古远渊源、曲折传流，尽情地展现出来，使你一览无馀，兴“逝者如斯”之叹。

编成这部好书，也不是偶然的。记得一年以前，香港商务印书馆与上海辞书出版社联手，曾推出一套《中华文明传真》。那套书因其内容与形式都具有特色，富于新意，迅即博得广大读者的欢迎。岁末在北京举行座谈会，许多皓发的专家学者、年轻的各方人士，对书的成功交口赞许，气氛热烈，我至今记忆犹新。不过《中华文明传真》书共十卷，还是比较繁重，在普及上有一定限制。现在香港商务印书馆的这部《中国历史文化精解》，篇幅凝缩到一册，内涵更精粹，叙述更简要，适合在现代生活节奏中的社会公众，其能广泛传播，自然不难预想。

中国古人常说“左图右史”，可见以形象的图来弥补史书文字的不足，是史家长时期的理想。当时也有过若干尝试，例如明朝人编著《三才图会》，但是在照相等技术出现以前，这一点是无法完美达到的。《中国历史文化精解》的文字仅十八万，照片及各种电脑绘图竟多至千幅，在图文配合上可说已达到最高的地步，称为“图说”，当之无愧。

这大量图片的特点，是体现了中国考古学的最新成果。大家知道，现代考古学自20世纪20年代在中国建立，有大量震惊世界的发现，特别是近二三十年，成绩更是显著。学者常说，中国的考古学和历史学，如车之两轮、鸟之双翼，然而实际上，由于考古、历史学界彼此分离，怎样使二者沟通，在历史研究中充分而正确地运用考古成果，一直是有待探索的课题。在《中国历史文化精解》这样的书里，系统展示考古发现的物质遗存，用以说明文明的历史进程，无疑是很有意义的尝试。

中华文明，正越来越引起世人的注意。人类怎样由原始的蒙昧状态跨进到文明社会，从而自天然的动物界彻底超脱出来，本来是十分重大的科学课题。而中华民族崛起亚洲，在人类历史上有过重要贡献，其文明在何时何处，经过何种途径而兴起，又怎样传播与发展，这不仅对于中国历史研究，对于整个人类历史的研究也是非常关键的。尤其是16世纪以后，经过欧洲人的“地理大发现”，其力量及于东方，中西文明开始直接接触、碰撞、交流与融会，形成了壮阔的波澜，这一过程迄今仍在延续中，关系着今后世界的历史和文化。中国正在进一步走向世界，因此，关心中国的过去和未来的人，应当了解中华文明的历史；关心世界的过去和未来的人，也有必要知道中国的文明历史。

《中国历史文化精解》的两位作者，一为中国文物考古界的中坚学人，一为香港出版界的资深编辑，我幸而和她们都有多年交往，深知其才识经验的卓越宏富，能于这样一部通俗读物之内小中见大，深入浅出，把读者导进中国灿烂辉煌的文明殿堂，于是敢在此赘言，以作推荐。

顾问介绍：著名历史学家、考古学家、文字学家。国务院学位委员会委员、中国社会科学院学术委员会委员、中国社会科学院古代文明研究中心主任、清华大学思想文化研究所及国际汉学研究所所长、“夏商周断代工程”专家组组长及首席科学家。

序言二

葛兆光

在越来越全球化的今天，溯源寻根，通过关于古代历史的叙述，来界定个人、民族的身份认同，是常有的事情，正如一个历史学家说的，“为了证明我们是一个国家和一个民族，先要证明我们曾经拥有共同的历史和文化”，这让我想起近代中国人常常沉重地说起的那句话，“欲亡其国，必先亡其史”。现在，摆在我们面前的，是一部用心编纂起来的，关于古代中国文化的入门书，虽然它叙述的主要是古代中国文化和历史，但是，它却让我们看到自己共同的“根”。“根”是很重要的，只有“根深”，才能“叶茂”。

这部关于古代中国文化的书编得很有特点，不能细细地说，这里只举出三点。首先，读者可以注意的是，它常常是在世界历史的背景下论述中国，像古代埃及、波斯、印度、希腊、罗马，都时有提及，成为理解中国的参照，这不像过去的一些中国历史书，只是在孤独地叙述一个封闭的文明，这样，不仅叙述历史有一个较大的视野，而且只有这样，才能使读者恰如其分地理解中国的文化，因为“只知其一，等于一无所知”。特别值得称赞的是，这部关于古代中国文化的书，常常能够兼顾活动在这一空间里的各个民族，使文化史不再像过去的一些著作只是以汉族文化为单一线索，其他民族的文化仿佛只是点缀。

其次，这部书的文字叙述很有可读性。我想，所谓“可读性”并不仅仅是文字技巧的问题，它既是一个叙述内容的问题，更是一个历史理解的问题。所谓“好看”并不等于一定通俗，就好像“枯燥”并不一定等于深刻一样。我一直强调，要把历史入门书写得好看，让人想读还愿意读下去，在于如何理解“历史”，以及如何经由历史叙述传递“历史的精神”，这是一件很难的事情。其实，像费正清（John King Fairbank）的《伟大的中国革命》（*The Great Chinese Revolution*）和史景迁（Jonathan D. Spence）的《知识分子与中国革命》（*The Chinese and Their Revolution*，1895~1980），何尝因为它写得生动而成了通俗？我相信，这部书虽然不能说写得已经很有趣很可读，但它尽量避免过去常用的套语术语和惯有的训诫语气，这已经很不容易。

再次，应当提出的是，这部书的组合形式设计得相当精心，图文配合之外，小知识栏与图片解说对正文的补充很有意思，使全书有了立体感和纵深感。据说，现在是一个“读图时代”，不过，我以为图片最大的价值并不在让人看图识史，这样的话，就把图像资料的意义限制在解释和说明文字上，等于只是文字历史的延长了。其实，如果加上适当的说明文字，图像本身是可以向阅读者提出更多的问题和更深的思路的，书里的小知识栏和图片下面的解释，很值得一读，因为历史和文明太丰富，正文也许不能完全承担起全面的叙述功能，所以，读这些插入的文字和图片，也许能读出正文所不能表达的丰富意蕴。毕竟，文明史本来就是复杂的。

写于北京清华园

顾问介绍：中国宗教、思想及文化史学者。清华大学人文学院教授，清华大学校务委员会委员。

目 录

第一单元 原始时代

旧石器时代至新石器时代

第二单元 上古时代

夏至春秋战国

第三单元　中古时代

秦至唐

第四单元　迈向近代

宋至清

第一单元　原始时代

公元前800万年 ~前700万年	云南禄丰古猿生活在密林边缘，体型属于“正在形成中的人”，是人类的直系祖先。
公元前300万年	非洲东部及南部出现开始直立走路的南方猿人。
公元前200万年 ~前160万年	在华北、华南和长江流域发现这时期的古猿人化石和制作粗糙的石器。
公元前170万年	旧石器时代早期，云南地区的元谋人进入直立人阶段，开始运用火和制造简单石器。
公元前100万年 ~前65万年	陕西蓝田出现直立人，打制而成的石片和用来砍砸的石器成为主要的劳动工具。
公元前70万年 ~前20万年	北京人出现，体质与现代人相近，是由猿到人进化的明证。他们结成群体，懂得制造用来砍砸、刮削、锤击等的工具，也会人工取火。
公元前30万年 ~前52000年	进入早期智人阶段，脑容量增大，手灵巧，更接近现代人。已掌握制造石球技术，进入旧石器时代中期。
公元前52000年 ~前32000年	加工精巧的细石器在各地出现。已发明弓箭和投矛器。
公元前22000年 ~前12000年	北京周口店出现“山顶洞人”，脑容量接近现代人。丧葬、审美观念、原始信仰已经形成。
公元前12000年 ~前6000年	新石器时代早期，气候转暖，人类由山洞移居到台地和平原。中国华北、长江中游和华南等地的人开始定居，并着手耕种、饲养家畜和制造陶器。
公元前6000年 ~前5000年	新石器时代中期，农业从刀耕火种过渡到锄耕阶段，黄河、长江流域形成两大农业区。
公元前6000年 ~前4000年	母系氏族的繁荣阶段，他们以血缘关系结成氏族，并聚居在一起，专业巫师出现。
公元前6000年 ~前3000年	黄河及长江流域不少地区的陶器上已有记事符号，被认为是原始文字的雏形。

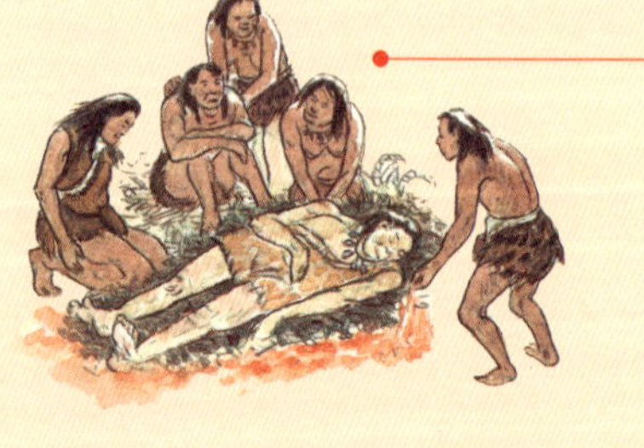

公元前5000年	长江、黄河流域纺织技术发达，生产出柔软细密的棉布。
公元前5000年~前3300年	长江流域河姆渡文化稻作农业发达。石器、陶器、骨器、木器制作达到很高水平。
公元前5000年~前3000年	黄河中游的仰韶文化发展到顶峰。
公元前5000年	玉米种植首见于墨西哥地区。
公元前4500年	苏美尔人在西亚的美索不达米亚平原建立最早的城市。
公元前4241年	埃及初有历法，以三百六十五日为一年。
公元前4000年~前3000年	东北及长江太湖地区出现祭坛和贵族墓地，标志集神权与军权的部落联盟首领出现。
公元前4000年	尼罗河流域文明开始。
公元前3500年	中国有铜器出现，进入铜石并用的时期。
公元前3500年	苏美尔出现图形文字，刻于石上或软泥版上，以后发展为楔形文字。
公元前3500年~前2000年	新石器时代晚期，父系社会来临。黄河和长江流域进入酋邦式古国时代，传说中的五帝即是各酋邦的首领。
公元前3000年	巴比伦将一天分为24小时。
公元前3000年	埃及发展出象形文字。
公元前2700年	长江良渚文化遗址发现最早的家蚕丝织品残片。
公元前2900年	埃及人开始建筑金字塔，墓祠石刻反映当时埃及社会的生活状况。
公元前2500年~前2000年	进入原始社会末期，各古国形成若干政治集团，其中夏族首领大禹治水成功，夏族强大，统治黄河中游大部分地区。

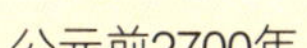

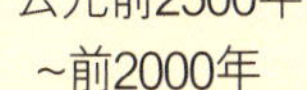
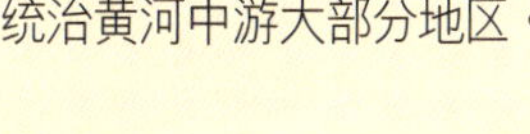

中国人从哪里来？

我们是谁？我们从哪里来？自古以来，人类对自身起源的探索从未停止过。今天世界各地仍然流传着各种神人式的英雄创造人类的神话，内容很相似，这些就是祖先们为人类起源所作的解释。在中国民间传播最广泛的，是远古英雄女娲，用黄土捏出泥人，制造人类的故事。

古远的神话虽然历久不衰，但随着科学的发展，人类对自身的起源又有新的理解。20世纪以来，从非洲、亚洲等地的重要考古发现证实，原始古猿是人类和现代类人猿的共同祖先。西方科学家通过基因测定和研究，曾经认定非洲是早期人类的唯一起源地，最早的人类是由非洲森林出发，走向全世界的。但也有学者提出，世界上分布有多处人类的起源地，古猿是在各地区先后完成进化过程的。中国也是世界上发现百万年前的古人类化石和生活遗存丰富的地区，是人类其中一个重要的起源地。

最早的人类出现在约四百万至一百万年前的更新世早期。当时正处于冰河期，环境寒冷而恶劣，人类大多生活在密林中，靠采集野果和捕猎小动物为生，人类终于完成了从爬行到直立行走，从使用石头砍砸果实和野兽，到制造专用石器的过程。人的脑量逐渐增多，并且出现了语言，使十几或数十人相互依赖的群居生活趋于巩固。这样，当大量动植物因为不能适应冰河期的气候骤变而灭绝的时候，聪明的人类却顽强地活下来，并完成了体质的进化。

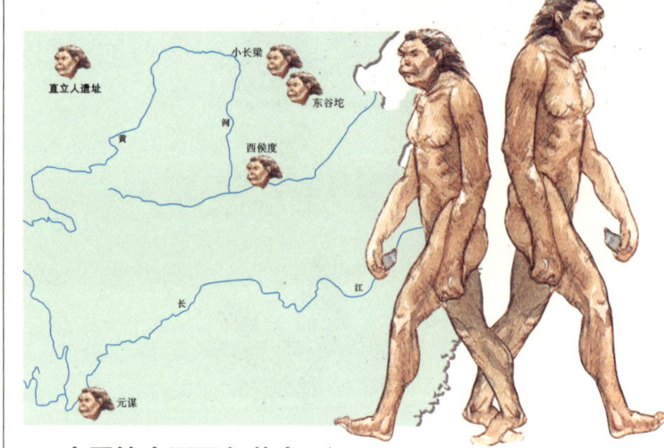

▲**中国境内百万年前直立人遗址分布图**

大约在更新世到来之际，中国的地貌发生翻天覆地的变化。喜马拉雅山隆起，形成青藏高原，并出现西高东低的山川大势，水草丰茂的华北、华南和长江流域，都适宜人类生存，在这种自然环境下，中国人的远祖迈开了走向历史舞台的第一步。近几十年来，考古学家在中国华北、华南和长江流域都发现更新世早期（距今约一百八十万年）的人类化石或石制品。

▶**世界上的三大人种**

在五万年前的新人阶段，在世界各地形成了三大人种：黄种人（蒙古人种），主要分布在亚洲和美洲地区；白种人（欧罗巴人种），主要分布在欧洲；黑种人（尼格罗人种），主要分布在非洲地区。这是由于各地区的人长期适应不同的自然环境，形成不同的人种现象。

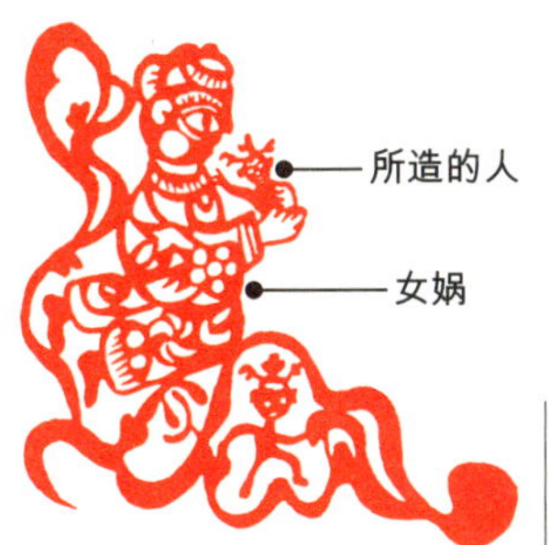

▲**女娲造人剪纸**

传说女娲以黄土捏人，吹入仙气后，泥人即能行走说话，变成真人。这幅民间剪纸便描绘了女娲造人的情景。

▼**薄尖状石器**

制造石器是由猿向人演变的重要一步。这是人类最早打制的工具，用来挖掘、砍砸或刮削，帮助人类在茂密的山林中采摘野果、捕猎成群的小动物或驱赶虎豹猛兽。以打制石器为主要工具的时代，称为旧石器时代。

▶**火种罐**

火带来光明和温暖，从此人类不受寒冷气候和地域的限制，更加扩大了活动范围。而熟食的习惯促使人类体质增强，脱离茹毛饮血的时代。在中国，约在七十万年前的人类已经掌握人工取火和保存火种的技巧。这个保存火种的陶器则是新石器时代的工具。

【最早的远古先民】

生活在距今约一百七十万年前的元谋人，是目前所知中国大地上最早的远古先民。元谋人能够蹒跚地直立行走，在树林中采摘果实，追猎野兽，可能已学会用火。他们点燃的文明之火，证明我们伟大的祖国是人类文明最早的发源地之一。

新人
体质特征与现代人几乎无异

智人
体质特征与现代人相近

直立人
体质仍保留一部分原始特征

腊玛古猿
人类最早的直系祖先，体质与猿相近

森林古猿
现代类人猿的祖先，远古人类的近亲

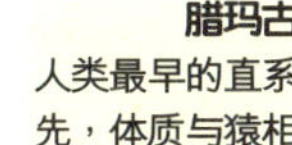

▲**人类演化图**

非洲曾被认为是人类的起源地，因此埃及古猿被视为人和现代类人猿的共同祖先。二千万年前埃及古猿分两支进化，一支经森林古猿演化成现代类人猿，另一支在一千五百万年前从非洲走向世界各地，经腊玛古猿、南方古猿演化成现代人的模样。从猿到人的历程大约从一千五百万年前到三百万年前。

北京人的家园

我们的祖先懂得站立行走以后，视野开阔起来，放弃了筑巢居住的生活，勇敢地走出密林，寻找新的家园。

20世纪初，中国的考古学家宣布了震惊世界的重大发现。他们在北京周口店风光秀丽的龙骨山上，发现了五十万至七十万年前的北京人遗址，以及一万八千年前的山顶洞人遗址。遗址内的人骨化石和生活遗迹，记录了人类走出蒙昧时代，从猿人向新人转变过程中的重要信息。

北京人选择在大自然资源丰盛、山林与河流相邻的龙骨山下建立家园，比生活在原始森林中的古猿有了显著的进步。他们住在大洞穴中，既便于野外捕猎，又可以躲避严寒和猛兽的侵袭。他们以狩猎和采集植物为生，过着群居的生活，学会了用火烧烤食物，又懂得制造原始的石器、骨器和木棒等工具。在长期的劳动中，他们的体质发生了重大变化，脑量增多，手脚的功能已经分化，用以制造工具的双手变得灵活。下肢专门用于行走，使身体直立起来。

北京人在这里生活了二十多万年后，由于气候骤变被迫迁徙远方。目前，人类学家还无法证实北京猿人就是中国人的直系祖先。

真正走出蒙昧时代的，是居住在北京人洞穴附近的山顶洞人。他们属于黄种人，即蒙古人种，可以确定是中国人的祖先。山顶洞人属于新人的典型代表，体质特征远远超越了北京人，与现代人相似。他们可以制造多功能的石器，捕猎和采集的效率大为提高。骨针的发明，更使人类结束了赤身裸体的蒙昧状态。山顶洞人已进入旧石器时代晚期，以血缘为纽带的母系社会使氏族更稳固，他们与相邻的氏族通婚，人口不断增加。

北京人与现代人的比较

北京人生活在五十万至七十万年前，体质与现代人有一定差别。现代人身高约174厘米，北京人约157厘米；现代人的脑量约1300~1500毫升，北京人只有现代人的2/3；现代人越来越长寿，普遍活到七八十岁，北京人平均寿命是47岁，有1/3的人不到14岁就死去了。

▶北京人的生活

为了生存，北京人往往十几人或几十人结成群体，相互协作，共同捕猎，共同分享。但是，内部的关系松散，没有固定的两性关系，更没有家庭，这就是最早的人类社会组织。

◀ 北京人复原头像

北京人头骨外形比四肢发展缓慢，还保持着原始性，但是脑量增多，善于利用思考来应付各种灾难，这是人类进化中的关键。

▼ 赤铁矿

赤铁矿被山顶洞人视为血液的象征，在宗教活动中，多在死者的四周撒赤铁矿粉末，以祈求死者在另外的世界复活。

▲ 周口店龙骨山

在龙骨山 1000 平方米的范围内，共发现五个古人类居住过的山洞，北京人和山顶洞人都留下丰富的石器和生活遗迹。这里气候温暖湿润，北部群山叠嶂，森林茂密，东南有宽阔的草原，山下湍急的河流中有各种鱼虾。优美的环境和丰富的动植物，吸引人类在这里生息、繁衍达数十万年。

▼ 骨针

山顶洞人的妇女承担起采集食物、制造食物、缝制衣服和养育后代的工作。这是缝衣服的骨针，表面磨制光滑，针孔用极尖锐的利器挖成，制作技术的进步可见一斑。

▶ 文明的葬礼

山顶洞人的生活比较安定，居住的洞穴按照功能分为居住区、仓库和墓地三个区域。仓库中存放剩余的食物。这时已经产生了丧葬观念和宗教信仰，将死去的祖先或同伴埋葬在墓地中。

盘古开天地——创世记的传说

自古以来，最能够牵动视听的话题，莫过于对人类起源的探索。世界各地广泛流传着千奇百怪的天神创世的传说，在中国各地也流传着不同版本的神话，为今天科学地探索人类起源提供了重要的启迪。

盘古是中国远古神话中开天辟地的神灵。

传说太古时代，整个宇宙像一个鸡蛋，天地不分，混沌一团。在混沌之间孕育着一个伟大的神灵——盘古。

盘古在混沌中沉睡了一万八千年，终于醒来，周围漆黑寂静，酷热难耐。他想站立起来，但是被混沌的“鸡蛋”紧紧包裹着，无法舒展身体，盘古用力劈开混沌，“鸡蛋”骤然爆裂，一些清气上飘，形成天空，一些浊气下沉，形成大地。盘古用身体支撑着天和地，他每天长高一丈，天和地也随之升高和增厚一丈。经过一万八千年的历练，天地已经稳固，盘古也变为顶天立地的巨人，身体有九万里长。他终于筋疲力尽，轰隆一声倒地而死，全身融入天地之间，左眼变为太阳，右眼变为月亮，头发和胡须变为星辰，四肢变为山川，血液变为江河湖泊，经脉变为道路，肌肉变为沃土，皮肤和汗毛变为林木花草，骨骼和牙齿变为金银宝藏，汗水变为雨水甘露，呼出的最后一口气变为风和云，最后的喊声变为雷鸣。盘古终于完成了开天辟地创世的壮举。

近年震惊世界的科学研究推断，地球的诞生确实经历了与盘古开天辟地极其相似的过程。科学家认为，四十六亿年前太阳系中诞生了一个混沌体，中心是熔化的地核，呈现软流状态，在重力分异的作用下，外围分离出黏稠的地幔，以后经历了无数次的火山喷发，将气体和水从地幔中释放出来，太空的寒冷迫使地球表面冷却，又分离成为地壳和水。盘古的神话将地球比喻成为鸡蛋的确太形象了，地核如同蛋黄，地幔如同蛋清，地壳如同蛋壳。火山爆发如同盘古开天辟地一般，地壳经过二十亿年火山运动和堆积，分离出了陆地和海洋。五亿年前的寒武纪，海洋中又发生了“生命大爆发”运动，诞生了数以百计的物种，人类的生命就孕育其中。而中国有两大古陆地，最早形成的是华北五台山和太行山，地质学上称为“五台运动”。令人惊讶的是，相传盘古就诞生在太行山南端，即今天河南孟津盘山。古老的传说具有如此惊人的真实性，甚至是今天先进的科学所无法解释的，令人不得不联想是上帝在点拨人类的智慧吧。

人类的神话——女娲补天与诺亚方舟

传说盘古开天辟地以后，大地依然是一派寂静，天神女娲深感孤独，她想造出一种主宰万物的生灵，就用黄土和泥，模仿自己的模样捏出泥人，吹一口气，泥人竟然活了。为了繁衍后代，她又捏了很多泥人，给泥人吹入阳气，就变成男人，吹入阴气，就变成女人。这些人互配后就繁衍后代。女娲就这样创造了人类，被尊奉为人类的始祖。

后来水神共工和火神祝融为争夺帝位发动战争，战败的共工不服气，一怒之下撞倒了天柱不周山，使西北天空崩塌，“天倾西北，地陷东南”，天河之水从西向东倾泻到大地，霎时地动山摇，洪水滔滔，猛兽肆虐。女娲不忍心人类灭绝，就收集石头，用火冶炼成为五彩石，修补天洞，又斩下巨龟之足做擎天柱，并驱赶猛兽，治理洪水，人类的家园终于恢复了平静。但从此天就向西北倾斜，太阳、月亮和星辰从东方升起后，都顺势归落向西方，而大地向东南倾斜，中国的江河都向东或南汇流入海。女娲补天故事，记录了喜马拉雅造山运动和冰川消融带来的灾难。由于印度板块从南向北的撞击，致使青藏高原和帕米尔高原从海底隆起，至今已高出海面三四千米，而东部大地却沉入太平洋。中国西部的湖泊、海洋随着地势升高，将水沿着河西走廊排向东方。黄河也因气温转暖、冰川消融而造成洪水暴涨，它几乎在一瞬间就吞没了人类家园。处于原始状态的祖先确实经历了“黄河涨上天”的梦魇。

无独有偶，亚洲西部与非洲北部以及欧洲也留下了与女娲相似的经典故事。西方《圣经》中的诺亚方舟的传说，故事情节与女娲补天有着绝妙的巧合与说不清的内在联系。《圣经》说，自从人类的始祖亚当和夏娃偷吃禁果，被逐出伊甸园，其后代揭开了人类互相残杀的序幕。上帝看到人类的罪恶，异常愤怒，决定用洪水毁灭这个败坏的世界。

上帝要诺亚用歌斐木建造方舟，把方舟的规格和造法教给他。此后诺亚终于造成了一只庞大的方舟，把全家八口人和飞禽走兽搬上方舟。七天后洪水自天而降，持续了四十个昼夜，一切生灵全陷入了灭顶之灾。上帝顾念诺亚和方舟中的动物，令洪水消退，这场灾难中仅有方舟上的诺亚一家和动物幸存了下来，他们开始重新建立家园、繁衍后代。

弓 箭 的 时 代

五万年至一万年前，地球上最后一次大冰河期结束，我们的祖先终于熬过了漫长的严寒，迎来了温暖的阳光。随着自然气候的改善，他们再次放弃原有的生活方式，从山林间的洞穴，走向更加广阔的平原，在河流之畔搭建草屋，逐水草而居，活动的范围扩展到黄河和长江沿岸。这次迁徙预示着农业革命的新时代即将来临。

我们的祖先从最初用笨拙的双手打制粗糙而简陋的石器，到用灵巧的双手熟练地制作精细而实用的石器，经历了长达百万年的磨炼。此时大多开辟了专门的石器制作场，造各种专用功能的石器，例如用于砍伐树木的手斧、分割动物骨骼和兽皮的刮削器、钻孔的石錾等等。尤其是磨光和钻孔技术的应用，更是石器制作技术划时代的进步，成为跨入旧石器时代晚期的标志。农业出现以后，打制石器逐渐被更加精细的磨制石器取代了。

狩猎和采集仍然是衣食之源，但是由于平原与山林的环境不同，猎手不仅要有高超的捕猎技能，更要有具强大杀伤力的武器。投掷石球、标枪和弓箭等新型武器相继发明出来，尤其弓箭成为最具威力的武器。

要提高捕猎效率和生产力，氏族内部就要稳固，成员互相协作，还要求各个氏族密切联系，于是氏族之间相互通婚，一种以血缘为纽带联合起来的氏族部落产生了，并且不断壮大。

▼石器制造场

这是位于黄河流域西北地区的一处典型的石器制造场，选址在遍布鹅卵石的河滩上，便于就地取材。当时，无论男女都参加打制石器。打制过程有明确的分工，石器经过多道工序的加工和修整，表面光滑平整。产品种类很多，有专门用于挖掘的尖状石器，还有用于狩猎的石球等。

▲石箭头

这是用石英石打磨制成的最早的弓箭头。在发现石箭头的遗址中，一般都有大量的大型动物化石出土，说明人们在使用弓箭以后，大大提高了捕获猛兽的能力。

使用弓箭图

弓箭是速度快、射程远，又最具杀伤力的狩猎武器，发明弓箭需要长期积累狩猎的经验和发达的智力。人利用臂力拉起弓和弦，将石箭头射出去，击中目标，是学会将物体的弹力与自身的臂力巧妙结合的结果。

使用石球图

石球是旧石器时代一种新型的狩猎武器，最大的重1.5公斤以上。使用石球的方式很奇特，除了用力投掷，击中野兽外，还可以用绊索方式狩猎。用绳子一端拴石球，投掷石球带动绳子缠住野兽的腿，将野兽捕获。另一种方式是飞石索，用绳套或皮带套包住石球，甩出带子将石球投出，击中野兽。在黄河中游一个遗址中，发现了三百多匹野马的遗骨，相信是猎人使用石球捕猎的战利品。

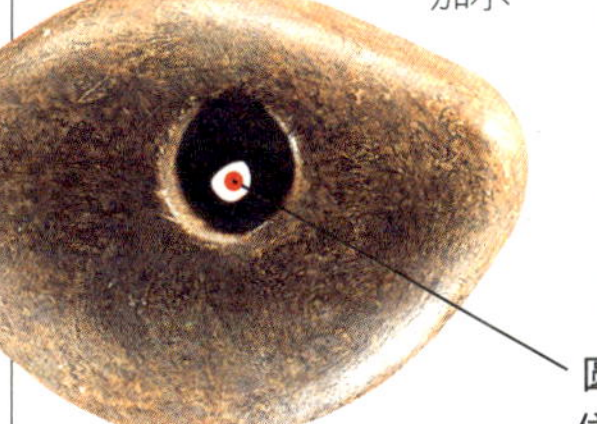

穿孔蚌器

这是用盛产在长江流域的大河蚌制造的工具，可以用来挖掘松土或刮削野兽的骨骼、皮毛。中间的圆孔是用尖的石錾经过钻孔和研磨而成的。可见磨制和钻孔技术在中国的南、北方都相当普及。

穿孔石耳坠

旧石器时代晚期，磨制和钻孔技术问世。磨制石器一般是在砂石上加水，经过打磨后，出现光华圆润的效果。钻孔也是利用尖的工具加上砂石和水的作用，钻出圆孔。这些新技术最先用在装饰品上，山顶洞人佩戴的各种石耳坠，就是经过选材、打磨成形、抛光、钻孔等多道工序制成的。

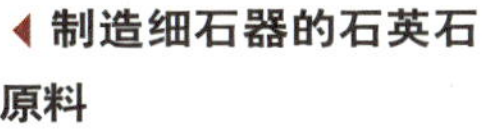

圆孔由两面对钻成形，位置相当准确

制造细石器的石英石原料

旧石器时代晚期，随着制造的石器变得精细小巧，对石料质地的要求也越来越高。尤其是弓箭普及，广泛应用石箭头，更需要质地坚硬的石料。这种产于华北地区的石英石就是加工精细石器和箭头的优质石料。

原始人的精神生活

原始人制造器物有着精神意义。他们把兽牙、鱼骨、贝壳、石珠等磨光、钻孔，用赤铁矿粉将其染红，用绳串起来佩戴。这样做的目的可能是追求美，或者是表示特殊的等级身份，也有可能是为了显示自己的智慧和勇力。

农业革命引发的巨变

一万年前，中国发生了一场由技术改革而爆发的经济大革命。

此时遍布在大江南北的先民，选择在土地平坦而肥沃的河流之畔营建村落，过着平静的定居生活。尤其在黄河和长江流域密集的氏族村落里，先民已经从猎人和采集者变为以种植稻谷为生的农民。农业成为主要的衣食来源，狩猎和采集转为辅助性生产，这为日益稠密的人口提供了可靠的生活保障。

配合农业的发展，石农具相当发达，开垦荒地的石斧、石铲、石锛，收割粮食的石镰，加工粮食的石磨盘等，都在农业革命中发挥了巨大的作用。石器产品表面平整光滑，刃口锋利，是中国迈入了崭新的新石器时代的标志。

农业革命的规模和意义并不比工业革命为低，它使从事农业的氏族进入崭新的社会。农业产量增加，有了剩余粮食用来饲养家畜，丰富了食物的来源。各种盛放粮食和烹煮食物的日用陶器，成为定居生活的必备物品。制陶业蓬勃发展起来，彩绘陶器的艺术水平达到惊人的高度。纺织技术更改变了夏着树叶、冬着皮毛的旧习。用葛或麻织布制衣的技术广泛传播，甚至还出现了养蚕技术和丝织品。纺织技术出现，男耕女织的社会分工即将到来。

这一巨变，以及社会分工，都是在粮食富足以后，有更多的劳力分离出来，并专门从事农业以外的劳动所引发的。中国特有的自给自足的小农经济也是建立在这种基础之上的。

石镰

随着农业的革命性发展，农具也相应发达。石镰是收割粮食的工具，表面精致光滑，刃口锋利，说明曾经过精细的磨制加工。

东北平原聚落遗址

这是目前中国保存最完整、年代最早的史前聚落遗址，位于内蒙古东部的草原上。这里的先民已发展农业，开始了定居生活。整个聚落是一个氏族居住地，共有二百多居民，单个房屋由一个家庭居住，一排房屋则是一个家族，表明氏族成员之间亲密的血缘关系。在聚落的附近还有两处布局相同的聚落遗址，应属有婚姻关系的氏族，这些关系密切的氏族共同组成了氏族联盟。

▲ 鸟巢演变的陶屋

这个红陶质的房屋模型，是新石器时代黄河中游过着定居生活的氏族建筑形式之一。屋顶模仿茅草覆盖，并开辟窗口，与鸟巢相似。下面的圆口是供出入的，通口很小，可见房屋还很原始。中国古代传说中的有巢氏，据说是生活在密林中，在树上建巢为居的祖先。这种房屋就是由祖先的巢居造型演变而来的，证实了人类居住形式的演变过程。

▶ 中国最早的丝织品残片

这是在长江流域一个遗址中发现的丝织品残片，距今四千七百年。丝织品呈黄褐色，平纹编织，表面细致光洁。每一条丝线都是由二十多条蚕丝合并而成，每条蚕丝呈半透明状，宽度为 15.6 微米。经线和纬线没有经过捻合，而是借助蚕丝自身的黏着性合并成丝线的，是比较原始的线织技术。

▼ 陶窑图

陶器是随着农业而出现的。烧制陶器的方法最初很原始，在露天的火堆中烧陶。由于温度低，受热不均匀，陶器质地粗糙而松软，容易渗水和破碎。陶窑发明以后，将炉温提高到摄氏 960 度，受热均匀。可以烧制红陶、黑陶、灰陶等丰富的品种，质量和产量大为提高。

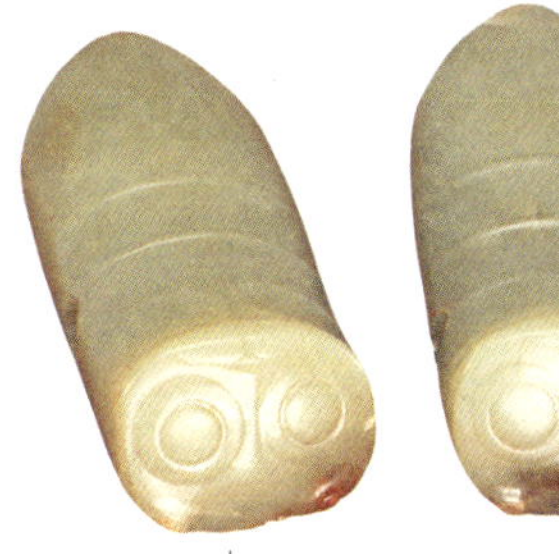

▶ 玉蚕

新石器时代纺织技术刚刚成形，纺织品原料来源于动物和植物两大类。动物纤维主要有兽毛和蚕丝；植物纤维主要有葛和麻。这些原料的来源都相当广泛，其中用蚕吐出的丝纺织而成的织品属于最高级的。这是用玉精心雕琢的一对形象逼真的蚕，反映了新石器时代的先民对养蚕纺织的重视和依赖。

河姆渡文化

位于长江下游的浙江余姚河姆渡遗址，是南方原始农耕文化的代表。河姆渡人在土地肥沃、气候湿润的家乡种植水稻，使我国成为世界上最早栽培水稻的国家之一。他们学会了饲养家畜、捕鱼和纺织，干栏式房屋的建筑技术令人惊叹。

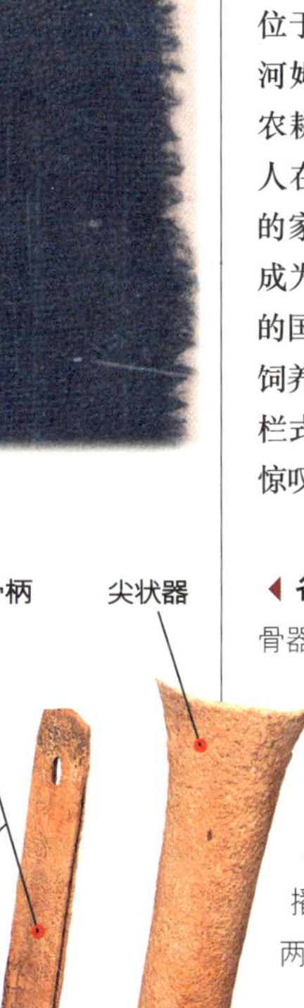

◀ 各种骨制工具

骨器是新石器时代普遍使用的工具。这几件是用动物肢骨制成的骨器：骨锥是多用途的錾刻工具；尖状器专用于农业的播种；骨柄石刃剑的剑身两侧有凹槽，原本镶嵌有薄而锋利的石制刀刃，是随身携带的兵器或工具。

南北两大农业系统

农业初兴时，是刀耕火种的粗作阶段，在荒地上焚烧草木后，挖坑撒种，等待阳光、雨露和收获。这种耕作方法，产量很低。六千至九千年前，改进的磨制农具大量用于农业，深挖土地，耕耘农田，引水浇灌，这种锄耕技术增加了粮食产量，很快在各地传播开来。

中国同古印度、古埃及、巴比伦一样，发达的文明孕育于大河流域，黄河和长江流域是中国最早迈进锄耕农业的地区，成为引导农业新技术的先锋。黄河流域疏松的黄土，大量种植耐干旱的粟和黍。长江流域河流纵横，水源充沛，大量种植适宜潮湿的水稻。这两个地区都是粮食高产地区，由此形成了各具特征的北方旱作和南方水作的两大农业区，直至今天依然延续着这样的模式。

粮食产量的提高，加工和储藏谷物成为农业生产的重要环节。最初都是在房屋中挖掘的地下窖穴储藏粮食，有的村落有窖穴多达数百个。后来又在地面上建造了便于通风防潮、储藏时间更久的粮仓。改善食物质量的粮食加工技术也日趋精细，石磨盘和石杵臼是专门用于去壳、脱粒、碾磨，直至将粮食磨成粉的工具，在南北农业区普遍使用。

大量剩余的粮食还带来了兴旺的饲养业。最初是将猪、羊、牛等温顺的动物散放在野外，派人驯化和看管。以后又设立了专门的畜栏，用剩余的粮食饲养家畜，优化良种。家畜提供肉食，补充了人体对蛋白质和脂肪的需求。以粮食为主，肉蛋为辅的饮食结构，至今还是东方人的习惯。

黄土高原

旱作农业起源于黄河中游。这里地处黄土高原，地势高敞，海拔1000～1600米，黄土层厚。由于黄土风化，土质疏松，表土流失，形成沟壑纵横的特殊地貌。土壤蕴藏着天然肥力，适宜旱地作物粟和黍的生长，是农业最发达地区。这一带出土丰富的新式石农具和加工粮食的工具，窖穴中还发现大量的谷物遗存，说明旱作农业已具有较大的规模。

▲储粮的彩陶缸

新的锄耕耕作，使农产量增加，粮食的储藏问题逐渐受人注意。这是放置粮食的大型陶缸，大约盛放粮食25～30公斤。

▲南北两大农业经济区

在七千至九千年前，黄河流域以及北方的广大地区形成以种植粟和黍为主的旱作农业区。同时长江中下游地区形成以种植水稻为主的水作农业区。两大地区都是农业高产区，也是新技术的起源地。

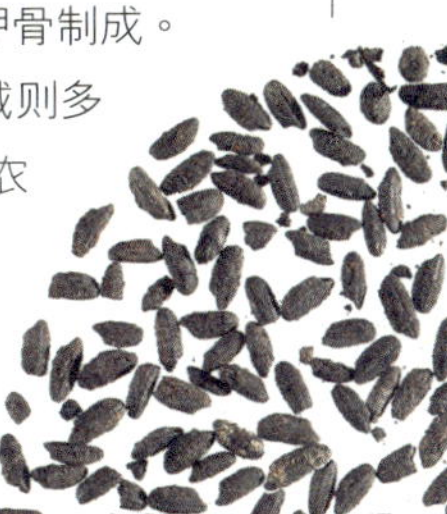

▶骨耜

南北两大农业经济区的农作物不同，农具也有差异。长江流域属于亚热带气候，相当于今天的海南岛，炎热多雨。潮湿的地理环境适宜种植水稻，多使用轻便灵巧、适宜在泥泞的水田中耕作的骨制农具。这是长江流域出土的用于水田翻耕土地的骨耜，用鹿或水牛的肩胛骨制成。而黄河流域则多用大型石农具，适宜在黄土旱地翻耕。

▼碳化稻谷

中国南方的水作农业主要种植稻米。这是长江下游地区发现的七千年前的谷粒，很多还保持原来的外形，连谷壳上的稃毛都清晰可辨。中国近年还发现了超过一万年的稻谷遗存。

▲石磨盘

这是黄河流域普遍使用的加工粮食的工具。粮食经过石磨盘的碾磨、去壳、碾碎和磨制，变成面粉。以后这种磨盘演变成圆形双扇石碾磨，用人力或兽力推动碾磨粮食。至今这种古老的工具在北方边远地区还使用着。

◀北方主要作物粟的前身——狗尾草

中国北方旱作农业主要以生产粟为主。粟是由狗尾草的同科植物经过优化栽培演化而来的。今天野生的狗尾草有长圆形的谷粒，生命力很强，遍布中国大部分地区。

半坡遗址

陕西西安的半坡遗址是黄河流域农耕文化的典型代表。半坡人已经懂得种植粟和蔬菜，他们还饲养猪、狗等家畜，用鱼叉捕鱼，用纺轮织麻布。他们制造的彩绘陶器，样式各异，绘有动植物或几何形花纹，既美观又实用。

中国人的母亲河——黄河

黄河孕育出高度发达的农业文明，是中国文明的一个重要源头。黄河和几条重要支流润泽了沿岸的土地，让人得到安身立命之本。同时，它的愤怒咆哮，泛滥改道，数千年来也给中国人带来了无尽的苦难。

▲ 黄河及河道旁的农田

▶ 黄河中游的壶口瀑布

平等的女权社会

大约在六千至八千年前，在黄河中游旱作农业发达的中原地区，遍布繁盛而活跃的母系村落，这里是由女人主宰的世界。

以血缘关系为基础组成的母系氏族，数十人甚至上百人聚居在独立的村落里。男女分工明确，男人仍然从事着旧石器时代的老本行——狩猎和捕鱼，而女人从事的劳动都是农业革命带来的最新技术，例如先进的农业耕作技术、制陶、纺织等。她们的收获比男人稳定，可以保障氏族的日常生活需要，在整个经济活动中占据主导地位，成为氏族的主宰者。

氏族中没有尊卑等级和私有观念，人与人之间平等和睦的关系，渗透到整个社会生活中。妇女受到普遍的尊重，每个氏族都由一位具有亲和力的年长女人担任首领，主持日常事务。氏族成员的世系是按照母系血统计算的，人们只知其母，不知其父。由此组成了能够给每个氏族成员带来温情的、以老祖母为中心的氏族社会。氏族的全部财产属于公有，大家一起劳动，共同分享。财产的管理权由女子继承，即外祖母传给母亲，母亲传给女儿。每个氏族都是一个相互依存、自给自足的团体。

为了繁衍和扩大人口，母系氏族实行不同氏族之间通婚的群婚习俗，以后逐渐转变为男女关系较为固定的对偶婚，正在向一妻一夫制过渡。

▲红陶兽形壶

在母系氏族社会，制陶和饲养家畜都是妇女的重要工作，因此陶器中有大量模仿家畜的作品，表达对富足生活的祈盼。猪和狗是南北方普遍饲养的家畜，这件红陶壶巧妙地将这两种形象合一。

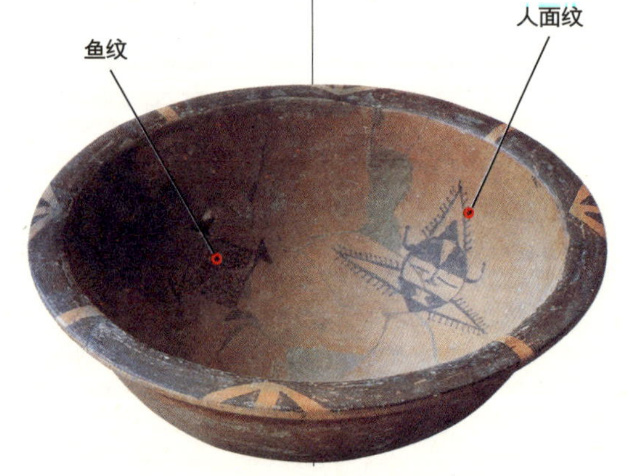

▶人面鱼纹彩陶盆

母系氏族受到万物有灵观念的影响，崇拜祭祀的对象繁多，除了传统的自然崇拜以外，还有图腾崇拜、灵魂崇拜等。人面鱼纹与神秘的生育巫术有关。人面纹代表正在分娩的婴儿；鱼则以产卵多、繁殖快、生命力强而象征生育与繁殖，整个画面寓意子孙繁盛。

▲表达对女性崇拜的陶塑壶

陶器是母系氏族创造的最绚丽的艺术，也是农业发展以后，最早兴起的手工业。烧制陶器最初多是由女性负责的。这件红陶壶似少女头像，面带微笑，作诉说之态，表达了对女性崇拜的理念。

▶彩绘图腾陶缸

母系氏族社会中，未举行过成年礼的儿童，不得进入氏族公共墓地，而是埋葬在住房周围，以便于亲人“照顾”。因此，每个氏族都烧制专门用于埋葬儿童的陶器。这件葬具上绘有寓意丰富的图案。鸟和鱼是分别代表两个氏族的图腾，把鸟画得雄壮有力，鱼则俯首就擒，暗示绘画这图案的氏族极力显扬鸟族强盛与鱼族衰弱的主题。

◀骨笛

安定的农耕生活，使母系氏族社会对艺术的追求更强烈。在中原地区一处遗址的墓葬中，随葬了十六支用鸟骨制成的骨笛，是耕作之余的娱乐乐器。笛长 22 厘米，有七个孔，可以吹奏六个音阶。

▼母系氏族的村落

位于黄河中游一处典型的母系氏族村落，南依骊山，北临渭河，占地 2 万平方米，经过悉心规划，外围有防护野兽侵扰的壕沟，内有五十多座房屋，分五组，每组是一个母系家庭，由大房屋和若干小房屋构成。五个母系家庭构成百多人的母系氏族。所有的房屋面向中央广场，这里是举行集会的公共活动场所。村落中还有窑场和家畜圈栏。在壕沟外有五处公共墓地，是五个氏族家庭最终的归宿。

▶氏族首领房屋复原图

这是母系氏族首领的住房，也是首领主持会议和进行宗教活动的场所。从本图可透视出屋内间隔，前半部分是烧饭的地方，后半部分是氏族成员开会的场所。氏族首领虽然住的房屋面积大于普通成员的房屋，但是她没有任何特权，遇到重大事件需要召集氏族会议决定。如果首领不称职，氏族成员可以罢免她。

不平等的男权社会

四千至五千年前，在黄河和长江流域农业先进的地区，身强力壮的男人逐渐从狩猎和捕鱼的辅助性生产，转为从事农业耕作的主力。复杂的手工业更适合没有家务之累的男人，他们又有许多创新和发明，例如将制陶工艺的手制陶坯，改变为机械原理的轮制陶坯，从而增加了产量。男人除了在生产劳动中发挥技能外，还在繁杂的集体劳动中发挥重要的组织和指挥作用，备受氏族成员的尊敬。因此，男人与女人的地位转换了，女人在生产中被排挤到次要地位，导致父系氏族制度取代了母系氏族制度。这是人类历史上激烈的大变革，也是迈向文明社会的门槛。

父系社会同母系社会一样，依然维系着以血缘关系为基础的氏族群体。但是世系改变为按照父系计算，男子享有特权，在氏族中占据主导地位，氏族的首领由男性担任。氏族的管理最初还维持民主制度，重大事情由氏族会议决定。随着一夫一妻婚姻关系的确立，稳定的个体家庭出现了。氏族的全部财产由男性后代继承。为了生育嫡亲子女继承财产，出现了私人占据氏族财产的现象。私有制无情地占据了主导地位，公有制度崩溃了。氏族首领主宰了权力和财富，成为高高在上的贵族，普通氏族成员的地位降到社会底层，尊卑等级越来越明显，最终冲毁了平等的氏族家园。而由男人主导的自给自足的家庭式经济模式，对中国社会的影响长达四千年。

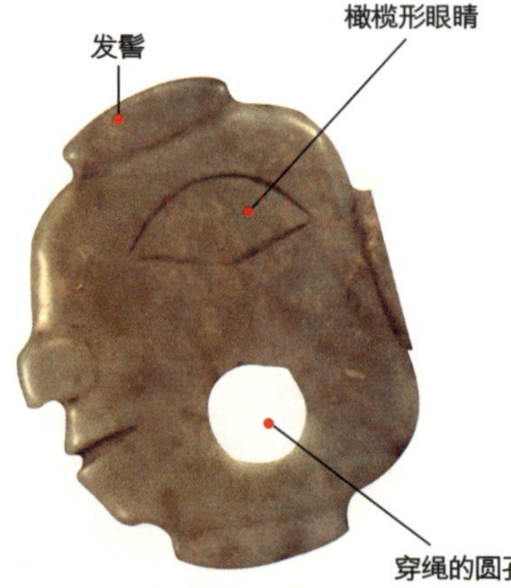

▲ **氏族首领的形象**

这个玉人头，是一件装饰品，应为氏族首领的形象。

兽面纹

▼ **玉锛**

这是模仿农具石锛制造的礼器，是氏族首领举行重大礼仪活动时使用的，代表了神圣的权力。在玉锛上雕刻兽面纹，应该与氏族的宗教信仰或图腾有关。早期出现的礼器，大多与农具相关，证实农业在氏族社会中有举足轻重的地位。

▲ **镶嵌绿松石骨雕筒**

这是贵族首领的随葬品，用象牙骨雕刻及绿松石镶嵌而成，是安装在象征氏族首领权力的器物——麾的柄首上。这种工艺复杂的镶嵌技术，只有在具有相当规模的手工业作坊中才能够完成。

▶ **同葬一处的人与兽骨**

父系社会的氏族，为了争夺土地和财产，经常争战。战俘成为氏族中地位最低下的人，甚至与牲畜同等。最初用牲畜作为祭祀的供品，继而最残酷的杀人祭祀和殉葬出现了，在建设房屋的典礼上，还用人头作为奠基。杀人祭祀被视为是对神灵的最大崇敬。而被杀戮的多是战俘。这是在房屋旁的垃圾中被扔弃的两个人，他们与一只狗同葬。

▶ **黑陶高柄杯**

社会出现了贫富分化，氏族首领不仅拥有财富，还主宰权力。为了显示其至尊地位，享有各种精致的礼器和用品。这只杯壁薄如蛋壳，装饰素雅，是高级饮酒器，应是氏族首领所用。

◀ **氏族首领大型墓葬复原图**

父系社会的氏族首领，不仅生前居住在壮观的房屋，死后还不屑与族人埋葬在一起，而是另择风水宝地，修建巨大的墓葬，期望在死后仍然享受生前的风光。山东一个氏族首领的巨大墓葬中，随葬百多件精美的陶器、玉器、象牙制品，大部分是专门制造，用来显示权贵身份的礼制用器。

▼ **彩陶纺轮**

长江中游的制陶手工业发达，这种陶制纺轮有旋转的彩纹，当纺轮转动时便会产生动感的花纹，反映了彩陶艺术之高。而轻薄小巧的纺轮，能织出细软的布，又表现了纺织业的进步。

【男女地位的转换】

男女生产地位的转换，可以在考古发掘中得到证明。在新石器时代晚期的墓葬中，随葬生产工具的主要是男性墓，而女性墓中大多只随葬纺轮。可见，妇女从事的主要是纺织缝纫、养儿育女的家务劳动，社会地位逐渐下降。

至高无上的巫师

农业带来安定的生活，也带来了农业民族特有的精神世界。在母系社会时代，祈求神灵保佑丰收，消灾赐福，已经成为日常生活的重要内容。每个氏族在从事农业、狩猎和建筑房屋等活动中，都必须举行隆重的祭祀仪式。此时脱离生产的专职巫师产生了，氏族可以有充足的粮食供养他们。任何重大的决策，都由巫师占卜决定。他们主宰着整个氏族的命运，社会地位很高，都是由氏族中德高望重的女性担任，有的还由氏族女首领兼任。但是她们没有任何特权和物质享乐，与普通的氏族成员同甘共苦。

随着父系社会的来临，男性占据氏族的主导地位，巫师多由男人担任，并赋予了新的政治色彩。巫师具有与天地沟通的神力，又凭借神的力量建立起自己的威严和统治邦国的权力，成为集神权、军权、王权于一身的统领一方的统治者，至高无上的地位与后世的皇帝相似。

新石器时代，北方和南方的广大区域已经形成势力强盛的邦国，高度发达的宗教与统治权力合而为一。例如在南方的长江流域良渚地区和北方辽河流域牛河梁地区，统治者的政治中心兴建了规模壮丽的、显示高贵地位的大型祭坛建筑和陵墓。良渚人盛行供奉玉琮，祭祀观念以沟通天地之神为最高境界。而牛河梁人是崇拜女神的氏族，体现了在农业发达的原始社会，人们视土地如母亲的理念。

▼牛河梁宗教遗址

在东北辽河流域牛河梁一带，发现距今五千年前的宗教圣地遗址——祭坛、女神庙和墓葬群，组成蔚为壮观的建筑群，实际上是邦国最高政治中心。祭坛是圆形高台，墓葬群有圆形和方形两种，象征了天圆地方的观念。这种布局是商周时代都城中宗教礼制建筑的雏形。

▲穿靴子的巫师

这是具有宗教意义的神器。制作者有意夸张了一双厚重的大靴子，独具匠心地突出了穿靴人的特殊身份。当时一般氏族成员多赤脚，也有少数穿草鞋，只有地位显赫的人才能够穿靴子。因此，这人的身份很可能是巫师或氏族首领。

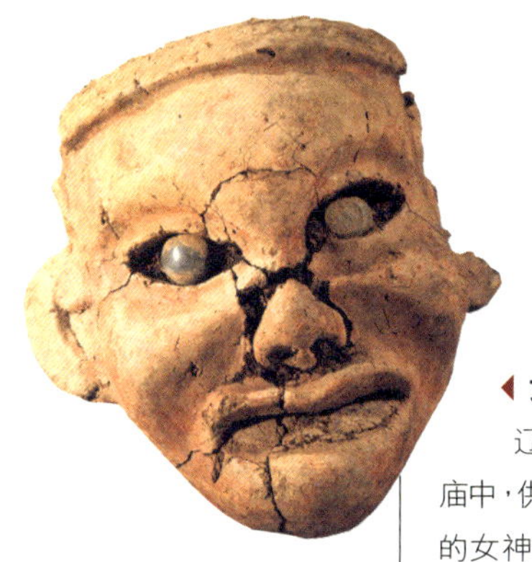

女神头像

辽河牛河梁遗址女神庙中，供奉很多用泥土烧制的女神像。这是人们供奉的土地神，以祈求农业丰收。女神的面部和嘴唇涂红彩，眼睛用青玉镶嵌，颇具神采。

玉琮之王

原始社会晚期，玉器被赋予特有的宗教意义，最高贵的玉器是玉琮。在隆重的祭祀礼仪中，玉琮成为巫师奉献给天神和地神必不可少的礼器。玉琮外圆内方，表示天圆地方的意思，中间的圆孔表示天与地的沟通，中间穿过的绳子，就是“天地柱”。此外，玉琮越大，代表拥有者的地位越高，这件玉琮重6.5公斤，被称为“琮王”，未知持有它的巫师，法力是否特别高超？

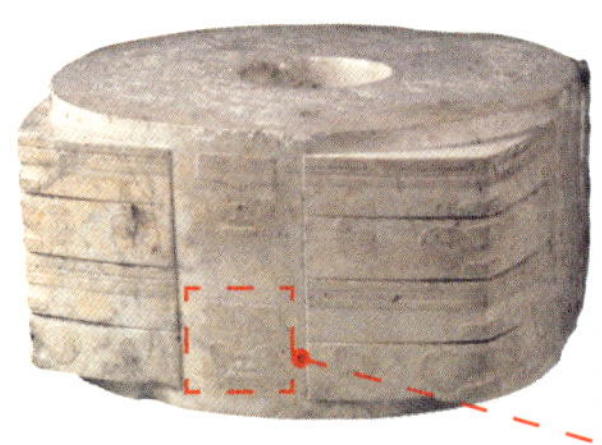

平均分配

较低的生产力水平，使母系氏族时期的人们必须依靠集体的力量，相互协作，共同劳动，才能维持最低的生活需求。因产品数量有限，氏族内部所有的食物和物资都是公有的。所有成员没有贵贱贫富，亦没有私人财产。

玉琮上的神人兽面纹

玉琮上刻有良渚人崇拜的主神形象——神人兽面纹，这个图案在良渚礼器上无处不在，是象征权势和威严的神徽。

图腾的出现

原始人类相信，每个氏族都与某种物类有特别的联系，该种物类具有超自然力，可以保护氏族及其成员。于是，各个氏族分别认定不同物类为本族的保护神，并把这个保护神作为氏族的标志或图徽，后人把这些族徽称为“图腾”。图腾最初多是单一的形象，后来越来越复杂，出现混合几种动物特征的神化形象。相传黄帝是以熊为图腾的。

占卜工具——龟甲与石子

直至新石器时代，人们对大自然的威力仍然难以理解，希望借助巫师的超凡神力，预测未来，把握命运，于是占卜出现了。在河南一个新石器时代的遗址中，发现一座男巫师的墓葬，随葬有八组占卜用的龟甲。龟甲上刻有各种占卜记事的符号，龟甲内还装有数量、颜色、大小、形状不同的小石子。这是目前发现最早的一套占卜工具。

巫师的法器

这件玉琮是巫师作法时必备的法器。在良渚大墓中，不分性别，一墓出土一件。

陪葬玉器

这是牛河梁遗址一个大墓的随葬玉器，包括有玉璧、玉环、玉龟等，墓主人死时手握与占卜有关的玉龟，显示他是掌握神权的宗教领袖。

邦国征伐的时代

四千至五千年前，在黄河、长江和辽河流域等经济发达地区，聚集着众多势力强大的部落联盟。他们或联合，或对抗，终于形成了由若干部落联盟组成的独霸一方的邦国。

为了抵御敌人的入侵，各个邦国都兴建城堡。城内有显示政权和神权的宫殿区、祭祀区，邦国首领在此治理政务，是邦国的政治、宗教、军事中心，实际已经成为最初的王都。在大城堡的周围护卫着许多小型军事城堡，形成进可攻、退可守的军事防御体系。城堡群的四周有密集的村落，属于邦国的势力范围，氏族成员要向邦国首领提供粮食和家畜。至此，高耸林立的城堡标志着平等民主的氏族社会已经走到尽头，国家即将出现。

在黄河、长江两大河流域活跃的诸多邦国，再次作为原始社会最后一场革命的先锋，带动了周边地区奔向文明时代。此时标志着先进文明的神秘文字和青铜器也在黄河流域产生。文字、青铜器和城堡，被认为是文明发展的重要标志。

邦国时代一批具有强大政治势力的领袖和与天灾抗争的英雄，例如黄帝，他们为民造福的功绩受到人们的爱戴，以后被尊奉为“五帝”，成为创造中华文明之神。而西方同样也流传着创造世界的神，但都是虚幻的人物。

五帝产生于国家诞生前的三大政治势力集团，即中原的神农氏华族集团、东南沿海的夷夏集团、燕山南北的黄帝集团。这几个集团在各自地域活跃发展，也不断相互征战、融合，终于一同向着华夏文化共同体迈进。

殿堂复原图

这是一座超大规模建筑的复原，房子加上广场，占地420平方米，是一座五千年前的部落联盟首领居住的殿堂，也是他召开部落联盟会议和举行重要宗教活动的场所。

1. 西厢
2. 后室
3. 主室
4. 主室内火塘位置的透视图
5. 东厢
6. 广场上十二根安置族徽等的柱

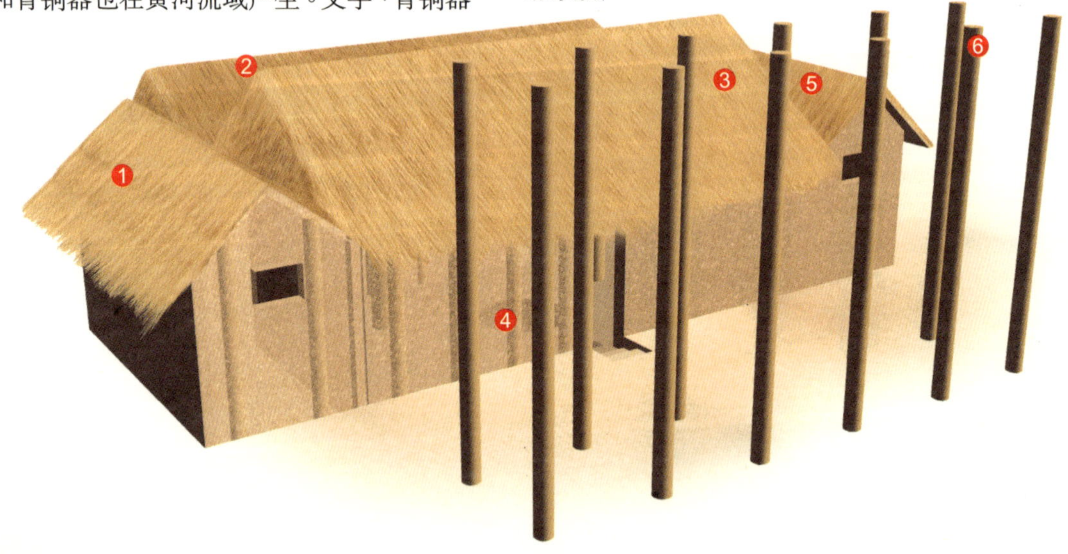

火塘，除用来生火做饭，更重要的功能是让众人围在一起进行宗教活动

▸殿堂遗址发掘现场

这座殿堂的规模、结构及建筑技术，已超越了原始简单庇护所的概念，代表了原始社会建筑技术的最高水平。

▴三苗古国遗留的人头像

传说时代的夏朝创始人尧和禹，曾多次讨伐位于长江流域的劲敌三苗古国。

这是三苗古国遗留的玉制人头像，穿戴严肃，表情庄重，佩戴耳环，大概是三苗的巫师。

▸陶器残片上的文字

中国在八千年前已出现文字的萌芽，是刻划在陶器上的符号。这是在山东发现的刻在陶盆底部的文字，共十一字，排列规整，独立成字，应该是一个有语法规律的短句，与甲骨文同属于一个文字系统。证实了邦国时代已有人创造出与商朝甲骨文一脉相传的文字。

◂七角星纹镜

铜器的发明是古国时代先进文明的标志之一。人们最初只用自然铜加工成器，称为红铜，由于质地较软，只适宜作小型工具或装饰品。后来发明了青铜，比红铜熔点低、硬度大，可以用来制造各种生产工具和武器等。这是中国最早的青铜镜。

▸陶排水管道

这是一个城堡遗址出土的排水管道，证明古城中设计了完善的排水系统。陶管道一头大，一头小。小口套在大口中，连接成管道。这种排水设施一直沿用到近代，才由水泥管道取代。

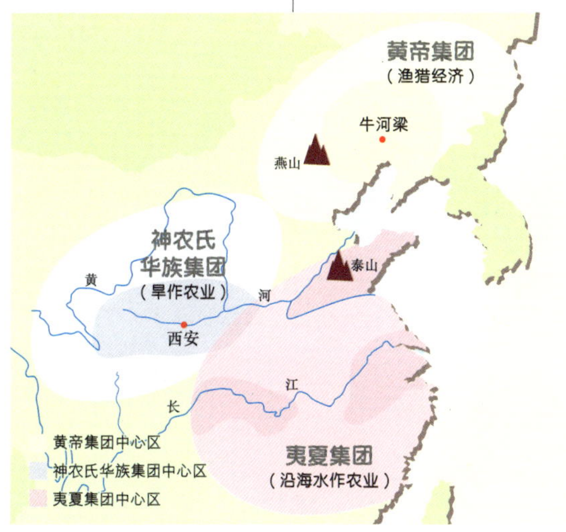

◂五帝时代的三大集团势力范围分布图

五帝时代已进入原始社会末期，其时国家尚未建立，各个邦国首领在不同地区活跃发展，北方、中原、东南地区出现了三大势力集团。因文化的交汇和不断组合与重组，三大集团逐渐汇聚一体，形成文化共同体。这是中国、中华民族以及多民族统一国家的奠基时期。

中华民族的人文初祖

相传，炎帝教人稼穑、发明医药、开辟集市，使人们互通有无。黄帝发明车船，他的妻子嫘祖教民养蚕缫丝，他的臣下发明了文字、音律、历法等。他们创造的文明成就是中华文明的重要组成，因此，人们奉他们为中华民族的人文初祖。

◀玉猪龙

龙的故乡

▲三孔玉猪龙

龙与中华文明一脉相承。早在七千年前，它已经出现在中华大地，在五帝的传说中，创立世界、战天斗地的领袖，几乎都曾得到龙的神力相助。由那时起，龙的踪迹遍布大江南北，成为各民族共同崇拜的神灵，后来更演化成中国皇帝的象征。

▲红陶罐上的浮雕龙纹

第二单元　上古时代

公元前2070年	禹将首领职位传给儿子启，启建立中国第一个王朝——夏朝。禅让制从此废止，实行王位世袭制。
公元前2000年	山东龙山文化产生真正意义上的文字。
公元前1894年	巴比伦王国建立，此后三百年成为两河流域最重要的国家。
公元前16世纪	成汤建立商朝，定都于亳，建立了当时最宏伟的都城。
公元前1312年~前1285年	商王盘庚把都城迁到殷，殷成为商后期全国政治经济文化中心；在殷墟出土的甲骨文，是中国最早的文字体系。青铜农具于这时期开始广泛应用。
公元前1200年	经过十年战争，希腊摧毁特洛伊城。
公元前1046年~前1043年	周武王打败商纣王，建立周朝，以镐京为首都。
公元前1038年	周公摄政并建立典章制度，即周礼。
公元前10世纪初	周原的西周宫室建筑群，是最早的四合院建筑。
公元前10世纪末	十二律体系出现，是乐律学方面的重大建树。砖的发明及榫卯接合技术的普遍应用，使建筑技术突进。
公元前1100年	希腊由青铜时代进入铁器时代。
公元前9世纪中	周人开始使用铁农具、铁兵器。
公元前776年	希腊举行第一届奥林匹克运动会。希腊人以这年作为自己的历史年代的开始。
公元前753年	罗马城建立，罗马人以此年为罗马史之元年。
公元前722年	中国最早的编年体史书《春秋》开始记事，春秋时代亦因此书得名。

公元前660年 日本神武天皇即位，是日本传统纪元之始。

公元前656年 楚国建立了最早的长城，长千余里，以后各国相继兴筑长城。

公元前594年 鲁国推行“初税亩”，是中国历史上征收田税的开始。

公元前536年 春秋时代郑国铸刑书，为中国成文法典之始。

公元前510年 罗马贵族政变，实行共和统治，国家由执政官和元老院管理。

公元前483年 印度佛教的创始人释迦牟尼逝世。

公元前479年 孔子逝世，他创立的儒家思想影响中国数千年。

公元前476年 《考工记》成书，是中国最早的工业技术专著。

公元前450年 罗马将成文法典刻于十二铜牌上，置于城市的主要广场。

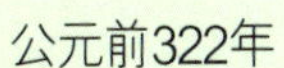

公元前394年 希腊柏拉图主要著作《理想国》著成。

公元前356年 秦孝公任用商鞅进行变法，统一度量衡，颁布法律等重要措施，奠定秦国统一天下的基础。

公元前336年 马其顿阿历山大大帝在位至前323年，其间征服波斯和远征印度。

公元前322年 印度孔雀王朝兴起，笈多国王后来统一北印度与阿富汗。

公元前320年 齐宣王在位，齐国的官办学府稷下学宫达到鼎盛，成为战国的论学中心。

公元前307年 赵武灵王创建骑兵队，是战国七雄中最早开始胡服骑射的国家。

迈进国家之门的夏朝

大约在五千五百年前，西亚两河流域美索不达米亚的苏美尔、北非尼罗河下游的埃及，都出现了文明程度很高的“城市国家”。而五帝在黄河和长江流域翻天覆地的变革，并未赶上这次全世界第一次国家诞生的浪潮。到四千至四千五百年前，在南亚印度河流域、南欧地中海和东亚的黄河流域都建立了国家，推动了全世界第二次国家文明的浪潮。

在“五帝”旗帜下集结的邦国中，以先进的农业和青铜技术堪称强势的夏族、商族和周族，最先迈进国家之门，在黄河中下游演绎了长达千年的群雄逐鹿的战事。

公元前 2070 年，中国历史上的第一个国家——夏朝建立，从此延续了数万年的原始社会以血缘关系为基础的氏族公社解体了，更高一级的文明社会诞生了。

夏朝国王启是在一次政权革命中即位的。当时邦国的首领要经过民主推举产生，夏族的治水英雄大禹被推举为首领，他死后，没有经过民主选举，就由儿子启继承父位，成为国家的最高统治者，是中国的第一位国王。

夏朝管辖了十二个同姓氏族部落和众多异姓氏族部落，国王是各族的共主，也是贵族利益的代表。夏王打破了旧有的氏族组织，将国土按照地区划分成“九州”，设置官吏管理，使国家对地方的统治增强了。

但是，刚刚从邦国时代脱胎出来的夏朝，依然被沉重的旧势力的链条束缚着，国家重大决策要经过贵族议事会通过。国王深深感到自己的权力受到很大制约。为了争取更大的王权，他们与原始民主制殊死较量，但是，夏朝没有完全实现这个愿望。直至商朝和周朝以王权为中心的国家体制逐渐健全了，国王才确立了至高至尊的统治地位。

▸ 镶嵌绿松石牌饰

这是夏朝用镶嵌工艺制造的青铜牌饰，将绿松石镶嵌成兽面纹，是贵族神器上的装饰物。

▸ 夏朝都城的宫殿复原图

夏朝的都城位于河南偃师二里头。二里头的遗址占地 300 万平方米，相当于现今四百多个足球场。其中有宫殿区、居住和生产区以及葬地等。宫殿区的规模很大，这是其中一座宫殿的复原。

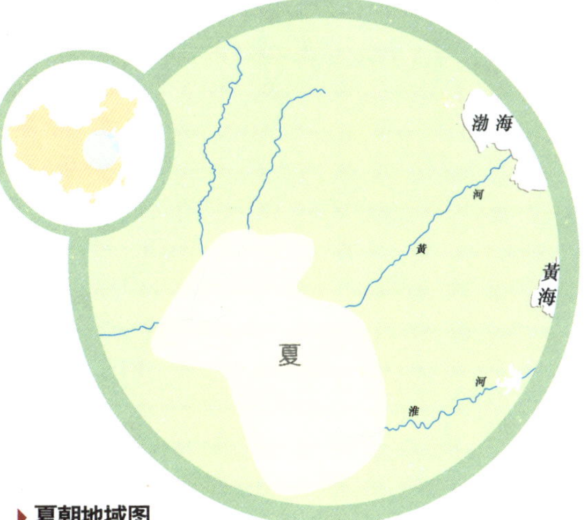

▶ **夏朝地域图**

夏朝统治区域位于黄河中游的洛阳平原和山西汾水下游一带。该处有肥力充沛的黄土，适宜发展旱作农业，为夏朝争夺“共主之国”的地位积蓄了强大的经济实力。

大禹治水与国家统一

距今四千年前，黄河泛滥对中国人造成巨大的威胁。大禹因为成功指挥治河，成为英雄，被推举为部落联盟首领。大禹动员各部落的人合力治水，反映当时的社会组织已经成熟。到他的儿子启继承其位后，终于建立了中国历史上的第一个国家。此后几千年，黄河水患从未止息，促使中国人团结力量应付，亦推动了中国向着大一统之路进发。

▼ **涂朱石璋**

这是夏朝举行重大典礼的仪仗礼器。造型仿兵器，涂有红色朱砂，象征鲜血，具有辟邪降魔的威力。在夏朝都城中出土大量用青铜、玉、漆、象牙、骨等制造的仪仗礼器，证明当时王室贵族很重视礼仪，典礼活动频繁。

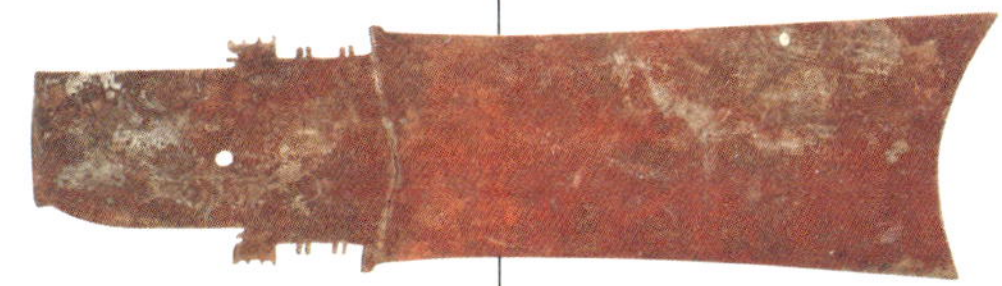

▶ **青铜爵**

夏朝以发达的青铜业独霸中原。不仅能够制造各种青铜工具和兵器，还发明了复合陶范铸造容器的技术。这件夏王室使用的饮酒器，具有礼制的意义，就是利用这种先进技术铸造的，也是中国最早的青铜容器。

▶ **后羿射日图**

夏朝众多方国中，文明程度较高的东夷族，势力强大，其首领曾被推举为大禹的继承人，但大禹违背禅让制，让位儿子，东夷族因而成为夏朝最大的政敌。启去世后，东夷族首领后羿打败夏王朝，并夺去王位。后羿被历代赞扬为勇猛的英雄，传说天上有十个太阳，引发干旱，后羿射落九个。这战国时代的衣箱上，描绘了后羿射日的神话。

暴虐的夏桀

桀是夏朝最后一个王，他残忍暴虐，荒淫奢侈，致使众叛亲离。他曾故意把老虎赶到城里，摧残百姓，以此取乐。因为他自比为太阳，不堪忍受其暴政的百姓都指着太阳骂：“你这个可恨的太阳什么时候灭亡？我们情愿与你同归于尽！”

神权与王权合一的商朝

当夏朝统治黄河中下游地区时，臣服于夏朝的商族，已经在东北方跃跃欲试了。公元前1600年，夏王桀暴虐无道引发内乱，商族乘机推翻夏朝，建立商朝。

商王作为各族的共主，巩固了王位世袭制。商王自称“余一人”，意思是普天之下，唯此为大。商王的统治方式与埃及法老政权极相似，都是用神权与王权合一的统治方式管理国家，他们自恃既是世俗人间的最高领袖，又是天帝或太阳的子孙，具有沟通上帝意志的神力。商朝和埃及政府的高级官员也都兼有神职，还有大量专门负责宗教和祭祀事务的神职官员，他们形成了最显贵的阶层。

商王奉行的最高原则，就是依据天帝的意志治理国家，神权甚至高于王权。“国之大事，唯祀（祭祀）与戎（战争）。”商王处理政务，都要占卜吉凶，并形成规范的程序。占卜师在兽骨上占卜以后，要在骨上记录占卜的事因和结果，作为王室档案，由专人保存，传世后代。保留至今的王室卜辞有十六万片之多，内容涉及征战、天象、收成，以及国王祭祖、田猎、疾病等。王室的占卜师，权力仅次于商王，不仅参与祭祀和征战等国事的决策，而且几乎所有与王事有关的活动都要参加，地位显赫。在商王的感召下，整个王朝都弥漫着鬼神崇拜的气氛，神权政治渗透到社会生活的每个角落。

在古埃及、罗马、希腊的历史上，曾出现过神权政治，但因王权与神权分立，引发了国王与教主、教会与俗民之间的巨大分裂，甚至发生国家暴乱。而商王本人具有神权和王权的双重身份，所以商朝没有出现宗教动乱。但是商朝残酷的神权政治继承了邦国时代的统治方式，显露了政权的原始性和幼稚状态，所以后来的周朝便推行另一种统治模式，以适应复杂而多元化的国家体制。

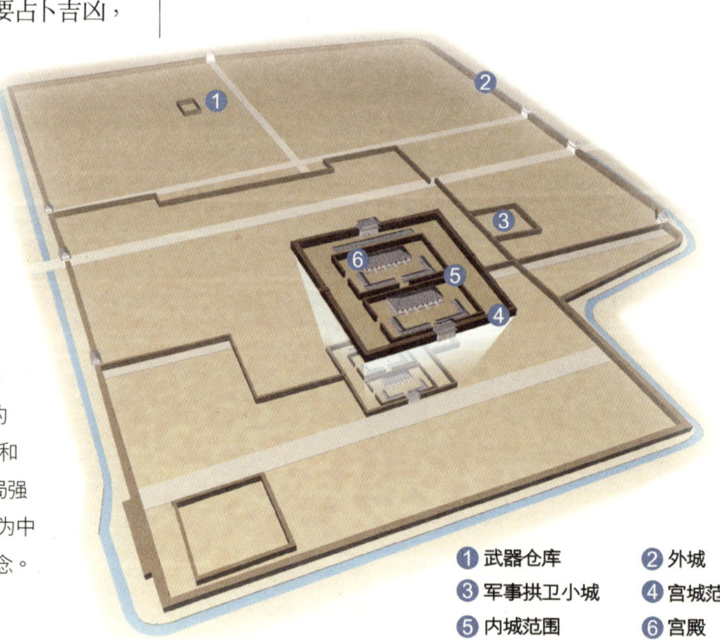

▶商朝最早的都城西亳复原图

夏商周三朝的国王，都在探索确立王权之路，从都城、宫殿到陵墓的建筑规划，处处显示了这一理念。商朝建立初期，精心选择在洛水之滨建立都城——西亳。这是一座宏伟的都城，分布在中轴线上的宫城、内城和外城，其布局强调了以王权为中心的统治理念。

▲郑州商城宫殿复原图

郑州商城是至今发现规模最大的商朝前期都城遗址，时间约在公元前1600年。城内有多座大型宫殿遗址，是商王室和贵族的生活居住区。这是商城宫殿的复原图，屋顶是重檐式的，是当时最高等级的宫殿形式。

▼卜骨

商人占卜活动频繁，几乎事事问卜，商朝的占卜活动也逐渐形成固定的程序，商人使用兽骨和龟甲占卜，更发明先钻凿后烧灼的程序。这是卜骨背面，可见有钻凿的痕迹，正面出现用以判断吉凶的裂纹。

▼双面人面形神器

这是一件祭祀用的礼器。祭祀时，巫师拿着放在脸前，表示巫师就是神，人神相通，巫师代表神权。

▲兽面纹青铜建筑构件

这是商朝离宫别馆的建筑构件，装饰在宫殿木梁的前端，可以加固木梁。精美华丽的兽面纹，显示了商王室建筑的气派。

汤武革命

汤是商朝的建立者，他威武勇猛，故又称汤武。汤注重以德义服人，很得民心。为了推翻日渐衰败的夏王朝，他先后进行了十一次征伐，成为当时的强国。又一举攻灭了夏，变革了夏王朝占有天下的天命，商朝正式替代了夏朝。

巾帼统帅妇好

商朝最强盛的时代是武丁统治时期。据甲骨卜辞记载，武丁在位五十九年，为了开拓疆域，不断征战四方，疆域面积达七十三万平方公里，势力范围占据了黄河流域和长江流域的广阔地区，史称“武丁中兴”。在军事征伐中统帅大军并取得卓越战绩的，是武丁的王妃——妇好。

商朝迁都殷以后，商王朝的周边分布着许多强大的方国，北部有鬼方(今内蒙古一带)，西北有土方(今河北山西一带)，西部有羌方(今陕西甘肃一带)，东南有夷方(今山东安徽一带)。他们经常侵扰中原，掠夺人口、财物，对商朝的政权构成严重威胁。商朝军队连年疲于进行抵御之战，直至武丁即位以后，任用妇好统领军队才扭转局势，使周边安定下来。

甲骨卜辞记载，妇好武艺超群，武丁授她担任统帅，常年率领精锐无比的军队征战沙场，指挥了对土方、鬼方、羌方、夷方、巴方等方国的一系列讨伐战争，在军事方面表现了杰出的指挥才能。

商代处于车战时代，发动战争需要充足的兵源，商王室拥有的军队数量很少，每次征伐，妇好都要到分封的诸侯国临时招募兵力，组织军队。在她旗下的军队最多时有一万三千多人，是商代兵力最多的军队。商周之际的战争，交战双方往往依靠战车和步兵的数量决定胜负，而妇好是最早的灵活运用兵法谋略制胜的军事家。

分布在陕西甘肃一带的游牧族羌人，是商朝的宿敌，积怨最深。妇好率军北上一千多里，先行围歼了羌方军队，并俘获了大批俘虏作为奴隶，扩张了北方的疆域。

不久妇好又把战线拉回到距离商都最近的实力强悍的土方，妇好率军出战抗击，土方全军溃败，远远地撤向西北太行山附近，由此衰落，再也不敢出兵滋扰商地。

东夷的军队一向窥视商朝，多年来不断向商地发动袭击。妇好又率兵迎战，抵达东海前线后耐心等待战机，乘敌军不备，突然发起冲击，大败夷军。从此东夷对妇好也是望而却步了。

生息在长江汉水流域的巴方，是距离商地最遥远而强大的部族，经常袭扰中原，致使商朝西南边陲战乱不已，于是武丁决定与妇好一起远征巴方。从商都殷（今河南安阳)到汉水，以当时的陆路计算有三四千公里，要渡过黄河、淮河、长江，一支万人的军队和后勤补给，浩浩荡荡，逶迤不绝，其指挥、组织军队之难，可想而知。到达战场后，妇好率军设下埋伏，武丁从东面发起攻击，待巴人进入伏击圈，妇好的大军如从天降，掩杀过来，使巴人全军溃败。这是中国战争史上最早的伏击战。以致巴人整个部族被迫南迁，一直退入长江三峡，永不东进。后世因而称四川为巴蜀。

妇好英勇善战，统帅军队一次次取得胜利，由此确立了她在商王朝的崇高地位和至高无上的权威。在“国之大事，在祀与戎”的时代，妇好还是主持各项国家大典的大祭司，是与鬼神沟通的神职人员。商人崇信鬼神，称女祭司为“司母”（古音为萨妈），她主持国家祭典时专用的大鼎上，铸造有“司母辛”三个字。辛，是天干排序之一，天干的十个字（甲乙丙丁戊己庚辛壬癸）代表十种兵器和武备，天干的意思即是“天之兵”。“司母辛”三字表明了身为大祭司的妇好，生前拥有上天授予的统帅军队的权力。

妇好举行祭典时，击鼓鸣铙，飞身狂舞，以与先祖魂灵相通，求得预示或保佑平安。妇好专用的大鼎上铸有兽面纹和龙纹，用于迎春之祭，祈求五谷丰登。当时社会盛行多神崇拜，妇好还用各种精美的青铜礼器盛满美酒或佳肴，奉献给神灵。例如以神鹰（鸮尊）祭上天，用神牛（四足觥）祭土地，用神虎（圈足觥）祭山林。

作为大祭司，妇好还担任王室的占卜之官，用甲骨占卜吉凶，决定国策。她镌刻的甲骨文，字迹清晰规整，内容广泛，有为国家大事的实施进行决策，有宫廷记事，同时记录下她一生的重要活动，包括率兵出征，以及她何时怀孕，何时生子等。迄今发现有关妇好的卜辞多达一百七十多条，内容极为珍贵，成为重要的商王室档案。

妇好这样一位年轻女将，可惜仅三十多岁就英年早逝了。她以一生的征战，巩固了商王室的政治地位，也开拓了王朝的疆土。她生前得到了武丁的宠爱和尊敬，死后武丁予以商王规格的厚葬，其悲痛之情可以想见。武丁死后，子孙仍然尊敬妇好。妇好之子祖庚继承王位，没有按照礼制把妇好与武丁合葬，而是给她建立了规模与商王相当的独立墓室，墓地上还设立了专门祭祀妇好的宏大享堂，世代纪念这位杰出的巾帼英雄。

1976年考古工作者在殷墟宫殿宗庙区发现了妇好墓，这是迄今发现的唯一一座保存完好的商王室最高等级墓葬。墓室中布满玉器、青铜礼器、兵器等随葬品四千余件，极其丰富而精美，证明了妇好生前显赫的政治地位和卓越的功业。

神权统治下的臣民

▲ **商朝社祭意想图**

商朝的祭祀活动几乎无所不在。商王和贵族的宫殿、宗庙、住宅在建筑开工时，都举行隆重的奠基仪式，杀戮奴隶作祭品。在江苏省铜山县丘湾发现一处祭祀土地神的社祭遗址，在作为社主的四块大石周围，有人骨二十具、狗骨十二具，人与狗混合埋葬。奴隶的葬式都是俯身屈膝，而且多是双手被缚在背后。这是其中一次祭祀的意想复原图。

夏朝着手建立的社会秩序，到商朝才初步凸显出来。商王及其有血缘亲族关系的王族是最高贵族阶层，其下是与商王血缘疏远的同姓贵族和异姓贵族，他们占据了全国大部分土地、人口、财富。而社会下层是被称为“众人”的劳动者，分别隶属于商王和各级贵族，他们从事农业和手工业生产，创造社会财富。地位最低微的是战争的俘虏，他们沦为贵族的奴隶，失去人身自由，可以被任意买卖和杀戮，甚至作为人殉和人祭的牺牲品。

商王依照天帝的旨意治理国家，为表示对先王的尊敬，极重视厚葬和祭祀。除以牲畜和珍贵礼器陪葬外，还有商王的近臣、嬖妾、侍卫以及奴隶殉葬，以供祖先在死后的世界里役使。殉人最多的达到数百人。此外，商王还重视用人作祭祀，凡是举行供奉神灵或祖先的仪式，都杀戮或活埋奴隶作祭品。这种惨无人道的人殉人祭风气，在贵族阶层也相当盛行，凸显了商朝神权至上的观念。

商王为了更有效控制民众，设立了监狱和各种酷刑。常见的刑罚有砍头、剖腹、割鼻、活埋、刖足和剁成肉酱等，都是非常残酷的肉刑。

商朝的统治，残留着邦国时代的野蛮色彩，被后世所鄙弃。人殉、人祭和酷刑在西周已经遭到遏止，到秦汉更加衰退了。

地下的奴仆

春秋以后的大型墓葬中，通常都会发现陶俑，这些俑是专门为死者制造的。古人相信死后另有世界，所以要有金银珠宝、锦衣华服随葬，当然少不了可供役使的“奴婢”。在商周时以人随葬或以人献祭都很普遍，但随着社会发展，这种风气已渐渐消失，改为用模仿人的泥塑俑放进墓里陪葬，秦始皇的兵马俑就是最著名的陪葬俑。

象形文字所见的刑罚举例

中国文字一字一义，有不少文字是从真实的形象演化而来。看看文字的最原始形态，可以约略猜出它的意义来。

象形文字	汉字	解释
	幸	古代的手铐
	执	把双手用“幸”铐起来
	劓	用刀割掉鼻子
	伐	用戈砍掉人头
	刖	锯去一只脚

▸ 商朝铜器上的虎食人图案

商朝青铜器常以一些狰狞可怕的图案作装饰，是为了产生震慑人的恐惧感，显示统治者的权威。这个虎食人图案，就以抽象而夸张的手法，显示一种威慑力。

▾ 商人祭祀祖先的情况

商人崇拜的神，分为天上诸神、祖先神和地上诸神，各有不同的祭祀方式。他们相信天神主宰万物生灭和人的祸福，已去世的商王则传达天神的意志，也对人间降福祸，因此很重视祭祖，大量用人和牲畜来献祭。

▸ 铜镞与人头骨

商王室和贵族使用的骨器，大量是用奴隶或战俘的人骨制造的。这个在商朝都城制骨作坊骨料中发现的奴隶头骨，还插着一支箭镞。

▸ 受过刖刑的奴隶

刖刑是商朝最流行的五种刑法之一，一般是用铜锯从脚踝骨以上锯断下腿。这种残忍的酷刑主要用来对付奴隶，使他们无法逃跑。在这件西周的青铜器上，铸出一位受过刖刑的奴隶在守门，活现了受刑者的真实形象。

❶ 巫师

❷ 被坑埋作祭品的人和牲畜

盘庚迁殷

盘庚是商朝第二十位王，他即位的时候，商朝天灾人祸，内外交困。为了摆脱危机，他顶着重重压力，决定将首都从泗水边的奄迁到黄河以北的商（后改称殷）。经过艰苦的努力，迁都大事终于完成了，商王朝又重新兴盛强大起来。

巩固王权的分封运动

在商朝的封国中，以农业著称的周族势力最强大，占据黄河中游关中地区的沃土，吸纳周边民族，组成与商朝对抗的政治联盟。公元前1046年，周族一举灭商，建立周朝，建都镐京(今西安)，开始了西安作为千年古都的历史。

周朝是强调宗亲血缘政治的王朝。周王除直接管辖都城周围的王畿之地外，在新占领的土地进行大规模的分封。周王根据受封者与自己血缘关系的亲疏，授封土地和人口，建立诸侯国。全国授封大小诸侯国数百个：周王的同姓宗亲封国最大、最多，其次是异姓功臣的封国，这两类占据了东方、中原和长江中下游的农业富庶地区，既得天然地利，又形成拱卫都城的军事屏障。另外列入封国的有夏、商朝王室后裔和归附的边疆部族，封地多是边远或贫瘠之地。周朝分封强调普天之下莫非王土的新意念，利用分封强化自上而下的关系，与商朝的性质不完全相同。此外周王还授予诸侯特定的官服和象征军权的兵器。诸侯也要与周王举行祭祀典礼，订立盟誓，通过神圣的礼仪确立君臣关系。这种分封制与欧洲中世纪的封建制度有近似之处，诸侯国要对周王承担镇守疆土、出兵勤王、交纳贡赋等义务。周王室还通过与异姓诸侯联姻，将所有贵族纳入宗亲的范围中，加强周王室的政治势力。

同时，各诸侯也纷纷仿效周王，在自己的封国内分封宗亲贵族，使他们得到封邑，成为卿、大夫。而卿、大夫又继续分封最低一级的士。形成自上而下的层层分封，使社会等级制度建立起来，实现了周王朝家天下的统治，周王真正成为国家的主宰。这是周朝政治制度超越商朝的重大进步。但是后来周王衰微，诸侯坐大，引发了列强争霸四百年的混战局面。

▼周天子的宫殿

周天子的宫殿建筑遗迹在周原王宫遗址内。有三进院落，木质架构。前院是周天子执政的殿堂，有圆形重屋顶，室内明亮，称明堂，也是规格最高的建筑。中院和后院是周王的寝宫，严格按照礼制规定的“前朝后寝”的格局建造。

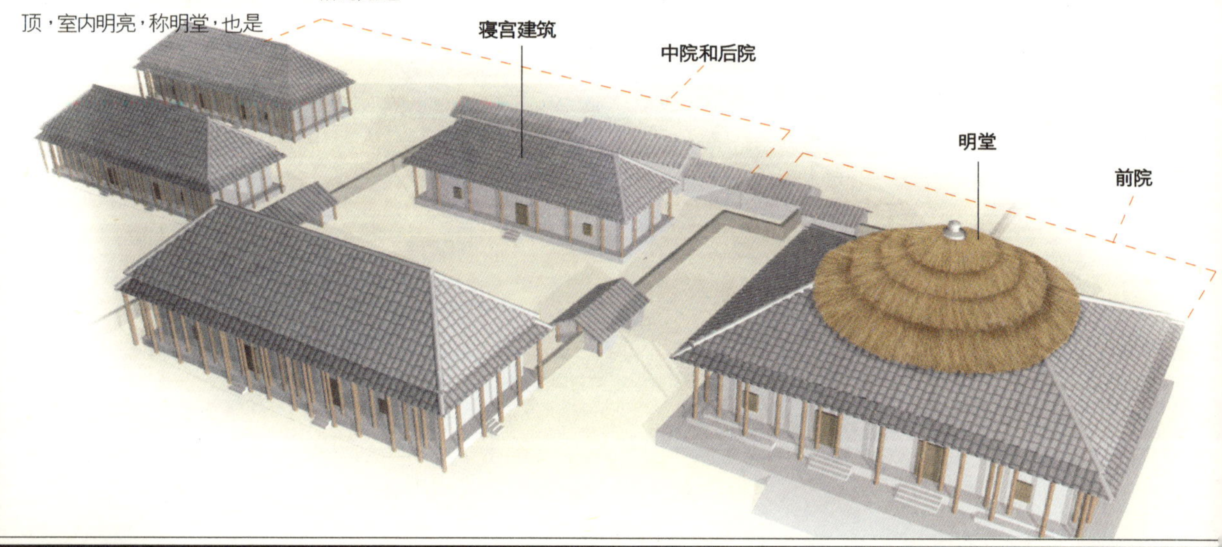

▲ **周初诸侯国分布**

周初两次分封，基本已完成了整个封建规划，即使后来仍有少数新封国出现，其数量也无法与周初相比。周人的分封，大多分布在中原即商朝旧地，加上在东方与北方开拓的疆土，往南则不过江汉一带。

▼ **周原**

周族占据关中平原的周原，面积约 5000 平方公里，地势高敞平坦，土层深厚而肥沃，河道纵横，《诗经》赞美说：肥沃的周原，使本来性苦的野菜，长出来也是甜的。

▲ **稷**

周族以种植稷为主，他们的农官称"稷"。稷是小米的一个品种，颗粒大而饱满，耐旱力强，适宜在黄土高原生长，产量高，是北方最主要的农作物。此外周族还引入大豆种植，可使人体吸收必需的蛋白质。谷物和大豆合理的食品搭配，使中国农耕地区的人从农作物中就解决体质的需求，而没有像游牧民族以肉食为主吸收蛋白质的饮食习惯。

◀ **大盂鼎铭文**

▼ **凤鸟纹玉饰**

商人崇尚燕子，周人则崇尚凤鸟，因此周人的玉佩和铜器上的纹饰，很多都以凤鸟为主题。

◀ **大盂鼎**

这是西周著名的礼仪重器。鼎内有铭刻的文章，记载了周立国的艰辛，表达了周王对宗亲的信任与依赖。

牧野之战

公元前 1046 年，周武王率各部落联军，到达商朝别都朝歌郊外的牧野。周武王历数了商纣王的种种罪行，号召全体将士齐心协力，勇敢作战。商纣王仓促组织抵抗，但由平民和奴隶组成的商军却临阵倒戈，纣王自焚而死，商王朝灭亡。

礼制化的社会新秩序

周王亲眼看到天神并没有为商朝保住国家社稷，不再相信神权政治。于是周朝创立了崭新的礼制化、等级严密的社会秩序来规范和治理国家，以确保王权至上的地位。

这是宗亲贵族当家作主的时代。周王利用宗法制度，严格确立从国家到每个家族内的嫡庶、长幼、尊卑之序。嫡长子为大宗，以下的余子为小宗，小宗必须绝对服从大宗，由此确立了王位的嫡长子继承制的法统地位。周王是天下大宗，作为诸侯国的共主，称为“周天子”。与周天子同姓的姬姓宗亲是小宗，分封为诸侯。但他们在封国内又是同族的大宗。这样，天子、诸侯是贵族最高阶层，卿、大夫是贵族中等阶层，士是贵族最低阶层，以下是众多的平民和奴隶，构成金字塔式的社会结构。周朝还制订了繁缛而精致的周礼，根据每个人的阶层和等级，从衣、食、住、行到举止行为全面加以区别和制约，任何人不得逾越这套无处不在的礼制。

整个社会的阶层、官职和爵位都是世袭的，周礼维护了世代延续的贵族世家利益。而小农家庭在礼制有序的年代里得到衣食，社会秩序相对稳定。因此，从夏、商以来对国王集权的国家架构不断探索，到周朝才真正完善起来。这套早熟的贵族王朝体制和社会秩序，非常适合重视家族血缘和礼仪的农耕社会，在周朝延续长达八百年。尤其受到孔子和儒家的推崇，以后始终贯穿在几千年的大一统的帝国制度中，更对延续中国人的伦理道德至关重要，周礼的遗风至今在一些农村尚存。当然，中国人也为此背负了沉重的精神桎梏。

▶觥

礼仪用器中，属于酒器的很多，觥是其中一种，此外还有壶、罍、盉、卣、爵、觚、勺等。这件觥是一位周朝王臣的祭祀用器，装饰很讲究，盖造成龙头形，器身上也有龙纹和兽纹。

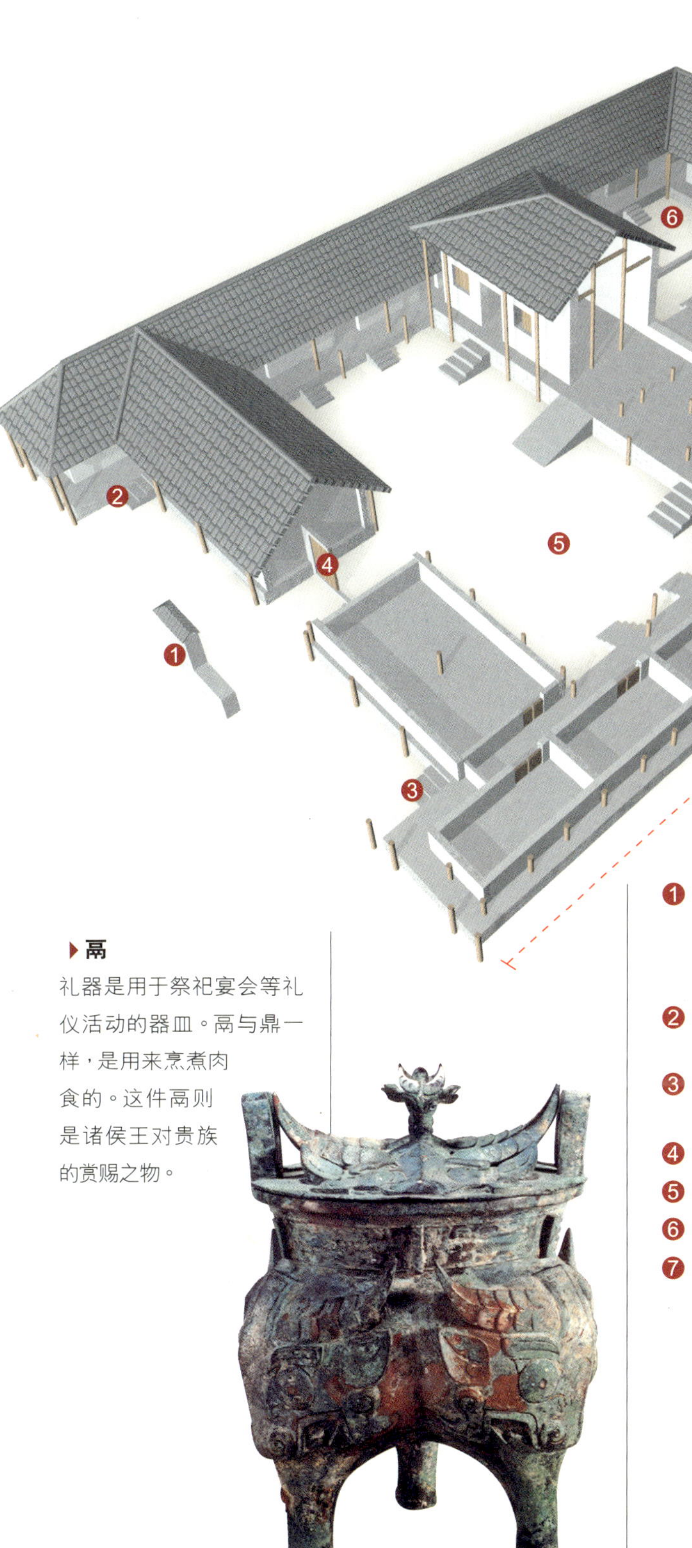

1 外屏，设于门外的夯土矩墙。在西周时只有天子才能享用此规格，诸侯只能在门内设屏
2 供宾客进出庙门用的“宾阶”
3 供主人进出庙门用的“阼阶”
4 庙门
5 中庭
6 西后庭
7 东后庭

鬲

礼器是用于祭祀宴会等礼仪活动的器皿。鬲与鼎一样，是用来烹煮肉食的。这件鬲则是诸侯王对贵族的赏赐之物。

周朝的祭祀中心

宗庙

周朝在发祥地周原，保留着祭祀祖先、先王的宗庙，是维系周王室血缘家族的神圣殿堂，周王和诸侯经常来此祭祀并议决国事。宗庙建筑有特定的礼制，以显示周王具有万邦之尊的地位。宗庙占地 1469 平方米，严格按照周礼制订的王宫“前朝后室”布局，即前朝用以祭祀和议政，后室是居室。商周两朝都重视祭祖，但动机不同。商王是为了与祖先沟通对话，寻求治国良策。而周王则利用血缘关系将同姓或异姓贵族团结在同祖同宗的旗帜下，构成周王朝的基石。

▲召公鼎

中国的青铜器主要做成礼器。九鼎是国家和周王权力的象征，被供奉在都城宗庙中最显赫的位置，只有周王举行重大国家典礼时才能使用，是周朝最神圣的礼器。这个鼎属于周成王的叔父召公，召公地位仅次于周王。这是至今所知地位最高的鼎，形制估计与周王的鼎十分接近。

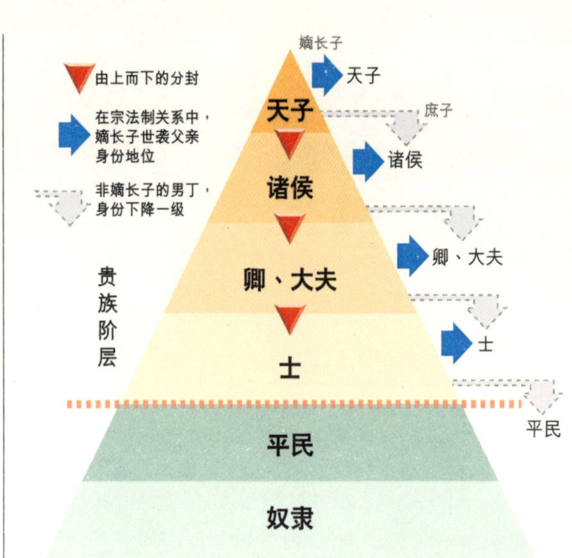

▲分封制与宗法制关系图

封建诸侯

武王灭商以后，把土地、人口封赐给贵族、功臣，建立了许多诸侯国。功劳最大的吕尚建立了齐国；周公旦建立了鲁国；召公奭建立了燕国。历朝后裔也得以封国，如尧、舜、禹之后分别封于蓟、陈、杞等。分封制加强了周王朝对辽阔国土的统治。

▶簋

这是用来盛放粮食的器皿，与鼎配套，是礼仪重器之一。用簋数目有限制，天子用八簋，诸侯、大夫、士以偶数递减。这个簋是周朝厉王为祭祀先王而制，是唯一可知的周王礼器。

创立礼制社会第一人——周公

刚迈进国家门槛的夏、商王朝，对国家的构架还处于探索之中。至周王朝建立初年，一套完整的礼制化的社会新秩序才建立起来，使周王朝平稳发展了八百年，其创立者就是被孔子高度赞颂的周公。

周公是周文王之子、周武王弟，名姬旦，史称周公，一生经历了商周王朝更替的大动荡。公元前1046年，周公参加了武王领导的伐纣灭商战争，牧野（今河南淇县南）一战，周军占领商都，商灭亡。

灭商后，周公建议周武王封商纣王子武庚为诸侯，仍住在商都，同时又封周武王弟管叔等三人驻扎在商都周围，监视武庚，妥善安抚了商朝遗臣。周武王灭商两年后病死，子成王继位。因成王年幼，由叔父周公辅政，代管国家一切政务。此事在王室中遭到以召公奭（音shì）为首的大臣们的诸多质疑，管叔、蔡叔极力反对，说周公想谋害成王，篡夺王位。武庚乘机煽动管叔、蔡叔起兵造反。面临内外交困的政局，周公先安定王室，消除疑忌，然后亲自率军东征，讨伐武庚叛军。用了三年时间，征服了武庚和东南地区叛乱，杀了武庚和管叔，将蔡叔流放，平息了内乱。东征的胜利，使商朝的疆域从七十五万平方公里，扩大到九十万平方公里。

周公为了加强对被征服区域的控制，实行分封制，分封七十一国诸侯，其中同姓（姬姓）宗亲有五十三国，异姓诸侯有十八国。诸侯们控制各地政权和军队，亦共同捍卫着王室国土。

为加强对诸侯国的控制，周公制定了以血缘关系为纽带的宗法制度。首先确立周王是“天子”，是天下共主。以周天子为大宗，与周天子同姓的诸侯，都是周天子的叔伯、兄弟，为小宗。对于异姓诸侯，也通过宗法关系加以控制。宗法关系使周天子权力至高无上，各地诸侯都掌控在他手中。周公还制定了与宗法制配套的金字塔式的等级制度，即天子、诸侯、卿、大夫、士五级。这套严格的君臣、父子、亲疏、尊卑等礼制，繁缛而精致，制约着 各阶层每个人的衣食住行及举止言行。其基本精神就是“忠”、“孝”，它对后世孔子倡导的儒学精神影响极深，也成为中华民族的传统品德。

周公代替成王管理国家政事七年之后，成王已长大成人，周公还政给成王。这时的周王朝已经巩固，西周以人文大国的姿态进入了稳步发展时期。

贵族与平民的两个世界

周朝贵族在礼制的笼罩之下，优越显赫的地位使他们饱享无微不至的特权和富足，也承担着不可推卸的义务。举行各种礼仪是他们最重要的日常活动，也是必修课，以此表达自己对于祖先、周王和国家的忠诚，省视道德行为是否符合礼制。贵族的衣食住行、生老病死，都受到金字塔式的等级约束，也是每个贵族身份的标志。任何逾越的行为，都被视为大逆不道。

与西周社会大致相似的古埃及、印度雅利安等国，也都为培育贵族阶层而制订各种等级礼制，使贵族更具优越感。但是，周朝贵族生活得更加精致和理性。“钟鸣鼎食”的贵族宴会，是重要的礼仪场合，在典礼上将各种青铜礼器盛满酒肉，贵族伴随着舞乐之声，饮酒助兴。地位越高的贵族，享用的青铜礼器越多、形体越大。表演的音乐和舞蹈，是专门为贵族创作的礼乐——雅乐，从乐曲、舞蹈，到乐器品种和数量，也有礼制规范。这套一成不变的礼仪形式，使贵族之间的尊卑一目了然，大大减少了上层社会的竞争与冲突。

周礼也约束着社会下层的人。居住在城里的平民，是与诸侯公卿血缘疏远的族人，称为“国人”，他们拥有议论国政的权利和出征作战的资格，是周王巩固政权必须依靠的力量。居住在城外乡野的平民，称为“野人”，是被周朝征服的土著居民和商朝遗民。他们从事繁重的农业生产，收获后向国家交税，不得参与政治和军队，但属于自由人。奴隶生活在社会最底层，没有人身自由，可以被随意买卖。但是商朝随意杀戮和殉葬奴隶的现象到此已经逐渐消失了。

周朝创造的礼制笼罩着社会的每一个人，无论贵族还是平民，都必须将忠诚、顺从、虔敬、孝悌的伦理观念渗透在血脉中，这就是周礼的真谛所在。

▸周朝的贵族形象

周朝各阶层按身份及官职穿着不同的服装，从冠冕、衣服、鞋，到随身佩戴的玉饰，都有规定的款式和颜色。周人的冠帽比商朝的高，有些竟然比人头高两倍，这位贵族穿戴的应是其中一种冠帽。

▾陶罐

相比于贵族，平民的饮食极为简单，饮食器具也以陶质为主。

▼**旂觥**

饮酒器是重要礼器。周朝吸取了商朝酗酒误国的教训，周初严格禁止贵族饮酒。因此，青铜礼器中重食器、轻酒器的传统确立下来。食器品种和数量大增，酒器数量锐减。酒器讲究精美华丽，以适应礼仪场合温文尔雅的气氛。这件觥做成兽形，头部有兽角，全身由大兽面纹和夔龙纹组成，是周朝酒器的新品种。

▲**平民的房屋**

周朝平民的房屋十分简陋，比原始社会的房屋没有进步多少。多为半地穴式的夯土屋，距地面深 1～3 米，面积 7～10 平方米。墙壁涂有黄土细泥，地面用火烧烤得平整而坚硬，屋内有火灶和存放粮食的窖穴。

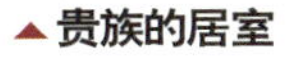

▲**贵族的居室**

贵族居住的宫室，面积很大，建筑阔达 5.6 米。

▲**筒瓦**

当时宫殿流行四坡式屋顶，是用纵架与斜梁配合的木构架建成。瓦顶和砖墙的技术也很成熟，使建筑既美观，又坚实。

【成康之治】

周成王吸取商朝灭亡的教训，勤政爱民，使政局稳定，社会安宁。他的儿子康王即位后，恪守先王的教诲，兢兢业业地治理国家，使人民安居乐业。据说在四十年间，很少有人犯法，连刑法都搁置不用，因而被誉为“成康之治”。

▼**诸侯使用的编钟**

编钟是周礼中重要的礼乐器，在典礼上演奏雅乐之用。不同等级的贵族，享用编钟的数量有严格限制。

▶**编钟的悬挂方法**

商朝的封国与方国

▲金铜面具

拥有以金箔装饰的人面具可以与神灵沟通。这是蜀王在举行祭祀大典中献给神灵的礼器，应是蜀人祖先的形象。在蜀方祭祀坑中发现大量的青铜面具，以金箔装饰的很少，更显拥有者的尊贵。

商朝对地方的管理和控制，远没有达到周朝的完善程度。商王作为天下共主，将势力所及的地方分为内服、外服，服内有大小封国，他们与商王的关系较为密切；势力稍不及的周边地区则有方国，他们与商朝若即若离。

划分“内服”和“外服”，表示中央与地方的行政等级。内服包括都城王畿地区和边疆军事要地，商王将同姓宗亲封到王畿，保卫王室。外服划分“四土”，设置官制，按官职称为侯、伯、子、男，构成贵族的高低阶层。外服地区多是被商朝征服的小国或部落，也被封国。商王根据封国的大小，授予首领相应的官职。这些封国负责戍守边疆，随王征战，为王垦田农耕，完成商王指派的各种杂役，向商王缴纳贡赋等。为了拱卫疆土防御外敌，商王还在边疆重要的军事据点册封封国，东部有山东苏埠屯，南部有湖北盘龙城，北部有河北邢国等，由商王的同姓贵族或有战功的异姓贵族管理这些封国。但是，商王对外服地区的控制并不严密，各封国有相当大的自治权，或自主联合，或相互发动战争，对王权构成潜在的威胁。

此外，在商朝周边还有很多关系比较疏远的方国，他们或是独霸一方的少数民族部落，或是与商朝若即若离的异姓诸侯国。商朝与方国之间战事频繁，武功显赫的商王武丁在位的五十九年中，与商朝交战过的方国或部落就达七十个，主要强敌来自北方和西北方的游牧民族。而南方又有经济发达的方国逐渐强盛起来，鄱阳湖的新淦方国和四川成都平原的蜀方，都是积极吸纳中原先进文明的地方势力。

▼商朝重要的封国与方国位置图

鬼方
羌方
河
安阳
黄
苏埠屯
郑州
盘龙城
蜀方
长
江
新淦
封国
方国

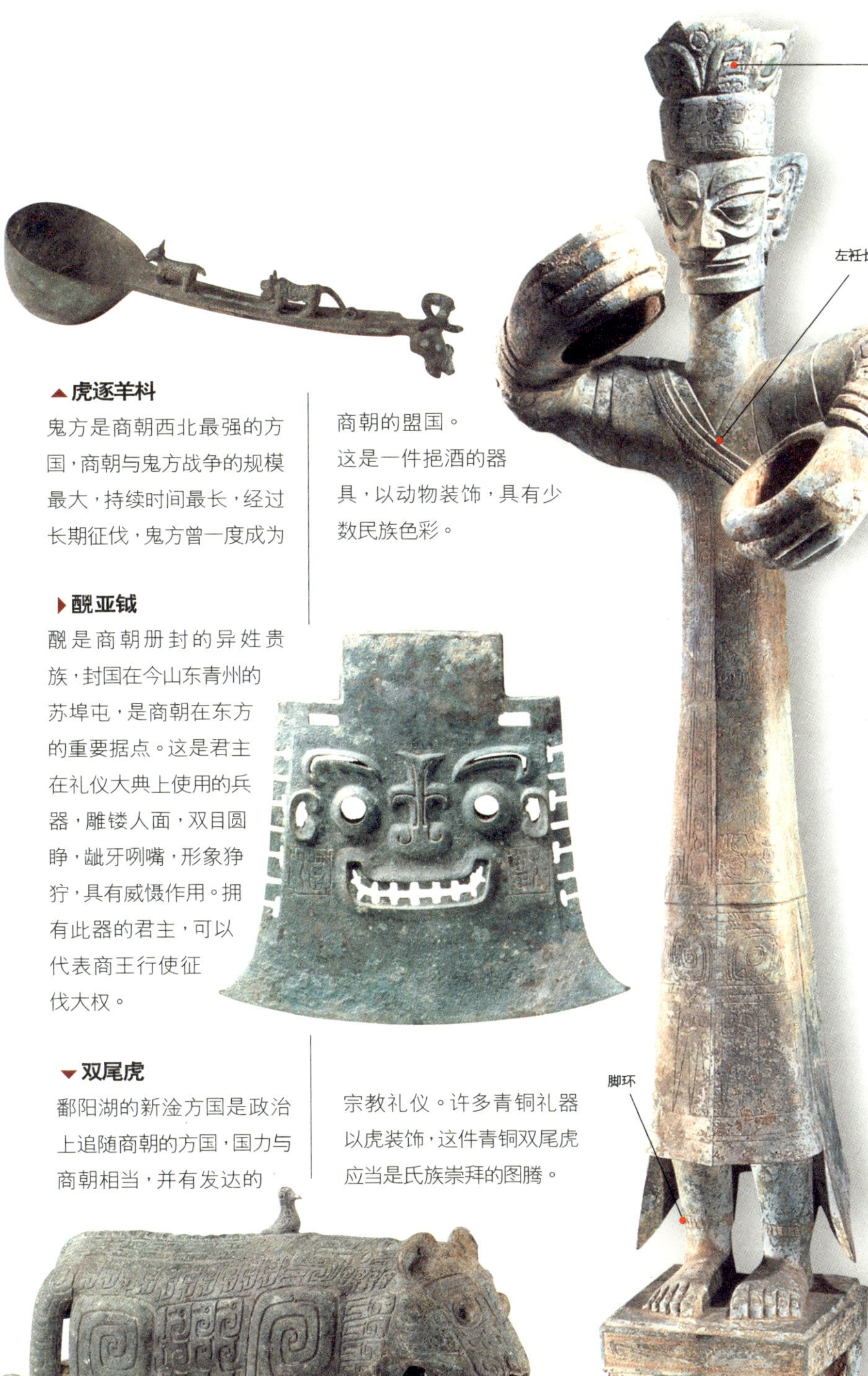

虎逐羊枓

鬼方是商朝西北最强的方国，商朝与鬼方战争的规模最大，持续时间最长，经过长期征伐，鬼方曾一度成为商朝的盟国。

这是一件挹酒的器具，以动物装饰，具有少数民族色彩。

巫师立像

蜀方同商朝一样，具有高度发达的青铜文明，重视祖先崇拜和祭祀。这是在蜀方祭祀坑出土的青铜巫师像，高 1.7 米，象征“群巫之长”，正在指挥盛大的祭祀场面。因蜀方也实行神权与王权合一的统治，应当就是蜀王的形象。祭祀坑还出土大量金器、玉器和青铜器，都是奉献给神灵的礼器。但是，他们并没有殉人祭祀的现象，比商朝的礼制更加文明。

䣄亚钺

䣄是商朝册封的异姓贵族，封国在今山东青州的苏埠屯，是商朝在东方的重要据点。这是君主在礼仪大典上使用的兵器，雕镂人面，双目圆睁，龇牙咧嘴，形象狰狞，具有威慑作用。拥有此器的君主，可以代表商王行使征伐大权。

双尾虎

鄱阳湖的新淦方国是政治上追随商朝的方国，国力与商朝相当，并有发达的宗教礼仪。许多青铜礼器以虎装饰，这件青铜双尾虎应当是氏族崇拜的图腾。

以神权加强王权

商王朝十分重视祭祀上天和祖先，遇到重大事件或行动，都要通过占卜来决定。巫祝在龟甲或兽骨上凿出小孔，用火烧灼使之爆裂，再根据上面的裂纹来断定吉凶。统治者通过占卜向上天或祖先取得指示，其实质是用神权来加强王权。

礼制下的诸侯国

周朝建立了较商朝完整的分封体制，在“普天之下，莫非王土”的前提下，把全国土地分封予诸侯。与周王血脉相连的诸侯国，在自己的封国内建立与中央相配的国家体制，有同王室一样的国君、官员、都城、宗庙、臣民和疆域，还具有相对的独立性和自治权。周王为了强化对诸侯国的制约，提倡“敬德保民”，以周礼治国，所有权利和义务都有明确的规定，上下尊卑有序，这是周朝统治比商朝高明的地方。

周朝的诸侯国与欧洲中世纪封建制下的城堡体系十分相似。周王配合国土分封制，将全国的国民分为阶层和等级。对王族、功臣和官员授予爵位，有公、侯、伯、子、男五等。诸侯以封国大小而定爵位，也在封国内层层授爵。周礼规定，诸侯国的国土和人口分为三等，城市布局、城墙、宫室、宗庙、街道都有严格规定，包括诸侯在内的各级官吏、贵族和平民的居室形式、服装式样、出行车马数量、祭祀礼器、陵墓葬制等，都由周礼层层规范。一旦发生逾越礼制的现象，将被视为背叛周王，要受到周王以及众诸侯的讨伐或封杀。每个诸侯国的都城中，还建立供奉诸侯祖先的神圣宗庙，全诸侯国的臣民都祭祀拜谒，以此维系君主与臣民之间的准宗亲关系。

在全国，与周王室血缘越亲密、距离王畿越近的诸侯国，受周礼影响越深，一般较守礼制；而边远地区的异姓诸侯国，与少数民族融合，礼制观念比较淡薄，时有逾越礼制的混乱现象。

◀ **诸侯的玉面饰**

玉被认为是自然界的精华，能够使尸体不腐，因此统治阶层用玉器殉葬成为礼制的一部分。这组仿人的面部特征特制的玉件，缀联在一块布帛上，盖在虢国国君的面部，古代称为幎目。

▼ **金腰带饰**

虢国国君生前佩戴的皮带上缀有金饰。王家气派自然而出。

▶ **虢国国君墓复原图**

虢国是周王分封的同姓诸侯国，封邑在王畿区内，与周王关系密切。国君是最高等级的公，地位仅次于周王，在执行礼制上比其他封国更严格。在国君虢季的墓室中，发现五千多件随葬品，以铜器和玉器为主，全部随葬品的种类和位置与周礼完全相符。

▼ **七璜联珠组玉佩**

虢季佩戴的大型组玉佩，由七璜组成，代表诸侯国君的高贵身份。其夫人佩戴五璜连珠玉佩，而太子和其他高级贵族都没有佩戴。周礼规定，仅限于有封号的诸侯和高级贵族佩戴玉佩，周天子的组玉佩用黑色丝带串连，诸侯用红色的丝带串连。

▶ **诸侯国太子的玉人佩饰**

周朝贵族都佩戴玉饰，诸侯国虢国的太子的身份与卿大夫相等，所佩的玉饰为蹲踞的人形，以人龙合体作装饰，在周朝很流行。

【昭王南征不返】

地处长江下游的楚国因怨恨中原各国的蔑视，经常与周王朝对抗。周昭王十九年，昭王亲自率军南下伐楚。楚人用木板胶合成船，留在汉水边让周军乘渡。船到河中心，胶水融化，木船解体，昭王落水淹死，南征的周军几乎全军覆没。

商周共主的战车部队

商朝时，国家还没有正规的常备军，国王身边只有数百人的王室卫队。一旦发生战争，国王临时集结各诸侯国的族人出征作战，战争结束后，他们仍然回家劳动。重大战役都由商王亲自率军出征，参战最多可达万余人，最长的战争耗时达三年。

直到周朝才建立起中国第一支常备军，兵力约四万二千人，直属周王。平时驻守在都城镐京有六师、成周洛邑有八师，每师有兵力三千人，以后增加到二十二师。周王在征伐时，除了中央常备军参战外，还要征召诸侯国和王臣的军队。为了防止诸侯势力坐大，地方军队的兵力有严格限制。各诸侯国不得随意出兵征伐，必须服从周王的调遣。

商周时代，战争的中心一直在黄河中下游广阔的平原地带，那里特别适合战车驰骋，所以车战盛行，大战役的战车达到三千乘。车兵是主要兵种，步兵是辅助兵种，与车兵配合作战。

在兵源方面，在当时的贵族社会里，军人是高尚的职业，野人、商人和奴隶没有资格参战。常备军多来自贵族下层的“士”，而临时参战的国人，平时耕种，战时打仗。由于车战对军人的素质要求很高，平时国人通过学校教育和军事演习进行训练，同时还接受礼制教育，使军人既知礼，又善战。

当时的车战是一种贵族式的战争，军阵有一成不变的阵式，击鼓为号，发动攻击。交战时双方都保持礼仪风度，崇尚勇武和信义，轻蔑狡诈和懦弱。这种不讲谋略兵法，讲究道德和武力，是礼制竞技化的战争，与中世纪欧洲的骑士精神极其相似。到春秋战国时代，贵族精神的战争已经荡然无存了。

铜骹玉矛头

矛也是商周车兵的主要武器。这矛头用铜与玉合制，不是实用兵器，是象征权力的仪仗性礼器。

商朝兽面纹胄

车战时代，车兵站于车上，目标明显，较难躲避攻击，商朝已经出现了各种防护装备。这件青铜胄可保护头部，是江西新淦方国国君或高级将领的防护装备。

铜戈

商周军队大量使用适宜车战的青铜武器，戈是车战中的常规武器，戈装上柄使用，属长兵器。这件铜戈是商王武丁后妃妇好的兵器，妇好是商朝赫赫有名的大将军。

▲**车战基本阵式示意图**
车战基本阵式以五辆车为一个编队，有车兵十五人，步兵十五人，分成中、左、右三组。中组三辆车在前，纵列冲击敌方，左、右组各一辆车在后，分为两翼，策应攻击。

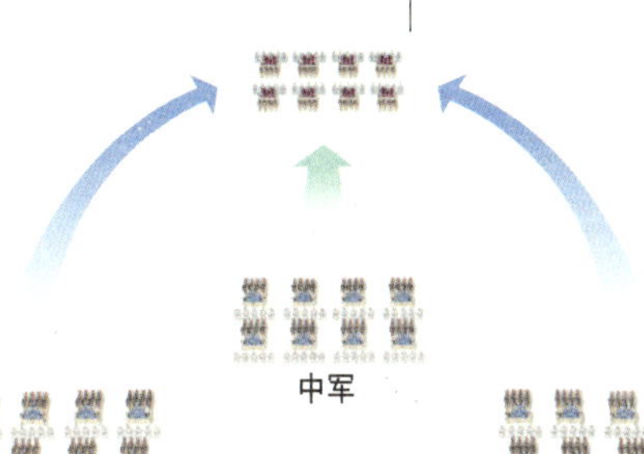

▲**三师战法示意图**
三师主要是把军队分成三部分作战。三师中，中军是主力，左、右军为两翼。进攻时，中军从正面攻击，左、右两翼从侧面包抄。

▼**战车兵士配置图**
每辆战车配备三人，左是弓箭手，右是攻击手，持戈或矛，中间一人是驾车的驭手。车兵头戴青铜胄，身披皮甲，装备精良，而且每人都经过严格训练，可以在奔驰的车上战斗。步兵与车兵配合作战，车兵在前冲锋陷阵，将敌军击落车下，步兵随后斩杀。

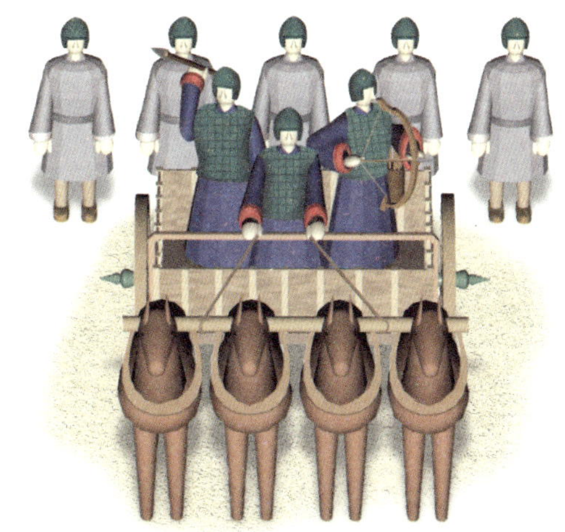

▼**车马坑**
这是一座周朝大型墓葬的附属部分，有一辆四马战车和一辆两马座车。周朝的战车比商朝的更精良坚固。高、长、宽有严格的尺寸标准，且上下方便、行进稳快、在泽地行驶不沾泥。

周厉王止谤

周厉王残暴贪利，“专山林川泽之利”，严重影响了人民的生活，社会矛盾激化。周厉王不仅不采取缓和措施，反而让人监视发泄不满的人。一旦发现，即刻斩首。三年之后，人们的怒火在沉默中爆发，发生了国人暴动，赶走了周厉王。

青铜业带来的生机

夏商周三朝，在巩固王权的政治革命过程中，还进行了一场技术革命，由石器时代进入了金属时代，这是农业革命以来的又一次飞跃，辉煌的青铜文明使中国一跃而进入世界的前列。

青铜的发明和使用，被视为文明进程的重要标志。邦国时代只能制造小型铜工具，夏朝已能冶铸青铜容器，这是由王室垄断的尖端技术，并未在各地传播。商朝的王室和势力强大的诸侯国、方国都开始冶铸相当精美的青铜器，产品以礼器和兵器为主，其中不少还具有神秘色彩。周朝进入青铜业的鼎盛期，原来由王室垄断的青铜业向贵族扩展，不仅都城内有大规模的铜器作坊，连地位不高的诸侯和卿大夫也可以自铸铜器。青铜业分布相当广泛，产品从传统的礼器和兵器扩大到工具、农具和生活用品等领域，青铜器的神秘色彩也逐渐淡化，风格变得较人文化。青铜器盛行，为贵族阶层享受精致典雅的礼制生活，提供了物质基础。

先进的青铜工具激发百业俱兴。发达的手工业又促成周朝一个特殊的阶层 —— 专门从事贸易的商人出现了。大都市中建有官方市场，商人一律在市场内交易商品，并由王室官员监督和征收商税。商品流通到各诸侯国和方国，甚至有一条商路通向西域的中亚地区，是汉唐丝绸之路的前身。

但是，商周时期商人的命运与欧洲希腊、罗马大不相同，欧洲商人是体面的职业。而商周以来，在以农为“本”的社会里，商人被视为“末”业，处于社会的最底层，鄙视为自私、诡计之人。周礼规定，商人没有议政和参军的资格，地位与野人相当。这种“重农抑商”的观念，对后世影响深远。

商朝礼器——人面纹方鼎

用人面纹装饰的青铜鼎，有威严和沉重之感，是祭祀山川河流的礼器。人面表情坚毅而冷峻，给人一种威慑力，应当是巫师或天神的形象。

▲**商朝的礼器——四羊方尊**

商周时期，人们对青铜器非常珍视，把它作为祭祀和礼制的主要用器。商人喜欢饮酒，所铸的青铜器以饮酒器具为主。这是盛酒的礼器，纹饰繁缛，有高浮雕的装饰，突出的羊首造型生动逼真，是商朝青铜铸造工艺的杰出代表。

▼**司母戊鼎铸型及装配法**

此鼎采用分铸法，先用陶范铸造各部分，然后装配而成。

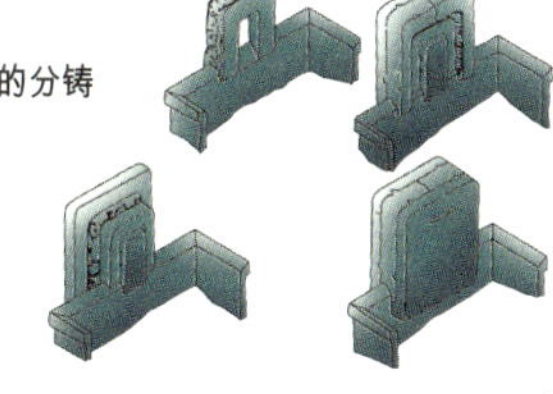

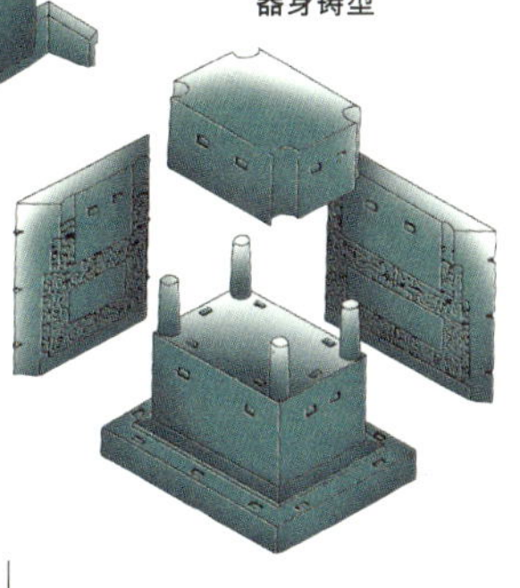

▲**周朝礼器——𢦚簋**

簋是盛器，配合鼎组成礼器的主件。周朝青铜器的种类与商朝不同，商朝的铜器中较多酒器，周朝则较多食器，可能是与周人汲取商人好酒亡国的教训有关。

▼**鸭形的铜盉**

这件酒器仿鸭形，鸭尾上有一圆雕铜人站立，此外亦有其他细节装饰，可见工匠的心思。而器皿呈青绿色，光洁明亮。

▼**以自锁法铸成的簋**

这个簋是用装嵌的方式把簋耳铸合起来。铸造簋身时，在与簋耳连接的位置铸有凸出的锁钉，再把簋耳套上去，铸接锁紧，这样便不易松脱。

◀**提柄酒壶**

西周青铜冶铸技术出现许多新工艺，酒壶多有提柄，工艺要求相当高。

▶**贵妇的化妆盒**

这是周朝诸侯国虢国国君夫人的化妆盒。周朝的青铜器产品已更广泛地应用到日常生活领域。

青铜器的铸造

冶炼青铜器的主要原料是铜、锡、铅，冶炼温度近千度。铸造时，先依据器物的形状制造范具，然后将炼成的青铜溶液浇注到范具中，待冷却后将范具打破，稍加修饰，青铜器就铸成了。大型或造型复杂的器具往往需要多次浇注才能完成。

贵族垄断的文字

自商朝的国王极度依赖巫师用汉字记述的占卜卜辞治国理政以后，巫师在创造汉字的历程中发挥了巨大的、无可替代的作用，中国人从此进入了汉字记事的时代。这种象形文字是中国深厚文化的载体，绵延数千年。直至今日，天南海北的中国人，尽管语音千差万别，仍可以无阻隔地以汉字沟通。

商朝的文字完全由王室的巫师垄断，大多镌刻在龟甲和牛、羊等动物骨上，记载了巫师占卜的内容，称为“甲骨文”。迄今已发现的甲骨文卜辞有十六万片以上，总共四千多单字，能够识别的有一千多字。记载的国家大事有祭祀、田猎、征伐、天象和农业等；小事有商王耳鸣、牙痛等。

▲金文的族徽

金文首先用毛笔反写在铸造青铜器的内范上，然后用雕刀契刻，浇铸铜器时便成为正写的铭文。这是其中一个刻在鼎上的图案，估计应是族徽。对坐的两人之下有“父癸”二字，是祭祀对象的名字。

甲骨文与拼音文字有很大差别，巫师运用象形、会意、形声、假借等造字方法，用来记录相当繁杂的事物，显示了高度的智慧和组织能力。甲骨文只限于祭祀占卜中使用，掌握它的人必定是王室的精英人才。由于掌握这种形音义兼备的文字有相当的难度，从此注定了汉字是世界上最难学的文字的命运。至于两千多年以后，随着隋唐帝国的强盛，汉字对东亚诸国文字产生了巨大影响，这是汉字创造者没有预料到的。

商朝后期，青铜礼器上开始铸刻铭文，称为“金文”。周朝的金文又成为礼制的重要工具，礼器上的长篇铭文骤然增多，百字以上的很常见。铭文内容多涉及政治、军事和社会制度，尤其大量记载周王分封与赏赐、各国战争、土地交易、经济案件等，实际是周王室和贵族的家族档案库。

▲甲骨文中的鸟字

甲骨文是现今所知最古又初具体系的文字。大部分甲骨文都有象形的特点，例如这个“鸟”字，非常具象地摹绘出一只鸟的形貌。

当然，汉字为周朝确立和传播伦理道德，发挥了巨大的作用。西周只有官府学校，可谓真正的贵族教育，学生要学习必修课——周礼，必须掌握文字。因此与商朝一样，文字仍然属于贵族阶层智力交流的专利，无法在没有资格接受教育的平民中传播。

汉字构造基本法——六书

由于汉字构造的特殊，由商周到东汉，研究文字的学者归纳出汉字创造和构成的六种法则，称为“六书”。六书分别是指事、象形、会意、形声、转注、假借。指事和象形指在字形上表现出直观的事理（如“上、下”）和物体（如“日、月”）；会意是指用两个或以上的字组合以表意（如“武”是“止”和“戈”）；形声指字体由表义和表音两部分构成（如“江”）；转注是把意义相同的字互相借用；假借是指借用同音的字替代那些不易在字形上表现的字义。

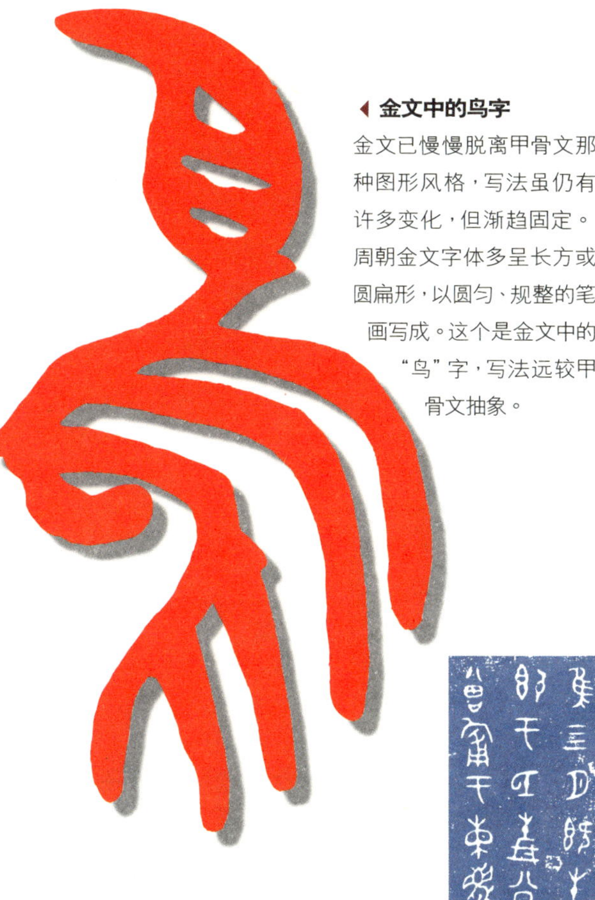

金文中的鸟字

金文已慢慢脱离甲骨文那种图形风格，写法虽仍有许多变化，但渐趋固定。周朝金文字体多呈长方或圆扁形，以圆匀、规整的笔画写成。这个是金文中的“鸟”字，写法远较甲骨文抽象。

周朝的匍鸭铜盉铭文

这是周朝中期礼器，铭文字体是流行的“玉箸体”，圆润优美，完全摆脱了甲骨之风。

史墙盘

这是周朝一位贵族为纪念受周王表扬而制作的礼器，铭文二百八十四字，历述周朝六王的功业，是典型歌功颂德的赞文。

甲骨文字形举例

商朝创造了象形、会意、形声、假借四种造字方法，象形是最基本的造字方法，辅以会意、形声和假借字等。以形声字最为进步，克服了象形和会意两种造字法的局限性，用声符来注音，能够造出无穷的新字，今天的汉字绝大多数是形声字。在甲骨文中，象形字占37%，会意字约占40%，形声字只占18%。而在金文中，形声字已经占了70%以上。

象形字	会意字	形声字	假借字
日	明	盂	我
圆形代表太阳，中间一划或是书写时的习惯，用以区分不同的字	日和月都会发出光辉，把两个字合起来表示光亮	上部表音，是个“于”字，下部表意，形如盛器	原指有柄的锯，与用来指称自己的“我”，意义完全无关，是同音借用

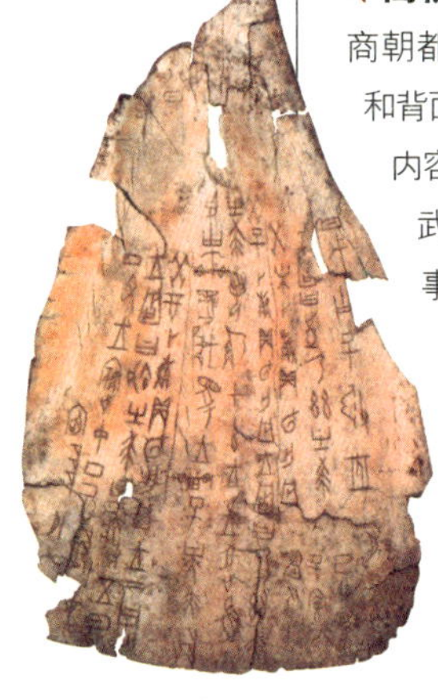

商朝的甲骨刻辞档案

商朝都城殷墟出土。正面和背面共刻一百六十字，内容记载商王祭祀父王武丁，并乘车狩猎等事。卜辞多是先用刀刻出字体，然后用毛笔蘸墨或红色颜料填写。

沦落的周天子

公元前770年，是周王朝永记的耻辱年代。昔日位居诸侯共主地位、不可一世的周王，在王室内讧和戎狄入侵的沉重打击下，被迫放弃都城镐京，东迁洛邑，史称东周。周天子号令天下的时代从此一去不复返，开始了中国历史上最漫长的战乱时代。

周室势力衰落后，僵化而刻板的礼制秩序，已经无法束缚诸侯的政治野心，使金字塔式的统治从根基上发生了动摇。东迁后势力衰微的周王，在诸侯眼中只不过是毫无价值的小摆设，国土不断遭到蚕食。由于贫穷和软弱，他不得不放弃天子的尊严，蜷缩在都城，势力范围只有都城周围的一二百里。他只有依附于势力强大的诸侯国，常年靠借贷度日，地位比三等小诸侯还要卑微。

强大起来的列国诸侯早已不把周王放在眼里，对支撑周朝根基的《周礼》猛烈的冲击，繁缛的礼制成为废纸。他们挣脱周王约束，再也不用向周王定期纳贡和朝觐述职了。首先向周王发难的，竟然是周王的同姓诸侯。他们从祭祀大典到陵墓葬制，都争相采用周天子的礼仪，肆意扰乱周礼。后来，连周边的弱小诸侯也纷纷仿效。周王朝精心建立数百年的以宗法血亲为核心的社会等级制度，被宗亲摧毁了。

以后战乱纷争的五百年，是列国争霸图强的年代，新兴的政治家和哲学家冲破周朝的精神枷锁，在混乱中寻求新的国家体制和治国之道。

▼东周王城复原图

周王权势日下，无力再建筑宏伟的宫城，他居住的王城，规模远不及西周都城。但是，周王为了维护已经动摇根基的周礼，还是严格按照周朝礼仪规划都城，城门、王宫、宗庙、社稷神坛等建筑物的位置都据周礼的规定安排。

1 王宫
2 殿堂，周王朝会群臣诸侯的地方
3 社稷神坛，是国王登基典礼和祭祀神灵之处
4 宗庙，祭祀祖先的地方
5 城门

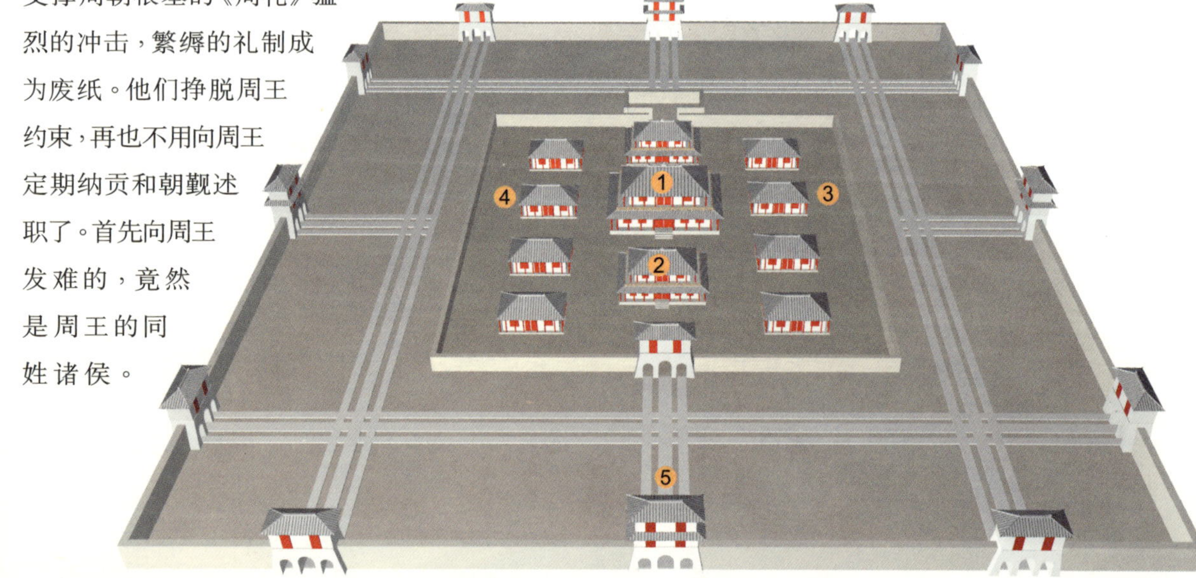

▲ **青铜编钟坑**

编钟是礼制大典中演奏礼乐的重要乐器，郑庄公享有一套天子规格的礼乐器。

▲ **仿青铜礼器的陶壶**

在周礼崩溃、礼制混乱的状况下，昔日地位超然的青铜礼器，也改为用陶仿制，专门用于随葬。

▲ **嵌金银卷云纹青铜鼎**

鼎是周礼中居首位的礼器，东周王室的鼎，已经完全失去了昔日威严拘谨的风格，造型也改变了周礼的旧模式，标志着维系周王朝命脉的周礼走向衰亡，新兴的政治体制即将出现。

▼ **郑国公举行大典的鼎**

▶ **莲鹤方壶**

这是郑国君主享用的盛酒礼器。从造型到纹饰，已经完全摆脱了周礼的束缚。设计奇巧，铸造技艺卓越，开创了新兴的艺术风格。只有在自由开放的时代，才能造就这种堪称时代精神的作品。

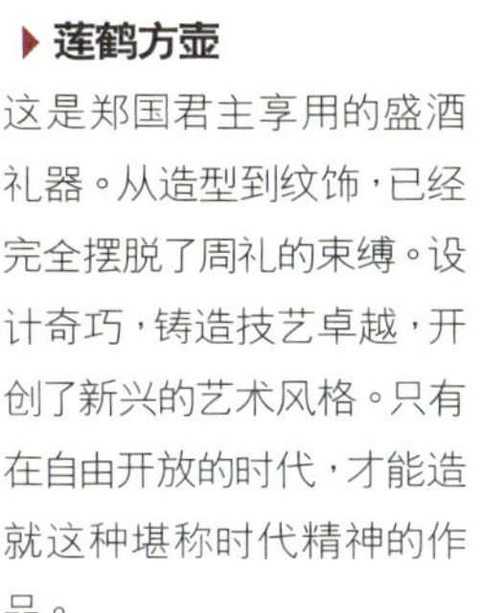

◀ **郑国公的祭祀坑**

郑国是周王室的同姓宗族，深受周王信任，封国与都城邻近，是周王的护翼。号称“小霸”的郑庄公最早反叛周王，与周天子并立“共主”的地位。这是他举行祭祀大典的祭祀坑，公然享用天子九鼎的最高礼仪规格，显示自己与周天子平起平坐的尊威。

烽火戏诸侯

昏庸的周幽王宠爱妃子褒姒，为了博美人一笑，竟下令点燃了报警用的烽火。四方诸侯见狼烟突起，以为外敌入侵，急忙率兵赶来。褒姒看到他们紧张的样子，哈哈大笑。遭到戏弄的诸侯很生气，以后，犬戎进攻镐京，诸侯们谁也不来相救了。

荆轲刺秦王与游侠精神

在战国特殊的历史背景下，游侠应运而生。他们崇尚“士为知己者死”的情操，甘当刺客为“知己者”复仇，荆轲刺秦王的故事，以名士忠君而名垂千古。

荆轲从小生长在卫国，好读书击剑，颇有修养。他早年想凭一身武艺为国王卫元君效力，但未如愿，后离开卫国，开始了游侠生涯。荆轲来到燕国，广交豪杰之士，常与好友高渐离和一些屠夫在闹市中饮酒高歌。燕太子丹很赏识荆轲，两人交往甚密。后尊荆轲为上卿，专门为他建造宫殿，称为“荆馆”。

燕太子丹曾在秦国做人质，受尽秦王嬴政的歧视，并险些被杀害。以后几经周折，燕太子丹才回到燕国。不久秦国吞并韩、赵两国，又对燕国虎视眈眈。在燕国面临生死存亡的时刻，燕太子丹决定派荆轲刺杀秦王，挽救国家。荆轲已经在荆馆过了两年无所事事的优越生活，他想为燕国效力，但是报国无门。燕太子丹向他提出刺杀秦王的请求以后，荆轲满口答应。

荆轲在行刺前，制定了周密的计划。他有赵国著名剑匠徐夫人铸造的毒剑，锋利异常，见血立死。又准备了秦王想要的两样礼物作为见面礼，一是秦王仇人樊於期的首级，二是燕国军事要地的地图，毒剑就藏在地图中。此外还让至交勇士秦舞阳当助手同行。临行前，燕太子丹身穿丧服为他送行，走到城外易水河畔，荆轲高唱：“风萧萧兮易水寒，壮士一去兮不复还！”歌声激昂慷慨，以示必死之志。一曲终了，掉头而去。

荆轲进入戒备森严的秦宫，拜见秦王，从容应对，献上礼物，当秦王打开地图时，露出早已卷在地图中的匕首，荆轲拔出匕首刺向秦王，但未刺中，秦王拔剑自卫，慌乱之中剑拔不出来。荆轲又上前追杀秦王，最终被卫兵杀死。

荆轲的壮举被世人千古流传。

从表面看，荆轲刺秦王是舍生取义的侠义行为，是报答燕太子丹的知遇之恩。其实荆轲追求“名”，甚至比生命更重要。刺秦王是他在完成一生追求“名高于世”的伟业，实现自我价值。因此，侠义行为源自一种类似宗教的心理冲动。不过，游侠所顶礼膜拜的不是彼岸世界的上帝，或来世的幸福，而是存在于现实世界同时又是永恒的高尚的道德目标。其实，荆轲被历代宣扬为名士忠君的典范，就是后世倡导的君臣关系的先河。

齐桓公与春秋五霸

春秋时期，各诸侯国尊奉势力最强大的诸侯为霸主，其政治地位直逼周王宝座，诸侯争霸之战由此拉开了序幕。

春秋时有齐桓公、晋文公、楚庄王和秦穆公、宋襄公等争夺霸主，史称“春秋五霸”。

齐桓公为五霸之首，姓姜，名小白。他是一位有雄才大略的君主，重用管仲、鲍叔牙并大刀阔斧地进行改革，使他走上称霸的道路。他“挟天子以令诸侯”，首先提出“尊王攘夷”的口号，联合燕、宋等国打败入侵中原的西戎、北狄，在诸侯国中树立了威望。公元前651年齐桓公召集鲁、宋、许等国诸侯会盟葵丘，周天子派人参见，这标志着齐桓公的霸主地位得到了周天子的承认，称霸事业达到顶峰。“齐桓公称霸诸侯，一匡天下”，成为春秋时期第一位高举霸政大旗的霸主。

晋国国君晋文公，姓姬，名重耳。他为称霸天下，减轻税收、刑罚，救济饥荒，受到百姓拥戴。此时周王室发生王子带勾结狄族赶跑周襄王的事件，晋文公利用这一机会，再一次打出“尊王攘夷”的口号，打败王子带，在诸侯国中确立了威望。公元前632年，晋楚两军在城濮决战，这是春秋时期最大的一场战役，晋国大获全胜。齐、鲁、宋、卫等七国与周王室订立盟约，正式称晋文公为盟主，从此晋文公成为霸主。

楚国是南方大国，国君楚庄王，姓芈，名旅，他统治了长江中游的广阔地域。而中原一向是大国的必争之地。楚庄王为称霸中原与晋国展开长期战争，最终打败晋国，问鼎中原。继楚庄王其后的秦国国君秦穆公，雄心勃勃要称霸中原，但是最终无力东进扩张，只能向西北发展，兼并十二国，占地千里，称霸西戎。而宋国国君宋襄公虽然一生争霸，但终未能如愿。

在中原大国争霸战火不息之时，东南的吴越两国宿敌也展开了殊死的兼并之战。因而春秋五霸又有另外版本，即齐桓公、晋文公、楚庄王、吴王夫差、越王勾践五霸，并未将秦穆公和宋襄公列入霸主之列。

在连年的争霸战争中，诸位霸主承担了政治势力重新组合的历史重任，最终形成了战国七雄争霸天下的局面。

弱肉强食的世界

周室衰落后，命运多难的周王不能再号令天下了，强势的诸侯也不满足于光是享用天子的礼仪，他们要争夺发号施令的权力，初时，他们都有所顾忌，一面打着尊重周王的旗帜，一面争取成为霸主，实行“挟天子以令诸侯”，慢慢就按捺不住了，楚国诸侯率先撕破面纱，公然称王。后来，连弱小的诸侯也都称王，于是诸王并起，争霸战争一触即发。大国不断攻打弱小的国家，掠夺土地、人口、财富，以至吞并整个国家。在春秋时期的二百四十二年中，发生颇具规模的战争达四百八十多次。战争的结果是：小国被兼并，大国疆域迅速扩大，周王分封的一百四十多个诸侯国，最终形成了秦、楚、齐、韩、赵、魏、燕七个占地千里的“超级大国”。战国时代的七国霸主野心日益膨胀，统一天下是他们的梦想，七雄争霸天下的战火继续燃烧了二百多年。超级大国的兼并更使战争不断升级，越演越烈。城市的防御系统成为抵御敌国进攻的保障，各国竞相构筑高大的城墙。随着新兵种——骑兵的出现，大军团作战的战场更加广阔。北方各国又纷纷沿国境修筑了绵延数百里以至上千里的高墙，称为长城。七国开拓疆土运动像滚雪球一般，越滚越大，国土比西周时扩大了几倍，为后世秦汉大帝国的版图疆界奠定了基础，同时新的国家形式也逐渐展现出它的轮廓来了。

吴国军事城堡鸟瞰

战国构筑临时性的野战城垒，规模比城池小，适合军队野外宿营或长期阵地对峙之用。这是吴国建造的军事城堡，位于江苏常州市湖塘镇。全城总面积 78 万平方米，相当于 106 个足球场大小。以城墙和护城河构成环形的严密防线，内外的城墙各开一个出口，护城河的河道互不相通。其布局体现了军事防御功能，适合江南水军的攻防战术。

▲**陆军攻战场面**

这是战国时代一个铜壶上的攻战图，正表现一场攻城场面，城上的士兵在城头抗击进攻者，城下的士兵登云梯攻城。

▶**诸侯兼并的物证——吴王夫差矛**

春秋时期，长江流域的吴、越、楚三国展开殊死的兼并战争，尤其吴越两国更是世仇。先是吴王夫差攻破越国，俘虏越王勾践，后来勾践卧薪尝胆，蓄积力量，终灭吴国，并把夫差的随身武器——吴王夫差矛作为战利品带回越国。一百年后，越国被楚国灭亡。越王勾践剑与吴王夫差矛都作为战利品带回楚国。这两件兵器是诸侯争霸的物证，也是难得一见的宝物。吴、越铸造的兵器以刃部锋利、装饰华丽著称。兵器表面饰有菱形暗格纹，经过金属膏剂涂层工艺，证明中国早在二千五百年前就已掌握这种精湛的表面合金技术。

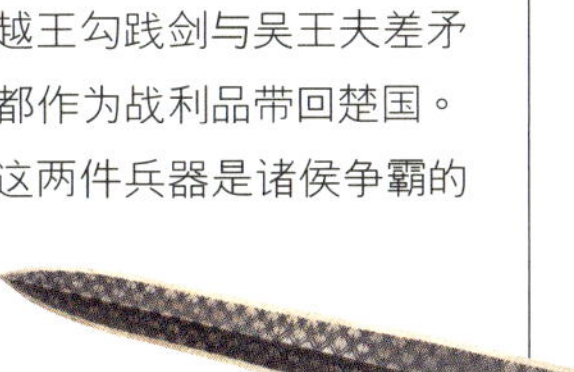

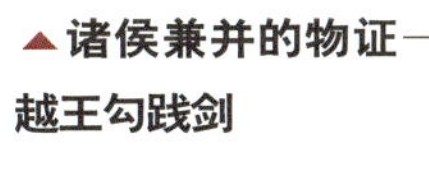

▲**诸侯兼并的物证——越王勾践剑**

▶**青铜镶嵌虎噬鹿屏风插座**

这是战国时代中山国的制品。中山国是少数民族建立的国家，具有勇悍民风，与周围的大国长期对峙。这件青铜器塑造成一只威猛的老虎叼着一只鹿，呈现了征战而归的胜利者形象。

▶**被争夺的青铜礼器——重金络壶**

在兼并战争中，战胜国除了吞并国土、强占财富和人口以外，还抢夺都城中象征地位和权力的青铜礼器。重金络壶原属燕国重器，齐国打败燕国后，成为齐国的战利品。在壶口和壶足有铭文，记载了此壶在战乱中辗转易主的经历。

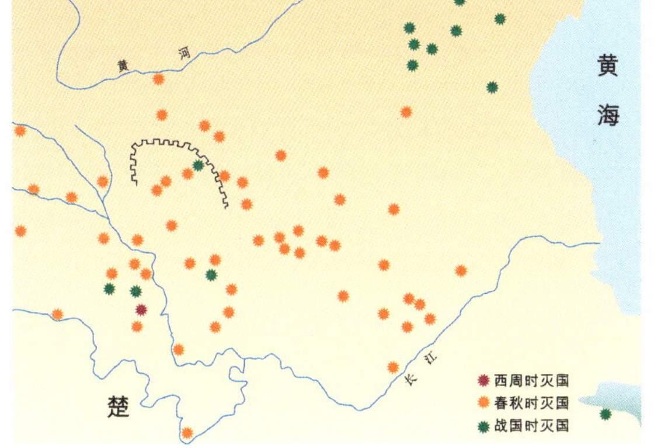

◀**楚兼并地图**

楚国是春秋战国时代的南方大国，在发展期间不断兼并周围的国家，以扩大版图。由西周至战国期间，总计共灭国六十二个。楚国的兼并，正反映当时国家之间弱肉强食的现实。

周平王东迁

周幽王被杀后，诸侯们拥立了周平王。但是，天灾人祸已使丰、镐地区残破不堪，不宜再做统治中心。于是平王在晋、郑、卫、秦等国诸侯的护送下，迁都洛邑，开始了东周时期。但此时的周王朝已十分衰落，仅保留着天下共主的虚名了。

卧薪尝胆

公元前506年，吴王阖闾以伍子胥为大将，统兵伐楚，攻进楚都郢。公元前496年，阖闾又挥师南进伐越，不料被越大夫灵姑浮一戈击中，因伤逝世。夫差即吴王位后，立志为父报仇，日夜练兵。越王勾践得讯后想先发制人，不顾大夫范蠡的劝谏，于公元前494年发兵攻吴。吴王夫差以勾践杀害先王又兴兵伐吴为由，激励将士，使得士气高昂，给予勾践迎头痛击。勾践败后懊悔万分，危难之际采纳了委曲求全、以退为进的策略，向夫差求和称臣。吴王乘胜向北进击，大败齐军，成为江南霸主。

夫差胜后没有听从伍子胥处死勾践的谏言，而将其带回吴国服役，并极力羞辱他：将他囚于石室，让他为吴王阖闾守墓，在国人面前为自己牵马等等，勾践忍辱负重，自称贱臣，吃粗粮、穿烂衣、服苦役，对吴王执礼极恭，小心伺候，而且三年之中从未显示出一丝恨意。夫差渐渐地认为勾践已真心臣服，决定放他回国。

公元前490年，勾践终于回归故国。他为了告诫自己不忘报仇雪恨，日日卧薪尝胆，发愤图强，富民兴国。在范蠡、文种的辅佐下，经过“十年生聚而十年教训”，使越国的国力渐渐强盛起来。

勾践在发展本国势力时，不忘设法麻痹并削弱吴国。他极力表现自己的忠心，年年按时向夫差进献美女、珍宝、玩物；他迎合夫差急于称霸之心，诱导其北进中原，耗损其国力；他以越国遇灾害为由，不时向夫差借粮，使吴国粮食储存减少；他支持吴王建姑苏台，使吴国劳民伤财；他挑拨夫差与伍子胥的关系，最终让夫差赐死名将伍子胥。

公元前482年，吴王夫差率全国精锐部队北上黄池会盟诸侯，国内只留下太子和老弱兵卒守卫。勾践趁机率大军攻破吴都。夫差得到消息，懊丧万分，但为时已晚，为了能够回到吴都，他向越国求和。越大夫范蠡认为灭吴时机未到，答应讲和。但此后，勾践不断举兵伐吴。终于在公元前473年，勾践围困吴都三年后一举灭吴雪耻。随后勾践乘胜率兵北渡淮水，会中原各国诸侯，经周元王正式承认，成为春秋霸主之一。

吴越争霸，通过夫差与勾践的世仇争斗，吴越两国似乎已经连成了一体，“吴越”也渐渐成为今天江浙地区的代称。

战国四公子与养士

春秋战国是人才辈出的时代，各国的君主卿相为争霸图强，不拘一格网罗人才，争相礼贤下士。有抱负者不论国家强弱，只要能一展才华，就择主而事。任人唯亲的官吏制度被打破，有才华的人活跃于各国政坛，一时养士之风盛行，出现了“士无常君，国无定臣”的人才跨国流动和人才竞争的局面。

战国四公子，即齐国孟尝君田文、魏国信陵君魏无忌、赵国平原君赵胜、楚国春申君黄歇，以养士著称，门客超过三千人，据史书记载，孟尝君拥有万户以上封地薛邑，但他在薛邑一年的收入还不足以供养门客。因其封地薛邑专门招集各地侠士，人数高达六万余户，有的是亡命他乡的罪犯，被称为“鸡鸣狗盗之徒”。平原君门下亦如是。一次，秦国围攻赵国都城邯郸，赵王派平原君突围去楚国求救，平原君挑选“食客门下有勇力文武备具者”三千人同行。信陵君“仁而下士”，周围数千里的侠士争相投奔，更有勇武的门客潜伏在赵王身边，窥探机密准确而快捷，致使敌国不敢图谋魏国长达十余年。由于激烈的人才竞争，使得大量下层社会的精英聚集到权势者门下，由此形成了不可忽视的强大的社会力量。养士“不分贵贱，一与人等”，他们受尊重的程度是根据自己的才能决定的，与身份贵贱无关。“合则留，不合则去”。养士绝无忠于一国一姓的狭隘观念，他们有很大的选择权，可以任意投奔到适合自己发挥才能的国家去。而权贵者不能“以其富贵骄士”，必须仁而下士，才能招徕人才。一次，信陵君为了结交身为看门者的隐士侯嬴，亲自赶着马车请他到家中作客。信陵君在闹市中遇到侯嬴正在和别人谈话，他就和颜悦色地牵着马车缰绳，恭敬地站在一旁，等待侯嬴谈话完毕，才请他上车迎到家中。这样礼贤下士的风气，使得许多埋名隐姓于民间的人才有了被重新发现的机会。

而养士们要求人人平等，尤其对于人格自尊显得特别强烈和敏感，每个侠士只要进入这一圈子，他们因自己的才识和武艺受到尊重。中国历史上尊卑有序的等级观念始终占据统治地位，只有在战国极特殊的养士制度下，人格自尊才能得到鼓励和尊重，由此形成了特殊的社会关系链，也成为社会上最为活跃的阶层。

大变革的时代潮流

在诸侯争相称霸的舞台上，各阶层的政治家都乘机登台亮相。从贵族中层的卿大夫到贵族下层的士，甚至国人和野人也不甘寂寞，他们将更加广泛的社会势力卷入到政治潮流中，几乎每个人都在动荡中寻找自己发展的机会。由此引发了各国政变频繁，各级政权下移，西周数百年建立的统治秩序崩溃了。在社会混乱中脱颖而出的改革先锋，推动了无法逆转的改革大潮。

各诸侯国为了争霸图强，冲破了讲究家族血缘的旧制度，向各地广招治国领军人才，有才华的知识分子跨国大流动，活跃于各国政坛，由此出现了人才辈出的新时代。处于贵族底层的士是最前卫的知识阶层，观念更新很快，他们陆续控制了诸侯和卿大夫的权力，对各国新制度产生了决定性的影响，被新政权视为中坚政治力量。西周时国人与野人之间的等级界限也被打破了，处于社会最底层的野人的政治地位逆转，各国权贵兴起养士之风，大量养士多来源于提高了社会地位的野人。

新兴统治者锐意进行社会改革，推行各种新国策。各国的变法运动如同雨后春笋。尤其秦国是七国中最具超前意识的国家，推行全新的国家体制，将国民直接控制在君主的权力之下，并以雄厚的国力成为七国之首，由此奠定了秦国统一中国的基础。

▶燕国黄金台招贤场面

战国七雄，在争夺和重用人才方面用心至极。当时人才流动频繁，被跨国任用的一流人才，往往有影响一国兴衰的实力。异国人士被选做官，得到卿的爵位，通称"客卿"。他们活跃于政坛，具有举足轻重的政治地位。当时，燕国曾经高筑招贤台，上置黄金，以招天下贤人。

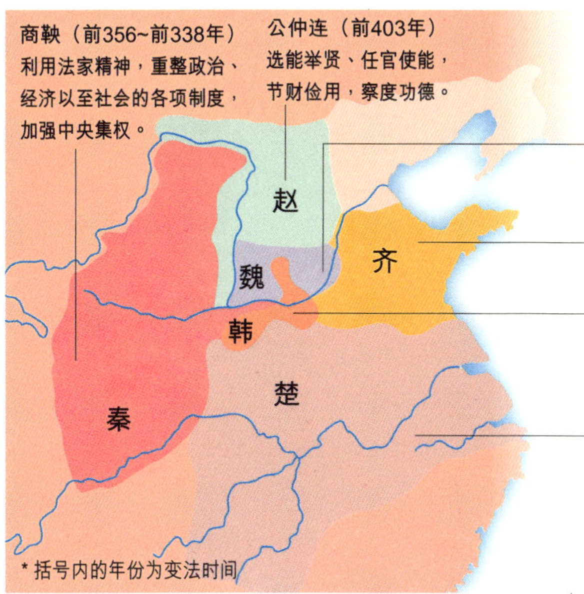

▲各国变法概况

▸高级的士

男俑扁脸高颧，面带微笑。他身穿锦袍，腰系宽带，衣着富丽。这是具有高级身份的士或内侍的服装。穿宽袖长袍比窄袖长袍的士地位更高，因为宽袖不宜劳作或征战，是享乐阶层的标志。

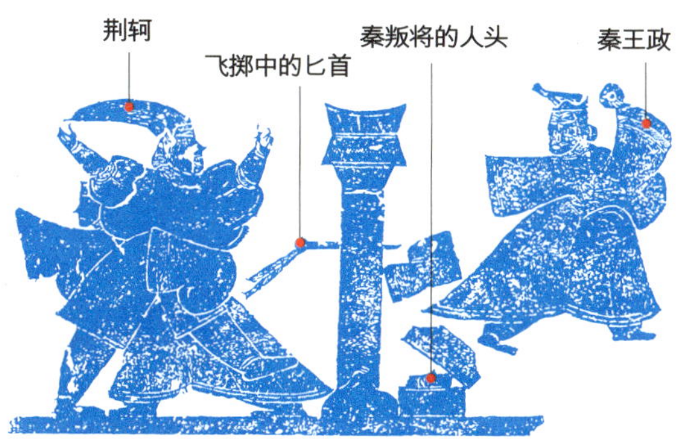

▲刺秦王的客卿荆轲

被各国君主招揽的养士，崇尚“士为知己者死”的情操。战国后期，燕国太子派遣义士荆轲去刺杀秦王政（即秦始皇）。失败，荆轲被杀，但荆轲作为义士的典型代表则广为传颂。

▼变法运动的产物——商鞅方升

在战国的变法运动中，秦国的商鞅最成功。他在秦国执政达二十一年，制订的新法，使秦国一跃成为富强大国。

统一度量衡制并将此作为法律颁布执行，是商鞅变法的重要内容，可使秦国征收赋税得到保障。这是商鞅制造的1升容积的标准量器，容积约合202毫升。商鞅制订的标准器一直沿用到秦朝。

齐桓公用人

管仲原是齐桓公的政敌公子纠的臣子，曾经射箭阻拦齐桓公回国争王位。齐桓公即位后，在鲍叔牙的力谏下不计前嫌，任命管仲为卿，主持国政。经过管仲的改革，齐国收到了富国强兵的效果，为齐桓公中原争霸准备了必要的物质条件。

新兵种与新战术

配合新国家形式酝酿的趋势，列国在争霸战争中，不断改革军队体制和兵种，西周由贵族垄断的战争时代一去不复返了。

战国时代，为了及时而准确地掌握战争主动权，所有将领都由国君亲自任免。同时为了扩大兵源，应付大规模的军团作战，也打破了由贵族血统的国人垄断兵役的传统，冲锋陷阵的数十万士兵，多来源于地位低下的穷苦野人和奴隶。这样，分封制下贵族世袭的兵权被彻底废除了，战争不再是贵族的专利。

兵种的革新是划时代的变革。商朝以来，一直流行车战，春秋时期还发明了各类不同功能的战车，灵活轻便的两马拉车在战场上相当活跃，大国常备的战车达数千辆，与战车配套的专门武器更加强了军队的整体化和战斗力。但随着春秋晚期主要战场从开阔平坦、适宜大规模车战的中原地区，扩展到西北的山林丘壑地带和东南的河网密布地带，战车的重要性便大大减低，代之而起的是更加适宜快速、远距离作战的步兵、骑兵，尤其机动而勇猛的骑兵奔驰于黄河以北直至西北荒漠地区，在战争中担任侦察、奇袭、追击、迂回、包围等作战任务，成为独立兵种。步兵、骑兵、车兵混合编队，协同作战，成为新的战争模式，指挥如此复杂的战争已经成为专门的学问，具备丰富的军事知识和谋略的新一代高级将领从战火中产生出来，夺取了贵族的军队指挥权。西周那种讲礼仪的贵族精神的战争惯例已被抛弃，各种兵法谋略更是层出不穷，关于攻战兵略的著作涌现，《孙子兵法》是其中的典范。

在这个斗智斗力的征战时代，掌握军事发展趋势，是国家生存及扩展的重要资本。秦国能够充分发展骑兵这种新式兵种，建立起战国七雄中最强大的骑兵队伍，对秦始皇统一天下起了决定性的作用。

▼车兵的战斗队形

春秋时期作战队形的基本编制是：一辆战车七十五人（或一百人），其中三人为甲士，在车上；余下七十二人为步卒，在战车周围组成三个方阵，构成一个基本战斗队形，若干个这样的基本队形就组成了一个军阵。

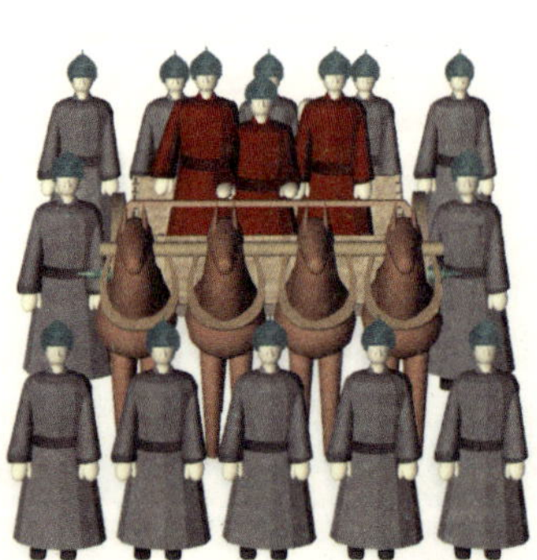

▲**授权将军调兵的虎符**

国君为了直接控制军队，实行兵符制度。代表国君率兵征战的将军，平时没有调兵权，要取得虎符，才能调动并指挥军队。虎符分两半，各有相同的调兵铭文。平时右半在国君手中，左半在兵营保存。战时由国君亲自发给将军右半虎符，将军凭此与兵营的左符相合，便可调动军队。兵符制度一直延续到秦朝，成为中央集权体制的措施之一。

▲**临车**

临车是步兵攻城的装备，用以观察城中敌情、发射箭矢、掩护攻城人员攀登城墙。

▶**战马**

这是战国赵王陵的随葬品，是目前仅见的战马形象。赵国长期受到来自北方的匈奴的威胁，赵国国君看到匈奴骑兵在马上来去自如，战斗力惊人，于是将胡人骑马的服装引入中原，赵国因而成为最早创建骑兵队的国家，也是骑兵较发达的国家。

▶**临淄故城殉马坑**

战国衡量国家军事力量的强弱，要根据骑兵数量决定。这是齐国贵族墓葬中的殉马坑，全长约210米，殉马六百匹，显示了“千乘之国”的齐国强盛的国力。

◀**步兵的基本建制及武器配置**

刚从车兵独立出来的步兵，其建制带有车兵管理制度的痕迹，实行伍两制。伍是由五名士兵组成，二十五人为一两。这是步兵的基本队形。

【世界上现存最古老的兵书】

春秋晚期的孙武是兵家的代表人物，所著《孙子兵法》是世界上现存最古老的兵书。他总结了前人的作战经验，揭示了古代战争的规律，如“知己知彼，百战不殆”、“攻其不备，出其不意”等战略战术思想，对后人产生了深远影响。

合纵与连横

经过春秋时期三百年的争霸战争，到战国时期，一百四十多个诸侯国仅剩下齐、楚、秦、燕、韩、赵、魏七个大国，并称为“战国七雄”。从地理位置上看，齐国在东，楚国在南，秦国在西，燕国在北，韩、赵、魏三国在中原。

在残酷的争霸战中，七国虽然生存了下来，但经过战国初期变法改革浪潮冲击后，各国国力的差异更加凸现出来。战国中期齐、秦两国最为强大，东西对峙，互相争取盟国，以图击败对方。其他五国也不甘示弱，与齐、秦两国时而对抗，时而联合。大国间冲突加剧，外交活动也更为频繁，由此出现了一种全新的战略——合纵与连横的斗争。

苏秦推行合纵战略，目的在于联合诸多弱国抵抗一个强国，以防止强国的兼并。张仪推行连横战略，目的在于以一个强国为靠山进攻一些弱国，从而达到兼并和扩张的目的。起初合纵与连横变化无常。合纵既可以对抗齐国，又可以对抗秦国；连横既可以联合秦国，也可以联合齐国。后来，秦国的势力不断强大，成为东方六国的共同威胁，于是合纵成为六国合力抵抗强秦的法宝，连横则是六国分别与秦国联盟，以求苟安的权宜之计。当时有诸多士人为各国君主合纵、连横奔走，其中以苏秦、张仪、公孙衍最著名，成为“一怒而诸侯惧，安居而天下熄”的风云人物。

苏秦曾先后游说韩、赵、魏、燕、楚、齐六国国君，形成六国联合抗秦的局面。苏秦被公推为纵约长，组成了六国联军，驻扎在荥阳，声势浩大。苏秦派人把合纵盟约送到秦国。秦国受到了震慑，十五年不敢图谋再向函谷关内进攻，还把蚕食魏国、赵国的一些土地和城池归还给了这两个国家，使东方各国获得了短暂的安宁。苏秦合纵功勋卓著，各国都封他为相国，赵惠文王还封他为武安君。苏秦挂六国相印，声名显赫一时。

张仪是魏国人，与苏秦是同门师兄弟，却和苏秦唱起了对台戏。从公元前328年开始，张仪运用连横之术，游说于魏、楚、韩、赵等国之间，利用各个诸侯国之间的矛盾，或为秦国拉拢，使其归附于秦；或拆散其联盟，使其力量削弱。例如，他曾在秦国打败魏国后，借机推行连横，使魏国臣服秦国。以后在秦国攻打魏国时，以“亲兄弟同父母，尚有争钱财”为喻，使魏国最终退出了苏秦建立的合纵联盟，转而连横秦国。在整个秦惠王时期，他“左右卖国”，不仅使秦国在外交上连连取得胜利，而且帮助秦国开拓了疆土，可以说为秦国的强大和以后统一中国立下了汗马功劳。

战国时期各国利益的集中点是兼并他国的土地。兼并对象远的势力难以企及，因此邻国就成了兼并的主要对象。于是土地有接壤的国家互相成了对方想要兼并的对象。晋国未分裂前，东攻齐、西攻秦、南攻楚，都是对邻国土地进行兼并。晋国分裂为韩、赵、魏以后，三国又陷入互相攻伐的泥潭，同样是邻近的征伐。齐、秦两国东西对峙后，韩、赵、魏、燕、楚五国成为齐、秦争夺的中间地带，而地处中原要冲之地的韩、魏更是两强争夺的中心。当秦国大举进攻韩、魏时，各弱国担心波及自己，为解除危机，有了联合抗秦的举动，而另一大国齐国为了不使中原地区被秦国抢先占领，也有意愿参加抗秦的联盟。但当危机过后，各国兼并的野心又重新燃烧起来，联盟即告失败。有的甚至在危机之中，趁火打劫，主动攻击同盟国，破坏联盟。例如，齐楚曾眼见自己的同盟国魏国遭受秦国打击，不但没有给予帮助，反而联合起来攻打魏国。为了兼并他国，各国同床异梦，联盟的基础已经十分薄弱，加之秦国采取连横策略，利用威逼利诱的手段，或打或拉，使合纵联盟更无长期坚持的可能。

东部六国不仅不能长期坚持合纵，就是在合纵组成后，也因无法同心协力地扩大战果，有时甚至以失败告终。例如，公元前318年，魏、赵、韩、齐、燕、楚合纵抗秦，并推举楚怀王为纵约长。但由于各国利害不同，楚、燕不肯出兵与秦作战，齐国更是隔岸观火。只有魏、韩、赵三国出师同秦国交战。结果秦军在函谷关大败三国联军，并俘虏韩将军申差，斩首联军八万人。

合纵与连横在战国时期掀起了一波又一波的外交风云，历史证明，合纵是失败的，因为它没有阻挡六国灭亡的命运；连横是胜利的，因为它的主要实施者秦国最终统一了六国。究其原因，合纵的失败是由于各国利益不同，不能真正地同心协力，心不同则力分，力分则弱。而连横的成功则归功于专一，力专则强。

不论是合纵，还是连横，都是战国的七个诸侯国在相互兼并的战争中，根据需要而采取的联合战略。各国自身的利益是合纵连横的基础，因此形成“邦无定交，国无定土”的纷繁复杂局面也不足为奇了。

铁器革命与农业发展

大约公元前2400年，小亚细亚地区发明了最早的铁器，以后传播到欧亚大陆。新技术使西方的航海、商业、疆域向更广阔的领域发展。而中国是后起直追的国家，大约西周至春秋之际（公元前1000年～前600年），黄河中游才初现铁器，当时被视为贵重金属，只有少数贵族能够佩带铁剑。

战国以前，铁器冶炼采用锻造技术，每次只能制造一件产品。战国开始改进冶铁炉，采用铸造技术，并使用模具，可以同时成批生产多件产品。冶铁技术在世界各国都经历了从低温锻造到高温铸造的发展阶段，欧洲人经历了长达二千五百年锻造技术的积累过程，直到中世纪才使用铸造技术。而中国锻造技术的起步虽然比欧洲晚，但只用了二百年，就完成了划时代的技术革命的跨越，走在世界的最前列。新技术促使铁器的成本降低，产量剧增，产品广泛应用在农业和手工业领域，极大促进了整体经济的腾飞，中国从此由青铜时代跨入先进的铁器时代。

春秋时期的铁器以兵器为主。到了战国时期，七国政府都大力发展适合农田耕作的专用铁农具。齐国更要求每个农民必备七种铁农具。锋利的铁器取代了石木等低效能的工具，大力提高了深翻土壤、平整土地、开沟起垄、中耕锄草和收割等主要农作环节的效率，精耕细作成为发展的方向。深翻土地的铁犁铧出现后，战国各国政府还推广牛耕技术，作为开拓荒地的主力。牛耕与人力耕田相比，效率高三倍。同时，各国也积极发展水利灌溉工程，配合牛耕和铁农具的使用，农作物的产量大增，甚至有剩余产品投入消费市场，刺激工商业的发展。

穿有鼻环的耕牛

牛耕是春秋战国时代先进的农业技术。这是春秋时期晋国的青铜牛尊，牛已穿了鼻环，说明已被牵引从事劳动，帮助农夫耕作。

▲ **大铁犁铧**

铁犁铧是利用牛力进行深耕的利器，使用V字形的铁犁头，有利于减少耕地时的阻力。它的出现标志着农业生产进入深耕细作的阶段。

▼ **铁臿**

春秋战国的铁农具大多数是"木心铁刃"的，即在木器上套一层铁制的锋刃，具有高效省力的特点。这件铁臿是安装在木臿刃口上的。

▲ **铁范**

中国是世界上最早使用铁范的国家，这是冶铁业发达的标志。战国以前用的炼铁炉温度低，铁矿石无法充分熔化，只能形成熟铁块，需经反复锻打才能得到较纯的铁。到了战国，发明了高达摄氏1300度的鼓风铁炉，能炼出杂质少的液态铁水，把铁水浇铸到铁范里，冷却后即可成为生铁铸件。铁范可以制造器形复杂而规范的铁器，而且可反复使用。这件铁范是用来制造铸铁斧的，上面刻了字，是官员监造的凭证。

▲ **都江堰灌溉工程**

都江堰是世界上现存历史最悠久的无坝引水工程，由战国时期的秦国在公元前250年开凿。发源于大雪山的岷江，顺着四川盆地倾斜地势冲入成都平原。都江堰不但使成都平原南部免除洪涝之苦，北部旱地得以灌溉，300万亩土地受益，也促进了水路运输。

▲ **戴上项圈的牛**

这个战国时代南方地区的容酒器，特别在牛的颈项处戴一个项圈，应是被畜养的家牛。畜牛多用来拉车或耕田，减轻了人劳务之苦。

◀ **铁犁铧使用示意图**

铁犁铧是与牛耕同时出现的，并且是结合耕牛一起使用的，由畜力牵引将泥土翻松。

干将与莫邪

春秋末期，有一对夫妻叫干将、莫邪，是铸剑能手。楚王持重金请他们为自己铸剑。经过三年的精心冶炼，终于铸成两把寒气逼人，能削金断玉的宝剑。他们的技艺，反映了春秋时期铁器的发展和冶炼技术的高超。

工商业大开放的新趋势

进入铁器时代以后，农产品及手工业产品产量增加，有剩余物资可供市场出售，城市兴起商品经济浪潮。春秋战国时代，新兴的商业城市活跃起来，各国为了富国强兵，都稍改西周时对商业的歧视，重新调整鼓励商业的政策，强化商业管理。

各国的都城普遍设有多处颇具规模的市场，上至王侯贵族，下至平民百姓，都在市场内贸易。许多西周严格禁止的商品，如珠玉珍宝、铜铁兵器，甚至钟鼎礼器等都可以在市场出售。

商业繁荣带来巨大财富，商业利润保持在百分之三十至五十，工商业税收成为国家重要的财政收入。交通便利的大城市最先成为富庶繁荣的工商业中心，战国时期许多战争就是以争夺这些大城市为目标的。

商人急剧增加，拥有巨额财富的同时，也提高了社会地位，不再是最下等的人了。他们凭借雄厚的经济实力操纵行情，垄断市场，甚至直接参与和影响国家决策。弃农经商的潮流使城市的居民中，工商业者占有很大比例。城市的风俗和价值观念发生突变，形成浓厚的好贾趋利风气，“用贫求富，农不如工，工不如商”。当时民谚说：“天下熙熙，皆为利来；天下攘攘，皆为利往。”但是，各国独立为政，使商品流通手段——度量衡和货币，标准不一，兑换混乱，也严重限制了商业向更广阔的地域发展。

郢爰

战国楚币，是用黄金铸造的金版，使用时从金版上切割一块，根据重量定价。战国时期，各国铜铸货币标准不一，只有黄金质量均一，价值高而稳定，适宜大宗高额商品的交易，因此成为各国通行的标准货币。

舟节，规定运输船只不得超过一百五十艘

车节，规定运输车辆一次不得超过五十辆

贸易通行证

战国时期，各国关卡林立，向商人征收关税非常严格，对运载的货物也有限制。这是楚王发给一位大富商的通行证件。有效期是一年，严格限制商品种类、通行范围。在通行证规定范围内的商品，可以凭证免税，国家紧缺商品严禁出关。

高奴石权

这是秦昭王三年（公元前304年）铸造的衡器，秦制重120斤，相当于30.8公斤，主要用于称粮食。当时，秦国严格垄断铁器、粮食、盐等军需物资。少量流入市场流通的物资，政府也要专买、专卖。

▲**彩漆木雕座屏**

漆膜对木质器物有防腐和保护作用，使漆器有耐用的优点，故由战国时期开始，迅速普及起来。战国的楚、秦、蜀地是漆器生产的大本营。此漆屏以黑漆为地，透雕及浮雕出多种动物纹样装饰。

▼**战国主要商业都市的分布**

各国之间的连年战争并未割断使节往来、军队运输和跨国经商，全国形成了手工业产品经济区和商业贸易网。

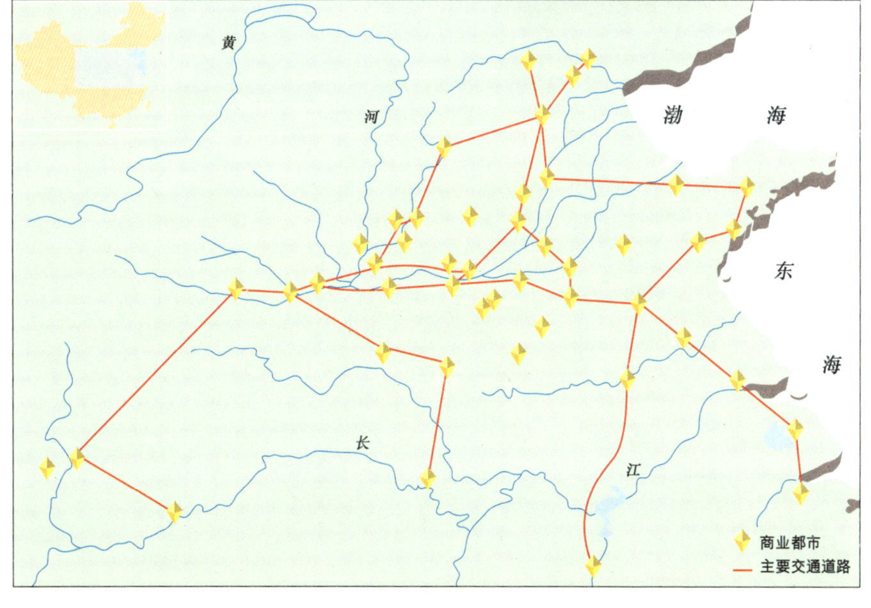

▲**天平与砝码**

这是楚国的衡器。已发现大量楚国天平或砝码，说明楚国是商业繁荣的地区之一。

◀**鸳鸯形漆盒**

漆器是热销商品。这件漆器造型源于现实，又是日常生活用器。鸳鸯的头部和身体分别用木雕成，颈部与身体以卯榫连接，可以灵活转动。

人弃我取，人取我与

战国时期贸易活动频繁，商人们总结了不少经商致富的理论。魏国白圭的理论是“人弃我取，人取我与”，他在丰年或秋收的时候，尽量收购粮食；在荒年或青黄不接的时候，又及时卖出去，利用价值规律挣了很多钱。

欧亚大陆互动中的东方哲学家

春秋战国政治变革的浪潮，冲击了周王室及贵族阶层对文化教育的垄断，使它从深宫走出来，向社会开放，形成空前绝后的“百家争鸣”的局面。这是历史上任何朝代都无法超越的思想解放的时代，也是新文化繁荣的标志。

当时各国秩序混乱，统治者来不及构筑完整的统治体系。大批有政治抱负的知识分子活跃穿梭于各国之间，寻求治国真谛，因此带动了思想大解放。在统治者的支持下，宽松的学术环境形成了。以研究学术、传播思想文化为宗旨的私立学宫成为学者聚集的场所，各种新思潮、新理念、新学派不断涌现，冲破了固有的礼制等级和民族的界限。

各国学者为了推广自己的学说，纷纷创办私学。哲学家与教育家合为一体，著名私学大师创立的哲学流派就有二十多家，其中最有影响力的有儒家、道家、法家、墨家四大流派，他们站在时代的最前列，议论时政，为统治者设计“治国安邦”的全新国策，尊重人性的尊严成为主旋律，以后秦汉大帝国的蓝图就是在新思潮的推动下诞生的。

发生在东方的思想文化高潮，其实是整个欧亚大陆文明带互动中的一部分。当时从西方到东方的国家，都先后经历了相似的政治变革和文化运动，伟大的宗教圣人释迦牟尼、耶稣和中国哲学家孔子，大致都活跃于这一时期，此后作为影响世界东西文化两千年，直至今天和明天的三位大智者，都是欧亚大陆文明腾飞时代孕育出来的。

▼春秋战国著名学者及其学说

▲稷下学宫图

战国时期，齐国创办了新兴的官学——稷下学宫，集收徒讲学、研究学术、参议国政于一体，是一个特殊的教育机构。学宫的主持者是学界泰斗，德高望重。教师不分贵贱，择优而聘，被授予官爵，兼任国君的谋士，是国君的“智囊团”。此举为齐国招募了各家各派有谋略的学术精英。稷下学宫因此声望日隆，是战国时期文化教育的中心。

▼孔子和弟子画像砖

私学出现，使处于社会下层的野人也有接受教育的机会，图中是孔子和他的几位学生，包括颜回和子路。子路就出身于野人阶层。

【西周的官学】

西周教育的特点是“学在官府”、“官师合一”，国家及贵族垄断了教育，学校承担向朝廷输送人才的任务，学业考察与官吏选拔紧密联系。随着周王朝的衰落，在百家争鸣的思想解放时代，官学教育制度受到冲击，“有教无类”的私学出现了。

漆棺羽人图

这是长江流域曾国君主的漆棺上彩绘的羽人，表现的是道家宣扬的羽化升仙。有羽毛的神仙具有超自然能力，可以超度人升入仙境。羽化升仙的传说到汉朝盛极一时。

彩绘佩玉饰木俑

商周为显示天命神权，神秘而怪诞的形象流行。春秋战国思想解放，人的尊严和地位受到重视，于是西周以来已逐步减少的人殉习俗，进一步被废止，改为以俑随葬。这是楚国王室显贵的随葬品。

谷纹玉组佩

西周制订了完整的佩玉礼制，周礼赋予玉器神秘而高贵的内涵。春秋战国玉器成为君子的化身，并赋予了君子伦理的新内涵，仍是上至国君，下至卿大夫和士阶层追求的精神象征。这是春秋时期鲁国贵族佩戴的玉组佩。佩戴时行走可以发出有节奏的声音，表示君子行为光明磊落。

诗人屈原

在春秋战国战乱纷争的年代里，偏安于南方蛮荒之地的楚国，迅速发展壮大，成为春秋五霸之一。到战国时期已基本统一了中国的南方地区，融合了南蛮、东夷、华夏各族，成为当时疆域最大、民族众多的国家。南方山水孕育了楚国异于中原地域的文化，集自然山川灵秀的楚国洋溢着一股浪漫气息，而巫蛊的盛行更为其蒙上了一层诡谲的色彩。中国历史上第一位伟大的诗人——屈原，就诞生在这里。

屈原出身于楚国贵族家庭，名平，字原，又名灵均。他博闻强志，善于辞令，在内政外交上具杰出才华，深得楚怀王的重用，二十岁就成为楚国政坛上璀璨的明星，他满怀信心地铺展着自己的政治前途。因小人进谗，屈原逐渐被楚王疏远，以至罢黜、放逐。但即便如此，他始终不改初衷，“美政”的理想不变、强国的信念不移。在被放逐的艰难岁月里，仍忧虑国事，在“众人皆醉我独醒”中度日。

这种忧国忧民的愤懑和浪漫气质，使屈原将之发诸文字，创作出了《离骚》、《九章》、《天问》、《九歌》等不朽诗篇。他用诗歌抒发对祖国、人民的热爱，对国家命运的忧虑。

然而，君主不明、小人当道，最终使楚国灭亡，楚怀王客死秦国。山河破碎，屈原再也承受不住这巨大的痛苦，愤然跳入汨罗江中，完结了自己的生命。

屈原的诗歌是他人生际遇的真实写照，是一部幽愤之作。他在作品中大量运用象征和比喻，使其具有鲜明的浪漫主义色彩，其风格截然不同于之前的现实主义文风，因此屈原的诗歌被称为中国浪漫主义诗歌的鼻祖。另外，他大量地使用楚地方言，语言富有浓郁的地方特色，成就了新诗体——骚体，为中国文学开辟了一种全新的创作方式。

屈原死后，后世文人对他推崇备至。尤其是他砥砺不懈、坚贞不屈的节操，更为人们所称道。屈原的遭遇也是中国古代正直文人所普遍经历的，因而屈原赢得了众多的后世知音，屈原的精神也为历代文人弘扬和传承。

屈原受到了历代民众的热爱，屈原殉国之日为农历五月初五，几千年来，每到这一天，人们都要举行赛龙舟、包粽子等纪念活动，如今已成为中国传统的节日之一——端午节。1953年，他被世界和平理事会列为世界四大文化名人之一。

哲学家与教育家孔子

孔子（公元前551年～前479年），是中国第一位以私人身份讲学的教育家。孔子主张每个人不论出身贵贱，都应有平等接受教育的权利，被尊为“万世师表”。他重视培养学生高尚的道德品质，宣扬严以责己、忠恕待人、言行一致等自我完善的行为准则。

▲明朝画家笔下的孔子和弟子

祭祀孔子的曲阜孔庙▶

四方民族迈向融合

周王室衰微后，诸侯大国不断扩展，势力伸展到周边民族地区，许多少数民族相继被强国吞并，仅南方的楚国就兼并周边五十多个小国。驰骋的骑兵使各国统治者的眼界更加开阔，更大领土的多民族统一国家的构想萌生出来，并逐步实现。

▲华夷五方的概念

春秋时期，位于中原的各国自称“诸夏”，居于四周的大量少数民族部落，按照地域称为“东夷、南蛮、西戎、北狄”四大部族。由于华夏族傲视周边民族，显示居中的地位，自称“中国”；少数民族居于四方，统称为“四夷”，形成“华夷五方”格局。这些少数民族有自己独特的语言、文化、生活习俗和生产方式，文明程度明显落后于中原。频繁的战争带给他们苦难，也促进了各民族之间的杂居、通婚、会盟与商业贸易。四夷的政治、经济和文化在战火中不断融合和发展。北方的北狄，东南的於越等民族，学会制造铁器，并建立了强大的政权；西南的巴、蜀等民族进入了青铜文明。到战国时期，一部分四夷与华夏已经融为一体，生活习俗、语言文字、伦理更加丰富并趋于一致，形成了人数众多、地域辽阔的华夏族，这在中国历史上是划时代的大事。

这个时期整个欧亚大陆都处于大国兼并各民族的活跃期，罗马帝国、贵霜帝国和秦汉帝国都孕育在新技术、新政体之中，终于在公元1世纪前后爆发出来，世界进入了一个新时代。

◀楚国的青铜怪兽

分布在长江流域的楚人，吞并了周边数十个小国，融合中原华夏文明，成为战国后期唯一与秦国相抗衡的强国。楚人久居南方蛮荒地带，精神世界带有更多的原始成分，艺术作品和文学作品都具有怪诞神秘色彩。这件青铜怪兽造型奇特，是楚人超越现实的艺术典范。

◀南方吴越人的形象

位于长江中下游、东南沿海、岭南地区以及云贵高原的众多部族统称为“百越”。春秋战国时代，南方的强国吴国和越国都属于百越。这人的全身满布文身，是吴越民族的习俗。

▶西南滇族的乐器

春秋战国在西南地区有数十个语言、风俗不同的部落，生活在滇池的滇族，农耕文明程度最高，势力最强大，与中原的经济、文化交流也最密切。牛是滇人赖以耕作的家畜，是家庭财富的象征。在祭祀礼器和日常用品中有很多牛的形象。这个滇人的葫芦形乐器，上面也有立体的牛。

胡服骑射

赵武灵王即位时，四周强国林立，边患严重。他决定建立一支能够与游牧民族抗衡的骑兵，要求臣民改穿胡人的短衣窄袖服装，腰束皮带，脚蹬皮靴，以适应驰马射箭。冲破重重阻力，赵武灵王提倡的胡服骑射取得了成功，赵国迅速强大起来。

▼北狄的鸟喙形金饰

春秋战国时代的狄族，曾与中原各国不断发生争夺地域的战争。同时也有密切的政治、经济、文化交流。这件鸟喙形金饰，显示出北方民族粗犷而自然的艺术风格。

▲铸有神人的铜戈

▼春秋战国文化区与学术研究中心的分布

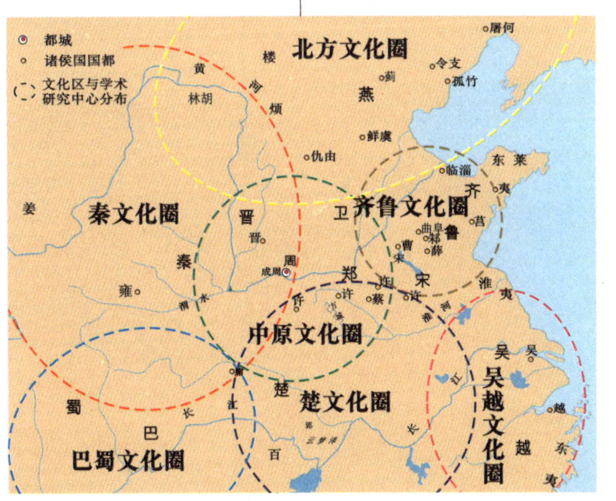

华夏族概念的成型

继夏朝之后，聚居于中原地区的民族经历商朝、周朝，以及春秋战国的民族大迁徙与大融合，形成一个稳定的民族概念——“华夏”，又称诸夏。在夏商周与周边地区的交往中，更强化了中原华夏族的本体民族意识。由于文明程度明显高于周边地区，因此傲视周边的民族，称其为夷，产生了华夷有别的观念。

北方民族的政权——北狄中山国

在战乱的年代，北方草原狄族同西北的匈奴一样，是燕、赵、魏国的劲敌。狄族根据姓氏分为三大分支，其中白狄鲜虞氏经常大举进攻中原，争夺土地和财富，还建立了中山国。中山国大力推广青铜工具和农具，并掌握了中原最先进的铸造技术和镶嵌工艺，创造出精美程度不逊色于中原大国的青铜器，即使在两千多年后的今天看来，也令人惊叹。

中山国建立在具有先进文明传统的商人聚居地，周王曾将此作为推行周礼的重点地区。这个特殊的地理位置，造就了游牧民族与农耕民族的多元素文化的汇合点。中山国并未理会周礼在中原衰落的现实，仍尊奉为国家正宗礼制，中山王享有完整的周天子的礼器，还在礼器上镌刻长篇铭文，引用儒学的《诗经》，以表明自己脱胎换骨为华夏正统的决心。

中国各民族的融合是一个复杂和漫长的过程，主要是农业民族与游牧民族的观念、性格和习尚都不相同，在融合中不断产生碰撞，有时甚至是激烈的战争。

▲中山国国王的军帐

中山国是一个强悍的政权，以骑兵著称，军力相当强盛。这是国王在行军中专用的军帐，高3～4米，帐内仿照王宫内国王议事的宫殿布局，正中设立屏风、屏几、青铜礼器、照明灯具等，帐架则用山字形的国徽做装饰，象征国王的威仪。

▶中山国王陵墓复原图

中山国国王是一位杰出的君主，他在位期间（公元前327年～前313年）国力兴盛，曾与韩、赵、魏、燕等大国一同称王。他去世后，中山国衰落。其墓地在河北省平山县。根据陵墓随葬的一方兆域图铜板，可以完全复原陵园建筑平面设计图。陵园平面呈长方形，正中为王陵，左、右为后陵，还有看守陵墓者和墓祭的宫室，以及两重围墙。

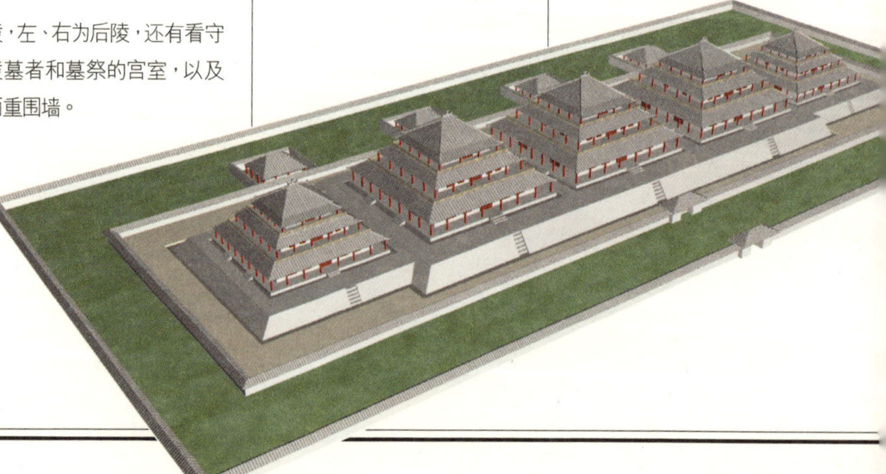

错金银龙凤方案

国王宫殿内放置礼器的方案，由四龙、四凤、四鹿组合而成。龙居四角，托住方形案框。龙凤造型写实，以金银镶错花纹，工艺十分精细。全器结构和造型复杂，反映了中山国高超的青铜工艺。

铁足大鼎

中山国国王随葬的青铜礼器中，最重要有九个升鼎，周礼规定只有周天子才享有这个资格。这是中山国伐燕胜利后，用燕国的铜铸制的鼎，也是战国较大的铜铁合铸器物。鼎上壁刻有文字，记载了中山国伐燕的史实。

镶嵌鸟纹双翼兽

中山国国王生前专用的陈设品，图案用金银镶嵌。兽昂首咆哮，四肢弓屈，两肋生翼，造型矫健威猛，是史书中记载的龙雀，当为北方民族崇拜的神鸟，与南方楚国神鸟的形象，形成强烈对比。

秦赵燕筑长城

战国时期，秦、赵、燕三国的北边都与游牧民族活动地区接壤，经常遭到匈奴骑兵的南下侵扰。于是就在险要地区修筑城垒，再进一步砌城墙将城垒连接起来，作为抗击入侵的军事防御设施。三国所修的长城，成为秦朝所修万里长城的主干部分。

勇武的秦人从西方崛起

▲ **雍城宫殿的铺首**

在秦人整个东迁过程中，雍城具有非常重要的意义。秦人在雍城建都的近三百年间，正是秦国的国力处于由弱而强的上升时期，为了显示秦的强大国力，王室宫殿的规模比各诸侯国，甚至周天子更加辉煌。这是镶嵌在雍城宫殿大门上的铺首，以金和玉制成，与草创时期简陋的的建筑构件完全不同。

▼ **骑马俑**

秦人以牧马著称，马为秦朝带来辉煌的时代。秦国制订法律保护养马业，战马在统一六国的战争中，发挥了巨大的威力。这是发现最早的秦人骑马形象，马的形体浑圆健壮，腿短粗，属于黄河流域的河套马种，骑兵身穿胡服，是西北游牧民族流行的适合骑马作战的轻便服装。当时还未发明马鞍和马镫，骑兵在骑马时没有支撑点，这是早期骑兵的特征。

在七雄争霸的战场上，来自西北蛮荒之地的民族——秦人异军突起，凭着特有的崇尚勇武精神和战无不胜的军队，经过数百年的奋战，终于兼并东方六强，完成了统一天下的辉煌霸业。

商周之际，秦人还是驯养鸟兽的弱小民族，受到西北地理环境的限制，无法扩张势力，生产技术远远落后于东方强国，是最晚被东周平王分封的诸侯国。但是秦人不甘心屈居在西北做牧马人，让子孙后代到文明发达的黄河之滨饮马，成为世代秦王的梦想。秦国先后有三十三世秦王，他们雄心勃勃，前仆后继，逐步向东方作战略性大举迁徙，决心占据周王朝腹畿——八百里秦川。为了实现称霸东方的信念，秦人奋勇征战，经过九次具有重大战略意义的举国迁都，从西戎迁到西周王室的故地，最终定都在最适宜称霸争战的理想据点——咸阳。在与农业发达的东方六国抗衡中，秦人所特有的不循礼仪、开拓进取的精神和极度扩张的野心，都与农耕民族宣扬的人文精神相悖，也是崇尚礼仪的民族无力抗拒的。

秦国每次迁都，都开拓一片领土，建立一处军事据点，势力不断向东扩张。并积极汲取中原先进的技术和文化，很快由落后的游牧经济过渡到发达的农耕经济。秦国还推行以法治国，以军事中央集权制和地方郡县制取代了周朝的血亲政治，是七国中变法最彻底的国家。从此国土由小到大，国力由弱而强，成为战国时代的头号军事大国，奠定了兼并天下的基础。

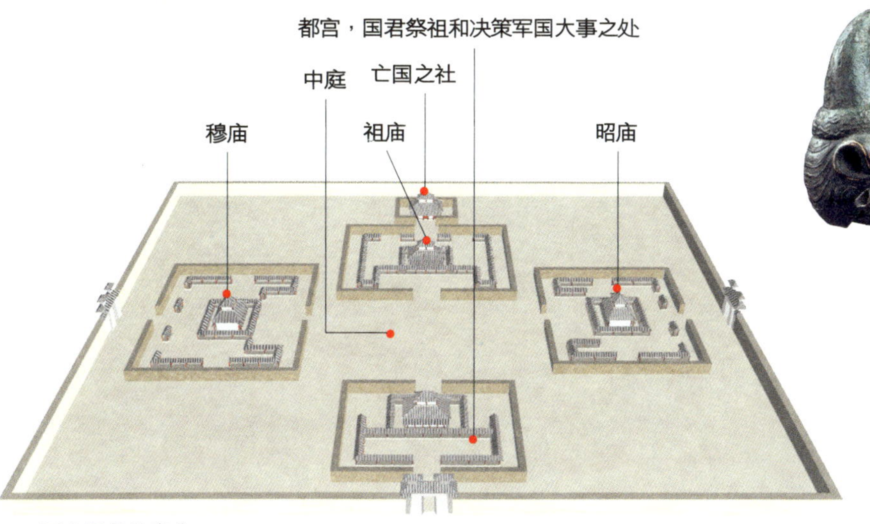

▲居安思危的宗庙

宗庙是周朝重要的礼制建筑。秦人在雍城的宗庙除了供奉秦国先祖灵位的祖庙、昭庙、穆庙，以及祭祀场所中庭以外，还专门设立了“亡国之社”，放置在战争中被秦国灭亡的君主灵位，以此炫耀武功，并告诫国人要居安思危。

▲犀牛尊局部

进入中原的秦国君主得意地标榜自己以礼乐诗书为施政立国的根本，实际上秦国缺乏宗法观念，不循礼仪，漠视神权。只有王室和高级贵族才有少量的礼器，远比东方六国逊色。而秦国的艺术品，却完全脱离了礼器的本意，洋溢着清新自然的风格。这是宫廷专用的酒器，以写实的手法作犀牛形，在青铜器中罕见。

▲秦灭六国的次序

鸭形金方策

兽面形金泡

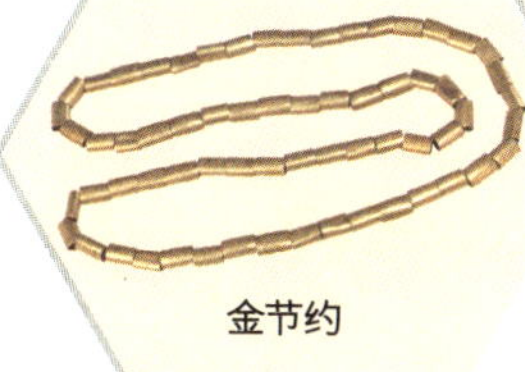
金节约

▲秦人的马具

在秦人的墓葬中，由帝王以至平民，都喜欢殉葬马匹或马具。这几件随葬马匹佩戴的金质装饰，在秦国王室大墓中出土，是秦人养马、爱马传统的写照。

▼秦国九次迁都的路线

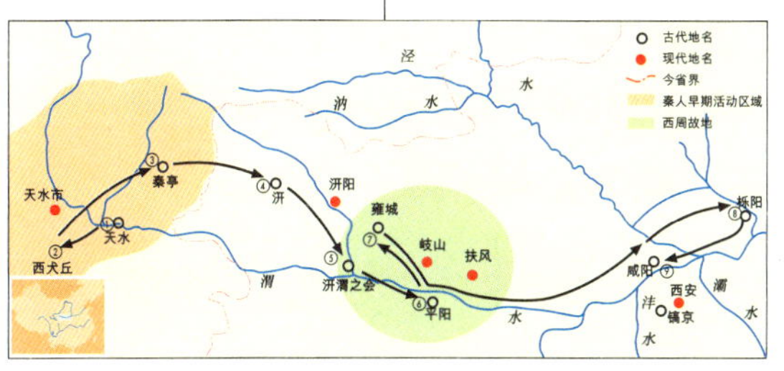

秦灭六国

秦国从孝公开始，经过六代君王的努力，奠定了兼并六国统一天下的基础。秦王政即位后，加紧了兼并战争。从公元前230年开始，先后攻灭了韩、赵、魏、楚、燕、齐六国，终于完成了统一天下的大业，战国时期结束。

第三单元　中古时代

公元前221年　秦始皇统一六国，推行中央集权，全国统一币制、度量衡、车轨和文字。

公元前214年　秦始皇建筑西起临洮、东至辽东的万里长城，以防匈奴侵扰。

公元前213年　秦始皇下令除医卜、种树之书外，凡私藏之书皆毁。翌年又坑杀四百六十余名书生，即焚书坑儒。

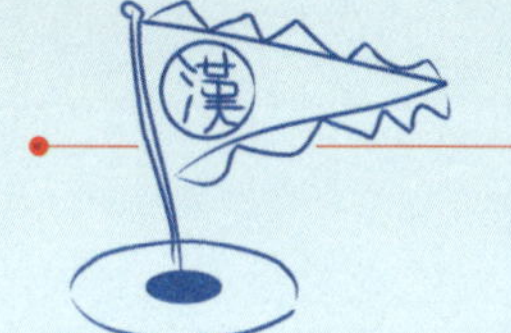

公元前202年　刘邦打败项羽，建立汉朝，改变秦朝苛政，采用宽松国策。

公元前140年　汉武帝以建元为年号，开创中国皇帝以年号纪年的传统。

公元前138年　张骞出使西域，历十三年而获大量西域资料。

公元前124年　汉武帝提倡定儒家经学为官方正统思想。

公元前117年　名将霍去病逝世。他先后六次出击匈奴，与大将卫青一起打通了河西走廊与西域之间的交通。

公元前 30年　凯撒养子屋大维获罗马统治权，是首位罗马皇帝。共和国灭亡，罗马帝国开始。

公元 33年　耶稣被钉死于十字架上。

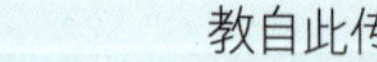

公元 67年　东汉明帝派人到天竺求佛法，建洛阳白马寺，佛教自此传入。

公元 105年　蔡伦发明植物纤维造纸术，使造纸术更为进步。

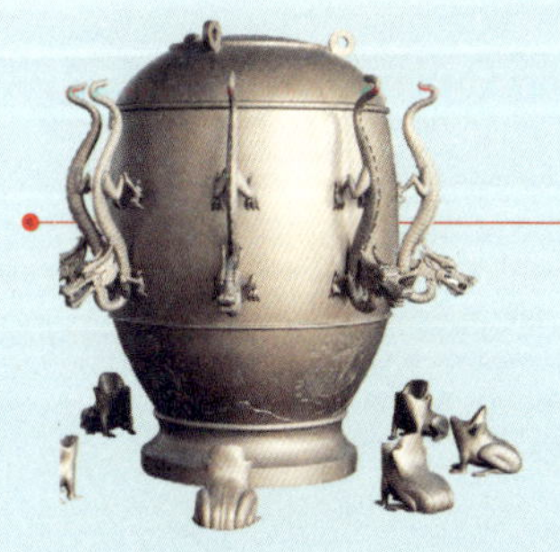

公元 132年　张衡创制的地动仪为世界上第一台探测地震的仪器，次年又发明浑天仪。

公元 395年　罗马帝国分成东、西两部，从此未再统一。

公元 399年　法显西行求法，412年返国，著有《佛国记》，记载途中见闻。

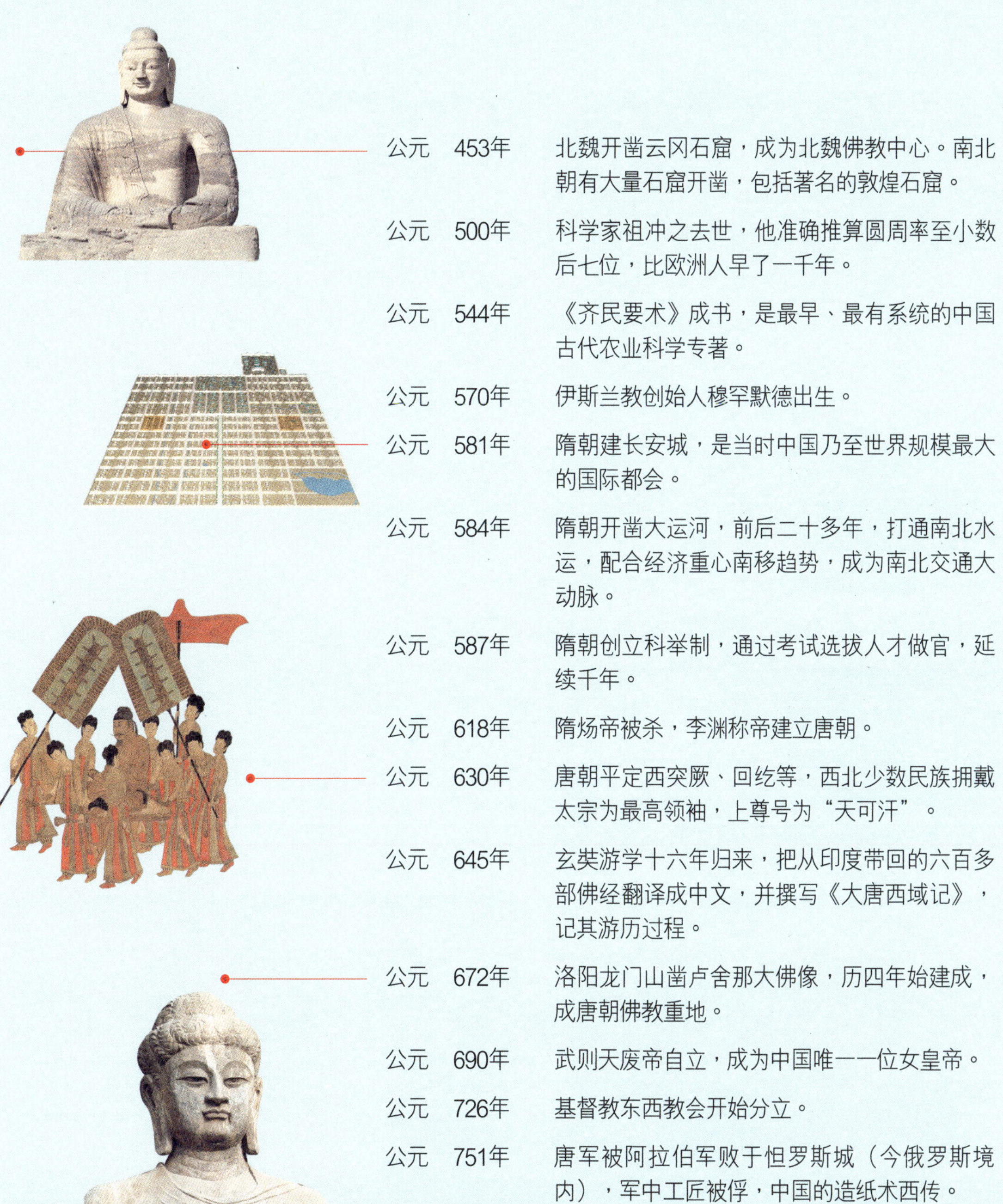

公元　453年	北魏开凿云冈石窟，成为北魏佛教中心。南北朝有大量石窟开凿，包括著名的敦煌石窟。
公元　500年	科学家祖冲之去世，他准确推算圆周率至小数后七位，比欧洲人早了一千年。
公元　544年	《齐民要术》成书，是最早、最有系统的中国古代农业科学专著。
公元　570年	伊斯兰教创始人穆罕默德出生。
公元　581年	隋朝建长安城，是当时中国乃至世界规模最大的国际都会。
公元　584年	隋朝开凿大运河，前后二十多年，打通南北水运，配合经济重心南移趋势，成为南北交通大动脉。
公元　587年	隋朝创立科举制，通过考试选拔人才做官，延续千年。
公元　618年	隋炀帝被杀，李渊称帝建立唐朝。
公元　630年	唐朝平定西突厥、回纥等，西北少数民族拥戴太宗为最高领袖，上尊号为“天可汗”。
公元　645年	玄奘游学十六年归来，把从印度带回的六百多部佛经翻译成中文，并撰写《大唐西域记》，记其游历过程。
公元　672年	洛阳龙门山凿卢舍那大佛像，历四年始建成，成唐朝佛教重地。
公元　690年	武则天废帝自立，成为中国唯一一位女皇帝。
公元　726年	基督教东西教会开始分立。
公元　751年	唐军被阿拉伯军败于怛罗斯城（今俄罗斯境内），军中工匠被俘，中国的造纸术西传。

秦始皇创立的帝国制度

公元前3世纪以后的六百年间，欧亚大陆进入了崭新的大帝国时代，更是时势造英雄的时代，东方秦汉帝国的秦始皇和汉武帝，西方罗马帝国的恺撒、奥古斯都等杰出的统治者，相继登上历史舞台。

公元前221年，秦始皇实现了三十三世秦王数百年来浴血奋斗的梦想，创建了中国第一个多民族的统一帝国，并给中国带来翻天覆地的巨变。秦始皇面对统治下前所未有的幅员辽阔的国土和多民族的臣民，设计出一套治理帝国的构架：推行皇帝制度、郡县制度、官吏制度、法律以及统一货币、度量衡和文字等全国一体化的措施。这套突出国家意志、以皇帝为中心的中央集权体制，在短短的几年间，使大帝国的观念深入民心，无处不在。铁一般严明的法律，更成为秦人生活的准则，令秦朝的社会秩序井然而冰冷刻板。但更重要的还是它对统一帝国产生的影响。秦朝灭亡后，皇帝唯我独尊的观念，以皇帝为首的中央政府体制，以至由皇帝任命地方长官的做法，都被沿用下来，并且持续发展，形成大一统、中央集权帝国的基本模式，一直贯穿在中国帝制的历程中。而全国一体化的措施更是植根人心，往后的两千年，中国统一多、分裂少与此有很大关系。

如此气势磅礴而缜密细致的帝国制度，成形于纸张还未出现，文书还靠竹简传递的时代，不能不说是一个奇迹。但是，中国人为秦始皇这一前无古人的成就也付出了沉重的代价。

▼秦朝政府的组织

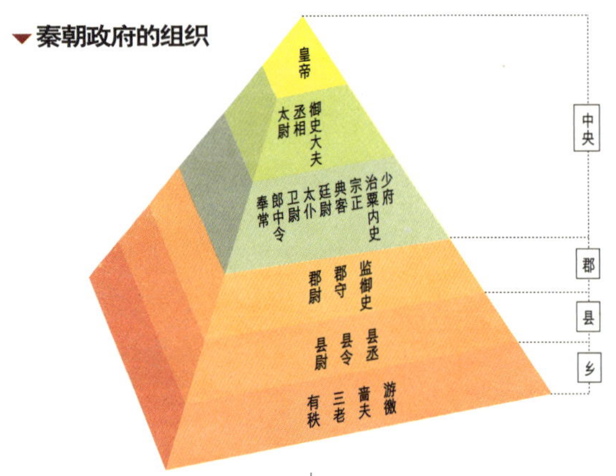

▼**重视法律的秦朝执法小官**

秦朝的法律——《秦律》是一系列崭新的帝国制度之一。秦朝以法律维持社会秩序，官员依法办事，人民遵法生活，法律无处不在。

1972年湖北省云梦县发现一座秦朝墓，墓主人名“喜”，是秦始皇统治下的县级官吏，他生前专事监察司法，负责掌管文书档案，死后亦是法律政令不离左右。在墓室中除了随葬必备的日用品外，就是围绕在身体四周的一千一百多支竹简，其中记录《秦律》的有六百多支。从一名基层官吏如此重视法律的程度，可以看出《秦律》无处不在的威慑力。

▲**秦砖上的小篆**

秦始皇的诏令传到广西，由于文字不同，当地人不懂诏令内容。秦始皇为了尽快推行国家法令，废除了六国旧文字，小篆成为全国统一的法定文字。这是秦朝都城宫殿用砖，以小篆刻“海内皆臣，岁登成熟，道无饥人”十二个字，赞扬秦始皇统一天下，所有人都是他的臣民，国家强盛，国库充实，人民不忧饥饿。

铭印的四十字诏令

▼**秦陶量**

针对战国末年各诸侯国度量衡制的混乱情况，秦始皇将百多年前由商鞅制订的制度推行全国，颁布了统一度量衡的诏令，并规定各地必须使用铭上诏令的官定计量标准器。为保证统一和准确，计量器需要每年接受检定。

▲**秦朝的郡治分布**

▼**咸阳宫宫殿模型**

秦朝定都咸阳。为了体现大一统帝国的气势，秦始皇极尽全国财力，将他亲手灭亡的六国王宫建筑的精华，都集中仿建在咸阳宫中，显示了秦人唯大是求的传统风格。这是根据秦始皇大典和朝会的王宫——咸阳宫遗址复原的模型，只是咸阳宫其中的一座宫殿。

中国历史上第一个皇帝

公元前221年，秦王政建立了中国历史上第一个中央集权的大一统王朝。为了确立至高无上的权威，他创立了“皇帝”这一尊号，表示“德冠三皇，功高五帝”。他自称始皇帝，子孙称二世、三世，幻想江山社稷永远为秦朝所有。

秦始皇巡视天下

秦始皇完成统一天下的霸业，颁布一系列的新制度、新法规以后，首先遭到战国六国旧贵族的强烈反对，平民百姓也处于惶恐之中。为了宣扬皇帝的声威和帝国的意志，震慑六国的反秦势力，秦始皇五次大规模巡视天下。这支巡视大军，实际上是宣传队，形象地将皇帝的威严和声势、朝廷的政令和制度，最生动、最鲜明地传播到全国各地，使上至地方各级官吏，下至普通平民百姓都能够尽快了解到强大的帝国已经出现的社会变革。

秦始皇巡视的区域，主要集中在六国旧地，即中原、华北、华东一带。他在沿途以皇帝的名义祭祀名山大川，表示自己受命于天，代表天神的旨意统治国家，是山河万物的主宰。他还在沿途建立大型纪念碑，刻辞颂扬皇帝的伟大功绩，夸耀秦帝国的空前强大。并要求全体国民都具备为国家、为皇帝献身的精神。

然而，秦始皇这种源于军事战争的思维和行为，影响了他的治国方向。在征战中建立的绝对权威，曾使秦国完成统一大业。但统一后，绝对权威蜕变成秦始皇的专断孤行，以致全面实行苛法和暴政。结果，艰苦创立的帝国，只十五年就灭亡了。

秦始皇留给后世相当超前的统一大帝国的概念、令人惊奇的文化上的同一性，从此在中国人的心中根深蒂固，连绵不断，甚至凝固为民族的精神。历朝历代将统一视为正统，分裂视为逆流，这在世界上是独一无二的。崇敬皇权、服从皇权也成为中国人的传统。

◀ **秦始皇的出行队伍**

秦始皇的出行队伍浩浩荡荡，由丞相和中央政府的高级官员组成。前面有主导车，随后是秦始皇的安车和高级官员的乘车，四周由众多马车组成车队。每辆车上有驭手和弓箭手，两侧还有步兵护卫，总计出行队伍达一千五百人。

▲ **琅邪刻辞**

秦始皇沿途祭祀名山大川，并刻石记功，现仅存泰山刻石和琅邪刻石的残文。这琅邪刻辞是标准的秦朝小篆，刻于秦建国后第三年（公元前219年）。

全面推行郡县制

秦初，大臣们提出要仿旧制分封诸侯，丞相李斯认为应以史为鉴，废分封，推行郡县制。秦始皇力排众议，分天下为三十六郡，设郡县两级行政机构，官员由朝廷任命。郡县制的确立加强了中央集权，是中国政治制度史上的重大措施。

▼ **秦始皇的出巡路线**

公元前220年

鸡头山
陇西
回中宫
咸阳
秦始皇视察秦国西北边防，确定抗击匈奴战略

公元前219年

秦始皇在泰山封禅，立泰山刻石
之罘山
成山
泰山
莱山
峄山
琅邪台
咸阳
于琅邪台刻石
武关
衡山

公元前218年

之罘山
莱山
泰山
琅邪台
博浪沙
咸阳
秦始皇在博浪沙遇刺，但刺杀不成功

公元前215年

碣石
咸阳

公元前210年

之罘山
成山
沙丘
琅邪台
秦始皇在途中患重病，死于沙丘平台
咸阳
武关
会稽山

国家的命脉——水陆新干线

欧亚大陆上的各大帝国在扩张领土以后，都精心规划着国家的基本设施，修建交通网是各帝国不约而同的重大举措。罗马帝国修建了长 1677 英里的御道，沿途设立一百多个驿站，与埃及和印度的道路相连；印度的御道也很长，与中东和中亚的道路相连。这些交通网都是商路，为国际商业贸易的兴起发挥了重大的作用。而东方秦汉帝国的交通建设几乎是与西方同步的，只是秦朝是军事之路，汉朝则转变为商路，并与丝绸之路相连接。

秦朝的版图比统一前扩大了十几倍，为了管理和控制幅员辽阔的帝国，使国家的法令迅速下达全国，秦始皇下令大规模兴建以首都咸阳为中心、向四方八面辐射的陆路和水路交通干道。全国由驰道和直道形成主干道，《秦律》规定了主干道和车辆的规格，另以密集简捷的小路与主干道配合，构成全国发达的交通网络。这些工程艰巨浩大，规划比罗马的御道和驿站更加细致而严密。

发达的交通网络是支援秦朝二百万军队的基础。每天源源不断把物资运送给军队。陆路是用牛马车装运，水路则依靠船载。在秦灭楚的战争中，秦军六十万人，三天耗粮二十万石，仅此一项就要征用一万头牛或五千艘船。由于军需供应的特殊性，秦朝还开凿了灵渠和郑国渠，这两大运河在当时是中国以至世界上最伟大的水利工程，在水路运输以至农田灌溉中发挥了重大作用。

▸郑国渠遗址

秦始皇为解决军队所需的粮草，公元前 236 年在咸阳之北建成郑国渠。这是一项引水灌溉工程，从泾河引水，最终注入洛河。全长 150 公里，灌区 280 万亩。泾河含沙量大，郑国渠引出的泥水不仅灌溉了旱田，还将大面积的低洼易涝的沼泽盐碱地变为良田。从此，关中地区连年丰收，成为产粮基地。

▴今日灵渠

秦始皇为了打通中原与西南地区的交通，开凿了全长 30 公里的灵渠。秦军当年就是经这条水道征服百越，直抵南海之滨。此后，灵渠在两千年间得到历代政府的重视，一直发挥水路运输作用。直至 20 世纪初修建铁路，灵渠才完成了历史使命。

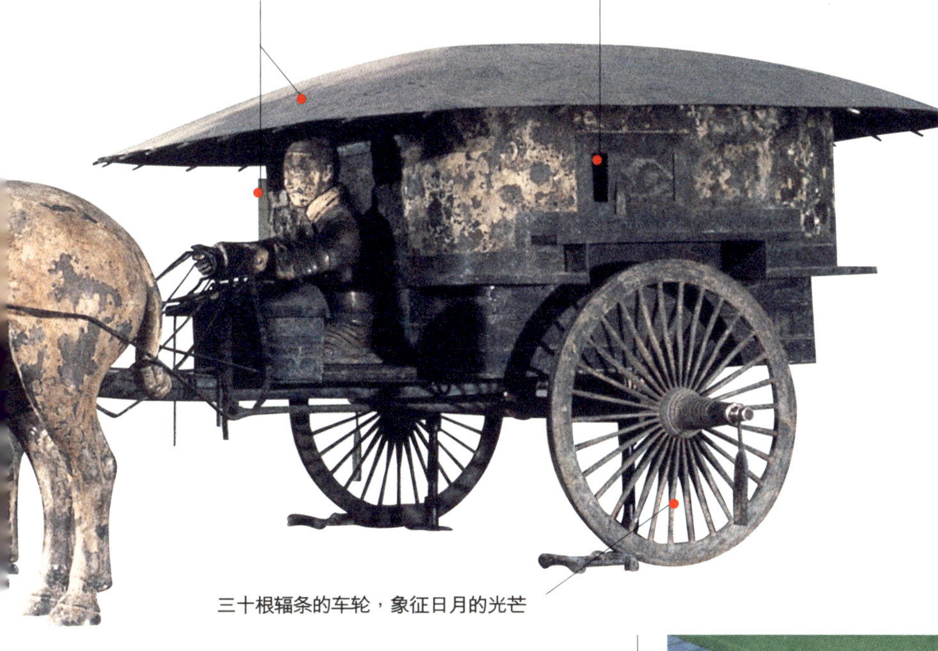

◀ 秦始皇出行专车

秦始皇陵墓中的铜车马，仿照秦始皇生前的专车——安车制造，是秦朝最高等级的乘车，由四匹马拉动，车分前、后室，由中间的窗隔开，驭手在前室操控，秦始皇坐在后室。他第五次巡视就是乘坐这种车。车和马共由三千四百个青铜铸件组成，应是秦朝集中六国工匠精英制作的。

▶ 古栈道

位于四川广元，由关中唯一通向巴蜀的古栈道。在深山峡谷的悬崖峭壁上凿孔、架木铺板而成的人工通道。

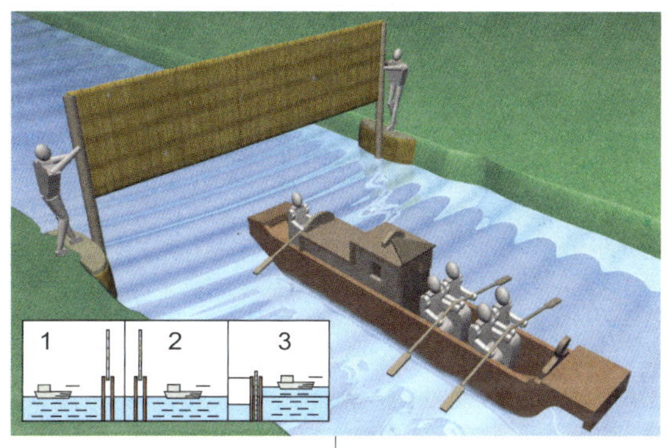

▲ 陡门操作示意图

为了便于逆水行船，灵渠上建有多座梯级船闸，称陡门。行船逆水驶入陡门后，下闸截水，抬高船体，使船只平稳进入更高一级水位。

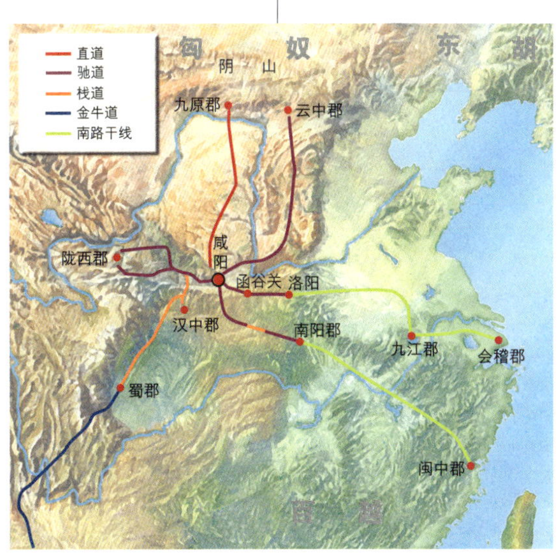

◀ 秦朝主要交通干线

驰道和直道

秦朝的驰道宽五十步，每隔三丈栽树为界，中央为皇帝出巡专用，百姓行于两旁。直道全长九百公里，是通向北方的军事专用道，路线直，行车快，方便快速调兵。这些道路四通八达，遍布全国，方便了中央对地方的联系和控制。

尚武精神激励下的国民

秦人崇尚勇武的精神，被秦始皇融入到军事管理体制中发扬光大了。

秦国利用法律培养全民的重战精神，实行全国军事化，推行义务兵役制。法律规定凡十五至六十岁的男子，都要应征入伍。农民平时种地，战时出战。当时秦国几乎每个男子都是军人，每个家庭都是军队的后援，为扫平东方六国提供了充足的兵源。秦国在争霸战争中，军事力量远远超越东方六国。秦统一后有人口二千万，秦军总数二百万，占全国人口的十分之一，军队人数比后来伐匈奴、开丝路、穷兵黩武的汉武帝时代还多一倍。若加上间接服务于军队的后备力量，远远超出二百万人。

秦始皇奖励建功立业的英雄，在战场上杀敌立功者，可以按杀敌数量赐予爵位和田宅，称“军功赐爵”。形成秦人为战争而生，为战争而死，并以此为荣耀的社会风尚。秦军在战场上个个英勇无敌，被誉为“安难乐死”的军队。然而，“军功赐爵”致使秦军肆虐滥杀，野蛮成性。每战计功赐爵达万人之多，秦国被称为“上首功之国”，意思是以斩首级论功的国家。

▲威猛善战的秦军

秦始皇兵马俑表现了百万秦军将士崇尚勇武，威猛善战，称霸东方，有着鲜明而强烈的时代风貌。

秦始皇对于控制和建设这支强悍武力，是经过精心策划的。军事体制与政府的管理机构相应，皇帝身兼军、政两方面的最高统帅，军队各级军官由他亲自任免，军队调动必须出自他的诏令。皇帝以下的各级政府，都由军、政两方面的官员组成，各级政府都管辖相应数量的军队，从而构成一个由皇帝严密集权的军事体系。

▲军功封爵者的礼器之二

这件刻有铭文的青铜鼎是军功封爵者的礼器。

▶军功封爵者的礼器之一

杀敌立功的军人享有爵位、官职和田宅，是社会地位最高的新兴贵族，甚至比没有军功的皇家宗室地位还显赫，他们享受特权和荣耀。这是用于洗手的礼仪用器，在典礼或宴会前使用。精致典雅的日常用具是军功封爵者奢华生活的反映。

戴鹖冠，属于军阵中官阶最高的将军，是统率万人部队的校尉

用丝线编织的缨，是高级军官的标志，相当现代军人的肩章

出征的将军

秦军的指挥系统有平时和战时之分，平时不设固定的统帅，以免拥兵自重。出征的将军都是由皇帝临时任命。战争结束后，将军一律解除兵权。这是秦兵马俑坑出土的将军俑。从冠帽到战服装饰都显示了秦军等级森严已经达到细致入微的程度。

中年士兵

青年士兵

秦政府对士兵的身份有严格的规定，罪犯、奴隶以至商人，都没有担任正式士兵的资格。士兵的组成，以农民为主，他们平时种地，战时出战，称为“农战之士”。

秦国的军功赐爵表

爵位级别（民爵）	赐田（顷）	赐宅（亩）	爵位级别（官爵）
	20	180	二十级：彻侯（爵位和待遇与三公相同）
	19	171	十九级：关内侯
	18	162	十八级：大庶长
	17	153	十七级：驷车庶长
	16	144	十六级：大上造
	15	135	十五级：少上造
	14	126	十四级：右更
	13	117	十三级：中更
	12	108	十二级：左更
	11	99	十一级：右庶长
	10	90	十级：左庶长
	9	81	九级：五大夫
	8	72	八级：公乘
	7	63	七级：公大夫（爵位和待遇相当于县令）
	6	54	六级：官大夫
	5	45	五级：大夫
四级：不更	4	36	
三级：簪裹	3	27	
二级：上造	2	18	
一级：公士	1	9	

民爵 官爵

- 民爵指授爵后仍是平民身份，官爵指相当某一官职的爵位。
- 各级爵位赐田、宅数目，以一顷田、九亩宅的比例递增。
- 斩获敌首一名，赐爵一级，但赐爵者甚少晋升九级以上。
- 拥有一至四级爵位的人，在军中仍然是“卒”，第五级爵位以上才是军官。

兵士的鞋底

士兵的军装、铠甲是由国家供应的，而内衣、鞋帽是由士兵自备的。这是用麻布制作的鞋，既结实耐磨，又柔软，尤其鞋底是将多层布黏合后，用麻线很细密地缝起来。这种传统制鞋工艺，直至今天的边远乡村依然存在。秦朝步兵和车兵穿这种麻布鞋，高级将领和骑兵穿皮靴。

中国古代最伟大的军事工程

为了抵御匈奴的侵扰，秦始皇先后征发四十余万人力，在战国旧城的基础上修筑长城。秦长城西起临洮，沿黄河，依阴山，东达辽东，逶迤万余里。长城是古代劳动人民血汗和智慧的结晶，也是中华民族悠久文明的象征。

秦军的兵种与装备

秦始皇为了在统一六国的战争中取得胜利，在培养秦人好战精神的基础上，积极调整兵种，改良军备，以适应大规模的军团式战争，并承续战国以来的趋势，以骑、步兵作为秦国军队的主力。

秦国重视骑兵的建设，在七国中最早成立骑兵部队，是独立的高度正规化的兵种，也是人数最多，质素最高，战斗力最强的。秦军的战马品种优良，一跃达五米跨度的有万多匹，年轻力壮、身材高大的骑士则是从盛产战马的西北地区征调来的。战国各国的骑兵，一般不穿铠甲，防护能力有限。秦国则发明了骑兵专用的轻型铠甲，使骑兵具有攻防兼备的优势。达到总兵力六分之一的骑兵军团，在秦国统一战争中充分发挥了主力作用。

一直从属于战车的步兵，以灵活机动、不受地形限制的特点脱颖而出，也成为军队的主要兵种，甚至成为决定战争胜负的重要力量。

秦国为了加强士兵的攻防能力，还根据不同官阶、兵种、任务性质、地理环境和战术运用，配置不同的铠甲和武器。秦军特别留意长、短兵器的搭配。步兵和骑兵都配备长兵器，他们克服了西周车兵使用长兵器时转弯、调动、进攻都不灵活的缺点，使长兵器在近距离交锋时能够尽情发挥威力；在近距离肉搏时，则以更加灵活的短剑应战。至于主要由步兵使用的弩机，更是一种射程达到数百米的远程武器，瞬间密集发射的威力，没有任何武器可以抵抗。

秦始皇在推行新军事体系时，世界另一端的各帝国都经历了军队改革的过程。罗马军队组成与秦军体制极其相似的步兵和骑马混合编队的军团，配合灵活机动的战略战术，成功地征服了巴尔干半岛和西西里岛。

短袖铠甲，确保手部灵活，方便持弩

两手作持弩机状

跪射弩兵

属于步兵中杀伤力最强的兵种，与战车和一般步兵混合编队。弩兵是军阵的前锋和侧翼。交战时，弩兵一马当先，万箭齐发，造成远距离的射击网面，遏制敌军的攻击力。这种军阵对付横向移动困难的战车阵形尤其有效，能够先发制人，挫伤敌人锐气，为其他兵种的冲锋创造了战机。

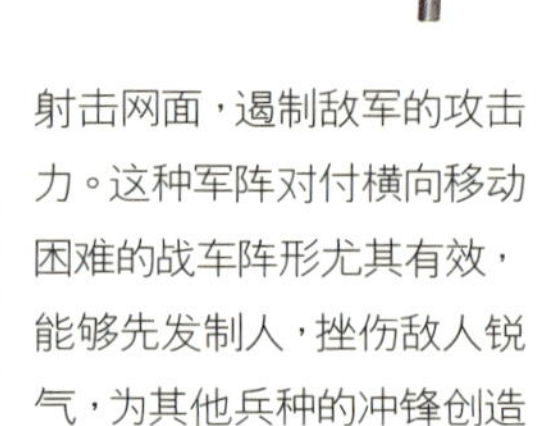

青铜戈

青铜戈是骑步兵在近距离交锋时使用的主要长兵器。这是戈的头部，原来有木柄连着。秦军的青铜兵器刚韧锋利，至今仍然寒光闪烁。这是经过表层镀铬或铬盐氧化处理工艺，有很强的抗腐蚀性。这种工艺直到公元20世纪才先后被德国人和美国人发明，并取得专利。而早在两千年前的秦人就掌握了在青铜武器上镀铬的技术。

▲重装铠甲驭手与护手甲

驭手控制战车的进攻、追击和撤退，是整个作战集体的灵魂人物。驭手目标显著，防御装备与众不同，是非常严密的全蔽式重装铠甲，除了防护身体外，连脖子和手臂都有防护。

弩兵射击步骤

1 可能另外有人专门拉弩上箭，否则须坐地，双腿前蹬，才能将弩拉开。

2 用拇指按箭，防止箭从槽中滑落。

3 向目标瞄准，预备发射，如现代步枪射击。

▲跪射弩兵

跪射弩兵表现的是军阵射击前的一瞬间

▶秦军培训不同兵种的主要地区

步兵培训区

骑兵培训区

水军培训区

▶青铜弩机及弩机结构图

古代的弓箭，作用相当于现代的枪械，是一种在远距离杀伤的武器。战国时期弩机发明后，广泛用于混合兵种的大规模军团战争中。秦军又将弩机的机件加大，臂长达到72厘米。作战使用的大型弓最长有1.6米，箭也相应加长，射程可达数百米。这样射击网面就更加广阔，杀伤力更强。

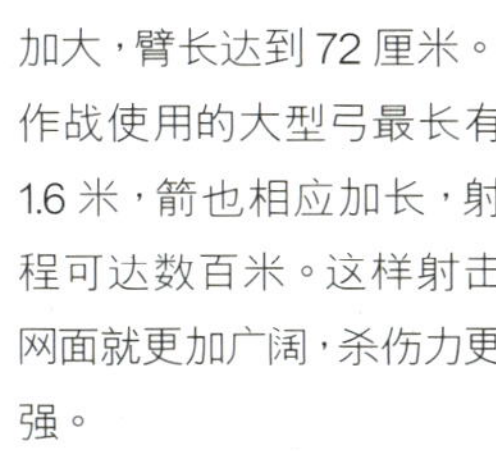

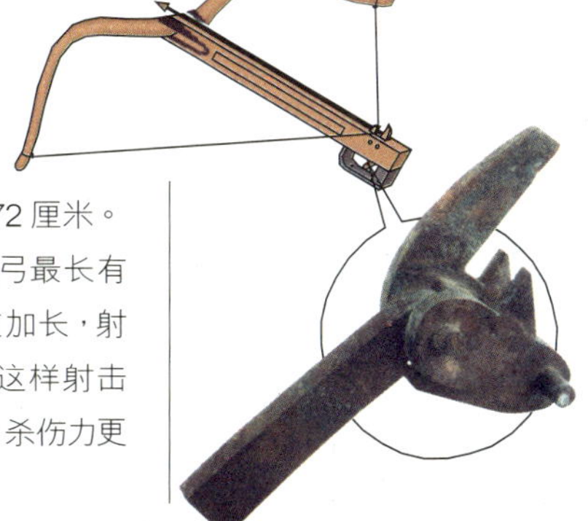

▼秦俑坑出土的铜箭镞

在兵马俑坑中出土大量箭镞，以定向性和穿透力很强的青铜三棱形箭镞为主。与弩机配套，是杀伤力最强的武器。

兵权的控制

为了保证兵权掌握在皇帝手中，秦以虎符调动军队。虎符一剖为二，右半由皇帝掌握，左半在将领之手。当两半合一，才能调动军队。秦始皇还禁止民间收藏兵器，收缴武器销毁，铸成十二个各重千石的铜人，陈列在宫殿前。

世界第八奇迹——秦始皇陵兵马俑

秦始皇陵兵马俑首次让世人目睹了秦国百万大军的雄姿。兵马俑的四个俑坑之中，三个已经复原，分别是秦军的临战军阵、营地和作战指挥部，七千多尊将士俑和数百匹战马、百多辆战车，一律面向东方，重现了秦军统一天下的气魄。

一号坑 —— 临战军阵

▲ 二号坑（营地）出土现场

▲ 三号坑 —— 指挥部

秦始皇的地下帝国

秦始皇的地下世界，就是他的地上帝国再现！

他是中国第一个皇帝，统治着幅员空前辽阔的国土，而且开创了一套帝国制度。秦始皇很为自己的成就自豪，他相信他的帝国和制度可以万世不坠。为了表现他鲸吞天下、统一宇内的气概，秦始皇陵的地宫，在半球形的顶部，画上宇宙穹苍的日月星辰等天文图像；地面模仿秦朝疆域的地理形势，还以水银灌注而成江河和大海，用机械使它循环流动；两旁陈列从被灭的六国掠夺回来的奇珍异宝。秦人的宇宙观、数学运算和机械技术，在地宫里发挥得淋漓尽致。著名的兵马俑坑，不过是拱卫陵墓地宫的许多外围陪葬坑之一。

秦始皇没有料到，他修筑万里长城、建全国驰道、花了三十七年建造骊山陵墓，种种大型工程，耗尽了民力，人民怨声载道。他死后几年，他的帝国就被推翻。秦人用了五百年时间，才由西陲小附庸变成中央大帝国，结果在过大的宏图中灰飞烟灭。

骊山秦始皇陵地宫意想图

这是地下宫殿中放置秦始皇灵柩的墓室部分，根据探测，面积达 19200 平方米，比两个半足球场还大。据《史记》记载，墓内以水银为江海。现代探测到地宫的水银含量确实特高，估计《史记》描述的地宫接近真实。

水银灌注的江河大海

顶部的日、月及天文星象壁画

穿金缕玉衣的秦始皇遗体

地面模仿秦朝疆域的地理形势

以六国的奇珍异宝随葬

秦始皇像

秦始皇完成了先祖要到黄河牧马的梦想，终于君临天下。可是也因为他过分虚耗民力，令秦人数百年来的经营毁于一旦。

坐西朝东的秦始皇陵

中国帝王陵墓多是坐北朝南，以示生前面南而王。但秦人从先祖到秦始皇的陵墓都是坐西朝东，连随葬墓群和由兵马俑组成的军阵，也都面向东方。有人认为这是象征秦国不断向东迁都的建国历程，反映秦人由西向东发展的信念；有说代表秦国横扫东方六国，统一天下的大业；也有说这与秦人的原始信仰有关。

大型夔纹瓦当

这块直径达61厘米的瓦当在寝殿出土。寝殿是陵墓的地面建筑，是秦始皇的“灵魂”起居和处理朝政的场所。瓦当是用来遮挡屋檐下木柱的建筑构件，瓦当如此巨大，可见寝殿也很宏伟。

骊山园的量器

骊山园有一套完整的管理机构，负责每天侍奉秦始皇灵魂。这是掌管陵园膳食事务的官员称量食物用的量器。

从葬的养马人陶俑

骊山园陵墓有许多陪葬墓和从葬坑。这个养马人陶俑是陪葬品之一，负责在地下世界饲养那些为秦始皇陪葬的马。

秦始皇陵园的平面布局

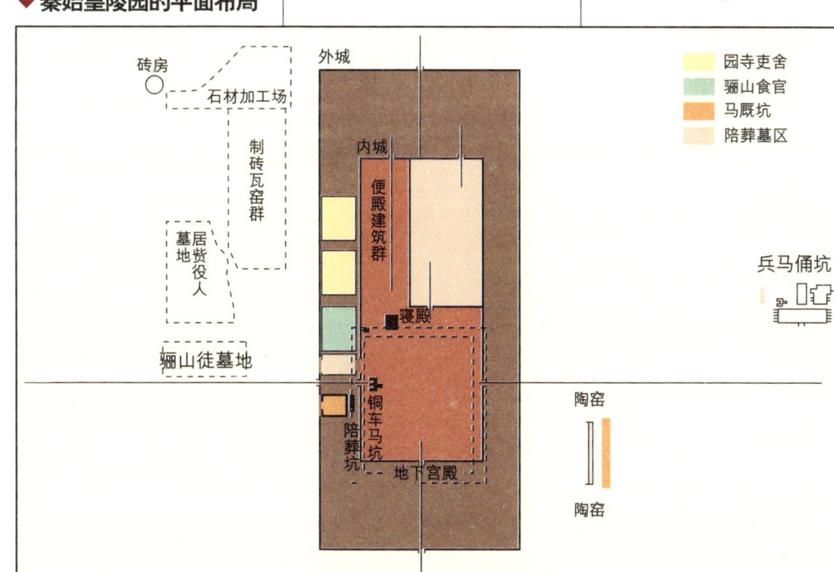

商鞅变法

春秋战国时期，各国统治者锐意进行社会改革，战国七雄都积极推行变法，但是各国变法的程度各有不同。如原本强大的齐国，由于旧贵族的阻挠，变法不彻底而衰落了。秦国全面推行商鞅变法最为成功，国力日益雄厚，一跃成为七国之首，由此奠定了统一中国的基础。

商鞅，姓公孙，名鞅，卫国（今河南濮阳）人，国君之妾所生，是国君宗亲。因在秦国当丞相时被封于商，故称商鞅。

商鞅年少就立下治国壮志，他谙熟法家学说，对魏国改革家李悝、吴起非常崇敬。商鞅看到魏文侯任用李悝变法，使魏国一跃成为中原霸主，于是他投奔魏国，在魏相公叔痤门下任中庶子，但始终未得到魏王重用。公叔痤死后，商鞅听说远在西陲的秦孝公招请天下“出奇计强秦”之人，便当机立断，西行入秦。

公元前361年，商鞅觐见秦孝公，献上变法强国之计，深受秦孝公的赏识，任职左庶长，受命主持变法，并掌握了秦国的军政大权。

公元前359年，商鞅颁布新法，为了树立法的威信，做到令行禁止，取信于民，他派人在南门竖立一根三丈高的木头，下令把木头扛到北门者赏钱十金，但无人响应。他又将赏金增至五十金，有一人大胆应招，果然获得五十金。此事立即轰动了全国，民众相信商鞅推行变法的决心。随即商鞅颁布了变法令，开始在全国推行新法。

商鞅推行“霸道”战略目标，创建兵农合一、高度专权的国家。变法的基本精神是摧毁旧贵族的世袭制，建立中央集权的君主专制制度。首先，他实行郡县制，废除了按贵族血统世袭世禄制，由朝廷直接委派官吏，取代原来由卿大夫们执掌的政事，国君夺取了卿大夫们的政权与兵权，秦国从此开始走上中央集权的道路。

商鞅用奖励军功的办法，培植新兴贵族，建立官僚体制。新法规定，凡是没有立过功的旧贵族，一律从宗室名单上除名，不得无功受禄。爵位分为二十等，按照军功大小授爵位、赐田宅，享受车骑和官服等。

商周以来土地归王室所有，“溥天之下，莫非王土”。商鞅废除了沿用一千多年的井田制，奖励开垦荒田，土地私有，允许自由买卖，国家按土地亩数征收赋税，这标志着分封制的经济基础已被击溃。

商鞅视农业为“本业”，视商业为“末业”，新法大力奖励耕织，抑制商业，防止商人和高利贷者牟取暴利，冲击农业。新法规定：凡生产粮食布帛多者，可以免除徭役赋税；而弃农经商或是游手好闲者，连同妻儿一并没官为奴。新法还规定男子成年后，要和父母分家，独立生活，否则一个男子要缴纳两个人的赋税。分家以后，每户必须努力劳动，改变了秦国父子同室而居的旧俗。这些措施使秦国农业很快发展起来。

在商鞅对秦国实施制度创新的过程中，最为难得的是他推行的法制观念，即以法治国。他认为设立法律是圣人治国的根本，是达到安邦强国的重要保证。商鞅为了人人都能遵纪守法，以法治达到治民治国的目的，必须使全国吏民皆能知法。

商鞅变法使秦国很快发展壮大起来，国力超过了东方六国。孝公二十年（公元前342年），周天子和诸侯派人向秦国祝贺。次年商鞅率秦军用谋略攻打魏国，魏军大败，割让河西（今陕西东部）向秦国求和。商鞅以功绩卓越受封于商（今陕西商县、河南西峡一带）十五个邑，号称商君。

商鞅推行新法，像一场摧枯拉朽的狂风暴雨，将秦国旧贵族世袭的高官厚禄、荣华富贵涤荡一空，由此带来了旧贵族对商鞅的极度仇视，千方百计破坏新法的推行。太子驷的师傅公子虔和公孙贾就是反对派的首领，他们唆使年幼无知的太子触犯法律，诽谤商鞅。但商鞅毫不妥协，他对秦孝公说："新法难以推行，就是因为贵戚在捣乱。要想严肃法纪，就要从太子开始。如果太子不能治罪，那就应该处罚唆使太子犯罪的人。"孝公同意他的意见，于是公子虔被处以割鼻之刑，公孙贾的脸上也被刺了字。商鞅执法敢于不避权贵，在秦国震动很大。

公元前338年秦孝公病逝，太子惠王即位，商鞅遭受冷遇，只好弃官还乡。但是昔日的反对派并未放过他，公子虔之徒为报夙怨，诬告商鞅谋反。惠王用车裂酷刑处死他，并灭其家族。

商鞅虽然惨遭诛杀，但是他为秦始皇统一大业奠定了坚实的基础，成为秦朝帝国的奠基人。"秦用商君，富国强兵"，司马迁在《史记》概括了商鞅的历史功绩。其实，商鞅变法的影响力远非在秦国和秦朝，对中国历史的影响更加巨大而深远，他创立的集权制、郡县制、官僚制、户籍制、统一度量衡等一系列国家体制以及法治观念，都被秦始皇继续推行和深化，也被历代王朝所延续和发展。因此，商鞅变法不仅"为秦开帝业"，也为中国两千多年的中央集权体制奠定了基础，汉代政治家桑弘羊称赞商鞅"功如丘山，名传后世"，应当更恰当一些。

布衣皇帝的尊儒国策

公元前206年，秦帝国在一片暴乱声中迅速瓦解，汉朝的旗帜在中国的土地上飘扬起来。汉朝虽然继承了秦始皇的江山以及他制订的一整套中央集权制度，可是没有秦朝那般迷信暴力和独裁，也没有商周以来统治者的贵族气度，新国家呈现平民化的气氛。

汉朝的开国皇帝刘邦出身平民，是提三尺长剑而得天下的“布衣皇帝”，他的群臣也多出身低微，所以汉初的政府代表一股平民的力量。加以刘邦目击秦朝的兴亡而深受教训，决心撇弃暴政和极端的法制，实施以儒家学说宣扬的仁义道德为治国之道，与民休息，以民为本的国策深得民心。在秦朝苛法重压下的国民，尤其是习惯散漫自在于农田耕作的农夫重获自由。往后的汉武帝还进而“罢黜百家，独尊儒术”，将儒学先师孔子推上至高至尊的地位。并改造孔子的儒学，增加了许多先秦学说元素，将君臣从属关系作为核心，提倡臣民要按照忠君尽责的原则行事。这种新儒学的伦理道德很快占据了统治地位，成为上至王公贵族，下至平民百姓的道德和行为准则。

实际上，汉朝皇帝在仁义道德的温柔面纱掩盖下，更加强化了中央集权。汉朝还提倡道家的天神崇拜，以此神化皇帝。并建立了一套国家宗教法典，制订了从都城、陵墓到衣冠，处处表现皇权至上的各种礼仪。汉朝实行的霸道同王道并举的国策，收效显著，从此版图更加扩大，国力强盛，以文明发达的强国形象屹立于世界。秦始皇带给中国的社会巨变，到汉朝充分发挥力量。罗马帝国、波斯的安息帝国、贵霜帝国和汉帝国都在各自扩张领土，帝国时代的联系更加密切。

▼汉景帝阳陵的仪仗军队

阳陵是汉朝第四位皇帝景帝的陵墓。景帝在位期间是汉朝国力逐步强盛的阶段。这是象征宫廷仪仗军队的从葬坑，随葬陶俑和俑头三百多个，都是军人的形象。

▶仪仗军队中的行走俑

这些仪仗军队，原来身穿战袍，外着铠甲，并装有姿势各不相同的木质胳膊，但出土时，除陶质身体以外，其余都已腐朽，成了裸体缺臂的模样。这些军士，仅高62厘米，与秦兵马俑按照真人塑造的士兵，高度差了一大截，而且面部表情和颜悦色，轻松而生动，充分体现了宽松而富有朝气的社会气氛，与秦兵马俑威严硬朗的风格，形成鲜明对比。

▶趋于简便的汉朝服饰

古代的服装能显示一个人的身份。在战国流行的深衣，是体现礼仪的服装，曲裾沿身体缠绕数层，将身体全部遮掩，曲裾越多，身份越高。秦人疲于征战、不循礼仪，并不流行深衣，但到汉初，长袍式的深衣再次占据主流，连皇帝平时也穿深衣，但深衣始终不适合汉朝贵族讲究宽松、享乐的生活风格，以后逐渐被舒服随意的长衣和短衣取代了。这是汉朝贵族家中较高身份的家臣形象。家臣是讲究规矩礼仪的职业，他身穿的深衣已经被改造，曲裾省减，只缠绕一周。

曲裾

◀汉朝宫廷的侍女

这是汉朝宫廷侍女的形象，穿上宽袍大袖的衣服。这种宽大衣袖是由宫廷蔓延到社会的时尚服装，体现了汉朝国泰民安的社会风貌，人们追求安逸，脱离劳作的生活。宽袍大袖与劳动者穿着的短衣长裤形成鲜明对照，以此显示高雅身份，成为汉朝服装的显著特征。

▶玉俑头

汉朝都城长安出土的玉人头像，是汉朝保卫皇宫的武士像。与秦始皇兵马俑咄咄逼人的威猛气势相比，武士面部表情温和而含蓄，显示了汉朝的儒雅之风。

▲儒学讲经图

汉朝皇帝崇尚儒学，尤其汉武帝以后更甚。但是，汉朝的儒学已经渗入了阴阳五行以至其他先秦学说的色彩，是一种改造了的儒学，更有人认为，汉朝表面上倡导儒学，背后沿用的却是法家的理念。

◀仪仗兵器——鎏金嵌琉璃鸟形镈

秦朝陵墓的兵器多是实用兵器，而汉朝都城和陵墓出土的，则以仪仗兵器居多，证明朝廷重视礼仪。这是都城附近出土的仪仗兵器装饰，富丽华贵。

刘邦称帝

秦亡后，项羽和刘邦为争夺天下进行了长达四年的战争，史称“楚汉战争”。刘邦注意收揽民心，曾约法三章，不伤民扰民，深得关中百姓拥护。他知人善用，重用萧何、张良、韩信等文臣武将，最终战胜项羽，建立了西汉王朝。

迷信色彩弥漫的世界

汉朝皇帝注重文治教化，崇尚儒学。但是他们同秦始皇一样，对声称掌握皇朝命运的阴阳五行学说情有独钟。由于改朝换代的政治需要，秦汉皇帝都自称天子，提倡天神崇拜，对天神的信仰也随而引申为对皇帝的崇拜。汉朝的政治家改造儒学和道教，赋予了阴阳五行的色彩。还根据阴阳五行学重新建立了一套适应汉朝统治的国家宗教法典。从此披上神圣外衣的宗教，在汉朝大行其道，广为传播，成为巩固国家统治的精神力量。

汉朝朝野上下都笼罩在鬼神观念和神秘的气氛中，怪异学说肆意横行，渗透到社会的每个角落。以鬼神观念观察自然万物，以阴阳五行处理社会事务，已经成为汉朝人特有的思维方式。

曾经受到秦始皇器重的神仙家，受了很久的冷落之后，到汉朝中期又活跃起来。他们强调人修炼成仙，便可以享受世外清闲安逸的仙人生活。这种思潮对于希求永远享受荣华富贵、达到长生不老境界的统治者，有极大吸引力。而神仙家又有与仙人沟通的方术，可以帮助世人到达仙境。汉武帝迷信神仙家的程度，更远远超过秦始皇。他在位五十年间，执著地追访仙境和长生不老的仙药。在他的亲自倡导下，神仙家异军突起，甚至成为社会地位显赫、左右国家政治的重要力量。

土生土长的鬼神观念和修炼成仙的信仰，经过汉朝的宣扬，更加深入人心，影响深远。

明堂辟雍复原图

汉朝借助提倡天神崇拜，以神化皇帝，并建立了一套国家宗教法典。明堂辟雍是长安城宗教礼制建筑中最辉煌的建筑，是祭天的场所，由若干方形与圆形套合而成，象征天圆地方，是汉朝人对天象和地球的认识。

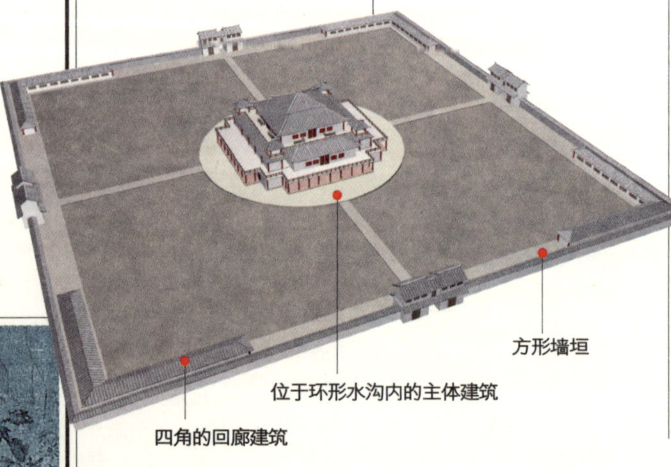

陶制的载人神鸟

山东一带是战国齐国旧地，也是神仙学派的发源地。他们宣扬的仙境和长生不老的仙药，都集中在齐国蓬莱海中。为秦始皇寻找仙药的徐福也发迹于此。这件出土于山东的汉朝贵族墓葬的随葬品，就是齐国神仙风气盛极的产物。这是汉朝神仙家宣扬的神鸟，可以将墓主人以及生前享受的宴乐歌舞的生活，一同载入仙境。

▶ 羽翼仙人

这是汉朝神话中宣扬的仙人形象。仙人身披羽毛，背有羽翼，两只大耳高高竖立过头顶。

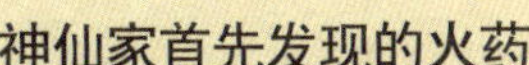

神仙家首先发现的火药

汉朝的神仙学家热衷于研究令人长生不老的丹药。他们在炼丹过程中，偶然把硫黄、硝石、雄黄、含碳物等药材混在一起加热，意外发生爆炸，从而认识到这几种物料的燃爆性能，并将之记录下来。后来军事家由此进一步研究，终于掌握了火药的化学成分，并在公元9世纪以后发明了火药武器。

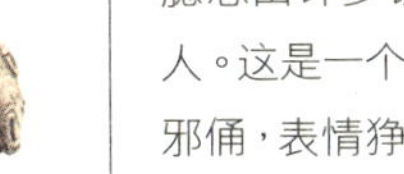

◀ 镇邪俑

汉朝人为了躲避灾异鬼怪，臆想出许多镇邪除妖的神人。这是一个陪葬墓中的镇邪俑，表情狰狞，具有威慑力。

▶ 错金博山炉

这是汉朝贵族使用的熏香用具。炉体仿照蓬莱仙境制造，重峦叠嶂，出烟孔隐蔽在山峦重叠之处，熏香时烟雾香气缥缈于仙山之间，如临仙境。

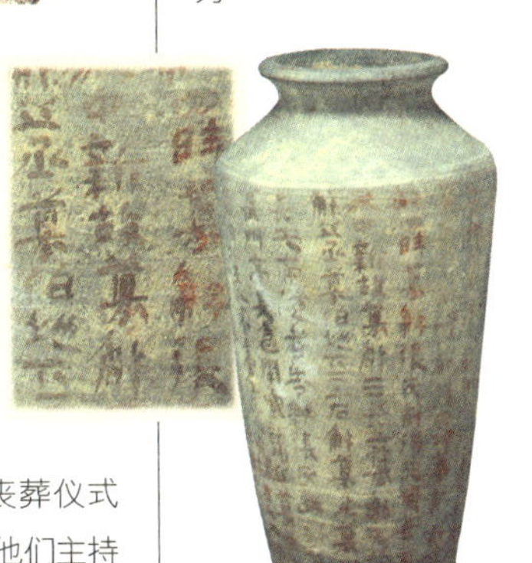

▶ 驱鬼的解殃瓶

汉朝的神仙家是丧葬仪式中的首要人物，由他们主持葬礼，进行驱鬼消灾的仪式。仪式进行时，神仙家在一个陶瓶上书写红字咒语，放在死者身旁，为死者及其家族驱鬼降魔。这是神仙家为张氏家族驱鬼的解殃瓶。

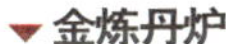

▼ 金炼丹炉

最早点燃炼丹炉的是汉朝的神仙家。神仙家利用水银、丹砂、黄金作原料进行熔炼，总结出九种炼丹的配方。这是贵族随葬的纯金炼丹炉模型。

轻徭薄赋，与民休息

汉初经济萧条，将相只能乘牛车，百姓更是缺衣少食，甚至出现人吃人现象。为恢复和发展经济，刘邦减轻赋税，释放奴婢，实行与民休息的政策。经过六七十年的休养生息，出现了经济繁荣、社会安定的局面，史称“文景之治”。

胡风激荡的乐舞

汉朝在布衣皇帝的倡导下，从宫廷到民间体现新时代风貌的歌舞表演，盛况空前，也是展示欧亚大陆东西文明融合的大舞台。

战国思想文化的解放运动，曾经带来了民间艺术创作的高峰，各种适应新思潮的乐舞百花齐放，使宣扬周礼的宫廷礼乐失去了辉煌。而缺少浪漫情调的秦朝，一度极大约束艺术创作的活力。到汉朝实施宽松国策以后，上至帝王，下至百姓，创作激情得以释放和发挥。尤其从布衣皇帝刘邦开始，不少帝王能歌善舞，还亲自演奏和赋诗作曲。汉武帝更大力倡导宫廷乐府，采集全国各地的民间精华，使表演艺术有飞跃发展。

北方雄壮的胡乐首先给汉人新鲜感。随着丝绸之路贯通，西域胡风盛行起来，来源于中亚地区的歌舞、杂技、魔术融入了中国本土的表演中，统称为百戏。这种融汇了中西的艺术，有更加活跃的生命力，不仅深受平民的喜爱，也迈进皇宫的大雅之堂。宫廷的各种朝会庆典，以至民间的节日庆典，都常常有百戏表演助兴。演出规模盛大，数百人乃至数千人同台演出，载歌载舞，气氛热烈，场面壮观。汉武帝在皇家园林上林苑举办百戏集演，周围三百里内的百姓都赶赴观看，一时万人空巷，成为当时京城的一大盛事。在皇帝爱好之下，经过宫廷加工的民间乐舞，变得更加高雅精练，在全国广泛传播开来。

吹笙乐手

弹瑟乐手

伴舞少女

指挥者

击鼓乐手

击磬乐手

▲**融汇乐舞和杂技的演出场面**

汉朝杂技在原来单纯显示惊险奇特的技巧以外，增加节奏感和优美感的舞蹈动作，并用音乐和舞蹈陪衬，更加添了艺术气氛。这是民间杂技表演的场面，由伴奏乐队和杂技表演者组成，拱手站在两旁的是观众。

三人表演“柔术”

▶**铃舞铜扣饰**

铃舞是西南滇族的舞蹈。舞者戴高顶尖帽，右手摇铃，翩翩起舞。铃声伴随舞蹈发出有节奏的乐声。汉朝宫廷俗乐中有“铎舞”，舞者手执大铃起舞，与这种铃舞极为相似。

▲**婀娜柔美的宫廷舞蹈**

汉朝宫廷舞蹈逐步平民化，自娱自乐的舞蹈很盛行。乐舞中大量吸收了楚国民风、西域杂技和幻术的风格，使舞蹈讲究技艺与情感相结合，更具表演性。

用来击奏节拍的盘子，既是道具，又是乐器

▲**双人盘舞铜扣饰**

这是滇人贵族服装的扣饰，表现了具有滇族独特风格的舞蹈。两男舞者边歌边舞，动作夸张，充满热烈奔放的节奏感，与中原折腰舞和杂技托盘的动作相似。舞者高鼻深目，应是西域人。汉朝因西域胡乐、胡舞的大量流入，在全国刮起“胡风”，不仅对宫廷乐舞产生巨大影响，还渗透到西南边郡的滇族之中。

▼**贵族的管弦乐队**

秦朝以前的王室贵族，按礼制听雅乐，乐器以编钟和编磬为主，称为“金石之乐”，旋律缓慢。汉武帝为了反映强盛而富有朝气的国家形象，要求乐府采集民间流行的俗乐，包括民歌、民谣和舞蹈，经过乐师的再创作，增加管弦、吹奏和敲击乐器，使曲调更加委婉动听，气势更加雄壮。宫廷举行宴会、典礼、征战出行、天子朝见等庄严场面经常演奏新乐。这是贵族的私人乐队的形象，是典型的小型管弦乐队。

▲**表情滑稽的说唱俑**

汉朝民间流行一种逗笑的说唱表演，配合击鼓演唱，语言和动作滑稽而夸张，形式与现代滑稽戏或相声相似。表演者称“俳优”，身份低于歌舞乐伎。表演场地也不讲究，常在贵族庄园的门口就地表演。这个说唱俑塑造了俳优出于说唱重要情节而作出的滑稽表情和动作。

罢黜百家，独尊儒术

为统一思想，汉武帝推行“罢黜百家，独尊儒术”的政策，他设立五经博士，设博士弟子员，学业有成的就授以官职。通晓儒家经典成为做官的必要条件，公卿大夫都为饱学之士。从此，儒家学说的地位日益提高，成为历代王朝的统治思想。

领先世界的农耕技术与农具

汉朝自长城以北直至岭南的广大地区都是农业区，全国耕地面积达八万二千多平方公里，人口约六千万，比当时罗马帝国还多，平均每户五口之家有耕地约七千平方米。汉朝皇帝深刻认识到，农民是纳税人，农业是支撑国家经济的基础，实施“以农为本”的国策，才能国富民强。因此政府很重视向全国的农民推广先进的农业耕作技术和农具，推广农田精耕细作和整体化管理方式。高度发展的农业，使汉朝位居与罗马帝国齐名的世界大国地位。

秦朝在黄河和长江流域推广先进的铁农具，成果丰盛。汉朝政府进一步把铁农具推广到南方的广东、广西和北方的长城沿线。从平整土地、播种、中耕、除草、灌溉、收获、脱粒，到农产品加工等，各类专用铁农具达三十多种。其中铁犁铧经过重大改革，成为领先于世界的新农具，欧洲的农民要在一千年以后才使用这种农具。

牛耕技术是比人力耕作效率提高十倍的新技术，在汉朝以前已经发明，但未得到全面推广，人力耕作始终占主导地位。汉朝初年，政府大力推广牛耕，将其视为“耕农之本”，置于“国家之为强弱”的高度。到汉朝末年，牛耕已经普及全国。

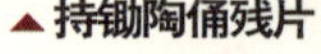

▲**持锄陶俑残片**

在适宜种植水稻的长江流域，锄头是重要的耕作工具。

汉朝黄河北部的农民创造了一套旱地农田防旱、保墒的耕作技术，从土壤质素、施肥方法、选种标准到田间管理，都实施精耕细作，形成农田管理整体化的观念。汉武帝时期主管农业的官员，还在此基础上创造了科学耕作的“代田法”，在北方大力推广，使粮食的产量大为提高，关中地区小麦的亩产量比战国提高数倍。汉朝的农田技术和产量已达到颇高水准，今天一些现代科技无法达到的边远农村，仍然没有超越汉朝的耕作水平。

◀**踏碓舂米图**

耕作技术进步以后，随之而来的是粮食加工技术的提升。先秦时期，粮食加工大多使用人力杵臼舂米脱粒。汉朝发明了脚踏碓，提高工效十倍。这是一个粮食加工的场面，四人互相配合舂米，动作十分协调。

▲二牛一人农耕图

汉朝中期的黄河和长江流域农业发达地区，牛耕技术改革，出现二牛一人组合，比以往一人牵牛，一人操纵犁辕，一人执犁铧的二牛三人式组合，更易操作。这是汉朝壁画上二牛一人的耕田场面。

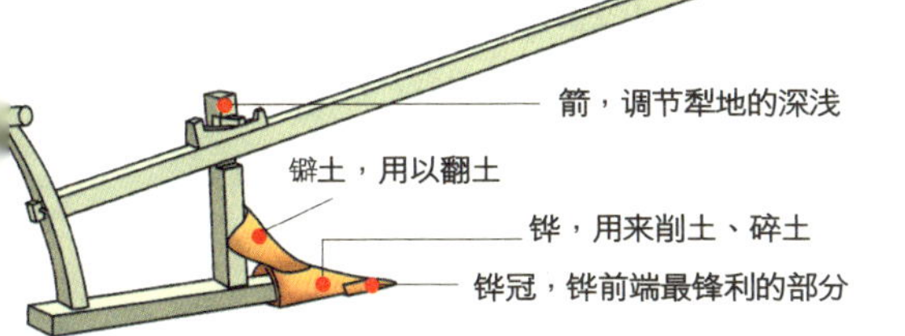

▲二牛一人式耕作法使用的长辕犁

铁犁铧在春秋战国发明后，汉朝人改良了犁铧的结构，加上犁箭，还在铧的上部增加镵土装置，耕地时起到翻土、碎土和平整耕地的作用，是犁耕技术的大跃进。此外，汉朝的犁铧有大、中、小三种型号，轻巧灵便的小型犁铧，适用于精耕细作的农田；锐利的中型犁铧用于垦荒；特大厚重的犁铧用于开辟沟渠。

▼除草播种图

汉朝农民认识到从播种、施肥、灌溉、除草到收获，各个环节相互关联，这是汉朝的画像石，描绘四川地区的农民在春季耕种水稻的场面，六位农夫正在耕作，有的除草，有的播种。这种耕作方法适用于一年一熟的稻田。

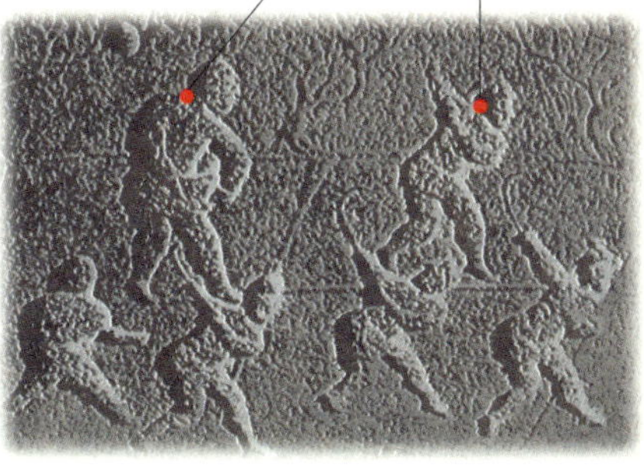
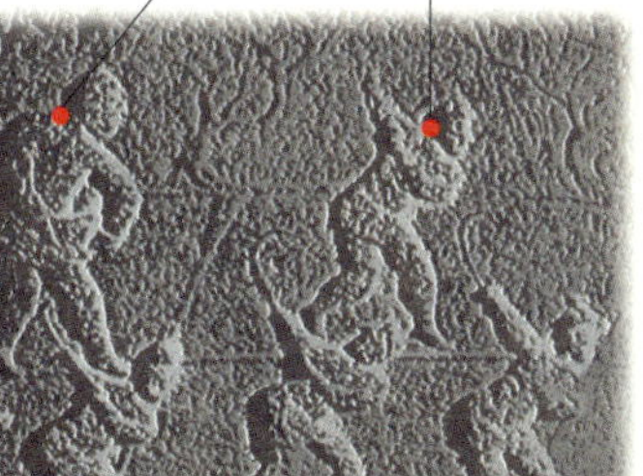

▲播种新农具——耧车模型

汉朝推广一种畜力播种机——耧车。一牛前引，一人扶犁，一边开沟，一边下种。耧车有三个铁耧足，相当于三个小犁铧。粮种自耧斗经空心的耧足下播，同时完成开沟、下种和覆土三道工序。一次可以播种三行，行距一致，下种均匀。一部耧车每天播种1顷，节省劳力一半。

▶灭火陶井

井是农田灌溉的重要设施，也是农家重要的水源。汉朝的井利用滑轮升降汲水，井口上有遮檐，以保证水的清洁。

【一箭双雕的推恩令】

汉初实行郡、国并行制度，诸侯国实力渐强，对皇权形成威胁。汉武帝颁布了推恩令，允许诸侯将封地以皇帝的名义再分给子弟，使原本强大的王国分割成许多小国，无力与中央对抗，受封的诸侯子弟又对皇帝感恩戴德，真可谓一箭双雕。

致 富 之 路

秦始皇开辟的全国陆路和水路交通网，被汉朝政府充分利用，将昔日的军事道路转变为商人的致富之路。在交通沿线，出现了许多以政治、经济为中心、规模不等的城市。汉朝后期属于郡级治所的城市有五百个、县级城市达到一千八百个。城市人口也急剧增加，在长安茂陵县就有居民近二十八万。富冠海内的商业大都会，主要集中在黄河和长江流域的十大经济区。汉朝的城市网络形成后，直至清朝仍没有大的变化。

秦朝推行"重农抑商"政策，商人的社会地位很低。汉朝则采取放任商业发展的政策，城市出现了"用贫求富，农不如工，工不如商"的风气。争相经商之下，产生了一批富甲天下的商人，甚至还出现了专门从事国际贸易的商人。另外，秦朝以军功封爵者为上的等级制度瓦解了，汉朝出现了划分等级的新观念，政治身份已经微不足道，家产的多少才是社会等级的标尺。长期被贱视的商人，居然凭财富改变命运，成为不可忽视的社会势力。

全国完善的交通网，令各城市的商贸一片繁荣。每个城市均设市场，对商品的需求越来越大，使手工业发展突飞猛进。手工业的生产主要分官营、私营和家庭三种形式，并出现了适应商品市场需求的大规模经营性生产。最大的矿业工场雇工达十万人。汉朝的手工业分工细密，趋向专业，产品丰富，工艺精湛，成就超越前朝。至于对国计民生有重大影响的冶铁业和盐业，则由国家垄断专营，是规模最大的支柱产业。

▲皇室贵族的黄金储备

黄金是汉朝市场流通的货币之一。朝廷或富商进行大宗商品贸易，多使用黄金。汉朝前期，与一枚五铢钱同等重量的黄金比价是1∶10000钱。在汉朝，黄金是衡量财富的标准，皇室与贵族都储备黄金。这件纯金制造的权重9000克，并非实用的度量衡器具，而是用作储备的黄金。

▼汉朝的主要商业区

1 关中地区
2 陇右地区
3 巴蜀地区
4 三河地区
5 燕赵地区
6 齐鲁地区
7 梁宋地区
8 颍川地区
9 楚地区
10 南越地区

黄
河
长安
长
江

▲贴金银漆奁

这个漆奁以镶嵌金银的动物图案作装饰。这种贴金工艺是汉朝新创，唐朝沿袭。方法是先将金银饰片粘在器物表面，在空白处涂漆，然后细磨至金银饰片露出漆面，需要极高的技术。

铜钱串成的树叶

◀摇钱树

汉朝后期的西南地区流行一种葬俗，在人死后随葬一株摇钱树。树上挂满铜钱，把汉朝人的商品意识和祈求发财的愿望，表现得淋漓尽致。

▲彩绘云纹漆钫

汉朝漆器普及，是市场上的热销商品之一。这是官营漆器工场的制品。

◀楼亭

楼亭位于市场中心，亭上置鼓，鸣鼓报时。市场有固定的营业时间，市门每日按时启闭。

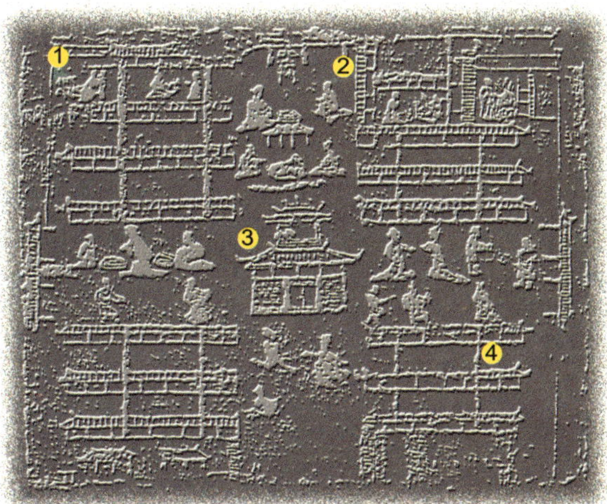

◀汉朝四川蜀郡的小型市场

城市的市场由政府管理，各大城市根据商业规模设置若干市场，最大的长安有九个市场，一般中型城市有两至三个市场，小型城市设一个市场。

1. 商人居住的房屋
2. 市门
3. 楼亭
4. 长廊式的商肆铺面，商品按种类集中排列，井然有序

【良好的货币制度】

经济的发展，必须有良好的货币制度。汉初铸荚钱，过于轻薄，又允许私铸，引起币制混乱。汉武帝初年，先行三铢钱，又改用半两钱，最后确定用五铢钱，沿用了几百年。后世的铜钱样式始终没有改变，钱的重量也大体相仿。

位居世界前沿的科学技术

▲司马迁的预言——"五星出东方利中国"

司马迁的《史记·天官书》是记录汉朝研究天文成就的著作。书中记录了五大行星运行与地球气候的关系。其中"五星分天之中，积于东方，中国利"，这一预言影响广泛，成为当时汉朝百姓企盼丰年的吉语。1994年新疆尼雅出土了一件彩锦护膊，上面有"五星出东方利中国"的字样，也就是司马迁记载的预言。这件锦纹饰具有西域风格，又有汉人流行的吉语，应该是当时专为尼雅一带制造的丝织品。

汉朝的皇帝对科学技术的革新和发明很重视，尤其是对实用性科学，更是大力支持，还设立专门机构和官员，向全国推广。大一统国家的繁荣强盛，也使政府具备了支持科学研究的经济实力，天文、历法、造纸术、司南、地震仪等科学发明与改进，都是政府重点发展的项目。在这种有利条件下，汉朝取得一系列惊人的科学成就，处于世界科学研究领域的前沿。造纸术和司南的发明，均列入中国古代四大发明，也是中国对于世界文明的贡献。

天文学也位居世界前列。汉朝设立观测天象的国家天文台，配备最先进的观测仪器，掌握了星体、日月蚀、彗星、太阳黑子等天文现象的运行规律。汉武帝诏令国家天文台制订一套符合天体运行规律的新历法——太初历，这是一部很科学的历法。观天制历，以天验历，先进和精确程度是当时世界上罕见的。但是，与古希腊的天文历法相比，汉朝的天文历法等科学在儒学、道教和阴阳五行学说盛行的时代，也无可避免地深深戳刻上哲学家甚至神仙家活跃的印记，形成了中国特有的以阴阳五行划分天体星群，"盖天说"和"浑天说"等宇宙理论，以及中国特有的天文历法体系。

汉朝的医学也有不可轻视的地位。汉朝后半期是中国医学理论创立的重要时期，一批经典的中医学著作问世，其中《伤寒杂病论》至今仍是中医诊断的准绳。至于以精于针灸和外科手术著名、被誉为"外科鼻祖"的华佗，他发明的麻醉药，用于为病人作全身麻醉做剖腹手术，效果更令人惊叹。

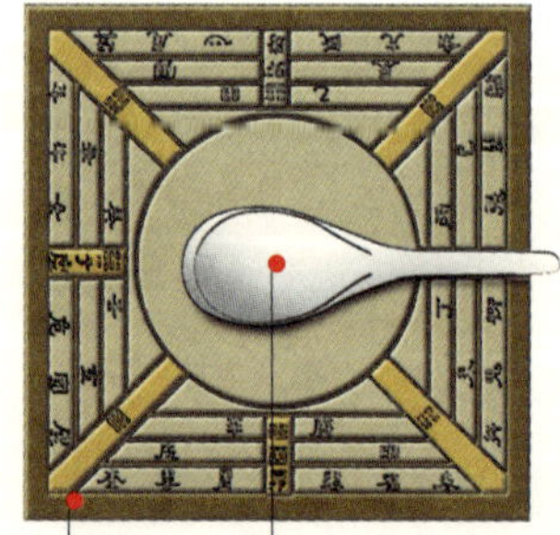

用天然磁体磨成的磁勺

内圆外方的地盘

◀指示方向的工具——司南

司南利用天然磁石的指极性指示方向，开始了长达一千年的"司南阶段"。汉朝以南方为尊，指示方向的工具一律以南方为标准，称为"指南"或"司南"。到北宋利用人工磁石制造指南针，又进入了"指南针阶段"，13世纪指南针传入欧亚各国，在航海时代大显身手。

探测地震的地动仪

中国是颇多地震发生的国家，在汉朝的四百年间共发生强烈地震二十八次。汉朝视地震为“异邪”。公元132年，主持国家天文台的张衡，发明了世界上第一台探测地震的仪器——地动仪，各龙口衔珠，当探测到某一方位有地震，珠便掉进该方位的蟾蜍口中。地动仪放在都城洛阳的国家天文台内。公元138年，地动仪准确测报出甘肃一带发生的六级以上的地震，当时洛阳的居民并没有感到震动。

壶中水由这水管漏出

汉朝的计时器——铜漏壶

铜漏壶中盛满水，放入一支标志刻度的木质浮箭。浮箭从盖中的方孔伸出。随着壶内的水由水管滴出，浮箭便会下沉，于是根据浮箭刻度的位置，计算时间。这件铜漏壶是在内蒙古地区出土的边防军用品，反映了边防军严格的时间观念。

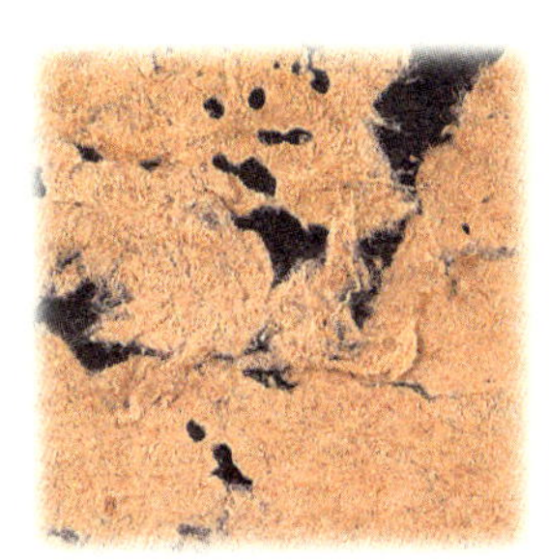

汉朝麻纸

汉朝中期，一种以丝、棉絮和植物纤维混合制造的纸在民间问世。汉朝后期，宦官蔡伦改进了造纸原料和工艺流程，制造出质素上好的纸。皇帝诏令在全国推广造纸技术，这种纸被称为“蔡侯纸”。

中国造纸术外传路线

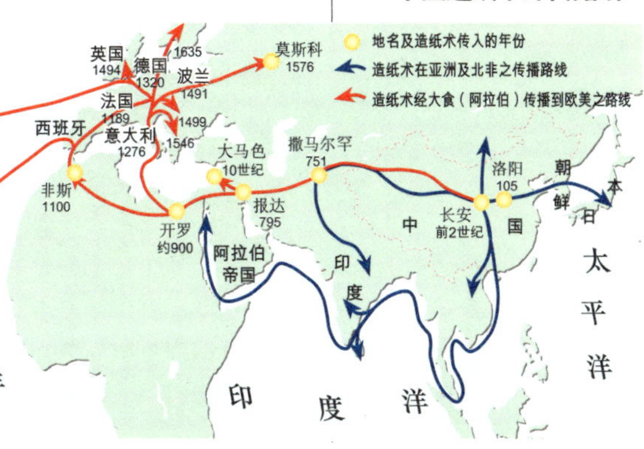

佛教初传

佛教传入中国的时间约在两汉之际。相传汉明帝梦见金人飞绕于宫廷，以为是居于西方的神。于是派使者前往西域，求得佛经和佛像，用白马驮回，并在洛阳建白马寺供奉。此后，佛教逐渐受统治者重视，影响日益扩大。

司马迁与《史记》

秦汉是中国历史上的大一统时期，政治上的统一影响到意识形态领域，使人们的思想也趋向统一。同时，统治者为了巩固统治地位，注重总结历史经验，由此促进了中国史学的发展。

正是在这样的历史条件下，司马迁完成了他的宏篇巨著——《史记》。

司马迁（公元前145或前135年—约前90年），字子长，左冯翊夏阳（今陕西韩城）人。他生于史官世家，父亲司马谈是一位刻苦勤奋的学者。司马迁自幼求学于名师，攻读古书，青年时代游历名山大川、饱览祖国名胜。后继承父志，致力于史书的编写，以总结前代的历史，颂扬圣君贤臣的德行功绩。但此后不久，由于李陵战败投降匈奴，司马迁为之辩解而触怒武帝，被处以严酷的宫刑。在这一巨大的痛苦和屈辱之下，使他对历史、现实的认识有所改变，从而在修史中融入了较重的怨刺成分，丰富了全书的内涵。

《史记》原名《太史公书》，魏晋始称《史记》。全书《本纪》十二篇、《表》十篇、《书》八篇、《世家》三十篇、《列传》七十篇（包括太史公自序），共一百三十篇，记载了从传说时代的黄帝到汉武帝太初年间约三千年的历史，是中国第一部纪传体通史。

在编写体例上，司马迁进行了大胆的突破。他改变了过去史书以年代为轴的做法，以人为本串连事件，用纪传体的形式进行编纂。成为中国纪传体史书的开山之作，对后世史书的体例产生了深远影响。

紧随其后的《汉书》是汉代贡献给后世的另一部史学巨著。它继承了《史记》的纪传体体例，继续以人物传记的形式编纂历史，但与《史记》不同的是，它只记载了西汉一代的史实，是为汉朝一代立言的断代史；《史记》属私人修史，发表的是一人之感慨；而《汉书》是在皇帝的授命下编写，属官修史书，虽也继承了现实主义的传统，保存了大量的史实，但受朝政的影响，使其必然带有更多的正统观念。

由于《史记》开中国纪传体史书之先河，以后历代正史，无不循司马迁《史记》之体例。作为二十四史之首，在中国浩瀚的史学著作中，《史记》占有极其重要的地位。

蔡伦造纸

造纸术发明之前，商代王室以龟甲、兽骨刻录记事。西周文字铸刻在铜器上，春秋战国以竹木简牍为书写材料，王公贵族以名贵的丝帛写字作画。但龟甲镌刻工艺繁复，青铜文字更是制作艰难，简牍笨重，阅读不便，丝帛的造价又过于昂贵，书写材料都难以得到普及。东汉和帝时期，宦官蔡伦发明了质地上好的纸张，彻底改变了少数人垄断文化的局面。

造纸术的发明，是汉朝朝廷支持和推广的成果，它与印刷术、指南针和火药被誉为中国古代四大发明。

蔡伦，字敬仲，桂阳（今湖南郴州市）人，明帝永平十八年（公元75年）入宫为宦，章和元年（公元87年），任尚方令，负责宫廷内的手工作坊。

早在西汉中期，民间就有一种新的书写材料——纸问世了。但处于发明初期的纸质地粗糙，不易书写，使用范围很小。元兴元年（公元105年），蔡伦在总结民间经验的基础上，改进了造纸术的原料和工艺流程，利用树皮、麻头、碎布、旧渔网等废物，经过科学工序，制造出一批优质纸。他把研制的纸进献汉和帝，皇帝看到这种书写方便、材料简单、造价低廉的纸品，非常高兴，诏令天下推广使用，于是造纸技术和使用迅速在全国普及。元初元年（公元114年），蔡伦被封为龙亭侯。为了纪念蔡侯的功绩，民间便把他创造的纸称为“蔡侯纸”。

蔡伦对造纸术的改进，使造纸业大规模生产成为可能，为纸的推广和普及开辟了广阔的空间，使得中国汉代的文明勃兴远远超过了同时代的世界其他地区，为中国古代文明盛世的到来奠定了良好的物质基础。

而同时期的其他文明国家，还在莎草纸、泥版、石版及牛、羊皮中徘徊。直到七百年后阿拉伯人才通过战争得到了造纸方法，并向世界传播开去。十二世纪后西方各国才先后掌握了造纸技术。在这一千多年的时间里，中国文化得到了迅猛的发展，创造出了一个又一个的文明高峰。

蔡伦造纸的发明，推动了世界各国文化交流，促进文明的传播，加速了人类文明的进程。

美国人麦克哈特在他的著作《影响人类历史进程的100名人排行榜》中，将蔡伦排在第七位，位于我们熟知的哥伦布、爱因斯坦和达尔文之前，表现了世人对蔡伦发明的充分肯定及对蔡伦的深深敬仰。

农业帝国与草原帝国首次角力

公元3至6世纪，欧亚大陆的农耕帝国遭受游牧民族大侵袭，中国的汉朝、南北朝苦于匈奴、鲜卑等民族的入侵，罗马帝国亦遭受日耳曼等民族的入侵。这次农耕帝国与游牧民族的战争，最早的战火爆发在公元前 2 世纪的中国。

中国由夏朝直至战国，千百年来，战争都主要爆发在黄河和长江流域的农业区，敌对双方也都是农业群体。而秦汉时蒙古草原的强大游牧民族匈奴，发展成为占据长城以北广大地区的草原帝国。他们不断向中原发动大规模的骑兵闪电式攻击，攻势之强猛，使农耕民族无力还击，构成对统一大帝国的最大威胁。

秦始皇曾发十万大军征伐匈奴，又建筑万里长城抵御骑兵的入侵。但是秦朝强大却短促，没有重击匈奴。而汉朝境内经过长时间相对稳定的发展，北方边境安全成为仅有的威胁，汉朝于是将抗击匈奴放在国防战略的中心位置。从此，汉帝国与匈奴展开了数百年的殊死搏斗，中国的主战场第一次由农业区转移到长城以北的广阔草原，战争规模空前。这是农业帝国与游牧帝国首次全面的大角力。

匈奴具备了军政合一、组织严密的优势，人人都是骑马善战的勇士，总计有骑兵三十万。这种军事体制使匈奴随时可以举国出战。汉武帝亦动员庞大的人力物力，多次发动抗击匈奴的战争。在征战与和亲的交替作用下，匈奴终于解体，大部分归入汉朝，成为中国多民族的一员，另一部分逃亡，辗转到达欧洲。此后二百年间北方边境恢复了宁静。

▶青铜扁壶

壶的背面扁平，肩部有四个用来穿绳的钮，便于携带，是匈奴人的饮水和饮酒器具，适合游牧民族逐水草而居的需要。

◀公元前 1 世纪匈奴帝国的势力

秦汉之际，匈奴兼并周边民族，形成东自辽河，西越葱岭，北达贝加尔湖，南抵长城的强大草原帝国。

◀单于和亲瓦当

汉匈战争使匈奴损失惨重。其中呼韩邪单于一部投降汉朝，南徙长城一带，要求与汉朝和亲。公元前 33 年，汉朝皇帝把王昭君嫁给他，汉朝改年号“竟宁”，取边境安宁的意思。这件瓦当是呼韩邪单于在塞内居住的馆驿的建筑构件，刻有“单于和亲”四字，反映昭君出塞和亲确是当时的一件盛事。

▲ **匈奴王的金冠**

匈奴实行军政合一的体制，整个民族就是一支组织严密的军队。“单于”是匈奴最高的军事统帅，下设左、右贤王。单于本部与左、右贤王部构成了匈奴的主力集团。他们既是部族首领，又是军队将领。王位实行世袭制。这应是匈奴王的金冠。

▶ **汉朝指挥军官**

这是汉朝初年出征作战军队的指挥官的形象。

◀ **匈奴金鹿形怪兽**

匈奴喜欢用黄金作装饰，图案以草原常见的动物为主题，表现浓郁的游牧民族风格。这是以鹿为原形的怪兽。

◀ **马踏匈奴石雕**

这是领军出征攻打匈奴的著名将军霍去病墓前的石雕，是汉武帝为表彰他的战功而建立的纪念碑。

【马邑之谋】

汉初，朝廷对匈奴采取和亲政策，以忍让换取边境的安宁。但匈奴愈益骄横，连年扰边。武帝时，马邑人聂壹建议诱敌深入，伏兵袭击，得汉武帝批准，以大军三十万伏马邑谷中。虽然这次行动无功而返，却是汉对匈奴政策的转折点。

骑兵时代的来临

汉军最主要的进攻目标，是来自北方由骑兵组成的匈奴军队。匈奴熟悉草原地形，骑兵战术灵活多变，快速机动。更重要的是，匈奴强调以突袭方式主动进攻，胜利时连续突击，务求全歼；战败时迅速撤退，决不恋战。这种高度的机动性和爆发力，使习惯在中原作战的汉朝军队防不胜防，这也是欧亚大陆所有农业国家都深切感受的危机。

汉匈战争爆发，为了适应对北方匈奴作战，汉朝的军队职能、兵种构成、作战方式等，都发生重大的变革，由秦朝车兵和骑兵并重的军团转为以骑兵为主力的军团，骑兵时代正式来临了。

为了对付匈奴，汉朝的第二任皇帝开始建立骑兵部队。汉武帝时期的骑兵已经成为军队的主力。汉匈战争规模逐步升级，小型战役出动骑兵数万，大型战役出动骑兵数十万，军团化的骑兵战争已是大势所趋。

汉武帝信任的卫青和霍去病是杰出将领，他们创立了骑兵军团战术，完全突破了先秦兵法中适应农耕民族作战的模式，以快速和冲击力强的特点，为汉军的战术开创了新天地。汉匈战争主要在荒原大漠和高山地带进行，先秦兵书把这些地形称为骑兵的“死亡地带”，在这里难辨方向，粮草供应困难，应该远远避开。但卫青、霍去病则以熟悉地形的边民作向导，又有汉武帝提供的充足军备，使数十万骑兵远征七千多里、跨越沙漠作战的梦想成为事实。汉军骑兵直逼匈奴腹地，歼灭匈奴主力，取得前所未有的战绩，这是前人绝对无法想象的。

▼胡汉交战画像石

汉朝的不少墓室墙壁刻了大量的图画，通常以当时生活或重大事件为主要题材。汉朝对匈奴长期征战，因此“胡汉交战”就成为画像题材之一。画中的汉朝官兵与胡兵格杀，双方短兵相接，战斗激烈。

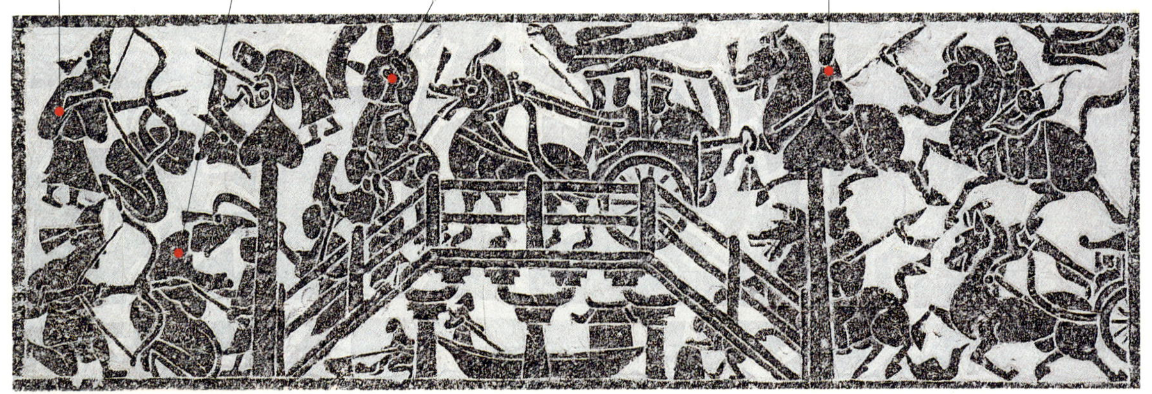

▲ **汉武帝的西极马**

汉朝把饲养和繁殖战马列入国防战略，称为“马政”。汉武帝更是对珍贵马种着迷，张骞出使乌孙，得到品种优良的伊犁马，献给汉武帝。汉武帝极为赞赏，赐名“西极马”。这件在汉武帝的陵墓出土的鎏金马，就属于伊犁马种，是汉武帝专有的良种马形象。

▼ **执盾的步兵**

这是汉朝初年的步兵形象。当时的士兵都是从全国征召的，二十至六十岁的男子都要服役，为期两年。但到了公元前2世纪的汉武帝时期，由于汉匈战争激烈，征兵制无法应付需要，于是改行募兵制，汉武帝对应募者给予丰厚的赏赐。在赏金的刺激下，募兵比征召的士兵更具战斗力。

适合挂在马背上的扁形酒壶

◀ **石雕骑兵**

这是汉朝骑兵的形象。他们多在西北方寒冷地区征战，需要饮酒御寒，因此备有饮酒器具。

▼ **汉军中的夷兵**

汉朝招募少数民族入伍，称为“夷兵”。他们主要来自北方、西域各国以及南方的百越和西南夷。夷兵多在边境驻防，战斗力强于汉人。这是青铜铸造的夷兵形象，在新疆伊犁地区出土，这一带在汉朝属于西域都护府管辖。这个夷兵巨目高鼻，形象剽悍勇猛，装束与汉族军人有很大分别。

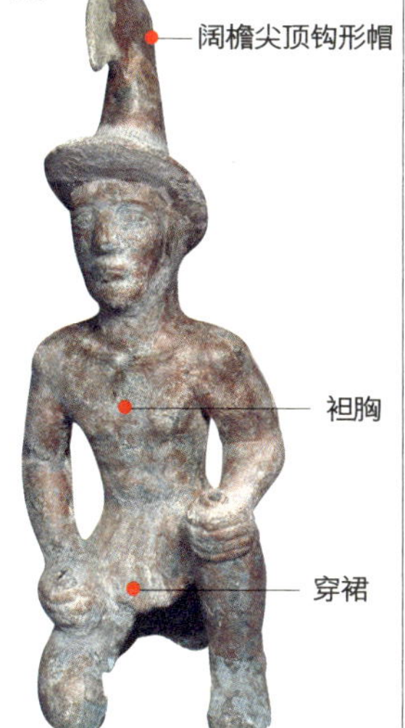

阔檐尖顶钩形帽

袒胸

穿裙

▲ **脚踏飞燕的天马**

汉武帝命令李广利率军在四年内两次远征大宛（今乌兹别克斯坦），夺取有“天马”之称的汗血马。李广利率领六万骑兵，以十万头牛、三千匹马、上万匹骆驼、驴、骡运送物资，加上举国招募的后续部队，终于攻入大宛，以巨大的代价得到汗血马数十匹。这件青铜奔马，表现出马行疾速，超越飞鸟的一瞬间，再现了汉武帝不惜代价追寻的天马形象。

苏武出使匈奴

汉武帝时，中郎将苏武出使匈奴。匈奴单于将他关闭在大窖中，想威逼其投降。苏武以雪和毡毛为食，坚不屈服。单于又将他远徙北海，他手持汉节，牧羊为生。汉昭帝时才得以返回长安，被扣整整十九年，保持了民族气节。

铜墙铁壁的长城防御体系

从根本上说，汉朝虽然倾尽国力击败匈奴，但无法长期支撑在沙漠的远征。长城处于农业区与游牧区的分界处，有经济隔离带的作用，是农耕民族对付游牧民族进攻而采取的防御措施。汉武帝以秦始皇修筑的长城为基础，继续完善他的伟大工程。在抗击匈奴的战争中，取得一片土地，就修筑一段长城。还增设了边城、障塞和烽火台等设施，形成汉帝国北部的坚固防线。进可作为前进基地，守可作为防御前沿，能有效阻遏快速机动的匈奴骑兵。长城沿线还加强边防前沿的讯息传递，建立起密集的驿站，使边境与内地的讯息传递更加高速而紧密，这在以突袭、奔袭为主要战术的骑兵时代，尤为重要。

为确保边疆安宁，汉朝由内地迁徙一百二十万移民到长城沿线和西北边塞安家落户，他们把中原的农业生产技术和生活方式带到边塞。移民全部实行军事化管理和教化，居则为民，战则为兵，以适应战事。汉朝在边疆有驻军约六十万，军需主要依靠内地供给，负担沉重。汉武帝命令边防军投入农业生产，以纾缓后勤供应的压力，称为“屯田运动”。移民和屯田这两项国防战略，既保障了边境安宁，又促进了西北的经济开发。

张掖都尉棨信

这个用红色缯帛制成的幡信（即旗帜）上有供悬挂用的缀系，正面用墨书篆文写上“张掖都尉棨信”，是汉朝驻守在长城边城的高级官员专用的旗帜。

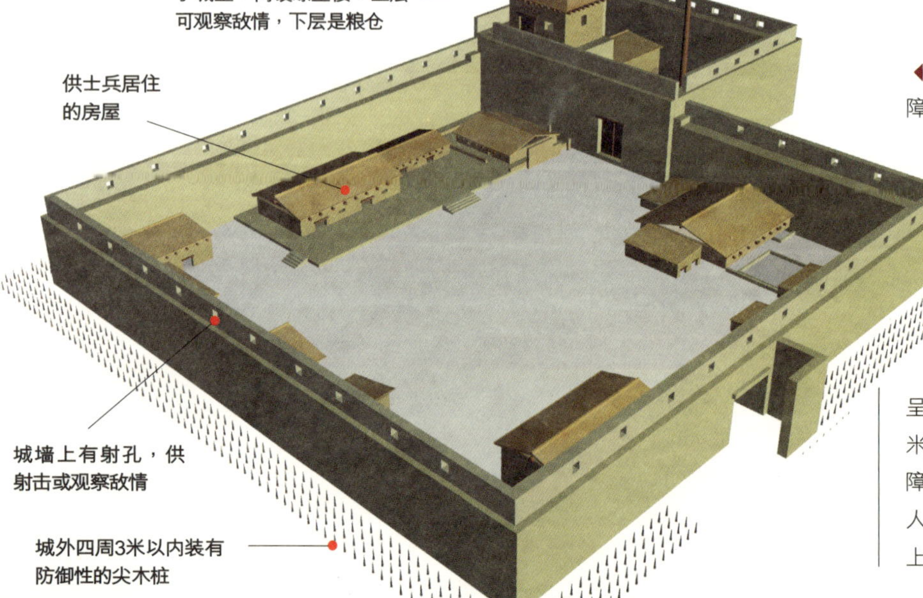

障塞复原图

障塞是驻守在边城的边郡长官派出的分支，为障尉（障塞的长官）率兵屯居之所，也就是边防哨所，位置在长城与边城之间，规模比边城小。障塞的平面呈正方形，边长50～200米不等，有瓮城形的城门。障塞中的驻军人数由数十人至百人不等。这是长城上典型的障塞。

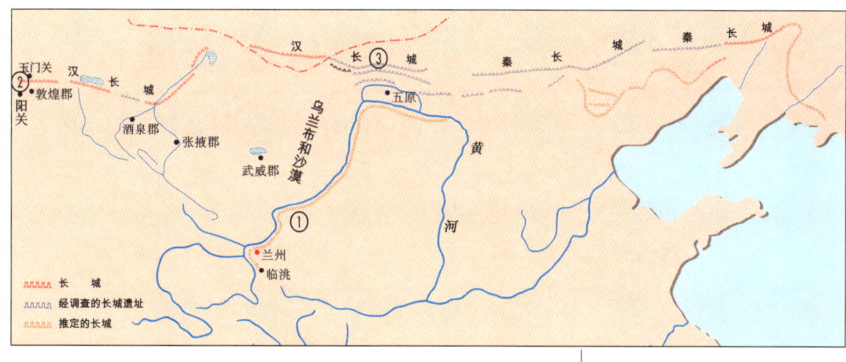

▸ **汉武帝修筑的长城**

① 河西防线：具有屏护中原通往河西走廊通道的作用。

② 西域防线：维护中西交通要道。

③ 长城腹线：具有屏护漠南草原和屯田的作用，被匈奴视为心腹之患。

▸ **敦煌效谷悬泉置**

悬泉置是河西走廊的重要驿站。汉朝边境每 50～80 公里设一个驿站，主要作为军事服务的中转站。

▾ **万石仓印**

汉朝士兵每人按月获配粮食 25.5 公斤，食盐 0.6 公斤。粮食由后勤官员发给军厨定量做饭。粮食进仓和出仓，都要有严密的手续，并加盖官印。这个军队管理粮仓的官印，在内蒙古出土。

▸ **敦煌烽火台遗址**

这个汉朝的烽火台，虽然已有两千年历史，但台阶、屋门框，以至木梁架，仍然完整。烽火台是长城防御体系的重要部分，是用于传送战情的警报设施。一般选择在长城沿线视野宽阔的山巅或草原高地上兴建，有的更直接建在长城上。烽火台之间相隔 3～5 公里，以能相互望见为准，依次传递警报。

▾ **敦煌大方盘城**

汉朝的边防线相当长，粮草供应主要依靠内地转运，途中消耗巨大，所以汉武帝便下令边防军从事农业生产，帮补粮饷。这是汉朝军队屯田的粮库所在地。

【汉代的烽火台】

烽火台又称烽燧、狼烟台、烽台等，是一种独立的高台建筑。台上有守望用的房屋和燃放烟火的设备，台下有士卒的住房、仓库和畜生圈等。每当敌人来犯，烽火台一个接一个燃起烟火，将警报传向驻军的城寨，以便调动军队抵抗。

卫青与霍去病
——开拓帝国疆域的英雄

秦汉之际，匈奴最为强盛，曾乘中原战乱之机越过长城，不断南侵。公元前 200 年，汉高祖刘邦曾亲率三十二万大军攻打匈奴，却被匈奴围困于平城白登山七昼夜，最后用贿赂匈奴单于妻之计才得以脱身。汉王朝无力抗击匈奴，只好与匈奴和亲，还馈赠大量财物，但作用不大，匈奴仍不断侵扰，对汉朝构成极大威胁。

汉武帝即位后，已无法忍受对匈奴执行屈辱的和亲政策，认为必须以武力反击匈奴，解除对汉王朝的威胁，求得北部边境的安宁。但匈奴土地辽阔，骑兵强大，行动飘忽，各部分散，对其作战存在巨大的困难。在考察对匈奴作战的特点后，汉武帝决定大规模组建和训练骑兵，使之成为战场上独立作战的主要兵种。这种新兵种的创建与运用，使当时的战略、战术和后勤等都发生了重大变化，具有划时代的意义。从某种程度上说，现代的装甲机械部队组成的快速兵团就是这时骑兵集团在现代条件下的发展。汉武帝组建的强大骑兵，具备了在战场上主动出击的优势，采用快速机动、穷追猛打、连续突击、远程奔袭、千里迂回、两翼包围、切裂围歼等车战、步战不能企及的战术。

汉武帝反击匈奴，是中国历史上第一次在沙漠地区使用强大的骑兵集团作战，是以机动对机动的战争。但朝廷原有的一批边防将领思想保守，缺乏运用骑兵在沙漠草原地带进行大规模运动战的指挥才能和胆识。汉武帝不拘一格选拔、培养善于指挥骑兵作战的青年将领。此时卫青和霍去病脱颖而出，成为汉王朝赢得对匈战争胜利的关键人物。

卫青原是汉武帝长姐平阳公主的家奴，因其同母异父姐卫子夫被汉武帝选入宫中，他遂被召入建章宫当差。这是卫青命运的一大转折点。后因卫子夫生下太子，成为皇后，卫青也有机会与汉武帝有了更多的接触，并逐渐展现出超凡的军事才能，得到武帝的赏识。

公元前 129 年，匈奴又一次兴兵南下，前锋直指上谷。汉武帝果断地任命卫青为车骑将军，迎击匈奴。卫青英勇善战，身先士卒，采用积极进攻、出敌不意、速战速决、灵活机动的战术，充分发挥了骑兵作战的优越性。他没有辜负武帝的信任，首次出征便直捣匈奴祭扫天地祖先之地，斩杀匈奴七百人，凯旋而归。

公元前127年，匈奴贵族集结大量兵力，进攻上谷、渔阳，杀掳吏民千余人。武帝再次派卫青出击。卫青率领四万大军从云中出发，采用迂回侧击的战术，绕到匈奴军的后方，迅速攻占高阙，切断匈奴部队同单于王庭的联系，然后又率精骑飞兵南下，形成了对匈奴白羊王、楼烦王的包围。匈奴二王见势仓皇逃走，汉军大获全胜，收复了秦末以来被匈奴占据的河套地区，解除了匈奴对都城长安的威胁。此时，卫青另一同母异父姐之子霍去病也开始崭露锋芒。

霍去病平时少言寡语，在战场上却勇猛无比。他不习兵法，却善于根据战场地势、敌军兵力等实际状况，运用不同的战略战术，随机应变，时常让敌军措手不及，无力招架。公元前 123 年，年仅十八岁的霍去病随卫青参加了漠南之战。他率领八百精锐骑兵，远离大军数百里歼击匈奴二千余人，其中包括匈奴相国和单于的祖父，并活捉了单于叔父。公元前 121 年，霍去病率数万骑北击匈奴，深入匈奴地域千余里，夺取了河西走廊，极大削弱了匈奴势力，汉匈的军事力量发生了根本性转变，为汉朝开通西域奠定了基础。为了表彰霍去病的卓著军功，武帝特意为他建造一所豪华第宅，他却以“匈奴未灭，无以家为”谢绝了。霍去病在不灭匈奴不言家的杀敌效忠决心的指引下，取得了无数次的胜利，锋芒大有盖过卫青之势。

河西战役的胜利，坚定了汉武帝歼灭匈奴的信心。公元前 119 年，武帝利用匈奴轻视汉朝不敢深入作战的心理，遣卫青、霍去病各将精锐骑兵五万、步兵和辎重兵数十万，深入漠北追击匈奴。数十万步兵、辎重兵担任了运输粮草等军需物资任务，解决了供应难题。这一创造性的战略措施对沙漠作战的后方补给树立了典范。卫青、霍去病两路人马在充足补给的前提下，一路大败匈奴单于部，一路大破匈奴左贤王。从此，匈奴远徙西北，基本解除了对汉王朝的威胁。

卫青、霍去病为汉武帝开疆辟土立下了汗马功劳，使汉帝国的疆域扩展到六百八十万平方公里。当时与汉朝势力相当的西方罗马帝国的版图约四百万平方公里，因此汉朝成为世界上版图最大的国家。

但是，汉武帝的两位爱将都是英年早逝。霍去病 24 岁时病逝，武帝痛惜不已，命人在自己的茂陵旁为霍去病修建了一座形似祁连山的坟墓，以表彰他的功勋。公元前 106 年卫青去世，汉武帝又命人在茂陵旁为卫青修建了一座形似庐山（匈奴境内的一座山）的坟墓，以象征卫青一生的赫赫战功。

疆域扩张中的对抗与包容

汉匈之战使汉朝的北方疆域大大扩张，多民族的大帝国又增加了许多新成员。但是，汉朝要实现真正的民族大融合，不仅依靠激烈的对抗和征战，由秦始皇所创立的全国一体化的国策，经过汉朝数百年的继续推行和改造，也已经大见成效。共同的经济、文化和文字、思想理念、社会准则等，发挥了无可估量的作用。

汉朝在边疆地区，每征服一地，就建立管理机构，任命当地的民族首领担任行政长官，并封侯赏赐。政府大力推广先进的牛耕和精耕细作技术，又有中原移民屯田垦荒，大大提高了落后地区的经济，南方沿海甚至飞跃成为商业贸易最发达的地区。

周边各民族大多没有文字，不利于表达本民族的文化和观念。而普及到全国的汉字，将儒学为基础的正统文化和思想观念，以无形的巨大力量灌输到各个民族，使他们在潜移默化中接受了大帝国的观念。许多边境民族的统治者和精英才俊都努力学习汉字，接受儒学。同时汉朝也积极吸纳和包容来自四面八方的文化和思潮，更加巩固了多民族、多元化的统一国家。

当时，罗马与汉朝同样面临多民族融合的难题，罗马帝国虽然推行官方的拉丁文，但这种拼音文字缺乏象形文字脱离语言的优势，所以维系国家统一的效果就不及推行象形文字的中国。

战国时期的主体民族华夏族，此时成分更加壮大和复杂。随着汉朝威名远扬，"华夏族"之名被"汉族"取代了，延续至今。

▼南匈奴王的官印

汉朝晚期，匈奴分裂为南北两部。南匈奴对汉称臣，迁居到今内蒙古一带，协助汉朝戍边，逐步转为定居的农业生活，汉朝每年向他们供应大量钱财物资。这方由汉朝赐给南匈奴王温禺鞮的官印，刻有"汉匈奴栗借温禺鞮"字样，可以证明两者的关系。

"栗借"是南匈奴的贵族姓氏

▲云纹玉兽角形杯

汉朝在南方开通了连系中国与西方贸易的海路，口岸设在地处海湾天然良港的番禺，这是南越国的首府，即今日的广州。这里最先成为南方的经济中心。王室贵族流行的犀角、象牙、珍珠和香料等高级舶来品，都是经海路由番禺进入中国的。这件青玉酒杯，是南越国王的酒器，造型和装饰都极罕见，应是产于中亚地区由海运进入南越国的舶来品。

▲滇族男奴隶主

▲滇族女奴隶主

汉武帝时期，西南的滇族地区正式纳入汉朝版图，成为多民族统一国家的成员。滇族本身有一套严密的社会等级制度，滇王是部落联盟最高统治者，旗下部落由奴隶主统领。他们借着占领土地，俘虏奴隶，抢掠牲畜来扩张财富和势力。滇族还保留原始社会重视母权的传统，青铜器上的女奴隶主形象通常高大突出，占据重要位置。

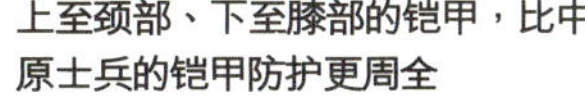

▲铜扣饰上的武士凯旋场面

滇族有征战的天性，但只掠夺周边的弱小民族，与中央的关系比较亲和。这是滇贵族衣服的扣饰，雕塑滇族武士出征后胜利归来的场面。两名武士带着俘获的战利品，包括一头牛、两头羊和一名被绳索缚起的背负孩子的妇女。走在前面的武士，手中还提着有发辫的人头。由此证明，滇人保持着原始的野蛮和掠夺性。

▼三人一牛铜扣饰

这是三名滇人武士在出征作战时俘获一头牛，凯旋而归的场面。牛是滇人民族精神的象征，在他们的艺术品中经常有牛的形象出现。

▼南越国王的丝缕玉衣

汉朝初年，一位姓赵的秦军将领在岭南一带建立南越国，版图包括百越大部分地区，公开与汉朝抗衡。后来，汉军讨平南越，在当地设郡治理。这是第二任南越王的葬服，长1.73米，用红色丝线将两千多片玉片编缀而成。汉朝礼制规定，玉衣是皇帝、诸侯王和皇室宗亲的专用葬服，按尊卑分为金缕、银缕、铜缕三个等级。目前全国共发现四十多件玉衣，丝缕玉衣只有一件。

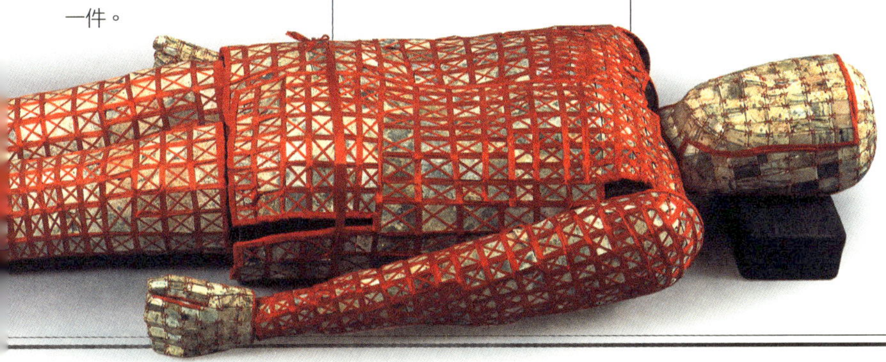

光武中兴

西汉灭亡后，光武帝刘秀利用农民起义建立了东汉政权。刘秀以柔术治天下，他释放奴婢，废除苛捐杂税，恢复西汉初年的三十税一。裁撤冗员，节约开支，还严惩贪官污吏。三十余年间，社会呈现安定繁荣局面，史称光武中兴。

使节开拓的丝绸之路

汉朝和罗马这两个强国，虽然并存在欧亚大陆两端一段时间，但互相认识不深，直到汉朝为了对抗匈奴，派使节去到中亚，接触遥远的另一方再不是梦想。

在汉朝的西北沙漠绿洲和山谷盆地中分布有三十六国，统称“西域”。早在商周时期，战车和冶铁技术就是由这里传入中原的。匈奴未被打败前，由蒙古草原向西域侵扰，逐渐成为这里的霸主，各国每年要向匈奴进贡。汉武帝为了寻找共讨匈奴的同盟军，两次派使节张骞出使西域，历时十几年，开启了汉朝与西域各国的外交之门。汉武帝击退匈奴后，设置地方官府，册封西域各国的国王，颁给他们官印，又调派军队在这里屯田，保障了西域的安定，也保卫了中原通往中亚道路的畅通。

张骞出使不仅达到军事目的，还打通了横贯欧亚大陆的丝绸之路，成为两千年前世界的一大奇迹。张骞之后，汉朝使团源源不断出访各国，足迹遍及中亚各地，以求建立外交和通商关系，每个使团都带有数万头牛羊和价值巨万的金币、丝绸。丝绸顺着使者往来的道路运出西域，远达地中海，成为世界闻名的热门货，罗马皇室甚至掀起了竞争攀比穿着中国丝绸盛装的奢侈风气。

丝路上最早的旅客，是频繁往来的各国使节，商队、教士随后而来。中国、印度、波斯安息王朝、罗马等彼此陌生的、各具特色的文明，在丝路上，尤其在西域地区交融和传播，由此产生了兼具东西文化特色的、奇异的西域文明。此外，西方的奇珍异宝、歌舞技艺和民俗民风也传入中国，为汉朝带来一股“胡风”。这一时期的欧亚大陆是世界上文明高度发达的核心区，而东方的汉朝与西方的罗马，这两个最强盛的、版图疆域最广阔的大帝国，也由丝路连接起来。

挂毯上的西域人面纹

这件汉朝的毛织品是一块挂毯的局部，在新疆出土。这个人面形象巨目高鼻，具备西域人的轮廓。在红地上由彩色的纬线显出人面的形象，以彩色晕染双目和鼻翼，使人物更生动，更富立体感，这种西方的凹凸画法，是西方文明东渐的明证。

希腊神像图案的织物残片

欧洲贵族得到中国的丝绸，为之也付出了黄金和高贵的羊毛织物等巨大代价。西域出土的羊毛织物残片，是从欧洲运来中国的商品，织有一人骑马的图像，有人推测是马其顿亚历山大大帝画像，或希腊神话中人头马腿怪涅索斯的画像，又或是公元前11世纪起源于巴比伦的人马星座。

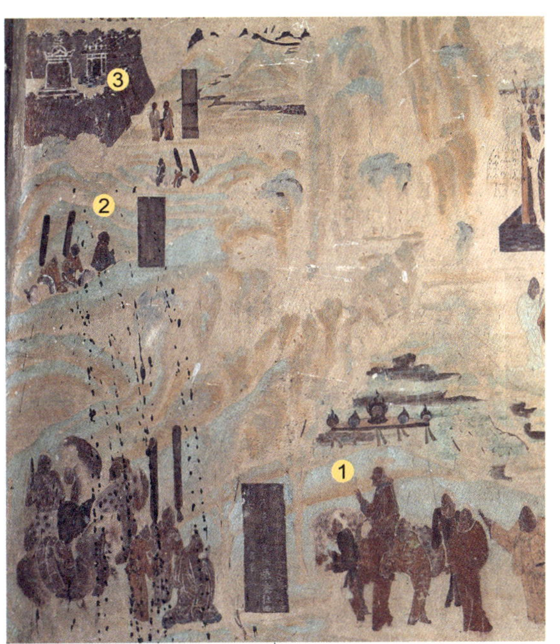

▲ **张骞出使西域壁画**

敦煌莫高窟壁画描绘了汉武帝派遣张骞出使西域到达大夏的情景。

1 张骞辞别汉武帝
2 张骞与副使往西域途中
3 张骞到达目的地

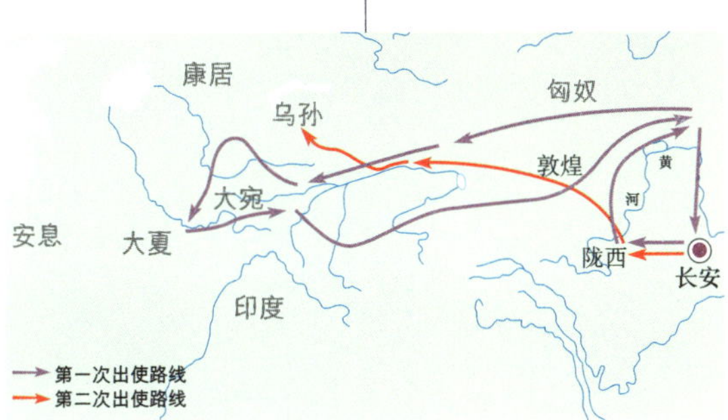

◀ **张骞出使西域的路线**

▶ **波斯风格的银豆**

汉朝王族的随葬品。原是古波斯阿赫美尼德王朝贵族流行的放置药丸的银盒，公元前2世纪经罗马流传到汉朝，应是政府之间馈赠的礼物。后经中国工匠在盒上配置足和钮，具有中西合璧的效果。

◀ **输出西亚的汉朝织锦**

大家一直认为，当时世界上的两大帝国，汉朝以发达的农业著称，罗马以发达的商业著称。其实，汉朝是凭着繁华的商业和精美绝伦的手工业产品享誉世界的。这是汉朝官营纺织工场专为输出西亚地区而织造的锦，图案是波斯流行的风格。

◀ **罗马玻璃瓶**

汉朝和罗马两大帝国都希望建立官方外交关系。公元97年，汉朝使者出使罗马，行至波斯湾，半途而返。公元100年，罗马安敦尼王朝派使者出访汉朝，到达都城洛阳，并向汉朝皇帝送礼物，求结盟约，一时惊动朝野。汉朝皇帝向使者颁授最高荣誉——紫绶金印，从此双方正式建交通商。这件玻璃瓶是贵族的随葬品，是罗马制品，应是罗马与汉朝建交时期传入中国的。

西域都护

西汉政府设置西域都护，管理西域地区事务，这是西域正式隶属中央政府的开始。西汉末，中央失去了对西域的控制，丝绸之路也随之中断。东汉时，班超出使西域，经过不懈的努力，重新设立了西域都护，恢复了对西域地区的管理。

丝绸之路的开拓者——张骞

西汉时期，匈奴威胁北部安危，成为汉朝的心腹大患。汉武帝为抗击匈奴，决定联合被匈奴驱赶的月氏人，来左右夹击匈奴。为了实现这一策略，汉武帝招募天下的仁人志士出使西域，去联络大月氏，共击匈奴。张骞主动应诏要求出使西域，以破匈奴。

张骞，汉中成固人。汉武帝建元元年（公元前 140 年）为皇帝的侍从官。公元前 139 年，张骞率领一百多人，以匈奴人甘父为向导，由长安出使西域。但是刚过陇西就被匈奴骑兵全部俘虏。匈奴单于为了监视和诱使他投降，逼他娶匈奴女子为妻，但张骞“持汉节不失”，时刻找机会逃走。

公元前 129 年，张骞等人被扣押十一年后，终于逃出匈奴，继续西行。由于仓促逃亡，他们没有准备粮食和水，一路上饿死了许多人。经过几十天的长途跋涉，张骞一行终于辗转到了大月氏。可惜大月氏不愿再与匈奴为敌，张骞无功而返，在途中又被匈奴俘虏，因匈奴内乱，才得以在公元前 126 年返回长安。那时仅剩他和甘父两个人了。

张骞此行虽未完成与大月氏合作，但他将了解的匈奴地理、军事、民俗等情报，以及沿途各国的见闻，一一向武帝作了汇报。汉武帝根据这些宝贵的讯息，派卫青、霍去病率军出击匈奴，大获全胜，并在战后下令建立与西域诸国的贸易关系。

公元前 119 年，张骞带着联合乌孙，疏通大夏等国，将汉帝国的势力伸展到西域的任务，率领三百名随从，其中有许多都是持节副使，再次出使西域。他们顺利通过楼兰、焉耆，到达乌孙国都。持节副使继续向西，到了大宛、康居、大月氏、大夏、安息、身毒等国。公元前 115 年，张骞完成使命回到汉朝。汉武帝拜他为博望侯，位列九卿。可惜第二年，张骞便去世了。

张骞去世不到两年，各地的持节副使分别在当地使者的陪同下，陆续回到汉朝。汉朝同西域、西亚各国建立了和平友好关系，一条从长安出发，经河西走廊和今新疆境内，到达中亚、西亚以至欧洲的“丝绸之路”正式开通。这条横贯欧亚大陆的古代贸易通道，成为延续两千年之久的东西方文化交流和经济贸易的纽带。汉朝原本以战争为目的而开展的外交活动，却收获了丝绸之路沿线的和平与经济繁荣的成果，不能不让人敬佩张骞的开拓之功。

昭君出塞——和亲换取和平

卫青、霍去病曾带领西汉军队大败匈奴。败后四分五裂的匈奴，出现了五位单于并立的局面。为统领匈奴各部，单于之间争斗不息，呼韩邪单于和郅支单于亲兄弟也不例外。

在与郅支的斗争中，呼韩邪失败，被迫出走单于庭。因怕受到汉朝和郅支的两面夹击，他想与汉朝修好。公元前 51 年呼韩邪南下，亲自入汉觐见汉宣帝，得到了汉宣帝的热情款待。自此汉匈和平迈出了第一步。

郅支单于见呼韩邪投汉，深怕遭到呼韩邪与汉朝的联合进攻，也向汉朝示好，并将自己的儿子交给汉朝作人质。但不久他招回儿子，杀死汉朝使者，与汉朝决裂。汉宣帝震怒之下，派兵攻打郅支。公元前 36 年，郅支单于战败被杀，部众亦被消灭殆尽。

呼韩邪在匈奴的地位更加巩固，也更加确信与汉朝保持和平友好的重要。公元前 33 年春，他再次朝见汉元帝，并提出希望与汉朝和亲，以结永久之好。

呼韩邪这一请求，在汉廷引起轩然大波。一方认为匈奴生性野蛮，和亲并不能永远保持和平，应趁机歼灭匈奴，永绝后患。另一方认为自武帝对匈战争数十年，虽然取得了些胜利，但汉朝的国力消耗很大，与呼韩邪单于和亲，可保持汉匈和平，恢复国力。汉元帝最终同意和亲。

和亲人选历来是以汉宗室之女封为公主后再远嫁，可是匈奴远居塞外，北地风寒，环境恶劣，而且随畜群四处迁徙，以畜肉、乳浆、干酪为食，以皮、革、裘为衣，居毡住帐，这些与汉族截然不同的生活习惯，以及背井离乡的苦楚，让诸多宗室之女不愿前往匈奴。汉元帝无奈之下决定从宫女中挑选。圣旨下达后，宫女们惶惶不安，生怕被选中。眼看呼韩邪辞行的日子就要到了，汉元帝焦急万分。此时宫女王昭君以国家利益为重，慷慨应诏。

王昭君相貌出众，从小饱读诗书，心有大志。汉元帝当即钦点她出塞和亲。昭君到达匈奴后，受到匈奴百姓的热烈欢迎，被封为“宁胡阏氏”。她把中原先进的生产技术和文化带到匈奴，极大地促进了当地的经济发展。

汉匈和亲后，边城展现出和平景象。呼韩邪死后，依匈奴习俗昭君要嫁给呼韩邪的长子，但依汉族礼制，后母嫁儿是乱伦之举。但为了汉匈和平，她又嫁给呼韩邪的长子。王昭君死后，她的儿女秉承其志，继续为汉匈和平而努力。

世族与皇帝共治天下

秦汉帝国维持了四百年的统一局面，到公元220年宣告结束。全国陷入一场历时三百多年的大动荡，汉族政权四分五裂，来自北方的胡族政权亦加入了逐鹿中原的战事中。

这次大变动渊源于汉朝内部。汉帝国在扩张疆土之时，王室贵族和高官也热衷于扩张自家的地盘，大肆购置田产、山林河川甚至矿产资源，以经营自给自足的庄园，称霸一方。庄园的膨胀，使官僚、商人、地主“三位一体”的豪强世族世代为官。东汉皇帝就是豪强世族扶植上台的，他们牢牢控制了整个国家的政权，皇帝集权遭到前所未有的威胁。

东汉晚期，地方割据势力兴起，豪强世族又控制了选拔官吏、进入仕途的通道。后来推行的选官制度——九品中正制，主要由世族出身的官员负责选拔人才，他们选拔官员忽视才能和品德，家世门第却成为唯一标准，这使门阀世族控制朝政的特权合法化。新选官制度推行后，世族掌握了国家各级政权，世代盘踞高官重位，甚至与皇帝共治天下。

在南北分裂的政权中，豪强世族的势力达到极致。大批中原望族随晋王室南迁，与江南土著世族联合，控制了南方的政权。北方未能南迁的汉族世族，也与入侵中原的少数民族统治者联合，共同治理国家，凸显了“上品无寒门，下品无势族”的畸形社会现象。

▼**世族的出行仪仗**

皇室及王公世族把出行视为显示身份的机会，主人乘坐在装饰豪华的马车里，前有导从车辆，旁边有护卫，其数量依官阶的高下而增减。南北方也有差别，南朝出行队伍是车骑与步从并重；北朝则以骑马出行为主。这是北方贵族骑马出行的场面，前后由身穿盔甲、持武器旌旗的骑马侍从簇拥而行，声势煊赫。

◀ 北朝文官俑

南北朝的世族地位显赫，政治圈内莫不是名门望族。这是北朝文官形象。

▲ 世族的牛车

世家大族出行，除了气势以外，还要求舒适。当时南方的世家大族流行坐平稳度较高的牛车。这辆牛车的车箱有窗有门，十分讲究。

▼ 秀才对策文

南北朝时，部分国家仍实行与汉魏相同的选举制度。当时世家大族将选举秀才作为扩大政治势力的手段，统治者为了维护统治，在选举秀才时，也重用世族子弟。这是策试秀才的试题和考生的答题残件，秀才"咨"，应出身世族。

◀ 《洛神赋图》中的世族男子

魏晋南北朝是豪强世族的天下，他们或为一地著姓，或为朝廷重臣，通常都有雄厚的经济实力。他们建立自给自足的庄园，过着悠哉游哉的日子。画中的世族男子一身华衣美服，踞坐方榻上，众随从站立侍候，尽显贵族风度与优越地位。

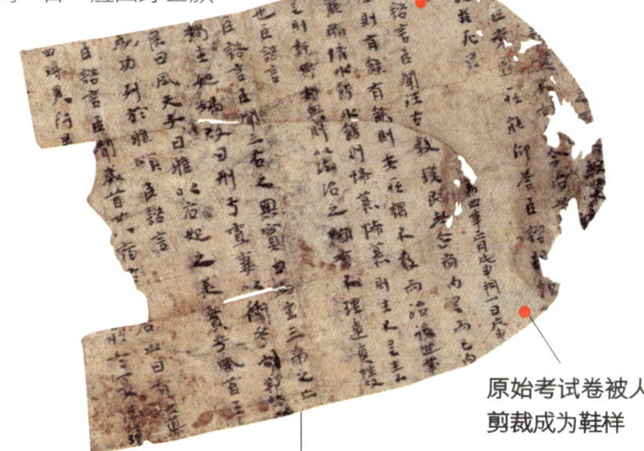

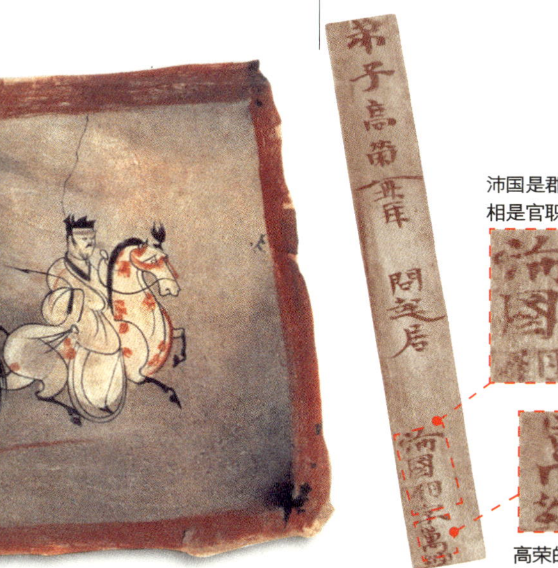

◀ 世族的名刺

名刺就是今天的名片。魏晋时代，世家大族之间的交往，很讲究对方的门第和官位。世族在拜访时，流行出示名刺作为自我介绍。这块名刺，属于一位出身世族、名叫高荣的人，名刺用木制，厚达1厘米。

【唯才是举的曹操】

在东汉末的军阀割据势力中，曹操以其杰出的政治才干脱颖而出。曹操挟天子以令诸侯，取得了政治上的主动权；又不问门第，唯才是举，广招天下英才；还组织屯田，发展经济，实力迅速增强。最终大败袁绍，基本统一了北方。

富甲一方的庄园

汉朝后期，豪强积极经营庄园，当时的庄园是他们的经济和军事力量的来源，汉末的大军阀不少都是依靠庄园主的支持才能割据一方的。

魏晋时代，取得政权的豪强世族，制订了一系列的法律和制度，保障世族阶层的利益。尤其从中原南迁的世族，为了保障在北方固有的优越地位，法律规定按官职品级占据大小不等的土地和山林川泽，致使江南世族更加肆无忌惮地抢占农田，扩充庄园，占地跨州越县，面积将近万里，还霸占成千上万的奴婢，庄园经济由此迅速膨胀起来。原本由国家控制的土地和农民，大量转入为庄园主的私属产业，国家空虚由此而来。

由于社会动乱，货币失去信誉，社会上流行用货物交换的贸易。为了应付战争需要，积蓄足够的自保能力，自给自足是最恰当的经济模式。豪强世族在兼并而得的连绵沃土上精心经营私家庄园，这里一切生活必需品全部自己生产而无需外求。农、林、牧、渔等多种形式的生产，甚至纺织、铸造、酿酒、制药、矿产等百工技艺，一应俱全。其产品占据商品市场的主导地位。富甲一方的庄园俨然是一个独立王国，“僮仆成军，闭门为市，牛羊掩原隰，田地布千里”，是庄园景象的真实写照。这类庄园南方比北方更发达。

庄园也成为世族在政治、军事、经济上争取更大利益的堡垒，有的庄园主被朝廷委以重任，显赫一时。有的庄园主既是族长，又担任地方长官，形成在庄园主监督下的地方政权。为了保障世族高贵而纯正的血统，世族之间利用婚姻结成政治网络，把持朝政，是普遍现象。但是世族横行也造成非世族的人才愤愤不平，寻找机会动摇世族的势力。

昔日庄园的集中地
——绍兴东湖

魏晋南北朝的豪强世族身处乱世，朝不保夕，他们纵情享受山林野趣。南朝庄园将山林川泽纳入其中，更向园林化发展。这里是会稽郡（今绍兴）东湖，因“千岩竞秀，万壑争流”，是东晋南渡世家仰慕的佳境，当时有许多著名的大庄园坐落此地。

▲庄园的生产——牛耕

士族私占土地后，最直接受害的是农民。动乱频仍的魏晋南北朝，原本自由的农民为了自身的安全和生活着想，也要依附于世族，在庄园从事最主要的经济生产——农耕，但地位与奴隶无异。

▼庄园的生产——牲畜配种

畜牧业对庄园生产的重要性，并不下于农业。庄园里六畜齐全，以饲养马、牛、羊为主。这幅壁画绘画了两匹马正在配种。

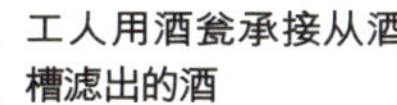

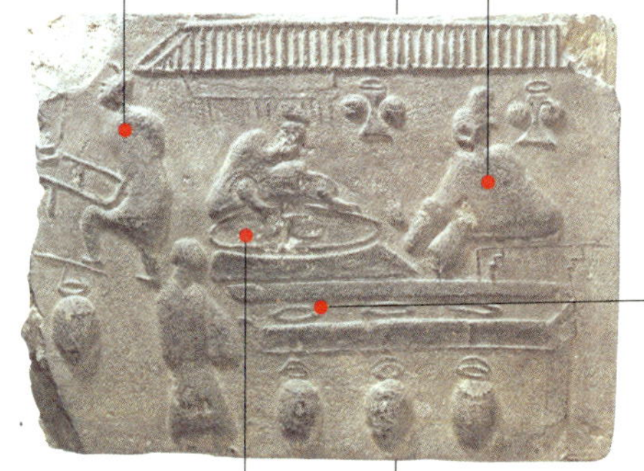

▲庄园的生产——酿酒

酿酒是庄园的主要生产之一。庄园自设酒坊，除供庄园主消费外，还大量出售，数量相当可观。这是大庄园酒肆作坊生产的情景。

▶庄园的庭院

这是庄园主居住的庭院。

❶大门　❷前院

❸后院　❹客厅

❺厨房　❻望楼

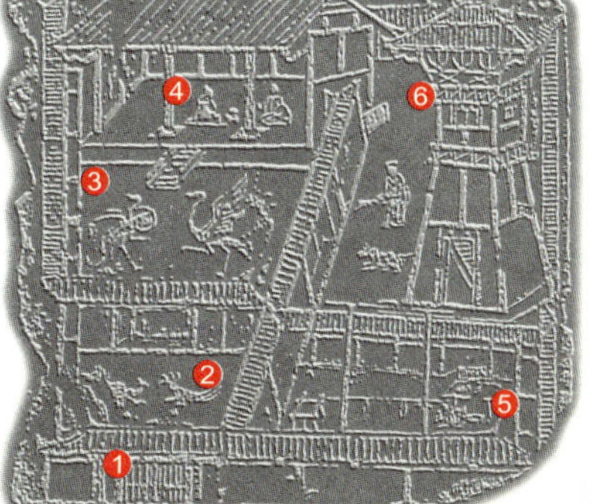

▼庄园的生产——采桑

这是西北地区庄园中女奴婢的采桑情景，说明庄园中自给自足的经济形式之一——种桑纺织相当普及。

▲四层粮仓

贮藏粮食的仓房是庄园中的重要设施。汉朝后期，楼阁式粮仓出现，而且越建越大，可以大量贮粮，有的甚至足够维持庄园数十年的用度。此为典型的大型仓楼，在高层开风窗，保持空气流通；底层设围墙，防止粮食被偷。

【三国鼎立】

公元220年，曹丕代汉建魏。次年，刘备建立蜀汉。228年，孙权建立吴，形成了三国鼎立的局面，这是秦以来第一个分裂时期。之后，三国都致力于内政的治理，使黄河流域经济得以恢复，长江中下游以南和西南地区都得到开发。

庄园中的世族与下等人

庄园里有各式各样的人，很大部分是由于社会贫富分化，大量农民在土地兼并中破产，无以为生，沦为世族庄园的农奴，甚至奴隶。豪强世族富有的标志，不仅是拥有万顷膏田，还拥有成千上万的武装家兵、农奴和奴隶。

各地大小庄园主都是有社会地位的豪强世族，他们或为当地大姓，担任地方属吏，仗势左右地方局势；或为高门大族，出任朝廷官职，参与国家政治。即使没有一官半职的，也因为出身高门和拥有经济实力，享受着奢华享乐的庄园生活。庄园毫不比帝王的宫苑逊色，其间有亭台楼阁、山石林泉，装饰华丽。甚至皇家宫苑都效仿著名庄园的风格。

庄园主可以维持如此优游丰足的生活，在于他们拥有大量的土地和劳动力。大量失去土地的平民，迫于战乱和生计，投靠庄园主，沦为庄园的下等人，在庄园中的地位很卑微。他们依附于庄园主，户籍都归属为庄园主管辖，不由政府控制。他们虽不用向政府交税或服役，但须听任庄园主的差使，从事各种生产、作战、杂役等工作。

在下等人中也有尊卑等级之别，与庄园主有血缘关系的宗亲和宾客组成的家兵地位最高；劳作的农奴身份低一些，但不能随意买卖；奴隶是最卑贱的人，不仅失去土地，也失去人身自由，属于庄园主的私人财产，可以随意买卖，他们的境遇甚至倒退到如同两千年前的商周时代的奴隶。

▲梳妆图

庄园中的奴隶有生产和非生产两种，负责生产的主要从事手工业和农耕。非生产的奴隶主要是从事家内服役的奴婢和歌舞伎乐。这名奴婢正在侍候主人梳妆。

▲庖厨图

厨房内放满肉食，仆人忙于切肉，为宴会做准备。当时，一般百姓以至低级官员是吃不起肉的，只有世族才在宴饮中吃肉。

▶乡品与官品的对应关系

中正品第（乡品）分上品和下品，一二品是上品，属高门，常为士族子弟垄断。三至九品为下品，属寒门（庶人）。中正品第凸显了“上品无寒门”、“高门华阀，有世及之荣”的现象。

官品	中正品第（乡品）
一、二、三品	一品
四、五品	二品
六、七品	三品
八、九品	四品
	五品
	六品
	七品
	八品
	九品

高门（上品）
寒门（下品）

▲簸粮女陶俑

一名奴婢的价格与一头牛的价格相当，当时奴婢市场相当活跃。奴婢逃亡或反抗，要处以极刑。这位拿簸箕的妇女，应是负责庄园杂务的奴婢。

▲世族生活图漆盘

这是世族家居的生活场景。画面分上中下三层，上层是宴宾场面，中层是家庭成员的日常生活，下层为郊游场面，画面呈现出世族丰富的休闲活动。

▲弈棋木俑

在动荡的年代里，庄园主仍然享受着歌舞升平的生活。弈棋，是贵族庄园聚会时必不可少的项目，在当时还是凸显优雅高贵之风、显示贵族身份的技能。

◀讲究的士族居室

画中盛装的男女主人相对，脱鞋屈膝而坐。描绘的家居陈设及服饰等，就是当时望族名门的真实生活。

上品无寒门，下品无士族

秦汉以来，选官主要采用“察举”、“征辟”等推荐的方式。魏晋时期实行“九品中正制”，根据士人的德行分为九等，由“中正”考察优劣，建议陟黜。由于推荐权被世家大族垄断，就出现了“上品无寒门，下品无士族”的局面。

豪强的军事防御——坞堡

在兵匪不分的战乱时代，人民为保生命，与同姓和乡里建筑墙垣高、易防守的堡垒。各地的豪强世族，也纷纷强化庄园的防御，组织自己的兵丁。一种称为坞堡的防御性军事堡垒林立。这是军事、经济、政治一体的组织，也是具有时代特征的产物。

坞堡一般都建立在地势险峻的山间或溪涧水源之处，这样既能据险而守，又可耕种灌溉，当然也有在平原、河边建坞的。与城池相比，坞堡面积小，有高耸的瞭望角楼。一旦受胡族铁骑的攻击或盗贼流寇的抢掠，宗族成员便可以据坞坚守。等到敌人离去，危险解除，又可出坞耕种。

坞堡以宗族为单位，由数十户至百户族人组成。坞主大多由控制宗族权力的世族豪强担任，但也可以通过举荐产生。有的大小坞堡联结成群，共同推举出“统主”，势力更加强大。坞主督护族人，主持各项事务，安排生产与生活，指挥守备与作战。世族控制下的坞堡成为一方霸主，并参与或主导当时的军事割据战争。他们凭着雄厚实力，以武功为自己开辟政治道路，这也是世家大族兴盛的一个原因。

战乱的北方，坞堡数量比南方多，分布很广。北方坞堡已经成为地方上强大的军事势力，也是平民百姓赖以生存的主要场所。大小坞主对于少数民族统治者，有依附的，也有对抗的。由于坞主具有军事实力，荫附大量人口，事实上是在与国家争夺政权和经济地盘，因此坞主与胡族政权之间明争暗斗，政府也采取各种措施，限制坞堡势力的发展。

▼壁画中的坞堡

北方兵戈扰攘之际，未能南迁的世族，都筑坞自保。为了加强力量，他们集聚在一起，有些是同宗同族，有些是姻亲，关系极为密切。这是魏晋时期的壁画，真实描绘了在军阀混战下，地方世族筑坞自守的情景。

▲水榭亭

这是庄园中园林的缩影。堆土成山，引水成池，其间楼阁亭榭相连。亭中有人表演歌舞，四周却有张弓持弩的家兵，严阵以待。这种水亭既是庄园中的游乐场所，也具有防御功能。

▲ **武装家兵**

庄园的军事武装都是由世族的宗亲和宾客组成的。家兵在每年春、秋季的农闲时期，要进行射击训练，平时负责巡逻和保卫庄园，农忙时是劳动的主力，战时又要举兵参战。这位家兵身穿武士装，腰佩长刀，左手提绳，右手提加工粮食的簸箕，标志家兵具有亦兵亦农的身份。

供侦察瞭望的角楼

▶ **城堡模型**

这是南方的小型庄园城堡。在城堡四周是高墙，四角建角楼，家兵可以从高处瞭望和防卫。底层没有窗，只有高层才有通风的窗，是城堡防御敌人入侵的措施之一。

▶ **望楼模型**

望楼通常都是多层建筑，与角楼的作用一样。在高耸的顶楼上悬挂大鼓，并有家兵巡视瞭望，一有敌情，立即击鼓报警。

毡帽的后檐长，可保护后脑

有护领的短袖皮甲

◀ **彩绘骑士陶俑**

黄河流域以北地区的世族大庄园，多组建骑兵保卫庄园的安全，而且一般都是轻装骑兵。这件陶俑，装束轻便，便于行动。战马没有披甲，是典型的轻骑兵形象。

▲ **拿刀的家兵**

这两个陶俑，粗眉浓髯，手执武器，应是负责庄园保安的家兵。他们虽然都是庄园里的下人，但地位比一般奴婢高。

【司马炎建晋】

曹魏后期，司马懿父子三人先后掌握政权。经几番诛杀，曹氏势力消灭殆尽，曹魏王朝名存实亡。司马炎为相国时，软硬兼施，逼迫魏主曹奂禅位。公元265年，司马炎正式称帝，建立晋王朝。西晋是三国以后短暂的统一时期。

来自北方胡族的冲击

军阀混战揭开了帝国分裂动荡的序幕。生活在汉朝版图北部的少数民族：匈奴、鲜卑、羯、氐、羌等，统称“五胡”，趁汉朝衰落的机会，纷纷建国，即“五胡十六国”。蒙难的汉帝国，与罗马帝国同样在外侵与内患中灭亡了。一向是政治、经济、文化中心的黄河流域遭到空前的破坏，居民十不存一，在擅长骑射、勇武征战的五胡的铁骑下，大量流民南迁。

大举南迁的中原汉族，以淮河或长江为界，坚守国土。中原尚存的百多万人口，汉族不足一半。在动荡的三百七十年中，南北对峙局面持续了三百二十年。北方的五胡国家不断互相攻伐，政权更替有如走马灯，人民流徙于途，生命朝不保夕。

这是继春秋战国之后的第二次大战乱。春秋战国的主战场在黄河和长江流域，参战的主体是华夏各族。而这次的主战场在长城沿线直至长江以北的中原地区，参战的有汉族和众多北方少数民族，战争的规模更大、更惨烈。

连绵战争使社会动荡不安，激发大规模的人口迁移，结果促进了边远地区和南方的开发；而各民族的交往也造就了南北民族大融合，西方文化大量输入，中原文化大量转到南方，为帝国的第二高峰——隋唐盛世注入新血液。

重装甲马作战图

在魏晋南北朝，大小战争无数。受摧残最烈的是北方，因为北方是胡族入据中原的大前方。由汉末割据地方的军阀混战，到五胡十六国混战，到北朝几次政变易主，北方政局稳定的时间很短。此图表现了北方战场上重装骑兵与步兵作战的情景。这时期的战争以骑兵为主，铁骑对没有铠甲的轻装骑兵构成极大的威胁，步兵更无法与之对抗。

胡族武士

这个鲜卑贵族墓出土的武士俑，是胡族士兵的形象，面目以夸张手法表现其威猛。

▲**鲜卑贵族的护卫军**

这是一队鲜卑贵族的护卫军及奴仆陶俑，都配以铠甲骑具装备，显示出北方军队的特色。

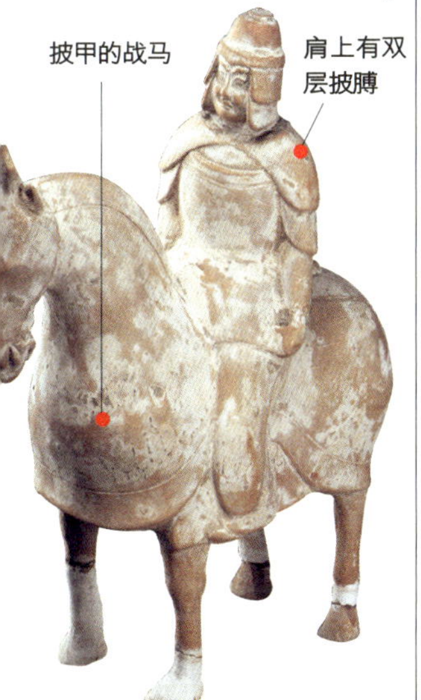

▲**重装甲骑兵**

随着五胡向中原入侵，骑兵在战场上成为主力兵种，为加强防护力，骑马的战士和战马都配上重型铠甲。曾在秦汉战场中发挥巨大威力的远程弓箭，面对重骑兵，杀伤力便大为减弱了。但重骑兵的铠甲笨重，行动缓慢，仅适合单骑短兵格斗，不适宜长距离的战争，到唐朝又被淘汰了。

▲**分裂时代的南北分界线**

西晋以来，少数民族逐渐强大，后来更控制了整个北方地区，纷纷建国。迁居南方的中原汉族政权，利用淮河或长江天险坚守国土，双方形成对峙局面。

▼**骑马文官俑**

这是北方文职官员的形象。战争使北方文官也穿铠甲和配备战马。文官的铠甲属于轻型，冠和宽袖短襦衫是儒雅的官服，与皮铠甲搭配很不协调，显示少数民族文官亦文亦武的特征。

▶**轻装甲骑兵**

秦汉时代，流行装备轻巧、机动灵活、适合运动战的轻装骑兵。到魏晋时代，重装骑兵兴起，轻装骑兵已不再是骑兵的主流。这是典型的鲜卑武士的装束，戴鸡冠帽，属于轻骑兵。

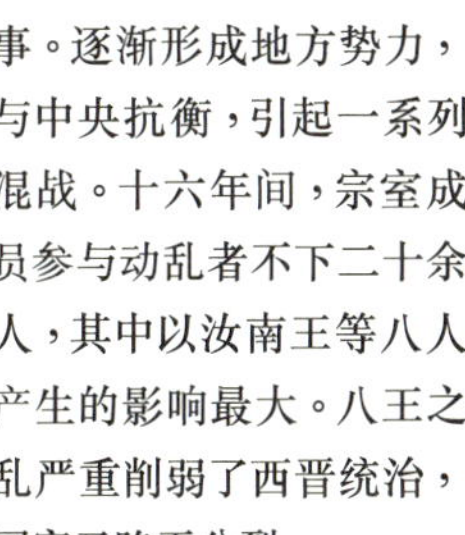

八王之乱

晋初，分封宗室为王，并给予军政大权，都督各州军事。逐渐形成地方势力，与中央抗衡，引起一系列混战。十六年间，宗室成员参与动乱者不下二十余人，其中以汝南王等八人产生的影响最大。八王之乱严重削弱了西晋统治，国家又陷于分裂。

成功的北方民族汉化运动

北方五胡民族在中原建国后，面对汉族广阔的土地、密集而众多的人口、发达的经济和文化以及崭新的帝国模式，他们深切感到难以控制。为了谋求一套有效的统治和管理方法，高明的胡族统治者提倡全面“汉化”，通过改革自身民族，拉近与汉族的距离，产生同化效果，借以巩固在汉地的统治。但推行改革，必须借助汉人的先进文明，这无可避免地触动本族固有传统和利益，每每招致贵族阶层反对。“汉化”与“反汉化”的两股潮流此消彼长，反复激荡。中国历史上第一次大规模的民族汉化运动长达三百多年，随后出现的大唐帝国的辉煌盛世，证实了这场急剧而漫长的汉化运动大获成功。

在五胡政权的发展历程中，纵然有个别统治者走相反的路，推行胡化，但总体仍以汉化为主要潮流，当中拓跋鲜卑建立的北魏可以说是最成功的王朝，也是第一个足以与南方汉族政权对峙的少数民族王朝。北魏孝文帝推行的全面汉化运动，包括政治上迁都到中原腹地洛阳、改革官制、禁用胡语胡服、改鲜卑姓为汉姓、禁止鲜卑同姓通婚，进行礼乐刑法改革，经济上推行适宜农业发展的土地制度和税收制度等。为了提高鲜卑贵族的社会地位，还提倡向汉人世族的生活方式转变，提高汉文化修养，诵读经书，赋诗作画，成为鲜卑贵族的时尚之举。这些变革带动中国的民族大融合，为隋唐王朝的统治者开辟全新而开明的理念。

▲表现儒家文化的列女图屏风

这是北魏重臣司马金龙的陪葬品。北魏虽然由鲜卑人统治，但治内汉人比鲜卑人还多。厉行汉化的北魏统治者也重用汉人以维持社会稳定。司马金龙就是受北魏重用的汉人。他原是西晋皇族的后裔，父亲在战乱中降附北魏，他后来与鲜卑贵族通婚，享有显赫地位。这件漆屏风，画面内容取材自汉人典籍《列女传》，是北魏推行汉化运动的精髓——推崇儒家传统文化的例证。

▲拓跋鲜卑的南迁路线

◀代表中央集权的铜虎符

鲜卑族在公元396年建立北魏，统治者在以武力统一北方的同时，用了二十年时间，从游牧民族的部落联盟向中央集权国家体制过渡。这个虎符代表着皇帝的权力，以及北魏已经进化成一个中央集权政体。

▲游牧时期的毡帐模型

拓跋鲜卑原居于中国东北部，汉朝后期在大兴安岭森林中已是相当有势力的部族。这是鲜卑族在游牧生活中常用的毡帐，盖上的毡帘可以活动，上面有两个窗口，天晴时开启，以通风和采光，遇有风雨则闭上。

▼盛乐故城出土的金饰牌

拓跋鲜卑在阴山之南建立最早的政权，这里宜农宜牧。在盛乐城发现了大量鲜卑遗物，证实这里是北魏早期的重要根据地，他们在此加强军事力量，并由纯粹的游牧经济，逐步接触中原文化。这块金饰牌是拓跋鲜卑祖先的遗物，造型是具草原特色的四兽纹。

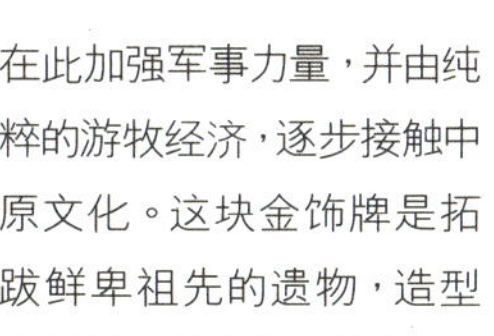

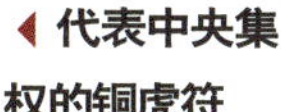

▲平城石雕柱础

平城是北魏苦心经营的北方统治中心。这件石雕柱础，是皇宫中帐篷支架的柱础，而不是木结构建筑所用。帐篷柱础保留了鲜卑族的游牧遗风。雕工技艺精致而高超，纹饰华美，属北魏朝廷管辖的雕刻工匠的典型作品。平城有百万居民，其中不乏中原高级工匠。

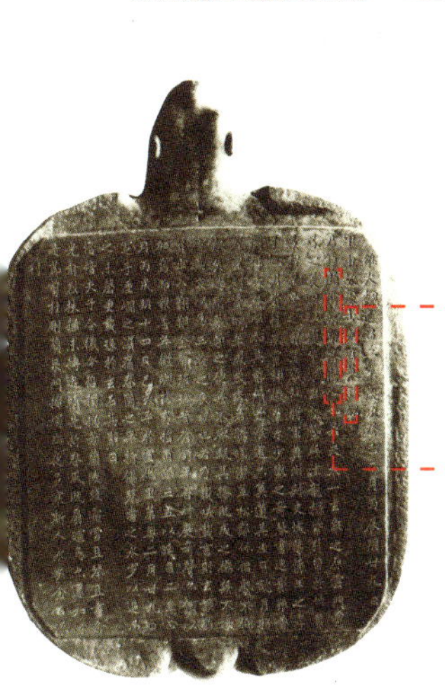

◀洛阳的鲜卑贵族墓志

北魏皇帝为了加强鲜卑与汉族同化，要求鲜卑贵族改用汉姓。北魏皇族就由姓拓跋一律改为姓“元”。这块墓志上，这位鲜卑皇族更把北魏最后定都的洛阳视为其原籍贯，可见汉化措施确实达到一定效果。

士族的腐朽

在少数民族通过汉化不断进步的同时，中原的士族却日益腐朽。他们以奢侈相竞：用人乳喂猪，用饴糖洗锅，用蜡烛当燃料，每天一万钱的饮食费还说没有可下筷的菜肴。“奢侈之费，甚于天灾”。在腐朽的士族统治下，西晋迅速走向衰亡。

汉族政权南迁的浪潮

南方在混战年代，另有一个世界。尤其是长江以南的沃土，更崭露头角。这片江南之地，既是军阀争夺的地盘，在北方民族压境时，又是汉族政权退守的半壁江山，政局相对稳定。三百多年里计有六个汉族王朝相继在江南建国，据守长江。

此时，北方的战乱迫使原居于中原的汉人如潮水般迁徙，形成中国历史上第一次规模巨大的移民潮。移民主要向东北、西北、东南三个方向迁徙，尤以向江南的迁徙规模最大，汉族第一次失去北方时，随着政府南下的移民，最多的一次达十万户。中原的巨万财富、人才精英和先进技术也随而向南转移，给江南注入了活力。新移民在广阔富饶的土地上，重建家园。

南方的政权为了扩充国力，大力开发江南经济，发展长江航运和水利灌溉。农业兴旺发达，保障了都城和乡村的粮食供应，商业、手工业使江南蓬勃繁华。长江流域还出现了许多大型的商业城市，尤其六朝相继在龙蟠虎踞的建业(今南京)建都，使这里发展成为南方的政治、经济和文化中心。

南迁的皇室和豪强世族，虽然致力开发富足的江南，但始终以江南为暂时的居所，难以忘怀北方故土。六朝的帝王和贵族仍然固守北方的汉风习俗，并以此为荣耀。都城和帝陵都仿照汉朝建制。更讲究出身门第的豪强世族，还沿袭汉朝聚族而葬的礼俗，奢侈厚葬，蔚然成风。

南朝帝王陵墓的麒麟石刻

这些在陵墓的墓道两旁的石刻，是六朝石雕艺术的代表作。这尊麒麟是一种神兽，是帝王的象征。四足的爪趾上扬，展翅欲飞，造型生动。

长江

长江是南方政权抵御北方的最强防线，江面最宽处超过40里(2万多米)，是难以逾越的天然屏障。魏晋时代，形势北强南弱，北方曾多次大军压境，但南方最后总能以少胜多，转危为安，长江防线发挥了重要作用。

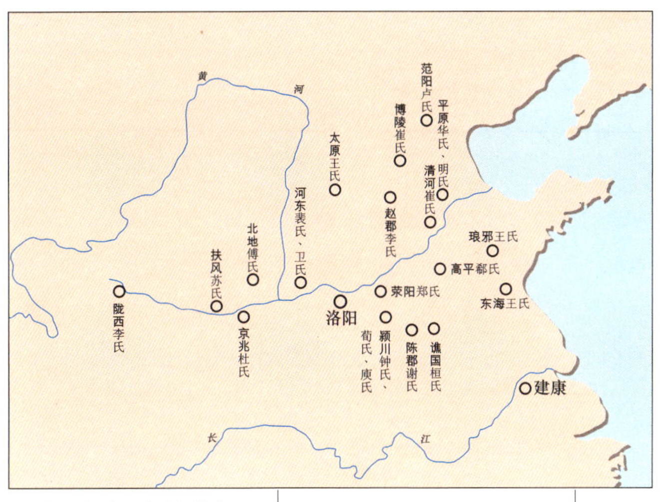

▲中原大族郡望的分布

南方的经济地位

北方战乱频繁，使人口南移，增加南方的劳动力

东吴立国后，大力发展江南经济，以屯田开发土地

改善水利及航运设施，农业及交通得以稳定发展

原因

落后期　开发期　繁荣期

222（东吴立国）　589（南陈亡国）　年份（公元）

▲南方的经济地位发展概念图

佛教雕刻常见的莲花纹圆盖

碑文

与希腊神庙石柱相似的直线条纹柱身

▲南朝帝王陵墓的神道石柱

这种体现了六朝时期中西文化交融的神道石柱，柱上嵌有一块小碑，写明墓主人的身份和姓名。

▶南方的武士

这位手执盾牌的武士，是东晋步兵的形象。魏晋时代的南方政权，为了应付较大的攻守范围，已经组建骑兵。但由于地理环境的影响，仍相对重视水军和步兵的建设。

▲守卫首都的军事堡垒——石头城

南方政权在首都建康城外围建筑军事堡垒，在建康以西的石头城是最重要的一处。石头城依山而建，西、北两面濒临长江，在山上及江边驻扎重兵，尽占军事防守之利。凭恃长江天险的优越地势，易守难攻。这里可以停船舶千艘，水军驻扎于港口内。

王与马共天下

司马睿建立东晋，离不开琅邪大族王氏的支持，因此给予极高的礼遇。他称王导为“仲父”，登基大典上甚至想与其同坐御床。王氏兄弟总揽军政大权，家族中的许多人都在朝中担任要职。王与马共天下，真实反映了东晋的政治状况。

淝水之战

西晋末年，受魏晋统治者压迫的匈奴、羯、氐、羌、鲜卑等内迁各族和沿边各族掀起反晋大起义，最终于公元 316 年推翻了西晋统治，迫使汉族政权退据江东。在北方各少数民族纷纷建立政权，史称十六国。各国彼此征战，王朝更替频繁，社会动荡不安，民不聊生。直到公元 376 年前秦统一北方，与南方司马睿建立的东晋形成南北对峙局面，社会才暂时得以安定。

前秦是由氐族建立的政权。在苻坚的领导下，前秦先后征服了鲜卑慕容部建立的前燕、汉族建立的前凉、鲜卑拓跋部建立的代国等政权，文治武功达到极盛，版图西至西域，东极于海，北尽沙漠，南至西南边陲，基本上统一了北方，成为中国历史上第一个统治中原地区的少数民族政权。但苻坚不满足于对北方的占领，在“混六合以一家，同有形于赤子”思想的鼓动下，他企图消灭东晋，统一全国，因此他不听劝谏，执意发动了对东晋的淝水之战。

公元 383 年，苻坚征集步兵六十万，骑兵二十万，羽林军三万，扬言：以我百万之众，把马鞭扔进长江，可以阻断江水，东晋还有什么天险可言呢？成语“投鞭断流”即典出于此。秦军主力不费吹灰之力便攻下了项城，而作为前锋的苻融也一举拿下了东晋在淝水西岸的重镇寿阳，并控制了水路要地洛涧。胜利让苻坚、苻融兄弟冲昏了头脑。苻坚将大军留在项城，仅带领八千名轻骑兵奔往寿阳与苻融会合，而苻融在寿阳停滞不前，将战略进攻转为了战略防守，由此丧失了战机。

东晋北上抗击秦军的兵力虽然只有八万人，但以名将谢石为大都督，谢玄为前锋，主力部队更是训练精良、骁勇善战的北府兵。虽然暂时失利，但东晋宰相谢安趁秦军在寿阳停滞不前之时，派猛将刘牢之率精兵五千夜袭洛涧，斩杀秦将十余名。洛涧大捷后，晋军信心倍增。谢石继续挥军水陆并进，直抵淝水东岸，在八公山边扎下大营，与寿阳的秦军隔岸对峙。

苻坚原本轻视对方，洛涧失利的消息传到寿阳，他大出意外，心中整日忐忑不安。他登上寿阳城楼，瞭望晋军动静，只见晋军阵容严整，旗号鲜明，又见八公山上草树摇晃，以为都是晋兵，心中顿生惧意。之后，自负的苻坚又中了谢安的激将法，接受了晋军提出的在淝水北岸决战的要求。他下令秦军后撤，企图在晋军渡河时“半渡而击之”。不料秦兵士气低落，后撤时失去控制，阵势大乱。而秦军中一些被俘虏的东晋将领又乘机高呼：“秦军败了！”致使秦军一退而不可复止。晋军乘胜追击，秦军一路溃败，死伤无数。逃亡的秦兵惊魂未定，甚至听到风声、鸟声都以为是追赶的晋军。苻融被乱兵杀死，苻坚也身中流箭，狼狈逃回洛阳。东晋以八万军队战胜了秦军百万，赢得了中国历史上这场以少胜多、以弱胜强的著名战役。

淝水之战是前秦发动的一场统一全国的战争。统一是历史发展的大趋势，但综合局势，前秦并不具备统一全国的条件。前秦虽然统一了北方，但连年征战导致的经济萧条尚未恢复。为攻打东晋，苻坚不思休养生息，反而加剧了对国力的消耗，让本来就困苦不堪的百姓雪上加霜。北方诸民族虽然被征服，但各民族间的矛盾与隔阂并没有消除，不少边远地区的民族也在等待机会进入中原，北方社会远未成为稳定的地区。苻坚让亡国后的少数民族贵族继续领军打仗，也使统治集团内部隐藏着危机，而由各民族士兵临时组建而成的大军，始终笼罩在厌战情绪中，凝聚力和战斗力也大打折扣。

此时的东晋已建立半个多世纪。虽然经过几次战乱，但时间不长，规模不大，损失较小。而北方人民苦于战乱纷纷南迁，大大增加了江南的劳动力，加上东晋采取了兴修水利、开垦屯田、劝课农桑、减轻田租等有益于生产发展的措施，使经济大有发展。东晋虽无恢复中原之意，但稳定江南的目的已经达到。东晋宰相谢安比较开明，能够“不存小察，弘以大纲”，通过稳定政局，减少内耗来应付多变的局面，促进了社会生活的安定，出现了“君臣辑睦，内外同心”的局面。面对前秦来犯，谢安领导的抵抗派上下一心，积极备战，运筹帷幄，以坚实的经济基础，训练精良的士兵，依靠长江天堑，应对秦军。而号称百万的秦军，是以惯于北方作战的骑兵为主，极不适应南方地形，更不适应水战，大军长途跋涉而来，加之统帅骄傲自大、刚愎自用，其失败当在意料之中。

淝水之战后，苻坚势力大为削弱，内部潜在的民族矛盾立即爆发。原来被前秦征服的各少数民族首领，乘机发动兵变，前秦土崩瓦解，苻坚被羌族人姚苌所杀。而东晋取得战争的胜利，避免了一场大混战，使南方经济文化得以继续发展。淝水之战由此确立了南北长期对峙的局面。

北方传统经济重心的衰落

魏晋南北朝时代，北方是战争的主战场，又遇连年灾荒，灾民流离失所，纷纷举家迁徙，黄河和淮河流域成为地旷人稀的荒凉地带。中原昔日经济上领先全国的地位动摇，南北方经济失去平衡，影响极其深远。

战乱和天灾严重打击了农业，大量田地荒芜，粮价飞涨，人口流失，是对北方经济最致命的危害。为了使中原农业复苏，政府积极组织军队和农民开垦农田，其中以三国时期的曹魏和南北朝时期的北魏两朝的规模最大、效果最显著。北魏开垦的田地集中在黄河流域，同时推行授田制，政府按照每户人口数量授予农田和耕牛，还迁徙了十多万户到都城洛阳。这虽使严重衰退的北方农业得以略为恢复，但已无法回复昔日全国经济中心的地位了。

大规模的移民潮也改变了原来的经济面貌。魏晋时期从中原流失的人口，其中包括了大量世家大族，他们有一部分西迁至陇西和河西走廊一带。人才和生产技术源源输入，使这些原属未开发的边境地区，一时成为中原文明的避难所。加以北方政权也积极在此开垦耕地，农业和畜牧业相当发达，使其一跃成为北方新兴的经济区。因此，在经济中心由中原向江南转移之时，北方的陇西、河西走廊以及辽东的生产水平，在全国也占相当的比重，带动了北方经济的局部复苏。由此形成的经济新格局，不容忽视。

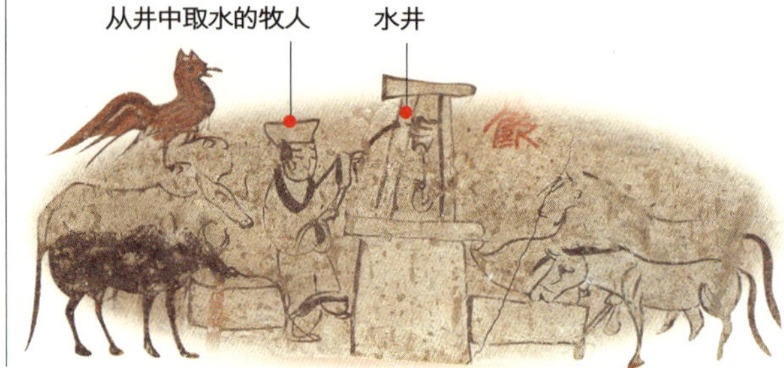

▲ **畜牧井饮图**

西北及北方地区缺乏河流湖泊，主要依靠开凿水井获得水源，以供生活和饲养牲畜之用。图中的禽畜正围拢在井旁的水槽喝水。

◀ **壁画中的垦田图**

河西走廊的魏晋壁画中，大量描绘军队垦田和生活场面。图中武装的士兵和耕地的农民合处一起，反映了士兵战时打仗，平时耕地，当地百姓也参加垦田的事实。

耕地
在汉朝发展起来的二牛拉犁翻土技术，在西北地区已经普及。

播种
前面的女人在撒播种子。后面的男人在种子播入土壤后，用耰敲击土块，平整土地，掩埋和压实种子。

耙地
耙地是农耕的重要环节，将大土块耙得细碎松软，使土壤均匀平整。

扬场
谷物脱粒后，为去除谷中杂物与空壳，农夫用杈扬场。画面表现了农夫在收获季节的快乐。

▲ **西北地区的农耕系列图**
在河西走廊的墓葬中，有大量表现农业技术的画面，反映了当地对科学种田的重视。这是一套于旱作地区土壤耕种的画面，可见从播种到收获的全过程。播种前用犁翻松田地；其次用新技术耙地，可保持土壤水分和抗旱，使种子与土壤紧密结合，以利发芽生长。

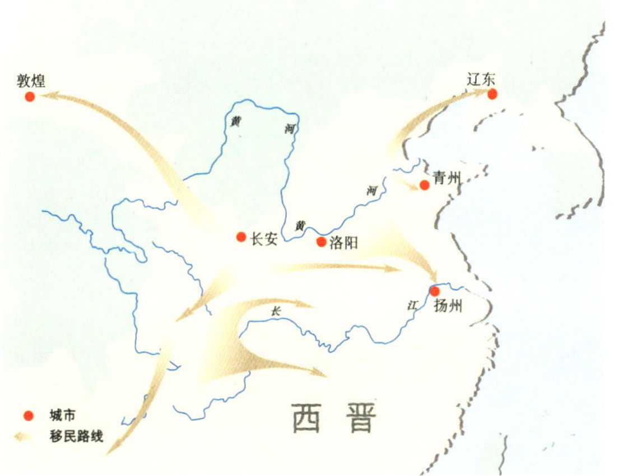

◀ 移民路线示意图

祖逖北伐

战争使北方经济严重破坏，中原百姓盼望东晋北伐，重归统一。徐州刺史祖逖率私人武装百余家渡江北上。他善于用兵，又礼贤下士，数年间就收复了黄河以南大片土地，还在当地发展农桑。收复地区的经济得到发展，百姓视他为再生父母。

移民潮推动的江南开发

这三百多年的战乱和移民潮，改变了长期以黄河流域的中原为经济重心的格局，这个划时代的转变，影响此后中国上千年的历史。

南迁的汉族政权虽然时刻笼罩在战争的阴影里，但是已经没有大规模北伐的实力，偏安心态占了主流，重返北方家园只是梦想。相对稳定的政局，适宜经济大发展。与北方经济恢复的程度相比，江南的农业成就最为突出，在人口增长、开拓耕地、兴修水利和改进农业生产技术等方面，都有突飞猛进的发展。

南方各政府为保证军粮的供给和增加财政收入，非常重视开发农业，彻底改变了江南人口稀少、农业落后的状况。东吴曾发动数十万军队和南下的农民开荒屯田，还带来北方先进的农业生产工具和技能，开拓了江南耕地的面积。屯田的成功，既保障了流民的基本生活，也保障了军饷来源。大规模的江南垦荒基本完成，到隋朝已经没有荒地了。

南朝政府还兴修水利，疏通河渠；筑成陂塘，用以蓄水；在湖沼四周开辟湖田，形成密集的水利灌溉网。重点的水利工程，都是围绕都城建康兴修的，保障了朝廷的物资需求。而隋唐时贯通南北的大运河江南段，在这时已经略具规模。

江南新兴的商业城市环绕在都城建康周围建起，海上交通也将东亚各国连接起来，中外海路贸易来往频繁，使南方的商业贸易比北方更繁荣。

鱼米之乡——太湖

位于江苏的太湖流域，物产丰富，盛产鱼、虾、莲藕、水果，这里还种植大片桑园养蚕，为丝织业提供原料，是南方经济的腹地。

秦淮河

江南四通八达的水路网络及运输，是由长江等天然河道，配合历朝人们所开发的大小运河等水利建筑而构成的。秦淮河在魏晋南北朝时期已是建康对外的交通要道，由苏杭供应京城的粮食都由此运抵。

江南的商业——牵马运货

江南密集的商业城市之间，陆路和水路畅通。陆路普遍以马代步和运输货物。南朝画像砖上有牵马运输的画面，牵马人阔步向前，驮运货物的马后还有一人跑步紧跟。

江南的手工业——青瓷器

南方手工业的最大成就是青瓷工艺的创新。青瓷质地细腻坚实，釉色光洁雅致，深得贵族的喜爱。这件青瓷是江南世族的随葬品，塑瓷技巧非常高，是青瓷的精品。

江南的农业高产区——长江三角洲

这是江苏省的长江三角洲，位于长江出海处。长江带来了充沛的水源，而水里的泥沙也在长江口经过长年累月的沉淀，形成了这片土壤肥沃的平原地带，是中国农业高产区之一。

荆江大堤今貌

荆江是长江的一段，近洞庭湖，河道弯曲，容易泛滥。东晋修筑荆江大堤，是南朝重大的水利工程之一，至今仍惠及两岸农田和村庄。

画像砖上的江南农民

南方农民进一步改进北方先进的农具，使这些工具变得更加适合长江流域的土质，还增加了许多新型农具。这是典型的江南农民，正在用铁臿深挖土地。臿体比北方的长，适宜深翻黏性土壤。

【孙吴开发江南】

江南的开发始于三国时期。孙吴政权在长江沿岸开展屯田，在太湖流域兴修水利，大力发展丝织业，扩大造船业的规模。国内商业和海外贸易都有了很大发展。这些，都为后来南方经济的繁荣奠定了初步的基础。

清谈玄理与魏晋风度

魏晋南北朝的分裂局面与数百年前的春秋战国极其相似，同样在战乱之中，知识阶层却异常活跃。汉朝独尊的儒术，在这个乱世中，价值受怀疑，社会失去了精神支柱。道家的老子、庄子大受思想界欢迎。知识分子热烈讨论，当时称为清谈玄理，而这种以老庄思想为主的哲学思潮，称为玄学。

文人聚集在山林间清谈玄理，是一种时尚。清谈的人手执麈尾，那是一种如尘拂的用具，在辩论时挥动，凸显他超脱尘世的气度。清谈的话题多是形而上的抽象命题，哲理玄妙深奥，机智思辨。玄学继承了道家崇尚简朴、自然的精神，提倡人应当自由自在地生活，充分发挥个人的意志，不受任何约束。玄谈者思想敏捷，语言巧妙。他们又多是世家子弟，宽袍广袖，风度超凡。可是，这种自由自主的思潮，在长期战乱、生命朝不保夕的环境中，却衍生出消极性，玄谈变成逃避政敌迫害的手段，尤其在南迁的世族和文人之间，放浪形骸、玩世不恭的行为盛行，他们袒胸、露臂、赤足，故意不同流俗、不修边幅、放任自流。人生短促、及时行乐的处世态度，也使饮酒成风，许多文人终日沉湎于醉乡，少了先前的忧愁，多了放纵与颓废。当时的代表人物是“竹林七贤”，他们都以玄学思想为精神寄托，以纵酒谈玄、放任洒脱著称。

▲魏晋文人的形象

这是唐朝绘画《竹林七贤图》的残卷。画中两人列坐在竹木草石之间，身旁有侍童奉侍。左面一人袒露上身，右面一人抱膝而坐，潇洒随意。从人物衣饰、神态表现了魏晋文人寄情于自然山水，追求超俗高雅的意境，可见这一思潮对后世文人的影响之深远。直至宋、明、清的文人绘画中，还追寻着这种高雅的风格。

魏晋风度的风行，实际是对儒学伦理的激烈反叛。魏晋风度的文人，外表虽然与春秋战国时期浪迹天涯的侠士相似，但是那时的侠士满怀英雄主义精神，“士为知己者死”是他们的座右铭，为国家、为君主献身最光荣。而玄学精神下的文人更多的是表现自我意识和悲观的情调。加之玄学属于世族的哲学，哲理深奥，曲高和寡，很难在平民大众阶层传播。玄学主要盛行于汉族统治的江南地区，北方也受到玄风影响，但儒学并未完全丧失中国正统哲学的地位。

▶ **维摩与文殊辩论**

这件佛教人物造像碑，渗入了玄学的痕迹。碑上雕刻了维摩诘居士与文殊共论佛法。维摩诘宽袍大袖，手执麈尾，亦与魏晋文人清谈的情况相似。

▲ **吹笙引凤图画像砖**

这是南北朝很流行的追求仙道升天的故事画。好吹笙的王子乔到伊洛河畔游玩，遇上仙人浮丘公，他们一起骑仙鹤上嵩山。这个故事正切合了魏晋士人追求仙道的心态。

◀ **贵族墓室中的山水图**

这幅山水图不但有极高的艺术价值，而且反映一个重要的时代特征——探究玄学，浪迹于山水间，是不少有识之士追求的生活。

▼ **五石散的成分**

魏晋世族和士大夫为求长生不老，有服药之风。这种"延年益寿"的药，即五石散，因服后浑身发热，不能吃热东西，又称"寒石散"。发热其实是服药后的中毒现象。五石散的配剂有多种说法，有说是以紫石英、白石英、赤石脂、钟乳石、硫黄五种矿物配制。图中是其中两种。

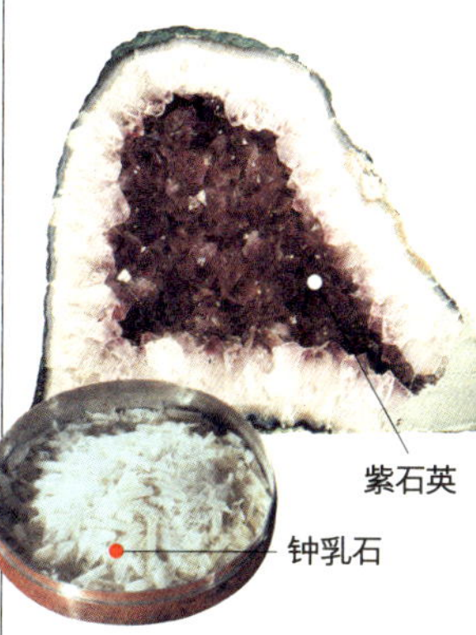

▲ **竹林七贤之刘伶**

刘伶是魏晋清谈与玄学的代表人物之一。竹林七贤以玄学思想为寄托，优游于山林之间，不为礼教束缚，在当时极具名望。画中的刘伶，正坐于树下喝酒。

▲ **熏炉**

这种熏香炉是魏晋瓷器的大类。士族喜欢用它来熏香衣服，他们在清谈时，也常点燃香气，满室幽香。

洒脱的魏晋名士

魏晋名士对束缚人性的礼教不满，多率性任情，不拘绳检。王子猷居山阴，一雪夜突然思念居住在剡的戴逵，就连夜雇船而去。第二天到达后，却不登门而返，说："本是乘兴而来，现兴尽而归，何必见？"足见其旷达通脱的生活态度。

佛教风靡中国

当儒学失去威望，玄学曲高和寡之时，大多数的中国人处于精神迷惘中。汉朝后期，来自印度的僧侣通过丝绸之路进入中国的中心地带，传播一种完全外来的宗教——佛教，此时大获成功。南北敌对各国，无论是胡族统治，还是汉族统治，在释迦牟尼面前却表现出空前的一致，上至帝王贵族、下至平民百姓都皈依佛教，可以说，公元5～6世纪是佛教在中国发展的首个高潮。

其实，佛教在公元1世纪已经传入中国，但最初受到土生土长的道教、儒学以及传统伦理观念的强烈抵制，被视为邪教。而佛教在传播过程中，佛教教义和传教方式不断迎合、融入中国传统的思想。在那玄风大盛的时代，面对知识分子，名僧可以加入清谈，并吸收许多具有儒学和玄学造诣的学者参加译经和传经；面对惶惑于生死的平民百姓，又可以中国人的传统观念和通俗语言，来解释佛经的深奥教义。

经过这种中国化和世俗化改造，佛教在更广泛的社会阶层迅速传播。佛教戒杀的教律以及佛法无边和慈悲救世等信仰，都赢得民心，尤其为饱受战争之苦的平民百姓带来慰藉和希望。佛教更成为分裂中的胡汉各民族共同的信仰。佛教经过二百多年的传播，终于在中国扎根。

佛教带来的外来文化，使中国人的传统文化、观念、习俗受到巨大的震动和冲击，甚至改变了中国的社会风貌，成为中国传统文化中无法分割的一部分了。大致在同时代，另一强大的宗教基督教也乘罗马混乱的机会，成为统治西方精神世界的宗教。

◀ **北魏贴金彩绘菩萨像**

在世俗社会中战乱带来的灾难，使悲观厌世的思潮泛滥。而佛教中大慈大悲的菩萨，可以普渡众生，成为人们供奉的主尊之一。

◀ **云冈石窟的释迦牟尼坐像**

魏晋南北朝时期从皇帝到平民，都参与开凿石窟寺。北朝开凿石窟，雕塑佛像，数量之多，规模之大，都为南朝所不及。公元 4 世纪开凿的云冈石窟，是最著名的北朝石窟，它是北魏皇室为修功德而建的。北魏皇帝自视为“当世如来”，这尊坐像高 13.7 米，形貌是仿照下令建窟的皇帝雕凿的。

▲ **供僧人修炼的禅窟**

佛僧静思学习佛经教义，称为禅修。禅修的理想场所，一般选择在远离尘世的深山茂林和溪水相邻之处，开辟石窟寺，在窟中修禅。僧人坐禅时，须到窟龛前观看各种佛像和图解佛经教义的壁画，然后在幽静处打坐静思，以助入定。

▶ **鼓励行善的佛教壁画——《福田经变》**

佛教用通俗的方式向民间靠拢，努力化入民众的血肉肌体之中。修福田，即行善积德，福田思想与中国传统的善恶报应观念相近。这是绘于敦煌莫高窟的佛经图解，描绘了佛经提及的几种可获福报的善举，都与佛教倡导的积极效力社会公益建设有关。

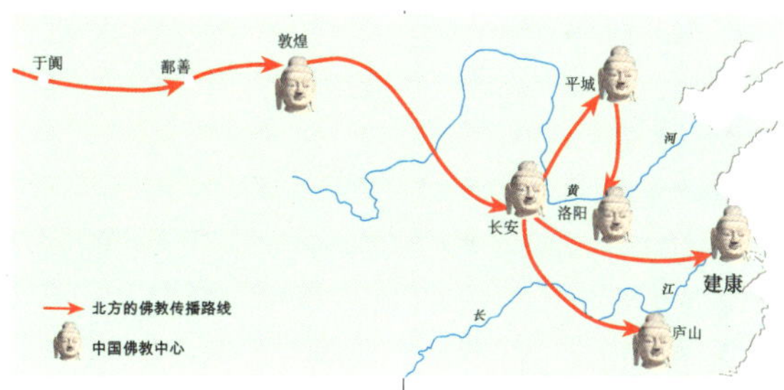

▲ **魏晋时代北方的佛教传播路线**

汉末至西晋，僧人将印度佛教经丝绸之路传入中国的中心地带。西北凉州是胡僧深入中原前学习汉语的中转站，尤以敦煌最蓬勃。关中长安，印度佛教大师鸠摩罗什在此建立译经中心；南方庐山是南方汉僧集中地。北魏皇帝崇佛，都城平城和洛阳成为北方的佛教中心。

▲ **麦积山石窟**

这是在甘肃天水麦积山上临崖开凿的石窟，石窟自上而下修建。建造方式是先堆积木材到山上，建一层拆一层，工程艰巨。人们如此无惧困难危险开凿石窟，可见对佛教的狂热。

▲ **百姓捐奉的佛教造像碑**

求佛拜菩萨能够消灾得福，现世积德死后可以进入极乐世界，这些都是中国广大民众较易接受的信念。这块佛教石碑是一位北魏平民百姓捐钱给佛寺为她的已故丈夫刻造的。

法显天竺学佛

魏晋时期，由于佛经不全或翻译失真，给研究佛学带来困难。公元 399 年，高僧法显从长安出发西行，到天竺学习佛学和抄写佛经。他前后经历十三年，行程数万里，经过三十四个国家和地区，翻译了多部佛经，为传播佛学作出了重要的贡献。

中西交融的佛教艺术——敦煌石窟

▲ 敦煌最著名的石窟——莫高窟

位于河西走廊的敦煌石窟，是中国三大石窟之一。该地是东西的交汇点，从印度、尼泊尔等地传来的佛经和图像粉本，启发了建造石窟的艺术家，他们的作品除了南朝画家所倡导的“秀骨清像”画风外，还具有印度、伊朗、希腊的宗教艺术风格，被誉为中世纪的艺术宝库。

▲ 石窟内的佛像雕塑

▼敦煌艺术的代表——飞天

唯美主义的艺术新生代

四百年的兵荒马乱，并没有使艺术消沉，魏晋时代，中国奇迹般地又攀上艺术的新高峰，进入了全新的唯美主义境界。

寄居江南的世族和文人所热衷的玄学，虽然没有给他们带来振作奋进的精神，却使他们寄情自然山水之间，在清谈思辨、饮酒作赋、恋乡怀旧之时，得到了意外的艺术收获。追求个性解放和唯美极致的绘画、书法、乐舞等作品占据了主导地位，也出现了一批空前绝后的艺术家：竹林七贤等文人集团中，不乏音乐、诗歌、绘画的天才；具有道家修养的王羲之经常在畅饮作赋的集会时，产生书法的创作灵感；田园诗人陶渊明和画家顾恺之也都创作出不朽的文学和绘画作品。这些都是在活跃而自由的哲学论坛上，培育出来的艺术新生代。

文人爱好流连山水，于是自然风光时常成为描绘和赞美的对象。在中国绘画史上，魏晋的创新成果便是开山水画的先声，这比欧洲的风景画早了一千年。中国的山水画注重人物与风景的搭配和呼应，通过作品抒发画家丰富的内心情感。

中国书法艺术也在这时达到前所未有的高峰。书法家通过书写，着意追求书法的韵律，表露风流儒雅的风度，书法艺术进入一个“自觉时代”。字体也由篆书、隶书转变到楷书，还有注重意韵的草书和行书，丰富了书法的艺术表现力。

音乐和舞蹈更是进入了民族大交融、中西大交融的时代。一种融合了南方民歌的音乐——清商乐，取代了古典雅乐的地位，与舞蹈表演配合，在南朝宫廷流行，以后传入北魏。而来自北方民族的高丽、鲜卑乐舞以及西域龟兹等地的佛教乐舞等，成为北朝乐舞的主流。这些乐舞有强烈的节奏感，艺术感染力很强，大受中原百姓的欢迎。当时胡乐与清商乐南北并立，互融汇通，使乐舞艺术注入了多元的血液。

▶《列女仁智图》中的仕女

图中人物根据《列女传》的故事绘画，用笔刚劲，并强调衣褶晕染。画中仕女眉毛绘成红色，可能是齐梁时代流行的化妆。

▼顾恺之《洛神赋图》局部

南朝画坛是士大夫的创作天地。他们有深厚的文化修养、优裕而闲暇的生活，超凡脱俗的精神世界，都在绘画中显露出时代的印迹。顾恺之是当时最负盛名的画家。这是他根据三国魏曹植的名作《洛神赋》创作的绘画，描绘曹植在洛水边遥见水中仙子洛神在水上飘行的情形，被称为绝代之作。

乐舞俑群

在贵族中流行配合清商乐表演的长袖舞。最早自西周已有徒手舞袖的记载。这位舞伎的舞姿温婉绰约，具含蓄之美。

黄釉扁壶上的胡腾舞图

魏晋以来胡人乐舞大量涌入北方，风格豪放洒脱，不拘一格。这件北齐的扁壶，腹部两面有“胡腾舞”图案，乐舞伎全为胡人形象。这件瓷壶造型仿自游牧民族的壶，又以胡人乐舞作装饰，在中原地区罕见。

吹笙的老者　弹琴的老者

南朝画像砖上的奏乐图

清商乐是继承秦汉乐府、结合南方民歌而发展出来的，在南朝盛行，又有文人参与歌词创作，故很受王公贵族和民众的喜爱。演奏的乐器分弹奏、吹奏和敲击三类，本图表现了其中两种——吹笙和弹琴。这幅南朝的画像砖，绘画了几位隐居深山的贤者，以奏乐为乐，又是玄学思想和魏晋风度的反映。

王羲之《姨母帖卷》中的行书

魏晋南北朝创立“书画同源”理论，认为书法与绘画一样，是抒发情感的艺术。魏晋时有不少书法家习写行书，讲究风格自由率真，灵活飘逸。这是东晋著名书法家王羲之的行书作品，字体端庄，笔锋圆浑遒劲，行书中以此帖最为著名。

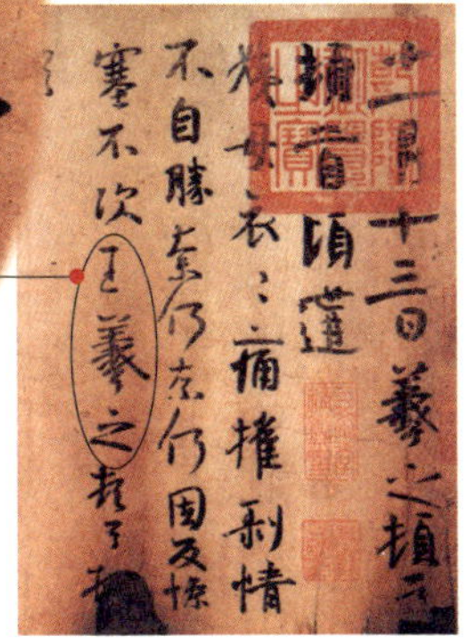

归隐田园的陶渊明

东晋陶渊明擅写文章，洒脱不羁，平生“不能为五斗米折腰”，一再辞官，归隐于浔阳，过着田园生活。他亲身参加农事活动，怀着“采菊东篱下，悠然见南山”的恬淡心情，创作了许多反映田园生活的诗歌，成为山水田园诗派的代表人物。

帝国新秩序

经过近四百年大混乱，中国又复现为一个大帝国。隋唐时代和秦汉一样，先有一个短命而有创新的王朝先行，然后是长久而兴盛的唐朝。它的繁荣不下于秦汉帝国，与外国的沟通则更频繁多彩，是一个众口交誉的时代。

这个帝国的统治者虽然是汉人，它的根底其实是胡汉融合的。就以被少数民族尊称为天可汗的皇帝李世民来说，他的祖母、母亲、皇后都是鲜卑人。

这个帝国开创时继承了秦汉的制度，又融合北朝的一些改良，再加有自己的新创。它的中央政府把相权分给几个部门，于是有立法、审议通过、执行的三个最高政府部门，皇帝的命令也要经过这个程序；选拔人才的制度则由地方推举改为科举考试，这个制度令中国稳定兴旺了很长时间，明末清初时影响到法国、英国以至欧洲其他国家的官员系统；它着意防止人民过穷，于是为民置产，凡壮丁都分配田地；至于军队，则是兵农合一，但不是全农皆兵，只是中上等人家子弟自愿才当兵，当兵是一种荣誉，免了交税，但政府也不发饷，由士兵耕田自养，自备马匹武器；政府对法律也很重视，制定了刑法（律），订定各种法例（令），编法律书，详细解释刑法精神，书里还有模拟问答，又减去不少肉刑。日本人学了这一套，称当时为律令社会。

这个时代的规划力很好，努力做人口登记、田地分配册、法律书。从它的首都长安城，也能见到政府的规划能力，世界各地的使臣、留学生、商人见了这个市容和市政井井有条的世界级大城市，无不赞叹。

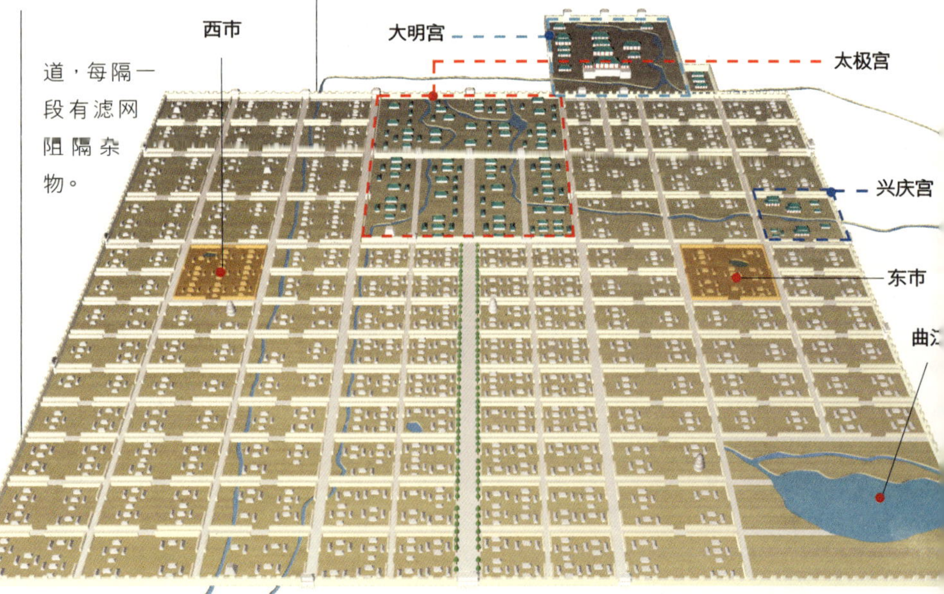

长安城立体图

长安城是唐盛世的国力和影响力的具体表现，布局严谨，功能分区明确，有严格的秩序和等级观念，显示了大一统帝国的政治蓝图和优秀规划能力。面积约84平方公里，是当时世界上规模最大的城市。

十一条南北向和十四条东西向的大街，将全城整齐划分为一百零八个坊，方正整齐，有如棋盘。中央的大街十分宽阔，两旁植树。街道两旁都有水道，每隔一段有滤网阻隔杂物。

▲ **含元殿复原图**

含元殿在大明宫内，本来是避暑宫殿的大殿，后来避暑的宫殿成为正式皇宫，含元殿也成为正式大殿。皇帝在这里听政，会见群臣，接见外国使节，举行国家大典及阅兵等仪式。红柱白墙，赭黄色斗拱，深灰色瓦和绿色琉璃屋脊，使这座宫殿显得雅致、庄严。唐时还流行在高台上建屋，含元殿也有高台映衬，显得雄伟、壮丽。它是目前唯一一座经过实际勘测发掘的宫殿。

◀ **彩绘贴金文官俑**

这位文官斯文雍容，显示了唐初文官的风度。唐初文官服式沿袭隋朝旧制，变化不大，两当铠加于朝服之外。从朝服颜色可以区分官阶高低，红色是四或五品官员所穿的颜色，官阶比穿绿色朝服的文官略高。

▶ **大雁塔**

在最高一级科举考试中被取录是当时读书人的美梦，有个诗人高中了，写下“春风得意马蹄疾，一夜看尽长安花”的名句。被取录者受招待在曲江皇家花园内饮宴，然后一起来到大雁塔下，推荐书法好的将他们的姓名、籍贯和及第时间用墨笔题写在大雁塔的粉墙上。他日如果有人做到卿相，还要将姓名改成红色。雁塔题名被视为莫大的荣耀。

▲ **仪仗图**

唐朝是当时世界上的头等大国，图中由车队、马队及步兵组成的仪仗队，军容壮大，是唐朝国力强盛的反映。

◀ **彩绘文官俑**

头戴黑色梁冠，双手执牙笏于胸前，应为中高级官吏形象。

赚得英雄尽白头

隋朝开设的科举制到唐代得以确立。科举考试中进士科的难度最大，有“三十老明经，五十少进士”之说。读书人把毕生精力花在考试上，熬到满头白发也无怨无悔。科举制使国家得以网罗俊才，也对教育和文化的发展产生了积极的作用。

多 民 族 军 队

唐帝国的军队是当时胡汉并存的证据。唐朝正式兵制是兵农合一的，但同时也有很多以血缘统属的外族军队。

唐朝正式兵制叫府兵，府就等于一个军区，首都和边疆的军区数目多一些。每个府在当地招募中上人家子弟当兵，免去他们的田租和力役，由于唐朝的壮丁都有国家分配的田地，这些士兵就免费耕作分得的田地，不必国家养，出战也用自己的装备。这是一种全兵皆农的制度，而国家也省下不少军饷。不过制度初期，府兵的作战力量未强，外族军队还是很重要。

不要忘了南下的胡族曾经占据黄河流域几百年，隋唐两朝的开国者都出身于北朝的汉人大族。北方胡人的政权虽然落回汉人手里，武力还是强盛的。何况这时还有雄据北方草原的突厥，突厥被唐朝打败后，它那骁勇的部落军队是唐和阿拉伯帝国的罗致对象。所有这些胡族军队都有一个共同点：以部落划分，将领和士兵有父子叔侄等血缘关系，又擅长骑射，因此作战勇敢和同心，是任何人都不能忽视的军事力量。

唐朝招抚这些胡人军队，重用他们打硬仗，另一方面又有远大眼光，努力以府兵培养自己的军队，所以武功强盛。不过唐朝太平安乐到了高峰时，胡人将领领头造反。唐朝靠了府兵以及另一些胡人军队才平乱，而国力从此就大衰了。

▲涂金彩绘甲马群

人马俱披金甲的骑兵队，尽显大唐的雄风。唐朝骑兵用金银盔甲，史书上也有记载，如公元713年，二十万穿上金甲的骑兵在骊山集合时，金光闪闪，“耀照天地”。

▶彩绘骑兵泥俑

唐朝早期针对游牧民族军队的特点，采取主动出击、外线作战的战略和长途奔袭、攻其不备的战术。一支精锐的轻装骑兵，快速、机动性强，才能保证这一战略和战术成功，于是唐朝舍弃重装骑兵，大力发展轻骑兵。轻骑兵披铠甲（也有不披的），战马不披甲。

三彩驯马俑

唐朝骑兵队中的马匹，很多是来自西域的优良品种，然后交由国家牧场饲养和训练。马匹会被训练作战马、驿马、坐骑或在庆典中表演的舞马。图中可见训练马匹的情形。

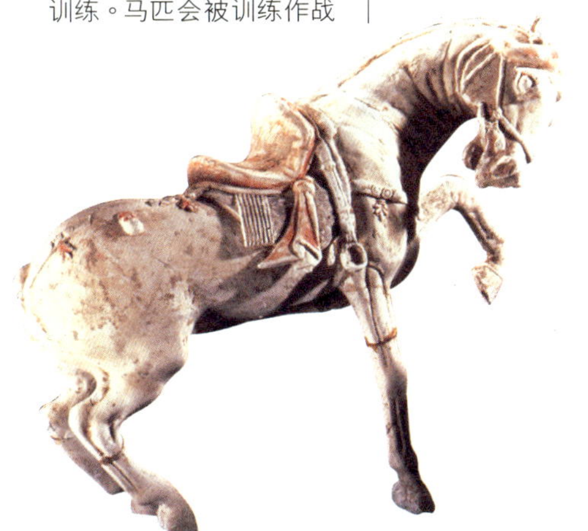

天可汗

唐太宗在位时，对少数民族以诚相待，四方少数民族都相继归附。仅贞观三年，就有二十余万人降附。四方酋长尊奉唐太宗为“天可汗”，还开设一条驿道叫“参天可汗道”，每年从这条道上入供貂皮等物资作为赋税。

▲**天可汗**

唐太宗是实际为唐朝开国打江山的人物，他本身有汉和鲜卑族血统，能征惯战，很熟悉游牧民族军队的优缺点，又有策略头脑和善用各族人才的长处，是唐朝最有名的君主。中国古代西北各族君长称可汗。漠北各族为表示对唐太宗的拥戴和尊敬，尊称他为“天可汗”，含有“天下大可汗”的意思。

◀**彩绘胡人武士俑**

唐朝由始至终，蕃将都很有势力。唐朝有名的外族将领，光以盛唐来计，就有出身突厥的哥舒翰，粟特的安禄山、史思明，高丽的高仙芝，契丹的李光弼，铁勒的仆固怀恩。

▼**唐著名蕃将及其战功**

蕃将	族属	地位或战绩
李光弼	契丹	安史之乱中，任天下兵马副元帅，平定安史之乱
安禄山	粟特	范阳节度使，导致安史之乱
史思明	粟特	平卢兵马使，继安禄山之后反叛唐朝
高仙芝	高丽	开拓西域，使西域重归附唐朝，中原至西域以至中亚商道畅通无阻
哥舒翰	突厥	安史之乱时镇守潼关
仆固怀恩	铁勒	平定安史之乱时立功，后又起兵反唐

▶**府兵指挥系统示意图**

皇帝

十二卫及六率

折冲府、内府
(上府：1200人、
中府：1000人、下府：800人)

团:200人

旅:100人

旅:100人

队 50人

队 50人

伙10人
伙10人
伙10人
伙10人
伙10人

▼**隋炀帝时重装骑兵编组表**

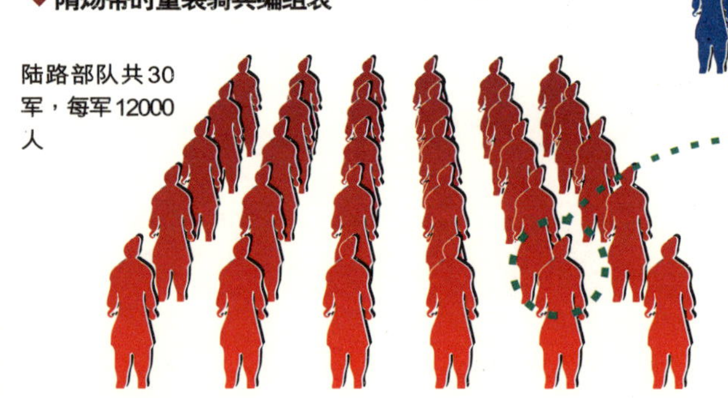

陆路部队共30军，每军12000人

每团辖10队，每队100人

下辖4个骑兵团约每团骑兵40队，共4000人；步兵80队，共8000人。步兵与重装骑兵的比例为2：1。

哥舒翰与安禄山

唐朝大帝国如日中天时，发生了安史之乱，打了八年仗，唐朝从此国势衰落。这场政变的主谋是十分受宠的大将安禄山，后来史思明继续造反，因此叫安史之乱。安禄山要想攻陷首都长安，先要夺得潼关，而守着潼关的大将叫哥舒翰。哥舒翰失守潼关，结果安禄山直捣长安，唐玄宗只好仓皇逃难到四川，中途在马嵬坡上演了“六军不发无奈何，婉转蛾眉马前死”的惨剧 。

安禄山、史思明、哥舒翰，都手握军权，而不是汉将。哥舒翰是突厥人，安禄山和史思明祖籍中亚（约当今天乌兹别克斯坦等地区），是粟特人，安和史都是他们国家的译音，他们习惯了以国名为汉姓。在唐代都属于深目高鼻的老外，泛称胡人。安禄山一旦起兵，足以动摇盛极一时的大唐帝国，而镇守战略关隘的唐朝守将又是胡人，可见胡将在唐代军队里有多大势力。为什么唐朝把军权命脉都放手给胡人呢？ 只因胡人战功显赫，他们的社会组织又容易组成子弟兵，作战时非常齐心，和由征兵制出身的汉人比较，战斗力大不相同， 因此不能不用胡将。当然，唐玄宗太重用胡将，也是安史之乱的祸因。安禄山和哥舒翰这两个胡人大将，在潼关之战前，其实早有宿怨。安禄山虽然得皇帝宠信，但他属于中亚胡人，当时贬称杂种胡，他的祖国曾经臣属于突厥，因此出身不及来自突厥的哥舒翰高贵。一天，安禄山见到哥舒翰，想跟他套近乎，对哥舒翰说：“我的父亲是胡人，而母亲是突厥人；你的父亲是突厥人，母亲是胡人。我们的族类本来相同，应该相亲相爱啊。”哥舒翰回答：“古人说，‘野狐向自己出生的窟嗥叫，是不吉利的征兆’，因为它忘本啊。您既见爱，我怎敢不尽心呢？”以狐来讽刺安禄山是忘本，安禄山气得大骂哥舒翰这突厥人竟敢这么大胆无礼。

由此可知，所谓胡人，来自许多不同地方，虽然安禄山的祖国打不过哥舒翰已亡的突厥汗国，但唐朝很流行的胡人歌舞，却是中亚胡人的拿手好戏，因此腰围粗壮的安禄山也能跳节拍强劲、速度很快的胡舞，大得唐玄宗和杨贵妃欢心。

富裕社会

中国人说富强，全民的富是强的基础。唐朝最盛时，真是富得很，杜甫怀念全盛时说，“稻米流脂粟米白，公私仓廪俱丰实”。当时，富表现在农业，所以杜甫对全国粮仓储满优质粮食印象深刻。

唐朝开国的制度是不限人过富，但防止人民过穷，采用的是从北朝传下来的方法：由国家分配耕地给壮丁，使人人有田耕。当时的田税只是收成的四十分之一，另外每个壮丁为政府服力役，以及每家交一些副业产品，主要是丝和麻织品。唐朝农业发达，与这耕种者有其田的政策有关系，农民摆脱豪强大族，收成都是自己的，积极性自然提高。

前朝的开垦、新技术的出现也是促进唐朝农业发展的因素。前一阶段中国南北分裂，各个政府努力开发所在地区，使唐朝得益不少。像唐朝中期之后，成为中国经济发展火车头的江南，就得益于南方六朝开发，到唐朝再继续开拓。另一方面，唐朝的农具和水利设施也有大发展。水稻是最能养活人口的农作物，这时增加了插秧的工序，缩短水稻在大田中的生长期，提高了亩产量；改善了犁具，节省力气。到处是各种水利工程，早期在北方，后期在南方。新发明各种防旱的灌溉工具，保障水稻收成，也节省了人力。

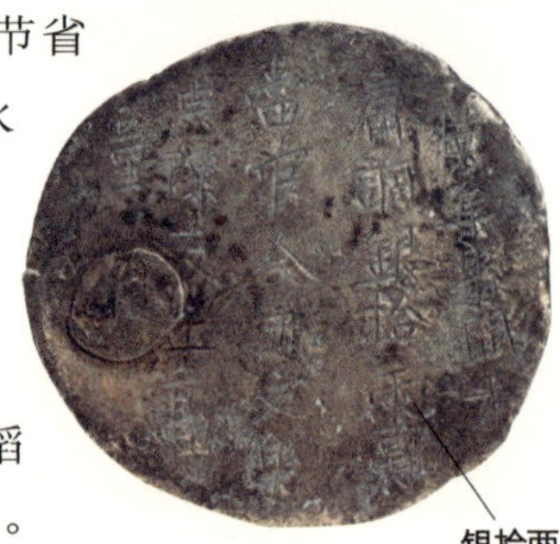

银拾两

▲**庸调银饼**

租庸调制是唐初的重要税收和力役制度。当时交税仍然用实物，平民一般上缴粟绢等实物，由地方政府统一收集处理，其中部分征来的实物，由地方政府或国家兑换成金银锭作为储备。

◀**雨中耕作图**

敦煌壁画中有不少描绘农耕生活的场景。这是一幅优美的农村风光图，天上乌云密布，大雨刚下起来，农夫还在辛勤耕作。左边农夫驱使一头牛牵犁翻土，比两牛牵犁省了畜力。

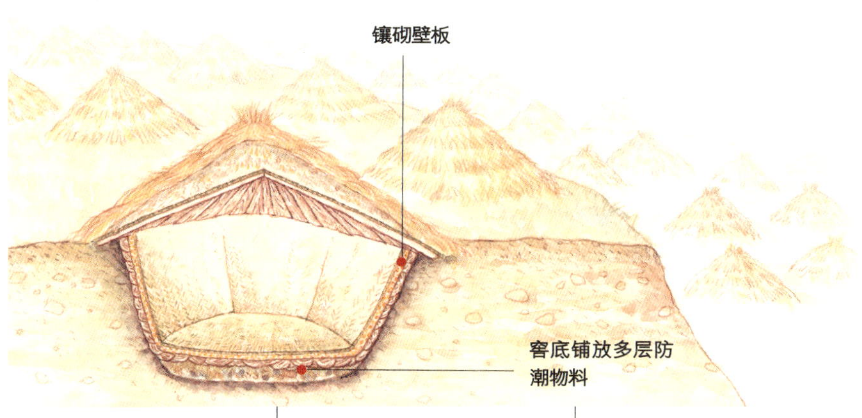

▲洛阳的含嘉仓窖复原图

沿运河两岸建造了很多粮仓，北方的粟和南方的米，经运河源源运到，先存入仓，再经陆路运到首都，支援消费人口。这些粮仓管理严密。为了使储粮长时间不变质，仓窖造得很考究，口大底小，不易塌陷，内部经过细致加工和防潮处理，窖顶密封，放置粮食时每层均用席隔开。含嘉仓有四百多仓窖，分成不同区来管理，曾在这里发现的谷物遗存有五十万斤。

▼唐朝均田制示意图

唐朝均田制更加完善，寡妻妾以外的妇人及奴婢均不受田，以减少贵族借养奴婢获取受田数量，对稳定社会及发展生产极为有利。

18岁以上男丁
80亩口分田
20亩永业田

老男、笃疾、残废
40亩口分田

寡妻、妾
30亩口分田

死后归还政府
死后传予子孙

▶曲辕犁

把犁的辕改短改曲，使这种深耕翻土工具变得轻巧灵活，节省人力畜力，后来在全中国推广使用。

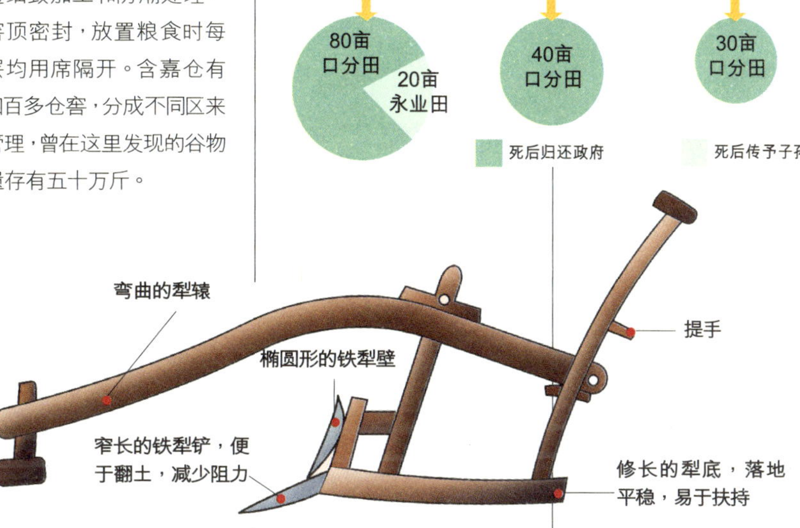

◀高转筒车

这是新发明的灌溉工具，装在地高水低的地方。要灌田时，转动岸上的木轮，使汲具沿着索转动，把汲得的水倒入土地中。自动灌溉工具对南方的水稻田很重要。有些筒车可以由水力带动，昼夜不停灌溉，效率是畜力带动筒车的十倍。

【水能载舟，亦能覆舟】

唐太宗善于用人，还特别善于听取众人的意见。魏征多次直言进谏，他不仅不生气，还把魏征比作是自己的“镜子”。他把君与民的关系比作水与舟，常用“水能载舟，亦能覆舟”这句话来警示自己。他在位时政治清明，被称为“贞观之治”。

千里大运河

如果要选影响中国的大河，那么黄河、长江之外，大约应该轮到大运河了。这条人工河道，是为了克服中国河流大都东西流，南北不易沟通而开凿的。它也不负使命，通过运输物产真的把中国南北文化沟通起来，沿河还造就一大批商业城市，其中从唐到清长盛不衰的，是扬州。

隋朝投资开凿的大运河，全长两千七百公里，到唐时发挥了大效用，把南北的粮食运到关中，保证了首都的供应，也南运各种北方的生活物资。运河阔六十多米，河旁有御道，路旁种柳树。在这条美丽的人工河道上，航行着先进的内河航船。江苏出土的一艘内河木船已经有隔舱板，不同货主可以按类将货物装入不同的船舱，方便货物管理和装卸，提高了效率。

沿河的城市首推扬州，它的繁华还盖过汉以来已很发达的四川。扬州商人多，生活条件好，城市环境美丽，娱乐生活丰富，阿拉伯等国的商人也很喜欢聚居在这里。唐诗里，充满了扬州的美好形象：李白的“烟花三月下扬州”；杜牧的“二十四桥明月夜，玉人何处教吹箫”和“十年一觉扬州梦，赢得青楼薄幸名”，甚至富贵得有些糜烂了。

隋唐的陆路交通建设也很好，但论突破性和深远影响，不得不让影响中国一千二百年的大运河大出风头。

仍在使用的大运河

大运河到今天仍在使用，它已造福扬州一千多年。

▲扬州瓜州古渡口

大运河经过扬州和长江交接，这个渡口当年是扬州的大码头，有名的瓜州古渡。唐朝鉴真和尚东渡日本的船只就是由此出发的。

▲三彩双鱼瓶

扬州既是唐朝南方最富庶的都市，它的物产也负盛名，除了铜镜之外，扬州的陶器造型也不同于北方。三彩陶器做成鱼形，与北方流行的驼马造型大异其趣。

▲南粮北运的情况

唐朝时，江南已成为重要的经济地区，远在北方的京师，都要依靠南方的物资供应，于是大运河就承担起南粮北运的角色，对当时的政治和经济起着重要作用。

隔舱板

▲有水密舱的内河船

江苏如皋出土了一艘唐朝单桅运输木船，排水量约为 33 ～ 35 吨，船长约 18 米，应是江河中行驶的快速运输船。船的舱房之间有隔舱板，分为九个舱，是迄今所见最早的有水密舱的船。有了水密隔舱，即使个别船舱破损漏水也不会影响其他船舱，减少沉船机会。不同货主可按类将货装放入不同的船舱，并可以同时装货或卸货，提高了效率。

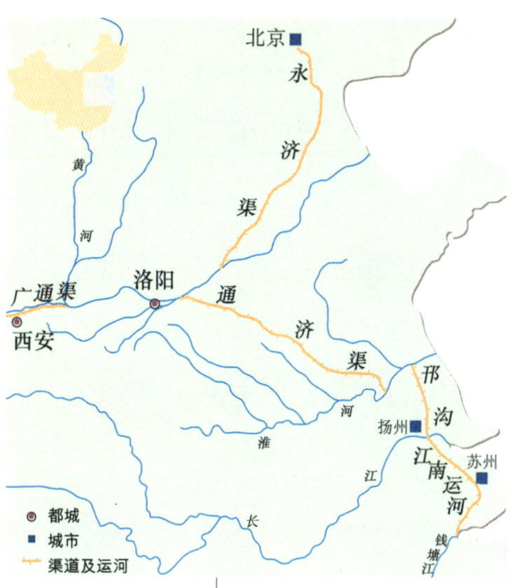

▲大运河位置图

大运河从南到北，沟通了钱塘江、长江、淮河、黄河等东西流的水系，是延续一千二百年的南北大动脉。

漕运

从水路运粮食供应给首都或军需，一直是很重要的事。后来为了便利漕运，还开凿运河。隋朝开凿大运河，连接起几段运河，使漕运一通到底，物资运送源源不绝。漕运虽然是政府的事，但一直有私人搭运货物，屡禁不止，因此也是商业贸易一条重要渠道。

【隋炀帝游江都】

隋炀帝征数百万民工开凿大运河，耗费无数。又建造豪华龙舟，沿运河三次游幸江都。随行船只数万艘，首尾相接近二百里，两岸纤夫八万余人，随行人员达数十万。所过州县供给之费以亿计。他的骄奢淫逸加速了隋朝的灭亡。

丝绸之路的盛况

中国统一，贯通欧亚的大动脉又畅通了，丝绸之路进入最盛的时代。

丝绸生产是唐朝的主要手工业。这时的租税还保留征布帛这种上古制度，唐朝主要是丝麻，这是农村家家户户的副业。丝绸甚至有货币的作用，士兵到边疆防守，还带上丝绢作为备用钱财。

城市里出现分工细、规模大的丝织作坊。丝织技术还向南方传播。中国的丝织在工艺、染色方面始终领先，但很重视吸收外地技术和花纹。名贵的织锦吸收了波斯用纬线织花的技术，产品更细密。波斯因为文化高，影响最大，联珠纹、禽鸟纹风行一时。

丝路的西端终点，是罗马和波斯，它们是丝绸的大买家。这时罗马分裂，东罗马帝国的君士坦丁堡和唐朝的长安同是世界商业中心。至于波斯，向来和唐朝关系密切，却在唐初时被新生的阿拉伯帝国灭掉，王子逃到中国求援。

新局势虽然改变了欧亚政治面貌，但是丝路贸易无论对哪一个国家都很重要。阿拉伯人一点不轻视做丝绸贸易中介商的利润。波斯一直做中国和罗马货物的转手贸易，自己也是物产丰富，文化兴盛，这时虽然亡国，仍努力保持中介人角色。再加上中亚的粟特人既熟悉波斯，又熟悉中国，甚至可以在中国设厂生产波斯锦。因此这时丝路的商品贸易比汉朝还要兴旺。

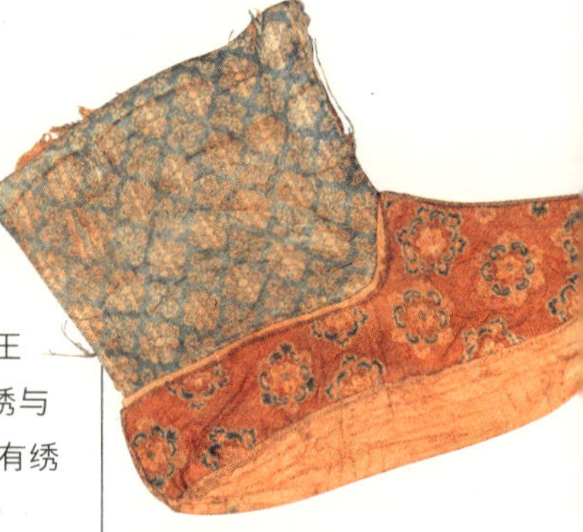

▸织绣与织锦袜

随着丝路这欧亚大动脉重新开通，中西交往又频繁起来，这件是波斯萨珊王朝风格的织品，用刺绣与织锦合制而成，上面有绣工精致的宝相花花纹。

▸丝路西域段的佛寺遗迹

新疆库车亦即古龟兹的地方，东面雀尔塔格山南麓的铜广河岸，寺院残垣密布，出土佛像和文书，可见当年佛教的辉煌。从位置推测，应是唐玄奘《大唐西域记》记载的离雀大寺。

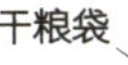

▲阿拉伯人俑

这是往来于丝绸之路的阿拉伯商人形象，深目高鼻，络腮胡须，着厚实的皮衣，脖上套有干粮袋，腰束皮带，皮带上还串带有孔铜钱。西方的货币都没有孔，这些铜钱是隋唐时期流行的货币。

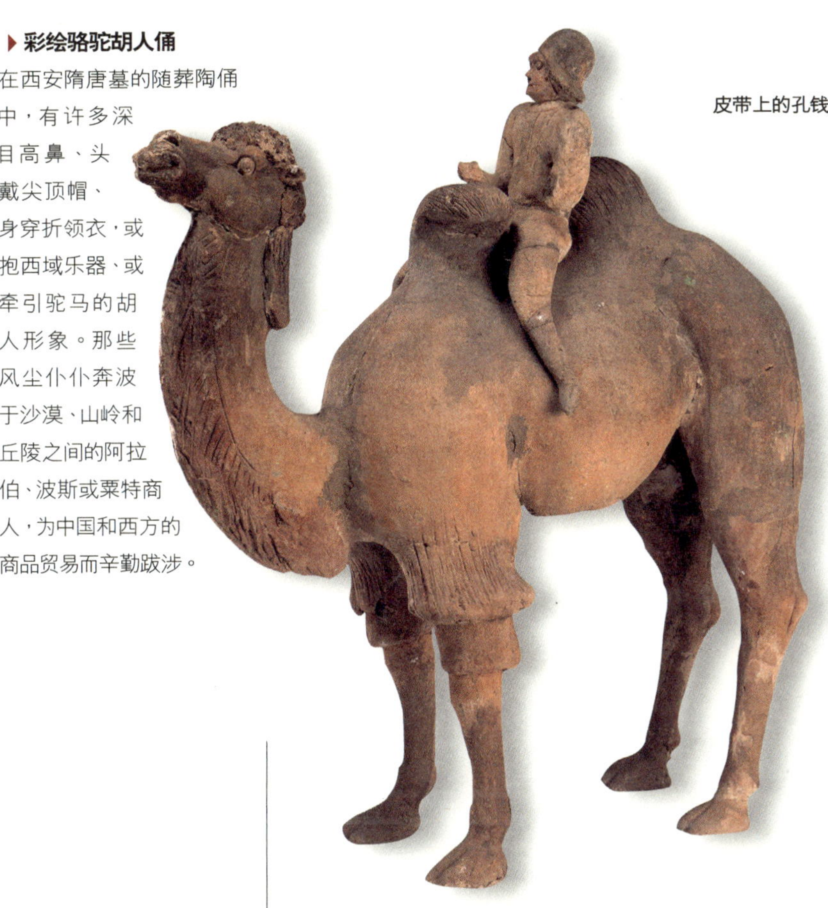

▶彩绘骆驼胡人俑

在西安隋唐墓的随葬陶俑中，有许多深目高鼻、头戴尖顶帽、身穿折领衣，或抱西域乐器、或牵引驼马的胡人形象。那些风尘仆仆奔波于沙漠、山岭和丘陵之间的阿拉伯、波斯或粟特商人，为中国和西方的商品贸易而辛勤跋涉。

▼丝路沿线主要国家位置图

君士坦丁堡
东罗马帝国
阿拉伯帝国
波 斯
康国
疏勒
葱岭
龟兹
焉耆
高昌
于阗
敦煌
吐 蕃
印 度
唐
长安
陆上交通路线

【万国都会长安】

唐代长安是万国都会，来自西域的商人都集中在长安的西市。那里商店林立，来自西域的商品如珠宝、香料、玛瑙、琉璃等琳琅满目，来自外国的食品如胡饼、葡萄酒等应有尽有，吸引着四方来客流连于此。

丝路两大站——波斯与东罗马

以中国为起点的丝绸之路上，波斯（即今伊朗境）是必经之地，是重要的转运站，而罗马帝国则是丝路交通的西端终站。中国、波斯、罗马这三大文明就由丝路连系起来，商品、艺术、知识源源输进和输出。波斯和东罗马的产品更成为隋唐王室贵族喜爱的时尚用品。

罗马人物浮雕鎏金银瓶

波斯武士斗野猪银盘

世界文明的汇合

唐朝因为国力强，交往的范围很广，朝鲜半岛、日本以及东南亚、南亚等国都派人员来学习。随着丝绸之路物资交流，罗马、阿拉伯、波斯、中亚商人来往，甚至定居，技术、生活风尚、思想也互相影响。知识分子迷上印度佛教，努力向印度取经翻译。政府则看上印度的制糖技术，派人去学习。

从首都长安的情况来看，中国真成了世界文明的大集合。官员贵族爱用东罗马和波斯金银器，连瓷器都仿金银器制造。牵着驼马的胡商，把千里迢迢运来的珠宝、玛瑙拿到市集售卖，买入丝绸、漆器。人人欣赏风格混杂的舞蹈、杂技，偶然喝一下葡萄酒、吃胡麻烧饼。胡族女子经营酒肆，即兴还可来一场歌舞。佛寺里僧人讲充满印度幻想风格的佛经故事，吸引信徒。诗人听着中国乐器结合琵琶胡琴伴唱他们的名诗，可能突然想出一首既有佛家又有道家空灵意趣的好作品，甚至心雄起来，到边塞去参军体会那壮阔的景色。

长安之外，西域一东一西的高昌和龟兹，当时受唐管辖，也做了很多文化中介的工作。这两个丝绸之路的重镇，高昌更近中原风，龟兹更近中亚风，都使经过的世界强国文化，先作了一番融合，又加上本地的色彩，才再转给丝路的两极。唐朝的造纸、丝织、绘画，甚至道家思想也向西域发展。

循海路而来的贸易出现后，以航海闻名的阿拉伯商人带着伊斯兰教信仰，聚居在南方。

在唐朝出现的各族各地密切交往，已突破政治，深入到经济、文化、生活，以至思想里面。

◀ **凤头人面壶**

这个壶外形奇特，人物头发中间分界，梳三节发辫，长鼻、小口，有印度人的特征。

▲ **龟兹佛教壁画**

龟兹即现在的新疆库车一带，盛行佛教，是佛教东渐的关键点。这里有很多佛寺及石窟的遗存，克孜尔石窟是其中规模最大的，图中是一幅神话故事壁画的人物，有印度风格。

主要外国使团入唐次数概况

国名	次数	国名	次数	国名	次数	国名	次数	国名	次数	国名	次数
阿拉伯帝国	33次	粟特的康国	30次	吐火国	26次	新罗	26次	波斯	26次	印度	25次
越南	24次	粟特的石国	21次	粟特的安国	17次	日本	13次	粟特的米国	10次	火寻	10次
粟特的曹国	8次	百济	8次	高丽	7次	东罗马	7次	粟特的史国	5次	斯里兰卡	5次
粟特的何国	2次	尼泊尔	2次								

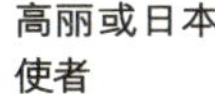

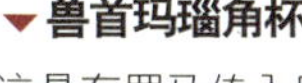

▼兽首玛瑙角杯

这是东罗马传入唐朝的著名商品，称为角杯，是盛水的。角杯是东罗马贵族使用的典型器皿，多用金银、象牙、玛瑙等制作，器形模仿羊头或牛头。角杯传入后，深受皇室贵族喜爱，成为一股新时尚，争相仿制，出现了三彩角杯、象首杯等多种形式。但角杯大，造型奇异，不合中国人的饮食习惯，实用品很少，只作陈设观赏。这件用玛瑙制成牛头形，质料珍贵，极易碎，也应是贵族炫耀的观赏品。

▲礼宾图

唐朝作为泱泱大国，很多国家都希望与它建立外交，故使节来访不绝如缕。当时设立了专门负责接待外宾和少数民族使节的机构——鸿胪寺、典客署等。这幅礼宾图中，三位戴笼冠持笏板的唐朝外交官员正接待三位外国使节。

▼昭陵十四国酋长像

昭陵是唐太宗李世民的陵墓，祭坛上雕了十四个石像，代表当时突厥、薛延陀、吐蕃、新罗、吐谷浑、龟兹、于阗、焉耆、高昌、林邑、婆罗门等部族和国家，是唐初与各民族往来的缩影。现仅存七个，均已残破，这是保存较完整的一个。

◀伊斯兰刻纹蓝玻璃盘

这件在唐朝皇家寺院出土的玻璃盘，从器形纹饰及加工技术来看，产地当在伊朗。伊朗是波斯故土，被阿拉伯帝国吞并。波斯以玻璃制作著称。刻花玻璃器属伊斯兰玻璃的冷加工技术，即在制成的器形上打磨、刻划纹饰，再在打磨的纹饰上描金。

【开元盛世】

唐玄宗在位前期，是一个有作为的君主。他任用一批正直的官为相，使政治清明，文学艺术和科学技术都很繁荣。开元年间社会富饶达到空前，是承接唐太宗贞观之治后的太平盛世，也是唐朝的全盛时期。

李白、王维和岑参的西域缘

唐朝是诗歌大盛的时代，盛唐诗人李白、王维和岑参，都是一流的中国大诗人。这是三个各有风格的诗人，他们的生活和诗却都跟西域文化沾上一点关系。

李白个性很强，才气高，什么杂书都看，既学做剑客，也喜欢入山求仙，与道士做朋友。李白的诗写得大气、潇洒，视野空旷，被称为诗仙。这位和杜甫齐名的中国大诗人却曾被怀疑不是汉人。他在哪里出生，是一宗长期争讼不休的悬案。他长在四川，但出生地则有四川彰明（江油）和西域两说。主张西域说的，认为他可能出生在碎叶城，也就是今天中亚哈萨克斯坦境内的贝加尔湖。童年才回四川。若按这一说，据今天的界线来说，已经不属于中国国境，甚至有学者怀疑他们家是不是汉族人。这宗涉及中国大诗人籍属族属背景的公案，现在还没有定论，无论将来有什么新意见，有一点可以肯定的，是李白的祖先曾长期住在西域，这一点没有人持异议。据说李白的祖上曾因为得罪而逃到西域，隐姓埋名，在那里住了五代，到李白出生前后，才又潜回到四川。李白的父亲叫李客，可以知道他们家在四川是新移民。无论李白是不是生在西域，他的四川背景还是深一些，所以他写的行路难，是写四川的蜀道，而不是写跋涉于千里沙漠绿洲的丝绸之路。

可能因为李白家世与西域有渊源，很可能懂得外语，因此小说戏曲里编了情节，说他懂得蕃文，有一次唐玄宗收到蕃主国书，满朝文武没有人懂得，赶忙把李白找来做翻译。李白不但译了内容，还草拟了回答的蕃书。

李白的先世与西域的关系，究竟对他有多大影响，大概与他的出生地一样，没法说得清，但唐朝流行写边塞诗，到中原的西域人也很多，李白的诗自然会写到胡风胡貌，像“落花踏尽游何处？笑入胡姬酒肆中”，这是中原市肆中当垆卖酒的胡族女子，又或“明月出天山，苍茫云海间，长风几万里，吹度玉门关”等西域边塞风光。

另一位盛唐大诗人王维，没有李白的外地背景，道道地地是个生长在中原的大官和诗人，他也写大漠景色，而且是实景，像“大漠孤烟直，长河落日圆”这样的诗句，没到过关外，是写不出的，而王维确曾出塞慰劳战胜吐蕃的河西将领 。至于送别朋友去西域，王维的“劝君更进一杯酒，西出阳关无故人”，更是传诵千古。不过王维最出色的，是他写山水景物的诗，他是大画家，苏东坡称他“诗中有画，画中有诗”，也就是诗里的视觉意象特别出色。我们看“明月松间照，清泉石上流”，就可以见到这特色。有人说王维诗的另一个特点，是有禅味。禅是印度传来的佛学的一支，在中国被发扬发展到开创一派，盛唐时代，佛教十分兴盛，很多大人物都信这种自西域传来的宗教。据说王维的母亲信佛虔诚，王维自己的名字，名维，字摩诘，就是取自佛教里聪明绝顶、辩才无碍的维摩诘居士。写禅诗，不是由王维开创，但是谈禅诗的，总会把王维搬出来，像“雨中山果落，灯下草虫鸣”等，推为参悟天地，契合自然。甚至王维最为人传诵的山水诗，写景空灵，也被认为有禅味，是敏感的诗人心灵，捕捉了佛教世界的意境。

李白、王维都有边塞诗，因为唐向往异域色彩，不少诗人都写过西域景物。可是唐诗里还有一派叫边塞诗，就是专门以写边塞见长。唐代以前写边塞诗的，未必都到过边地，但唐朝的边塞派诗人却真有带着一股豪情跑到西域的。岑参就是曾从军去西域的著名边塞诗人，他有名的边塞诗多是七言古诗，因此不像王昌龄、王之涣那些诗人人会背，但是“北风卷地白草折，胡天八月即飞雪，忽如一夜春风来，千树万树梨花开”，又或“四边伐鼓雪海涌，三军大呼阴山动”，都是为人称道的名句。

我们读《唐诗三百首》的时候，不要忽略了在这些中国名诗里，体味一下唐朝时文化交融的活泼气氛。

各种宗教的传入

从印度到西亚，是世界最大的宗教思想发源地。印度的婆罗门教演变出佛教，波斯则有古老的拜火教、摩尼教，西亚的犹太教衍生出基督教，穆罕默德则创立了伊斯兰教。

印度北部、中亚到西亚，虽然山区沙漠错落，道路不算好走，比起喜马拉雅山脉和中国西北的大沙漠，却可说是条通途，东西奔驰，来往很密，重要的宗教思想常常互相渗透影响。而唐朝时，这些宗教又都随着信仰者东来，统统传入中国。

拜火教是波斯和中亚粟特人的信仰，不向外传教。长安有很多波斯居民，从长安沿丝路到西北，有拜火教寺院或祭坛，唐朝有专门部门负责每年的重要祭祀。粟特商人来做生意，有些早就落户，自成聚落，拜火教是粟特商人和聚落的凝聚力。

基督教借着罗马的国力，在罗马占领的西亚地中海岸，也很有势力。唐朝时，一支名为景教的基督教传入。景教由罗马帝国叙利亚教士提倡，由于主张耶稣除了神性，还有人性，不容于罗马教会。当时与罗马争雄的波斯王加以庇护，并且东传入中国。景教重视传教，在上层社会还相当兴旺。

初兴的伊斯兰教随着阿拉伯商人东来，在南方阿拉伯商人聚居的地方有寺院。沿丝绸之路，则随着阿拉伯帝国的圣战，逐渐使波斯和中亚归化，并且延伸到西域。

佛教虽然传入中国已几百年，但印度还不断有新的佛教思潮产生。佛教传到中亚、西域，这些地方的新信仰者对佛教新思想也有贡献。唐朝时未来佛弥勒大受欢迎，甚至成为下层民众聚众起事的思想根源，一千年之后还在影响白莲教。弥勒信仰在中亚兴盛，它的未来救世者角色很像基督教的弥赛亚。佛教密宗思想也是在唐朝传入的。

▲密教石造像

中国的密宗正式建立于唐朝，僧人善无畏从中印度经西域将经卷带到长安。这个石像反映出印度艺术风格的影响。

◀银盒上的印度佛节巡行图

这个精美的鎏金刻花银盒上的驯象图，与印度佛教节日的佛像巡行活动相似。佛像巡行既是佛教节日的庆典，又结合了象戏表演，流行于印度各地。

◀西安伊斯兰教礼拜寺

这座省心楼是西安大清真寺的一部分，是召唤教徒到大殿做礼拜的地方。大清真寺总面积共12000平方米，是最著名的伊斯兰礼拜寺。

唐朝七次开示迎奉佛骨概况

序号	时　　间	皇帝	盛　　况
1	贞观五年（公元631年）	唐太宗	千人一时同观，京邑内外，奔腾同赴，屯聚塔所，并重修法门寺，增筑殿堂，修建钟、鼓二楼。
2	显庆五年（公元660年）	唐高宗	迎奉佛骨于东都洛阳。武则天施舍佛事寝衣帐绢1000匹，为佛骨制造金棺银椁。在东都供养三年后（公元662年）奉还，皇帝皇后亲造九重宝函，供送1500匹绢绸，数千人的队伍千里护送。增修法门寺。
3	长安四年（公元704年）	武则天	奉送佛骨到东都洛阳，公元708年归还。并重修法门寺殿塔。
4	上元元年（公元760年）	唐肃宗	迎奉佛骨于京师禁中道场。献赠甚奢，有襕金袈裟一副，沉檀香300两等。
5	贞元四年（公元788年）	唐德宗	不成文的规定是迎奉三十年一次，但德宗即位后急不可待，距上次迎奉仅二十八年就再次迎奉。
6	元和十四年（公元819年）	唐宪宗	王公大臣狂奔参拜，百姓民众唯恐落后，有废业破产烧顶灼背截指断臂求供养者。
7	咸通十四年（公元873年）	唐懿宗	耗费钱财之多超过前几代，佛具上均饰以金玉珠翠玛瑙，组织万队仪仗，从京都长安到法门寺300里间，车马昼夜不绝。唐懿宗见佛骨激动得泪水泉涌，沾湿襟袖。此次迎送具有国际性，天竺沙门和尚伽提和参加了迎送佛真身。

景教壁画圣枝节图

高昌寺院遗址中发现的景教壁画，表现基督教“圣枝节”欢迎基督进入耶路撒冷城的场面。身形高大的牧师，着长袍，拿圣水杯，左手作指点状，其余三人拿棕树枝，恭敬地听牧师讲道。

拜火教的人身鹰足祭司

拜火教即祆教，以火为善神的代表，约于北魏时传入中国，在隋唐时期的中亚地区极盛。丝路贸易的畅旺，使很多中亚地区的商旅如粟特人进入中国定居，他们仍保持其宗教信仰和礼仪。这幅拜火教石刻祭祀图中的人身鹰足祭司正在主持祭祀仪式，外貌是典型的粟特人形象。右下角跪在金银器前面的是供养人。

人身鹰足祭司

并列的两座花岗岩墓

泉州伊斯兰圣墓

公元7世纪初，穆罕默德遣门徒四人来华，分别在广州、扬州、泉州传教，他们死后葬在泉州。这是其中两座圣墓，是伊斯兰教在中国传播的证明。

中国的本土宗教

道教是中国本土宗教，产生于东汉。它以得道成仙为目的，以修身养性、炼丹服药实现长生不老。唐朝统治者推老子为祖先，道教得到很大发展，唐玄宗时达到鼎盛时期，唐代城市中到处可见道观，与佛寺争胜。

丝路上的中亚商业民族

自从丝路开通，商人就在中西贸易上大展身手，其中尤其出色的是中亚的粟特人。当时中国人把他们叫做昭武九姓，因为粟特是中亚狭长沙漠绿洲的几个城邦国家。

他们的故乡，约在今天的乌兹别克斯坦，这里位当中国、印度、波斯、东罗马几大文明交流的必经之路，也是各大强国军事冲突的灾区。因此虽然部分粟特人很会打仗，却只能是谁强大就依附谁。突厥兴起，他们臣属突厥；唐朝强大，他们就成为唐的属国。后来阿拉伯兴起，逐渐入侵到中亚，粟特人屡次以进贡为名，向唐朝求救。唐将高仙芝败于阿拉伯，粟特便臣属于阿拉伯。

粟特人无法左右政治，于是把精力放在经商上，他们会多种语言，孩子很小便教他经商之道。他们把织造成波斯、东罗马人喜爱的图案的中国丝绸西运，把玻璃器、金银器、各种珍禽异兽运入中国。粟特人有很高的艺术天分，擅长弹琵琶、唱歌、跳胡腾和胡旋舞，他们中有一位叫曹仲达的北朝画家，把犍陀罗风格的衣纹绘画法传入中国，被称为曹衣出水，在中国绘画史上很有名。

粟特人信仰源于波斯的拜火教。他们大批来中国通商，有些落籍，长住在中国，用汉字、改汉姓、通婚于中国，但仍然保持拜火教信仰和生活习俗。

敦煌壁画的胡旋舞

粟特女子擅跳胡旋舞，以快速轻盈的旋转风靡唐朝。唐朝人不论等级，都爱跳舞，杨贵妃就是胡旋舞的好手。

小圆毡，经粟特人卖到中国的商品。东罗马的最有名。

弹琵琶的神祇

圣火

圣火

这是隆重的拜火仪式，圣火由三头骆驼背驮。这幅石刻出土在陕西一个入籍中国的安国人墓中。

腹部衣服鼓起，放有干粮

粟特俑

唐朝留下很多胡人俑，这个俑很可能是粟特人的形象。

粟特鹿纹银盘

粟特金银器中，以鹿纹为主题的最多见。原本树杈形状的鹿角，演变为扇形，是粟特特有的风格。

昭武九姓诸国分布图及粟特与唐的关系

粟特国名	公元年份	中国年份	事件
安国	618~626	武德	唐置安息州
石国	658	显庆三年	唐置大宛都督府
何国	—	永徽中	唐置贵霜州
史国	—	显庆中	唐置佉沙州
米国	658	显庆三年	唐置南谧州
东安国	657	显庆二年	唐灭西突厥，置羁縻州府，粟特九姓胡改宗唐朝
	658	显庆三年	唐置木鹿州
康国	—	永徽中	唐置康居都督府
安国	707	神龙三年	阿拉伯灭安国
康国	712	先天元年	阿拉伯灭康国
粟特九姓	751	天宝十载	唐高仙芝败于阿拉伯，粟特九姓胡改宗阿拉伯

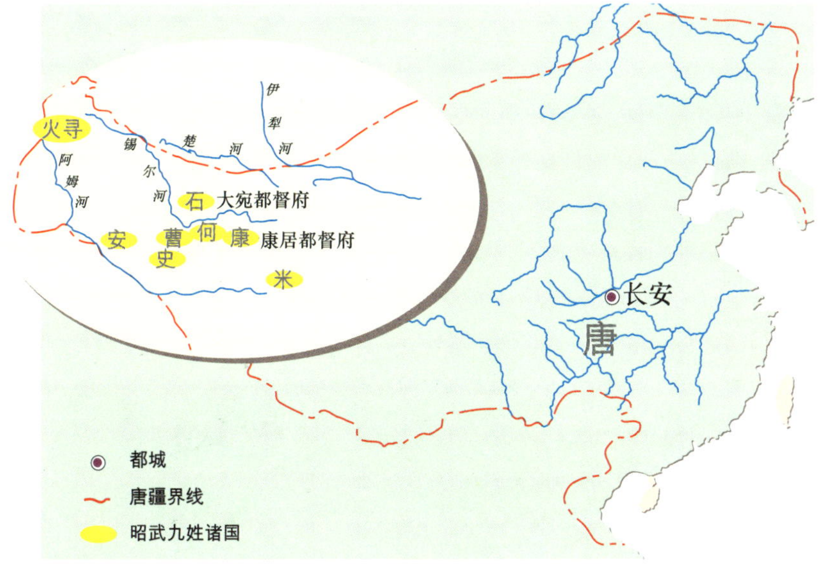

昭武九姓诸国分布图

弹曲颈琵琶的胡人

粟特人擅长音乐舞蹈，其中曹国人尤以弹琵琶著称。

来自西域的食物

来往于丝绸之路的商人把许多西域食物带给中原百姓。如葡萄是西汉引进，石榴从大夏传入。西域的胡麻、胡桃、胡瓜就是汉族人民喜欢食用的芝麻、核桃和黄瓜；蚕豆和豌豆当时都叫胡豆，连胡椒和姜也是当年作为香料从西域引进的。

青藏高原上的吐蕃

当中国由分裂复原为统一的隋唐帝国时，青藏高原上也兴起吐蕃王朝，西藏一改松散的部落状态。松赞干布统一各个部族，定都拉萨，是吐蕃王朝最强盛有为的君主。

松赞干布称王只比天可汗唐太宗登皇帝位晚一点，他采取很多措施使吐蕃逐渐形成一个王朝，例如委任官员、制订法律、创制藏文、改进地方组织。吐蕃所处的高原，交通阻隔，文化上受中原和印度的影响，而唐朝国力盛，松赞干布明白，要令吐蕃强大，要输入很多中原的技术，因此他多次向唐太宗请求通婚，唐朝终于答应把文成公主嫁到吐蕃。文成公主把汉族的耕作、造纸、制墨、纺织技术带入西藏，又带去佛像和中原的礼仪乐舞制度。对吐蕃的发展起了很大作用。

吐蕃强大后，向北向南挑战唐朝，向北灭了依附唐朝的吐谷浑，还占领了河西走廊，包括敦煌；向南征服唐朝扶植的南诏。唐和吐蕃因此多次交战，但也经常和谈，而文成公主之后，又有金城公主嫁到吐蕃，中原文化第二次大规模传入。

吐蕃和南亚相接，也受南亚的影响。藏语和汉语属同一语系，但藏文却受梵文影响，采用拼音方法；文成公主传入佛教，松赞干布娶的尼泊尔公主也带来佛像。吐蕃占领河西走廊时，也受当地兴旺的丝路文化影响。最近在青海发现的吐谷浑墓，显示吐谷浑被灭后，保留原来的社会组织，墓里又发现流行于唐朝的波斯纹样丝织品。由吐谷浑的例子，可知部落在吐蕃里仍然有势力。因此吐蕃衰落后，青藏高原又分裂成许多小国。

正在兴建佛寺

▲唐卡中的佛像

唐卡是藏传佛教中一种卷轴画。这幅唐卡表现了松赞干布时期唐朝与吐蕃交往的重要历史，这是其中一个画面，左面应是描绘文成公主和尼泊尔尺尊公主（松赞干布的另一位皇后）带入西藏的两尊佛像。

◀唐卡中的牛拉犁

文成公主嫁到吐蕃后，中原的耕作技术及农具传入，促进了西藏的农业发展。吐蕃的农耕技术本来比较原始，不讲究平整土地，田地没有阡陌，水土容易流失，自吐蕃人民学会了挖畦沟，又有先进的农具协助耕作，提高了西藏的农产量。图中以牛拉犁就是中原的耕作方式。

▲松赞干布

◀文成公主
一直以来通婚是中原王朝和外族联络的方法。文成公主嫁入西藏在当时是一件东亚国际的大事，令势力强大的突厥人既妒又恼，因为唐朝不肯和突厥通婚，却把公主嫁给势力小得多的吐蕃。

事件	年份	重要成就
文成公主和亲	641年	• 文成公主传授垦田种植方法予吐蕃 • 带金玉绸帛等精美手工艺品、生产技术及医学著作100多种，佛教经籍几百卷 • 松赞干布为文成公主建小昭寺
神龙会盟	706年	唐与吐蕃使者长安会盟，结束半世纪战争，重建亲善关系
金城公主和亲	710年	带绣花锦缎数万匹、工技书籍多种及大量随行工匠和乐工杂技入吐蕃，传入中原文化
开元会盟	733年	唐与吐蕃在赤岭立碑分界
长庆会盟	822年	重建双方关系，结束唐蕃之争，次年立唐蕃会盟碑作纪念

▶步辇图的禄东赞
中间穿窄袖锦袍的禄东赞是吐蕃的大臣，松赞干布派他向唐朝请婚，结果唐太宗应允。

▼唐卡上的藏式房屋
西藏多山，建于山上的房屋称碉房，特点是外形成阶梯型，一般高两至三层，通常是成组成群地建。

◀拉萨小昭寺
这是文成公主入藏后亲自督建的寺院，设计和施工的工匠都是由入藏的汉人负责，建筑讲究左右对称布局，是汉族特色。现在这里是西藏佛教的一所密宗经学院。

文明的使者

文成公主是唐朝宗室之女，自幼被唐太宗收养在宫中。她美貌多才，且通达事理。她十七岁入藏，与西藏人民共同生活了四十年，传播了中原先进的文化技术，改革了当地的落后习俗，促进了西藏经济文化的发展，深受西藏人民爱戴。

西藏布达拉宫

始建于公元7世纪的布达拉宫，是松赞干布为文成公主建造的。“布达拉”是梵语的音译，指观世音菩萨所居之岛。这座宫堡式建筑群，占地41万平方米，一直是西藏的佛教活动中心，中央的红宫，用于宗教事务；两翼的白宫，是达赖喇嘛政治活动和起居的场所。这座荟萃藏族艺术精华的古建筑，现已是西藏的标志了。

藏民到布达拉宫山脚转经筒

布达拉宫全景

东亚文化的形成

中国的文明发展早，一直是东亚文明的中心，秦汉形成统一的帝国以来，文明和制度不断向四周传播。唐朝的鼎盛，使来中国求学、生活的外族特别多，文化传播的规模和范围比秦汉大，日本的学者认为，唐朝时东亚文化体系成熟，给东方世界重要而深刻的影响。

这个文化体系内各国的表现包括：模仿唐朝的政治和法律制度，接受儒教和中国化的佛教在境内传播，未有自己文字的甚至直接使用汉字。这个文化体系的范围东到朝鲜半岛、日本，西到中亚，北到位于东北的渤海国，南到越南北部。各地接受的内容和影响程度不尽相同，其中渤海国、朝鲜半岛的新罗和日本最明显。

渤海国既是唐的属国，又接受唐朝封的地方官职，和唐朝既是宗主和藩属关系，又是中央和地方政府关系，受唐朝文化影响特别深。渤海国和日本、新罗交往密切，因此成了向这两国传播唐朝文化的桥梁。在渤海国的北方又有很多仍处在部落组织的民族，像契丹，它们也是通过渤海国接触唐文化的。唐亡的同一年，契丹建国，就是雄霸北方的辽。从辽朝的壁画和器物，可以看见很深刻的唐朝影子。

朝鲜半岛上原有三个国家，统一为新罗。新罗的人才不但到唐朝学习，还参加唐朝的科举考试。新罗的政治制度仿唐，既设科举考试，也设国学教授儒家经典。用唐的历法、年号，穿唐服，读汉文，宫廷音乐里有唐乐。唐的制瓷、印刷、天文学、医药学也传入新罗。

日本受唐朝的影响很深，主动派学生和僧人冒生命危险渡海到中国学习。日本的大化革新运动，以唐朝制度为模仿对象。日本当时的首都京都和奈良，活脱脱就是唐朝首都长安的再现，连主要宫殿、城门和街道名称也沿用。

朝鲜半岛和日本都盛行中国化了的佛教，并且自己开宗立派。

▸日本正仓院藏螺钿紫檀五弦琵琶

正仓院位于日本奈良的东大寺，里面收藏了公元8世纪在位的圣武天皇的很多珍宝。当时正是日本大量吸收唐文化的时期，现今存留的二百多件宝物中，有很多由中国输入，如琵琶和镜，有些则是日本仿唐制作，如三彩陶器等。

▲《职贡图》的百济国使及日本国使

朝鲜半岛上的三国，在唐朝以前已与中国互有往还。这张百济国使的画像，是一幅长卷画的局部，由魏晋南北朝一个南朝的王子所绘。原画有多个来访使节的服饰形象，及用文字交代两国来往的事迹。

都城
海上丝绸之路
回纥
室韦
靺鞨
安东都护府
幽州
邢州
登州
新罗
日本海
日本
安西都护府
吐火罗
地中海
大食国
兰州
长安
洛阳
唐
吐蕃
扬州
东海
明州
奄美岛
福州
泉州
广州
红海
天竺
骠国
安南都护府
阿拉伯海
孟加拉湾
南海
没来国
师子国
伽蓝州
婆露国

▲海上丝绸之路地图

由于陶瓷的运输主要通过海路，海上丝路亦有称为陶瓷之路，追踪陶瓷的外销，可以窥见唐朝海路所到之处。

◀具唐朝风格的契丹器物

辽的前身契丹，原居于渤海国的北方，他们通过渤海国接触唐文化，即使建国后的制品，也明显带有唐朝的风格。这个银壶就是契丹早期模仿唐朝金银器的代表作。

▼高丽送供使

敦煌壁画中描绘来自朝鲜的高丽朝圣队伍，往文殊菩萨道场胜地五台山进香供奉。

▼唐文化扩散范围

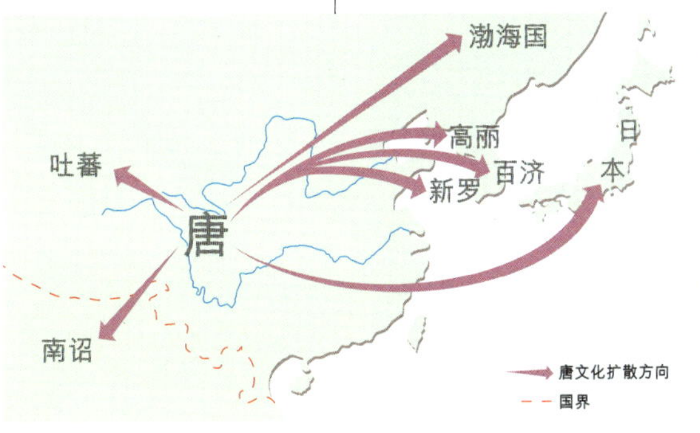

鉴真东渡

唐朝高僧鉴真应日本邀请，赴日传教。经过六次东渡，终于抵达日本。他带去了大量佛经、佛像、书法等作品，受到极高礼遇。鉴真在日整整十年，既推动了日本佛教发展，又传播了中国建筑、医学等技术。

开放的社会风气

唐朝是中国一个很开放的时代。从分裂混乱里统一，回复一个统一又兴盛的国家，这个国家又推行很多称得上世界先进的制度，人民自然安居乐业，充满自信。这时的人民经过近四百年的种族混合，所谓汉族，已混有南北各地少数民族的血液，生气勃勃，很有活力。加上国力兴旺，外地人来得多，彼此交往多，见识广，整个社会有一种蓬勃向上的精神。

在国民精神上，文明礼貌和奋发勇敢同时兼有。大家都知道唐人爱写诗，大官员可以是大诗人，一般民众也可以即兴创作几句，这是文质彬彬的一面，但是也有很多诗人向往到北方和西方边塞体验生活，所以有雄浑的边塞诗。为了追求知识和哲理，僧人冒着千辛万苦到印度或西域学习佛法，最著名的是唐玄奘的故事。

▼**弈棋图**

下棋是唐朝贵族妇女的娱乐活动。图中贵妇束高髻，簪花耀顶，眉作倒八字晕饰，面色红润，穿绯地蓝花袄，白纱披肩，着绿花罗裙，应是六品官员的妻子。

唐朝的妇女很自由，并不从属于男人，她们有单独的社交活动，自由结社，也不怕和男性接触。一时穿着裙子骑马出行，一时打扮得花枝招展，一时女扮男装，下棋、出游、打球、狩猎都可以参加。唐朝妇女婚嫁也很自由，不怕离婚或再嫁，还敢自己选对象。

▲**骑马的贵妇和小女孩**

在唐朝的开放风气下，妇女在社会上非常活跃。这幅春游图中可见几位贵妇盛装骑马春游，其中一位随队出发的小女孩，可能从小便学会骑马了。

▲**打马球俑**

马球是从波斯传入的球类活动，在贵族中十分流行。唐朝贵族的体育活动广泛多样，而尤其受胡人及草原民族尚武之风影响。

彩绘狩猎骑马俑

唐朝社会充满进取精神，汉晋时代贵族百姓的娱乐活动主要以健身养生为主，唐朝人却以刺激的竞技活动为时尚，狩猎、出游、打马球等都是当时流行的游乐活动，充分表现出唐朝人奔放开朗的个性。女子也一样参加。

公元

公元640 弘化公主 吐谷浑慕容诺曷钵

公元641 文成公主 吐蕃松赞干布

公元710 金城公主 吐蕃赞普

公元717 固安公主 先嫁奚族首领李大酺，后又嫁鲁苏

交河公主 突骑施可汗苏禄

永乐公主 契丹松漠王李失活

公元722 燕郡公主 契丹松漠郡王李郁于

公元744 和义公主 宁国奉化王

公元745 静乐公主 契丹松漠都督崇顺王李怀节

宜芳公主 饶乐都督怀信王李延宠

公元758 宁国公主 回纥英武威远毗伽阙可汗

公元768 崇徽公主 回纥可汗

公元788 咸安公主 回纥天亲可汗

和亲公主表

女扮男装的宫女

唐朝女性也爱作男装打扮，这是位着男装的宫女。

中国唯一的女皇帝

中国皇朝没有女性继承皇位的习惯。唐朝却出现了一位不甘心只做皇后的女性——武则天。她登位称帝，是中国历史上唯一的女皇帝。这特例恐怕和唐朝的社会风气有很大关系。北方胡族的女性有很高的社会地位，唐朝是汉胡风俗结合的社会，对想做皇帝的武则天，比较有利。

唐朝女装

唐朝开放的社会风气使妇女服装绚烂多姿。妇女们上穿小袖短襦，下系紧身长裙。盛唐时，流行袒领，不穿内衣，形成“粉胸半掩疑暗雪”的风格。妇女可以和男人一样穿靴，甚至可以穿着男装出游，其开放程度可谓空前绝后。

能歌善舞的时代

大部分民族本来都能歌善舞，越文明开化好像就越不敢歌舞了。汉族由爱歌舞变成爱看人表演歌舞，在汉朝已经有迹象。北方胡族给汉族的巨大冲击，不单在军事上，还在歌舞上。他们无论上上下下，男男女女，都爱歌舞，连被俘虏的胡族荒唐皇帝看见别人跳舞，也可以忘情加入。

在北方民族冲击下，政治四分五裂。汉朝的正统音乐流落到西边的河西走廊、南边的长江中下游，与当地的音乐舞蹈结合，生出新的乐种；加上北方雄浑的胡乐、西方细腻的胡乐，使唐以前早已进入东南西北乐舞大交流的高峰。唐朝继承这笔财富，而对外交流更畅通无阻，新的乐舞涌入，各国各地的各种乐舞营养兼收并蓄，使唐朝的音乐舞蹈水平很高。

唐朝是个胡风弥漫的时代，这时的胡除了北方的，还有西方的，尤其是两个扼守文明通路的地方：中亚和龟兹。中亚的粟特人政治上依附唐朝，但他们弹琵琶、唱歌、跳舞首屈一指，他们的胡腾和胡旋舞风靡唐朝。今天被视为中国乐器的琵琶，其实是胡乐。边塞诗人听着的“胡琴琵琶与羌笛”，没有一件是商周秦汉以来的传统乐器。龟兹（今新疆库车）这个文化大熔炉的乐舞，早已影响到河西走廊，这时变成唐朝统治西域的中心，继续它融合波斯、印度、中亚文化的特长。粟特和龟兹音乐都被编入唐朝的宫廷正统音乐里。

宫廷音乐机构规模庞大，乐工数万人，有专门教练宫廷音乐创作人员的机构，是音乐人才荟萃之处，也是音乐活动的中心。宴乐是国宴时欣赏的音乐舞蹈，集中了当时乐舞的精华，主题虽然是歌功颂德，但吸收了很多外来音乐，艺术性强，保持了各地乐舞的生命力，加上几个嗜好音乐的皇帝提倡，成就睥睨各代。

▸戴孔雀帽女乐俑

表演艺人不单奏乐要出色，打扮也要别出心裁，这女乐人戴一顶孔雀帽。

▸敦煌壁画中的四人合舞图

四个女舞者踩小圆毡，左面两个穿着类似军装的舞服，一手向上伸、一手向下像提衣襟状，给人英武之感；右面一对跳起中亚有名的胡旋舞，两人是从相反方向对称旋转，千回百转，巾带飘扬，裙裾扭动。

▲汉白玉浮雕的奏乐图

这个用高级石材雕造的音乐图像，可以看到达官贵人家中蓄养乐伎，演奏音乐的情况。

▼隋唐燕乐一览表

	隋	唐	附注
时期	公元605~618年	公元642年	
总称	九部乐	十部乐	
分部	---	燕乐	宫廷俗乐
	清乐	清商	中原汉族传统俗乐
	西凉	西凉	兼有胡、汉音乐特点
	天竺	扶南	---
	高丽	高丽	---
	龟兹	龟兹	公元382年传入
	安国	安国	粟特音乐
	疏勒	疏勒	新疆音乐
	康国	康国	粟特音乐
	---	高昌	今新疆吐鲁番一带音乐
	礼毕	---	---

▼胡腾舞玉带

中亚的腾跳舞蹈，使唐人看得花了眼。这种发挥男舞者跳转优势的舞蹈，舞步急促，不时加入高跃、空转的难度动作，很受欢迎。中亚来的舞者穿上窄袖衫和靴子表演，唐朝大爱胡风的人民也可能即兴大跳一番。

霓裳羽衣曲

唐朝人能欣赏到用胡笛、琵琶演奏的西域音乐和优美的异国歌声，唐玄宗创作的《霓裳羽衣曲》就是融合了中外音乐风格的作品。舞者身披多彩的羽毛，配上歌舞表演，飘逸如仙，现出如梦如幻的仙境，寄托了玄宗的向往。

佛教的狂热

佛教传入中国，到唐朝，信仰达到狂热。上层王族和文人迷恋，一般人民也极其深信。

怎么见出狂热的程度？几个皇帝多次从京郊的皇家寺院迎佛骨到宫中侍奉，万人空巷夹道相迎，花了很多钱。把大文豪韩愈气得对皇帝大讲迷恋佛教怎样有害，结果被贬官。迎佛骨的花费还是偶然的，平常对寺院的奉献却是经常的。皇家寺院法门寺出土的，有名噪一时的秘色瓷、不易得到的进口玻璃器、金银茶具整套、香炉多个，还有各种金线绣品，都是皇帝皇后供献的。皇族贵人还经常把住宅捐出做寺院，僧尼又不必交税和服劳役。还有现存的龙门和敦煌石窟，在唐朝时开凿的，既多又大，装饰得很美丽。

当时信仰的方向，已从佛教初传到中国时讲苦修、牺牲以及观音菩萨救苦救难，转向讲西方极乐世界，而且依靠念阿弥陀佛的名字就可以化生到那里。不光一般民众这样，很多知识分子也很向往，有些还自己建个坟墓，坐床念经，等佛来接引他到西天。

诗人的诗文里回荡着佛教式的意境，画家雕塑家费尽气力营造出瑰丽的佛教世界和神祇，佛教对唐朝的文学和艺术，都有很大影响。

▼敦煌石窟剃度图

两个剃度师为许多贵介人士剃度，地上放了洗脸盆和净水瓶。

大卢舍那佛

东都洛阳的龙门石窟，唐朝时大加开凿。这是龙门石窟最有名的大佛，是唐朝皇后及唯一女皇帝以化妆品钱来赞助修建的。大佛倚山端坐，面相丰满圆润，眉弯如月，带笑意。神态庄严而有睿智。

为捧真身菩萨像特制的丝织上衣

这件仿唐朝仕女短袖上衣的微型衣物，是为捧真身菩萨而特制的，供奉在法门寺内。在出土时，衣服的花蕊刺绣还钉了珍珠，充分看到唐朝金绣丝织物的精细手工。

往生西方极乐世界

往生西方净土是唐朝人的大梦想。根据佛经，往生时是变成小孩子，从莲花中化生的。西方净土即是阿弥陀佛的净土，在西边。由于阿弥陀佛的信仰这么兴盛，到今天，“阿弥陀佛”还是中国人常挂嘴边的一句话。

鎏金捧真身菩萨

唐朝高僧在唐懿宗三十九岁生日时为供养佛祖而造，高38.5厘米。

大雁塔诗满为患

由于佛教盛行，唐朝的士人喜欢去寺院聚会，以至于大慈恩寺大雁塔周围到处留有士人刻下的诗句。僧人见无处落笔了，就会铲去一些，让后来者再题诗。有的诗写得很精彩，僧人舍不得铲，就会长时期保留，由此成为长安一景。

敦煌壁画中的玄奘和孙悟空

唐玄奘西行求经，是唐朝的著名故事。他偷渡出境，经过火焰山、流沙河和荒漠才到印度，苦学十多年回国，并带回佛经原著六百多部。在皇帝支持下，他专心译经，并创立了唯识宗。玄奘的求学历险记，后来被神话化，给他添了猴子徒弟和坐骑，成为中国四大小说之一——《西游记》。

▲ 玄奘归葬处——西安兴教寺舍利塔

从实用中解放的艺术

当艺术不再只是为了装饰和实用，艺术家就有一个大开展的空间。唐朝在这转变过程中，有承上启下的作用。而且名艺术家多如繁星，各种题材绘画都有发展。所以唐朝在中国艺术发展上很重要。

唐朝人才辈出，一方面是承接了南北朝的发展，而又进入大一统时代，南北各地名画家加上西域名画家都聚在首都长安，画风交流更频繁直接。在绘画题材上，仍然以人物画为主，尤其是前期，功臣或朝廷大事以及宗教神祇，仍然是主要内容，但是山水画已经有独立的倾向，不再是人物为主，山水做背景陪衬。由名诗人王维发展的水墨山水更以纯水墨画法，在金碧辉煌的山水画风中独立一派，是后来文人画水墨山水画的先行者。山水画之外，后来中国画的另一重要品类——花鸟画，也有发展。然而后世集中画花鸟，唐朝前期始终有雄风，爱画牛马。

佛教艺术本身，以及它对中国艺术的影响，在唐朝始终不能忽视。早期的画家大部分同时是宗教画家。宗教需要热情，它本身就扭合了许多名家的精神和精华，然后又以粉本的形式，传给各地的画师临摹绘画，提高了各地的绘画水平。佛教在唐朝向世俗化发展，佛教画也加入世俗因素，很多神祇人物活现了现实生活人物，佛经故事画又画了很多生活风俗画面。

由于这些独立化、世俗化的发展，于是中唐开始，绘画艺术逐渐脱离宗教、教化、实用，有自由发展的趋向，唐朝衰落，艺术的独立自由还进一步发展，到宋朝，开启了中国绘画的新时代。

唐朝的书法也是个承前启后，而又有大成就的角色，很讲究严谨法度，尤其楷书发展成熟。唐朝的名书法家也很多。这时书法和绘画还未合流，名书法家和名画家不是同一批人。

◀ **菩萨**

佛、菩萨是佛教画的主角，画家花大精力去画。这个初唐菩萨画在敦煌石窟一个门洞上面，不大，但神情的闲静，拿莲花、提飘带的优雅，令人印象深刻。脸圆如月，却不显胖，有唐朝女性的时代美。

▼ **《五牛图》的黄牛和荆棘**

《五牛图》是中唐的真迹。这幅农村题材的风俗画，画家韩滉却是宰相的儿子。全幅画唯一的背景是丛荆棘，重点都放在牛上。牛身按凹凸作晕染，很有立体感。但最精彩的是牛的神情，牛眼睛有神而且富感情，这一头牛迈步前行，低首舐舌。牛的倔强而温顺，活现纸上，把历代看画的人都迷住了。

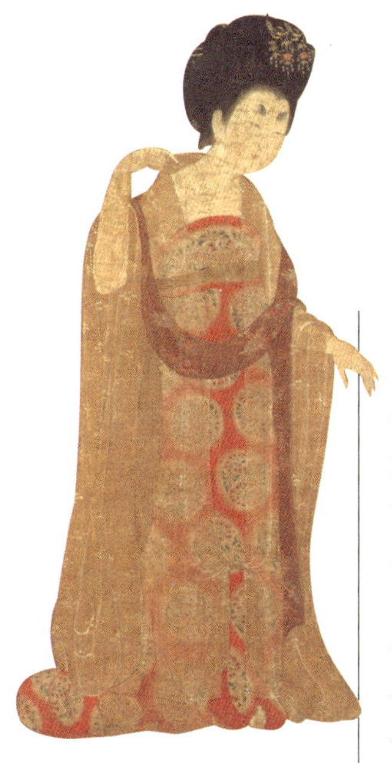

《簪花仕女图》的仕女

人物画从帝皇、功臣、神祇扩展到宫苑仕女日常生活。这是长卷画中的一个仕女人物，是仕女画名家周昉的作品，他的仕女画很细腻，颜色柔和美丽。以长卷形式画人物场景，也是从汉开始，经南北朝摸索成长的形式。

欧阳询的《梦奠帖卷》

唐朝从皇帝到民间都喜欢书法，国立学校设有书法科，由著名书法大师欧阳询、虞世南执教。欧阳询的书法还成为后来科举考生的标准字体。

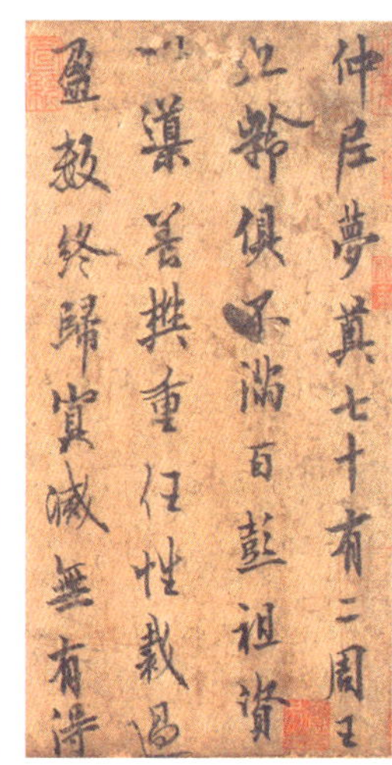

展子虔的《游春图》

魏晋南北朝时，人物还是绘画的主角，山水只是陪衬，人大于山。隋唐开始山水画成为单独一科，这是隋朝的山水画，也是现存最早的可称以山水为主的画作，可视为山水画独立的实例。这幅画中的山水人物透视和比例合理，山、树木、水纹、云气营造出空间感。笔法还有点拙朴，没有在微处画得很仔细，是初创而未变精巧的早期山水画名作。

张旭的草书

张旭与怀素同是以草书著名的唐朝书法家，两人大胆变革创新，把草书推向艺术的顶峰。这幅是张旭的草书作品，笔走龙蛇，字体连绵回绕，气势自然流露。

画圣吴道子

吴道子是唐代著名画家，山水、鬼神、禽兽、草木无所不精，尤擅佛道人物。唐玄宗思念蜀中山水，命他前去写生。吴道子不带纸笔颜料，将所有风光记在心中。回长安后，他一日之内画出嘉陵江三百里山水，令人赞叹不已。

第四单元　迈向近代

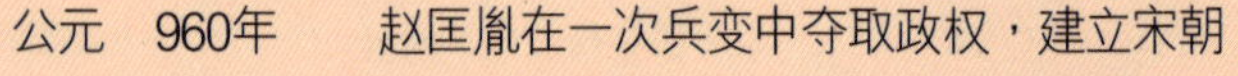

公元　960年	赵匡胤在一次兵变中夺取政权，建立宋朝。
公元 1023年	益州设立交子务，发行世界上最早的纸币—交子。
公元 1041年	毕升发明活字印刷术。
公元 1086年	苏颂开始建造水运仪象台，是世界上最早的综合性天文台。
公元 1096年	欧洲基督徒组成的十字军东征，与伊斯兰教徒争夺圣城耶路撒冷，前后共八次。
公元 1219年	成吉思汗率领蒙古军第一次西征。
公元 1259年	宋军发明新式管状兵器突火枪，是后世枪枝的雏形。
公元 1260年	中统元宝交钞正式颁行，流通全国。
公元 1271年	忽必烈建立元朝，入主中原。
公元 1278年	景德镇设立浮梁总局，成为全国的制瓷中心。
公元 1350年	欧洲文艺复兴开始，影响西方思想、文艺、建筑、科学等领域。
公元 1368年	朱元璋建立明朝，定都南京，并颁布不许私人出洋贸易的禁令。
公元 1382年	明太祖废宰相，结束了中国的宰相制度，权力出皇帝独揽。
公元 1405年	明朝以郑和为统帅，二十九年间共七次派大船队下西洋，规模是当时世界最大的。
公元 1421年	紫禁城兴建完成，明成祖迁都北京。
公元 1502年	哥伦布到达中部美洲。
公元 1517年	葡萄牙人传入佛郎机，后来明军购入红夷炮，在战争中发挥重要作用。
公元 1601年	耶稣会教士利玛窦获准在北京传教，奠定耶稣会在华传教事业的基础。

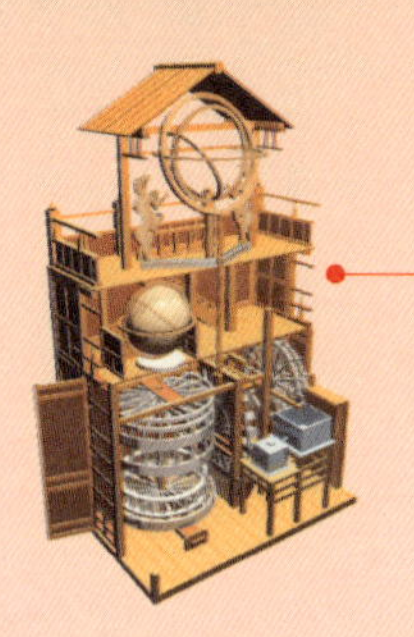

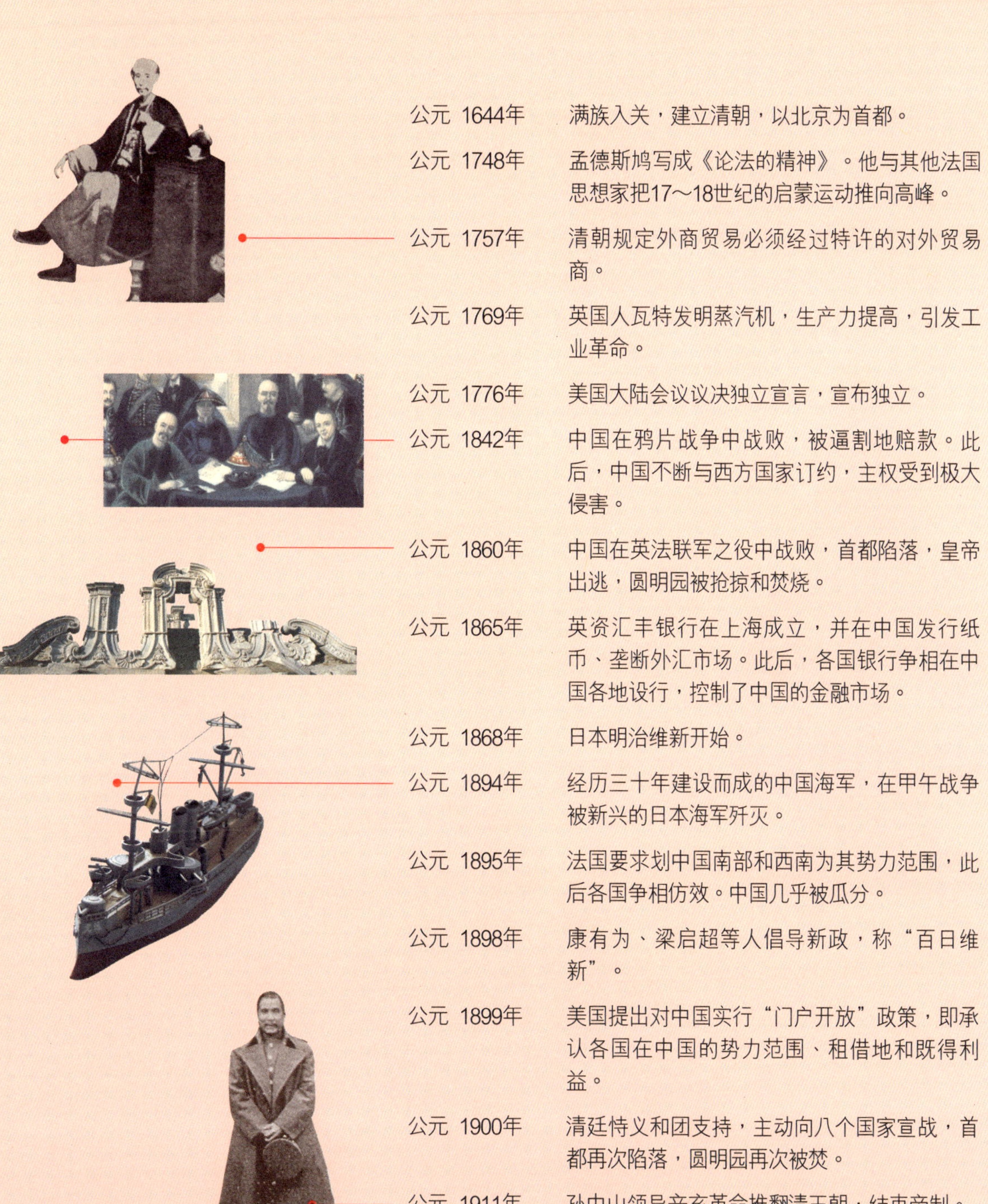

公元 1644年 满族入关，建立清朝，以北京为首都。

公元 1748年 孟德斯鸠写成《论法的精神》。他与其他法国思想家把17～18世纪的启蒙运动推向高峰。

公元 1757年 清朝规定外商贸易必须经过特许的对外贸易商。

公元 1769年 英国人瓦特发明蒸汽机，生产力提高，引发工业革命。

公元 1776年 美国大陆会议议决独立宣言，宣布独立。

公元 1842年 中国在鸦片战争中战败，被逼割地赔款。此后，中国不断与西方国家订约，主权受到极大侵害。

公元 1860年 中国在英法联军之役中战败，首都陷落，皇帝出逃，圆明园被抢掠和焚烧。

公元 1865年 英资汇丰银行在上海成立，并在中国发行纸币、垄断外汇市场。此后，各国银行争相在中国各地设行，控制了中国的金融市场。

公元 1868年 日本明治维新开始。

公元 1894年 经历三十年建设而成的中国海军，在甲午战争被新兴的日本海军歼灭。

公元 1895年 法国要求划中国南部和西南为其势力范围，此后各国争相仿效。中国几乎被瓜分。

公元 1898年 康有为、梁启超等人倡导新政，称“百日维新”。

公元 1899年 美国提出对中国实行“门户开放”政策，即承认各国在中国的势力范围、租借地和既得利益。

公元 1900年 清廷恃义和团支持，主动向八个国家宣战，首都再次陷落，圆明园再次被焚。

公元 1911年 孙中山领导辛亥革命推翻清王朝，结束帝制。

北方民族再兴

中国两千年的帝国历史里，从第一个王朝的始皇帝开始，就忙于应付北方民族南侵，而中国的帝国历史，也由北方民族画上句号，满族的溥仪成了中国的末代皇帝。

如果前一千年北方民族南下曾经成就了开放的唐朝盛世，自宋开始的后一千年，中华帝国却在连续不断的北方威胁下转为悲愤和内敛。

契丹、女真、党项、蒙古和女真的后裔满族，前后相续，一共建立了五个草原王朝。最早兴起的契丹，在宋朝建立之前就已经存在。可以想象，连番的巨浪，令汉族帝国招架乏力。终于，汉族王朝两次灭亡，蒙古和满族先后成为全中国的统治者。这时期的四个中原王朝，是汉族和北方民族轮流建立的。

这些在北方草原、森林、广漠驰骋的人，生活习惯和定居的汉族农民很不一样。他们都是习惯迁徙的游牧人、出色的捕猎者。在广阔的土地上，人口不多，生活和社会本来很简单，但一旦组织起来，他们生活中本来已有的射猎技能、大量供应的马匹、机动迅速的移动能力，全变成惊人的战争资源在广阔的战线上东驰西突，令定居国家惊魂难定。

▲剃发结辫的蒙古人

蒙古男子剃去额前头发，只留下小撮。契丹、女真（连后来的满族）、蒙古，以及党项，全都有剃前额头发的风尚，各族不同的是留下头发的处理和辫子的编法。蒙古人把辫子弄成环形，垂在耳后。清帝国衰落时，被欧美人嘲笑为猪尾的辫子，是满族的发式。

▼胡人骑士

从这幅金朝的画可以见到早期女真人的形象，寒风凛冽，顶风前行，辫发飘扬的形象十分逼真。北方苦寒，生存环境相对恶劣，是历代游牧民族南下的动力之一。

▼毡帐顶的车

这是元朝典型的毡帐式的车，由动物拖行。马虽然速度快，但车方便运输，尤其可以把拆下的蒙古包运走。逐水草而居的生活，不能缺了车。在草原上打仗，还可以把车一辆一辆连起来，布置战阵，抵挡冲击。蒙古皇帝还用极大的牛车，把他很大的蒙古包行宫装在上面呢。

▶汉族与北方民族轮流建立的王朝

汉族王朝：宋（汉族） 明（汉族）

北方民族王朝：元（蒙古族） 清（满族）

北方民族重要大事年表

916年	契丹人建立辽朝
1038年	党项人建立夏朝，又称西夏
1125年	女真人建立金朝
1206年	成吉思汗统一蒙古各部
1271年	蒙古族入主中原，改国号为元
1616年	满族建国号后金
1644年	满族入主中原，是为清朝

▲五个草原王朝的发源地

【耶律阿保机建国】

耶律阿保机是契丹族的杰出领袖，916年，他废除了部落联盟的旧制度，仿照中原王朝国家体制，建立了政权，国号契丹，辽太宗时改称辽。阿保机仰慕中原文明，他置州县、定赋税、制法律，创造契丹文字，加速了走向文明社会的步伐。

▼蒙古包

蒙古包就是草原民族一直居住的毡帐，它拆卸、组装、运输方便，装在车上就可运走，适宜于逐水草而居的游牧生活。蒙古族经常在蒙古包的毡上涂石灰、骨粉等白色涂料，使它洁白。

成吉思汗的少年时代

成吉思汗和子孙建立了横跨欧亚的大帝国。可是这个世界征服者一生最艰难的日子，却不是成为蒙古领袖后南征北讨的时候，而是少年时代，那时候他的名字叫铁木真。

铁木真出生在蒙古一个小贵族家庭。虽然是贵族，但是在12世纪的大草原上，蒙古并不强大，人口也不算多，草原上有很多比蒙古强大的势力。东南边有属于蒙古人种的塔塔儿族；西边有深目高鼻，属于突厥人种的乃蛮族，突厥人曾经建立突厥帝国，唐朝开国时，军力不及突厥，唐高祖还得向突厥称臣，后来突厥内部分裂，唐太宗李世民乘势打击，才瓦解突厥，令他们西迁。由名字的读音就可以知道，土耳其是突厥的后裔。高原上还有很多小势力，包括住在森林里比较野蛮、剽悍的部族，铁木真刚立足时，就得跟他们打一仗。铁木真的一支在蒙古族里面也不算最显赫，父祖辈曾经称过汗的氏族，血统比铁木真高贵，更有资格成为蒙古的汗。

铁木真生在混乱的草原世界，当时没有统一的汗，争执不断，残杀不停。铁木真的父亲也速该在他九岁时就死了，那是蒙古和塔塔儿互相仇杀的结果。塔塔儿是个强大的民族，放牧的地方靠近金朝。金朝是女真族，来自东北，本来也是游牧民族，它在短时间里打败了强大的辽国，甚至俘虏了北宋徽钦二帝，进入中原做了主人。金朝皇帝非常明白，北方的游牧民族随时可以威胁他的江山。所以，金朝经常留意草原上的情况，扶植亲近金朝的势力。塔塔儿是金朝在草原上的耳目。塔塔儿曾经把蒙古一个汗和一个贵族首领送到金朝，让金帝钉死在木驴上，又帮助金朝打败蒙古，蒙古从此衰落分解，再也没有推举汗王。

铁木真的父亲也速该在蒙古与塔塔儿的战争中，曾杀死对方一个叫铁木真的塔塔儿头领，为了纪念战功，他为长子取名铁木真。塔塔儿人也趁也速该经过他们地盘时把他毒死。九岁的铁木真一家从此跌进了苦难的深渊。

游牧生活需要体力劳动，也需要集体战斗力来保护牲畜不被抢去。没有父亲，只剩下女人和六个男孩的游牧家庭，前途一片灰暗。本来在一起游牧的贵族，嫌他们孩子太多拖累大家，竟在一个寒冷的冬夜狠心丢下他们孤寡不顾而去。铁木真的母亲诃额伦拼命追赶并和他们理论，但没人敢和他们在一起。母亲只好和孩子们站在茫茫的草原上看着他们孤零零的帐篷在呼号的寒风中摇曳，在叫天不应叫地不闻的绝境下，母亲咬紧牙关，带着孩子们去采野果和捕鱼来充饥。作为长子的铁木真，小小年纪便要担负起家庭重任，经常出外狩猎，得不到猎物时全家只有以野菜度日。

熬到铁木真兄弟稍长，抛弃他们的贵族又要斩草除根。铁木真被追到森林里躲了十天，终于被抓住了。在被锁上木枷等候处置时，他打昏看守逃脱了。他戴着枷躲在河里，被敌人的盟友发现，这个盟友可怜少年铁木真，容许他匿藏在他家的羊毛堆里。可是在草原上这样毫无痕迹地失踪，太奇怪了，于是敌人搜到盟友的家里，而且注意到那个羊毛堆，动手去掀。未来的成吉思汗命在旦夕。幸好窝藏者临危不乱，对搜查的人说天气这么热，人藏在羊毛里不被闷死吗？铁木真躲过了一生中最大的危机，捡回一命之后，拿上恩人的马和粮食，飞快逃走，找到母亲和兄弟后，与家人躲到更远的地方去。

铁木真长成青年，有了一定名声，但磨难还没有完。他新婚后，一天夜里，属于森林民族的篾儿乞惕人突袭他的地盘。幸好老女仆警觉，铁木真和母亲、兄弟赶忙骑了仅有的几匹马逃到山里去，却丢下了新婚妻子孛儿帖。突袭者是来报仇的，因为铁木真的父亲多年前抢了一个篾儿乞惕人的妻子，她就是铁木真的母亲诃额伦。现在篾儿乞惕人也来抢他的妻子。他们把孛儿帖带回森林，分配给诃额伦前夫的弟弟做妻子。铁木真没有办法，拿了妻子送的黑貂裘做礼物，到草原西边投靠父亲的盟兄弟，也就是客列亦惕人的首领王汗，请他帮忙。王汗请蒙古一个首领札木合联合出兵，九个月后，他们袭击篾儿乞惕人，抢了他们所有财产，也找回孛儿帖。孛儿帖回来就生了一个男孩，铁木真为他取名术赤。他是铁木真的亲骨肉吗？铁木真可能怀疑，但没有嫌弃术赤。许多年后，二儿子察合台为了争夺汗位，骂他哥哥是杂种，还被成吉思汗申斥过。铁木真承认，毕竟是他丢下孛儿帖，她才会落到篾儿乞惕人手里。

铁木真的苦难算是过去了，他逐渐成为周围的蒙古人的领袖。以后，铁木真逐一收拾了傲慢的蒙古贵族，趁金朝与塔塔儿生嫌隙的时候，与王汗帮助金朝打败世仇塔塔儿，把高过车轮的塔塔儿男子全部杀死。然后与王汗决裂，兼并了客列亦惕部，再灭了更西边的乃蛮，回头与蒙古盟兄弟札木合大战得胜，终于统一草原，在1206年成为成吉思汗。

骑射的新威力

北方游牧人两千年来的军事威力都在骑射。在那没有军车、没有坦克、没有热兵器的时代，马和弓箭就是最有威胁的武器，每个游牧人都熟悉马和弓箭，都是天生骁勇的士兵。匈奴、鲜卑、柔然、突厥、契丹、女真、蒙古、满族，都靠骑射起家。

为了维持这种优势，即使已经占有城市，定居下来，当了中原的皇帝，北方民族还是千方百计告诫后代：不要忘记祖先的传统。组织上万人的大型围猎作为训练军队保持骑射的手段。在北京城往北，长城以外有个木兰围场，占地1万平方公里，就是每年秋天，清朝皇帝带领满族与蒙古士兵进行围猎训练的地方。

蒙古骑士

长年盘马弯弓的生活，使北方骑兵骑射技术娴熟。图中头戴尖笠帽的蒙古骑士，似乎正准备提缰绳，策马前行。

不少中原人曾记下围猎的情况。有出使到辽朝的人，路上见到上百人在打猎，被告知这只是小规模的平常打猎，没有上千人，叫不上大规模。元朝亡后，北返的蒙古人仍时常在阴山大围猎。每当秋风初起，弓劲马强，禽兽肥壮的时候，蒙古首领一声令下，千骑万马大会于森林，震动阴山，上百日还未回返，猎得的野兽堆积如山。

既然骑射是自古以来的优势，为什么从契丹开始，草原民族的压迫力变得特别强大呢？因为新一代的游牧人与他们的前辈不同了。他们向定居者学会强化社会组织，建立都城，从占据的农业地区获得经济来源，不会因为一场大天灾就组织涣散，土崩瓦解。游牧人有了持久的基础，骑射不是制胜的唯一手段，骑射的威力因而更强大了。

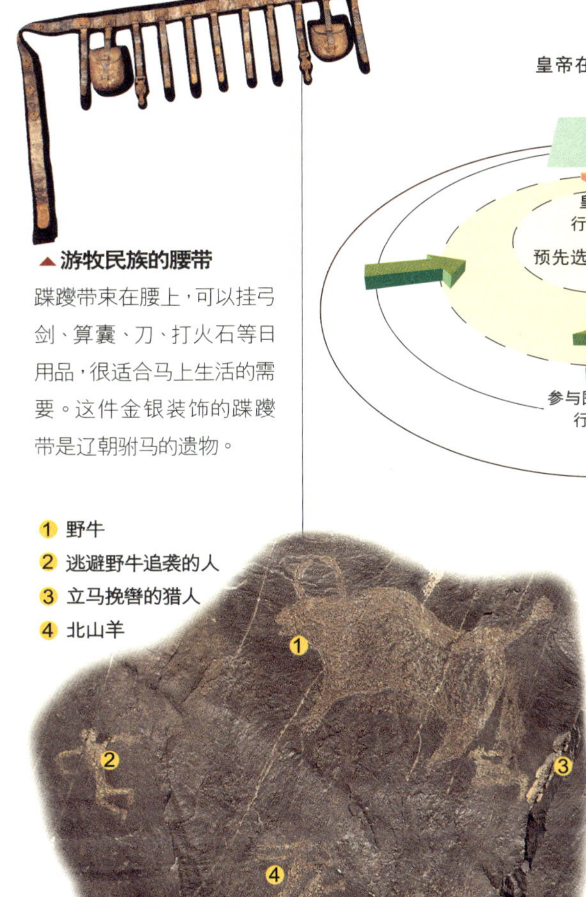

▲**游牧民族的腰带**

蹀躞带束在腰上，可以挂弓剑、算囊、刀、打火石等日用品，很适合马上生活的需要。这件金银装饰的蹀躞带是辽朝驸马的遗物。

▲**狩猎岩画**

射猎是人类维持生活的古老手段。中国北方的岩画，多是游牧民族的创作，射猎题材的很多，这是甘肃贺兰山的岩画。猎人学会畜牧之后，仍然经常狩猎，以补充粮食，平常也作为娱乐，以及培育勇武风尚的锻炼手法。

◀**套马**

牧马生涯就是严酷的骑术训练，这个女真骑士梳长辫，穿窄袖毛里衣服，与坐骑紧密配合，一套而中狂奔的骏马。这幅金朝的画，画风笔法都是中原的，但题材充分表现游牧色彩。

皇帝在围帐指挥

皇帝的行进方向

预先选定的平坦地

第一围

参与围猎将士的行进方向

第二围

▼**海东青啄天鹅玉雕**

北方民族特别偏爱鹰。海东青是东北所产的名贵猎鹰，体型小，但专门捕捉天鹅等大型飞禽，被视为勇悍的象征，尤其深得祖居东北的契丹人喜爱。建立辽朝后，契丹人经常向住在东北的女真人索取海东青，以致两族结下仇怨。

海东青　天鹅的头部

◀**合围示意图**

合围又称大猎，是最流行和正式的打猎方法。清朝行围时，八旗将士加上蒙古各部派来骑兵，共上万名军士，有骑兵、步兵、枪手、向导，在围场布围，范围很大。皇帝坐在高地的围帐中指挥，将士无论面对什么地势，都要奋勇前进，枪声、喊声之中，把围内野兽赶到皇帝的帐前。然后皇帝率皇子入围射猎，之后随围将士与围中野兽激斗，号角喧天，喊声遍野，野兽东逃西窜，要冲出重围。咆吼哀鸣，震撼山野。行围约二十天，每天行围结束，在原野上陈列所获，由皇帝论功行赏。

辽朝的打谷草骑兵

辽朝初期，军中没有粮草供给制度，靠“打谷草”骑兵四处掠夺解决。打谷草骑兵是由氏族部落中的军事组织发展而来的。每次出动，方圆数百里间，财畜抢劫一空。以后，契丹军纵兵大掠的现象逐渐减少，打谷草骑兵也退出历史舞台。

讲究的马具

以马上得天下的民族，对马有特殊的感情，对马具的制造和装饰，也特别讲究。

各个北方民族里，辽朝的马具最有名。很早就曾向中原送过金花鞍辔、水精玉装鞍辔。西夏建立之后，辽、西夏、宋这鼎足而立、竞争不休的三个王朝，分别以鞍、剑、丝织品著名，契丹鞍、夏国剑、蜀（四川）锦被称为天下第一。契丹人的征战离不开鞍马，死后常常用马具随葬，辽墓里常常有马具出土，因此今天才能看到契丹鞍和其他马具的面目。

游牧民族历来爱用金银器，所以契丹的名贵马具，多用金银做装饰。辽朝的工艺品虽然多是输入的，但是马车具、皮革、弓箭等可说是传统手工业，马、车具的工匠多是契丹人。金雕玉砌的精细装饰技术从外地传入后，契丹工匠的掌握程度，还可以探讨，不过从大量精美的马具来看，熟练掌握这些工艺，装饰他们引以自豪的天下第一马鞍，看来也有可能吧。

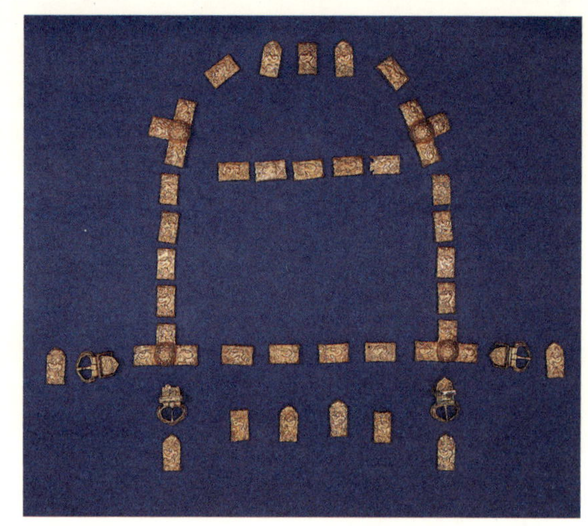

▲ **马笼头饰**

这是从一个辽朝驸马墓出土的马笼头饰，以铜镏金铸造，上有鹿纹。同一个墓中，共五组一百六十四件马饰陪葬，其数量、种类之多，装饰之精美，充分说明马在契丹人心目中的地位。

笼头
马鞍的鞍桥部分
马镫
花纹障泥
后鞧

◀ **契丹马与马鞍**

契丹人精于制造马鞍。在这幅辽朝的壁画中，绘有一匹枣红大马，马鞍的部分亦绘得特别细致。

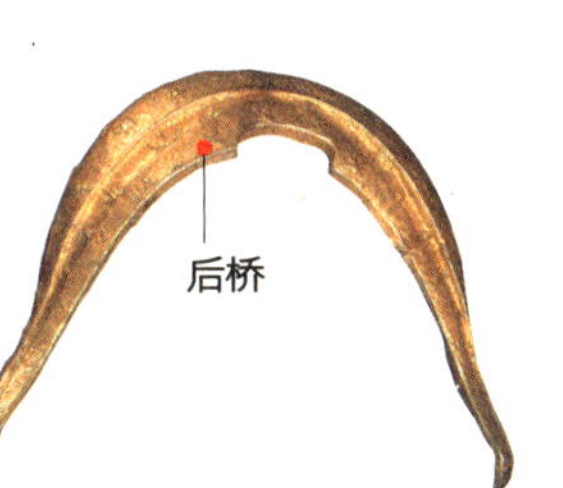

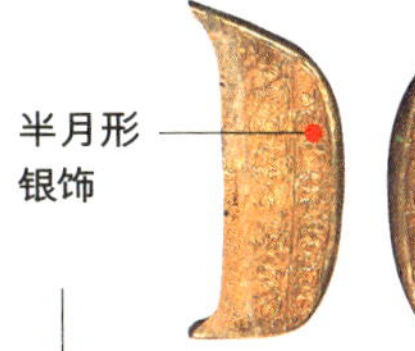

◀ 鎏金银鞍

这是马鞍前后高起的鞍桥护片，用银造，再錾刻花鸟，用小圈似的鱼子纹做地纹。面上又鎏金。

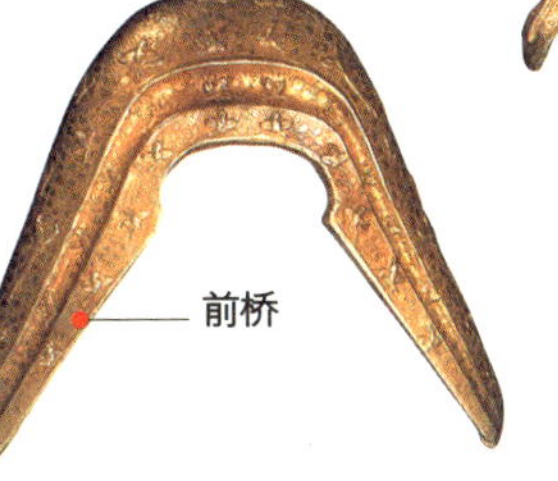

马具的功能

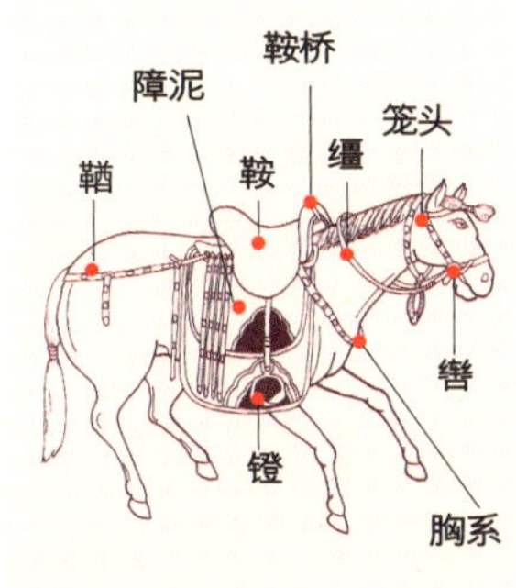

笼头	套在马头用以系缰绳
辔	头络的一部分，有些连着放在马口里的链形器，以便驾驭
缰	系马的绳索
鞍	供人乘坐，多用皮或木加棉垫制成
鞍桥	马鞍前后高起部分的护片，亦是装饰，多为金属制
镫	脚踏，策马时的着力点
鞧	拴在马股后的细皮带
障泥	垂于马腹两侧，遮挡尘土

▼ 马后鞧饰

鞧是马的后革带。这件金银制的后鞧饰，每条带上都联缀了多个下伏马形玉雕，并排看去，有千军万马的气势。用玉器装饰马具，而且数量这么多，较为罕见，鞧饰的手工亦很精美。

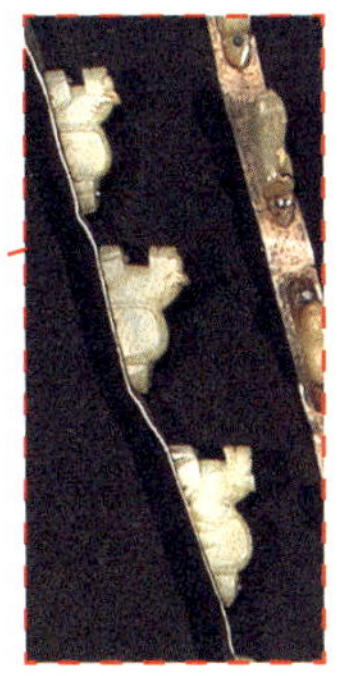

马形玉雕

北方的畜力车

辽宋金代的交通中，畜力占了很重要的地位。除了马匹，还有驴、骡、骆驼、牛等。辽朝就流行用驼拉车，也叫奚车。辽太宗曾经坐在奚车中指挥作战，但契丹军大败，战乱中辽太宗失去了车辆，只好骑着一匹白橐驼逃走。

宋明王朝的防守

守御北方，对由北方民族建立的元和清不是主要问题，但对汉族的宋和明王朝，却是关系命运的大事。出击虽然偶有胜利，但防守是宋明两朝的主调。代表这种形势最形象的事物，是横卧在中国版图上，吸引着无数游客的万里长城，它是明朝重新修建的。

宋明两朝比起来，明朝初期的军事实力强得多，能推翻军事极强的元朝，自信心也比宋人大得多。宋朝一建立，已经没有了燕山防线的土地，不能像明朝以大举修建长城的方法来抵御攻击；及至西北也被西夏占去，又没有了战马供应。宋朝还有朝气时，也曾试过勇敢出兵，试过变法图强。出兵不利，变得畏战，变法失败，上上下下被派系之争内耗而暮气。政府内部畏敌很深，甚至怕内奸通敌，禁止学习契丹语。不想打的宋朝，于是订立了很多和约，以向北方纳贡、送钱送丝绸，换取和平。又以扶助新崛兴的游牧民族，捣敌人的后方。先扶助金，使金灭了辽，又与蒙古联合，借路给蒙古灭了金。这计策最后却以金人攻灭了北宋，蒙古又灭了南宋而告终。

宋朝漫长的抵御历史上，留下了两个传颂到今天的悲壮故事，一个是北宋的杨家将抗辽，一个是南宋的岳飞抗金。杨家将故事常常在戏曲舞台上演，岳飞则变成讲唱故事和小说里的民族英雄，直到20世纪，还有不少孩子沉迷地看着《说岳全传》连环画。这现象与宋朝讲故事和戏曲大为流行有关，同时也是当时汉民族在长期外力压迫下的心理宣泄。

明军出兵场面

明朝在北方，东起鸭绿江，西到嘉峪关，设了九个防御重镇，称为“九边”。这是西边重镇固原兵马出发的情形。

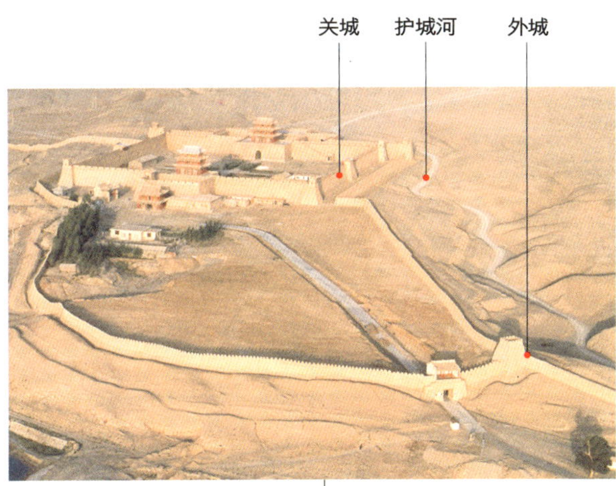

▲明朝嘉峪关

嘉峪关是在明朝长城防线上最西面的重要关口，它好像中原对西域的一扇门户。关城的建筑坚固，城外有城，又有护城河，层层布防。为加强军力，当时这儿拥有数量最多的火器。

◀ 穆桂英挂帅剧照

民间传说杨家父子先后在战争中阵亡，留下众多寡妇。杨门女将听说敌军进犯，愤而挂帅出征，终于大败敌军。这是京剧中，杨门女将之一穆桂英抗击敌军的英姿。

▶ 宋陵武将

宋明两代名将不少，勇武亦不逊于前人。南宋灭亡前，军民在长江上游的四川筑山城力拒蒙古达十六年之久，还曾使蒙哥汗死在钓鱼城下，死讯西传，蒙古西征竟然从此停止；又在长江中游的襄阳坚守六年，直到救援完全断绝。

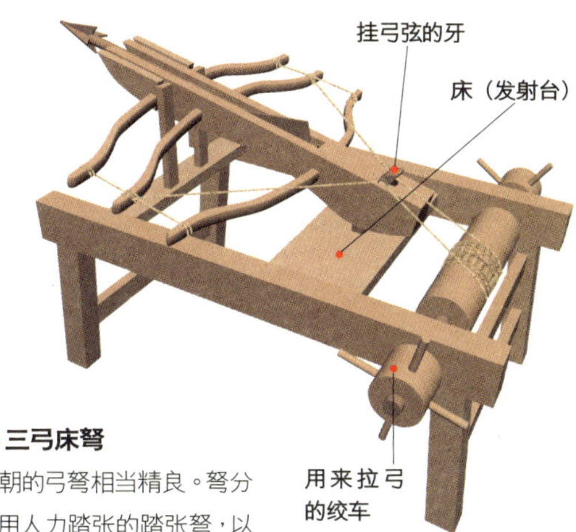

▲三弓床弩

宋朝的弓弩相当精良。弩分为用人力踏张的踏张弩，以及绳轴绞张的床弩。这种三弓床弩合并三个大弓，要三十人才能拉开，射击力大。但床弩搬动不便，不能用于野战，于是南宋时改为发展踏张弩。

◀ 岳飞

岳飞少年时，母亲训勉尽忠报国。长大后成为抗金名将。他善用谋略屡建战功，一次与金朝骑兵决战时，命令步兵用大刀和大斧来砍掉马足，使骑兵溃败。最后因为皇帝和宰相主和，岳飞在前线被十二道金牌紧急召回，还被诬陷判处死刑。岳飞的故事被编成小说，几乎大部分中国小孩子都听过。

杨家将抗辽

抗辽名将杨业，曾多次击退辽军的进攻，被称为“杨无敌”。辽军对杨业极为畏惧，一见杨业旌旗，就退兵遁去。但杨业却因此遭到同僚的忌妒，在战争中备受牵制，甚至不得不孤军作战，最后抱屈饮恨，战死疆场。

建设万里长城

工程浩大的万里长城，虽然始于秦始皇，但今日吸引游人的，其实是明朝的长城。隔了一千五百年，长城再发挥作用，而且修得更宏伟，尤其东部用砖砌筑，蜿蜒在燕山山脊的部分，更令人印象深刻。

▲慕田峪长城

◀金山岭长城

岳飞抗金兵

12世纪初，崛起于白山黑水间的女真族建立金朝后，经过十余年的对辽战争，于1125年消灭了辽，继而侵宋。靖康二年（1127年），金军攻破北宋都城东京（今开封），俘虏了徽、钦二帝和后妃、皇子、宗戚、大臣等三千余人。宋徽宗赵佶第九子赵构侥幸逃脱，在南京应天府（今河南商丘）即位，建立南宋王朝。其后，金兵一路南侵，南宋一路南退，靠长江天险，才得以偏安杭州。以宋高宗赵构为首的投降派一味媾和，使这段历史成为一段耻辱的历史。但以岳飞为代表的抗金将士，为收复河山而枕戈待旦，却不得善终，更为这段历史添上一层悲剧色彩。

岳飞（1103～1141年），字鹏举，生于河北相州（今河南安阳）汤阴县的一个农民家庭。他自幼随父亲在田间劳动，体格健壮，喜欢练武和读书，尤其爱读《左氏春秋》和孙吴兵法。母亲姚氏在他背上刺下“尽忠报国”四字，岳飞在此信念的激励下，在金兵入侵，国家危亡之时，奋然投军，抗击金兵。并率兵收复建康（今南京）等地，立下赫赫战功。

1140年，金人撕毁与南宋的议和条约，大举南侵。宋高宗被迫下令抵抗。为了完成北伐任务，岳飞严格训练军队，大举扫荡东京外围，每每获胜，大败金帅完颜兀术的主力骑兵，金军哀叹：“撼山易，撼岳家军难！”岳飞一雪前耻的日子眼看就要到来。奸相秦桧担心岳飞得胜，自己卖国求荣的行径被揭穿，力劝高宗以眼前胜利为筹码与金人议和。高宗也担心收复东京，迎回徽、钦二帝后自己的皇位不保。于是君臣密谋，连发十二道诏书，催促岳飞班师回朝，与金人议和。

皇命难违，壮怀激烈的岳飞不禁仰天长叹：“十年之功，废于一旦。”他被迫忍痛撤军。1141年，宋高宗、秦桧捏造岳飞策动兵变、拥兵自重、企图谋反等“莫须有”罪将其赐死。岳飞仅在供状上留下了“天日昭昭，天日昭昭”八个大字，慷慨赴死，时年仅三十九岁。

岳飞戎马一生，在赵宋王朝轻武、制武，对统兵将领无端猜疑和百般防范的不利条件下，坚持了抗金斗争，保住了南宋半壁江山，使江南百姓免遭战火蹂躏，但最终却壮志未酬含冤而去。这不仅是他个人的悲剧，也是整个南宋的历史悲剧。

震天雷的故事

手榴弹类的热兵器最早发明于中国，宋朝时就出现了称为“火球”或“火炮”的武器，其原理与现代手榴弹相同，1044年出版的兵书《武经总要》中，已载有霹雳火球、蒺藜火球、毒药火球、引火球等多种可用手投的兵器，这些兵器是最早的手榴弹雏形。13世纪初，中国又出现了铁壳制爆炸武器。这种武器是金军在同宋军作战中，收缴了宋军储备的火器库，并留用了宋军的工匠和作坊，在仿制火器的过程中不仅学会了纸壳火球的制造与使用技术，而且将“铁壳火球”和“铁壳火炮”加以改进，创制出了爆炸威力更大的“震天雷”。“震天雷”是用生铁铸造，壳厚2寸，外形如同两只口对口合在一起的碗，里面装上火药，顶上有个小孔，可通出火捻，使用时将火捻点着，引爆震天雷，炸杀敌军人马。“震天雷”有罐式、葫芦式和圆球式等样式，各式的“震天雷”杀伤力都非常巨大。

金军使用“震天雷”最著名的战例，是南宋绍定五年（1232年）金军守卫汴京的战役，这年三月，蒙古军进逼金军坚守的汴京，蒙古军在城外设立攻城器械，沿城壕树立木栅，向上抛射石弹火球，壕外又围城百余里，还派很多士兵在城墙根进行挖掘，誓要将城攻破。金军为破蒙古军的攻城阵式，从城上用铁索悬吊“震天雷”，点燃火捻后沿城壁下吊至蒙古军掘城处爆炸。其威力强大无比，曾在城中目睹“震天雷”爆炸威力的金人名儒刘祁记载说：“北兵（蒙古军）攻城益急，炮飞如雨……皆莫能挡，城中大炮‘震天雷’应之，火起，北兵数人灰死。”意思是蒙古军虽然也使用火球攻城，但威力远远不及“震天雷”威力大。士兵们被炸得血肉横飞。蒙古军攻不下这座城池，遂于这年四月撤兵了结。

在此战之前，金军也使用过“震天雷”。那是在1231年，金军将领完颜讹可在山西河中府（今永济县）被蒙古军击败后，率领残部三千余人夺船而逃，溃逃途中，遭到蒙古军猛烈拦击，金军向蒙古军抛掷震天雷，炸毁了蒙古军拦击的战船，逃奔到了潼关。这是史书上关于金军使用震天雷作战的最早记载。

女真族建立的金朝虽然被同是少数民族的蒙古摧毁了，但是在以汉族占主导地位的中国火器史上，少数民族在创制“震天雷”和“飞火枪”兵器中所作出的贡献，是绝不会被历史磨灭的。

靠科技争胜——火器

军事压力下，武器制造自然推陈出新。除了改良冷兵器，这时最瞩目的是热兵器的出现。

热兵器使用火药。唐朝已经用硝石、硫黄、木炭等制造火药。宋朝为了抗御北方民族，努力改良热兵器。初期不过是利用火药的燃烧性能，作为发射手段，又或掺入发烟或放毒气的成分，达到惊吓敌人、烧毁辎重的作用。

后来提高了火药威力，制成爆炸性的热兵器，投到敌阵中爆炸。经过不断改良，后期的爆炸性热兵器威力很大，可以造成大量伤亡；到南宋末年，又发明了类似枪支的热兵器，像突火枪可以利用火药的动力，由管道发射子弹。这种新发明，被元朝接受，改用金属做管，称为火铳。爆炸和管形射击是后来火器的两大品种。

不过这时的热兵器还处于开创期，威力和使用的方便程度都有限制，同时北方民族因为俘虏了宋朝军士和工匠，也学会使用热兵器，反过来对付宋军。像金军攻打汴京，第一次被热兵器打败，同年就反过来用如雨的火炮攻陷汴京。后来金军还首先制成以铁为壳，爆炸威力巨大的震天雷，不过这时金军却忙于抵挡蒙古了。

热兵器没有救回宋朝和金朝，但帮助了蒙古西征。热兵器西传后，在欧洲影响很大，成为摧毁中古封建制度的重要武器。

明朝早期仍是热兵器的发展期，品类多，性能提高。宋朝发明的用火药反冲力推进的火箭技术，在明朝发展到可以分级发射；又有地雷，触发地面机关，就会爆炸；尤其是管形射击火器，更大有发展，由简单的火铳发展到火枪、火炮。火枪可以多孔发射、分段发射。明朝中期，西传欧洲的火器，经过改良，加了瞄准器，由葡萄牙传回中国，称为佛郎机、红夷炮，它们在明清易代以及清初内外战争中，发挥过重要作用。

▲**制造火药的原料**

硝石、硫黄和木炭是制造火药的主要原料。

▲**明朝早期火炮**

明朝早期造的火炮用火绳点火，发射石弹、铅子和箭。用于攻城，有相当威力。但比较起后来传入的西洋炮，缺点是发射费时，射程不够远，炮身笨重，不便于野战。

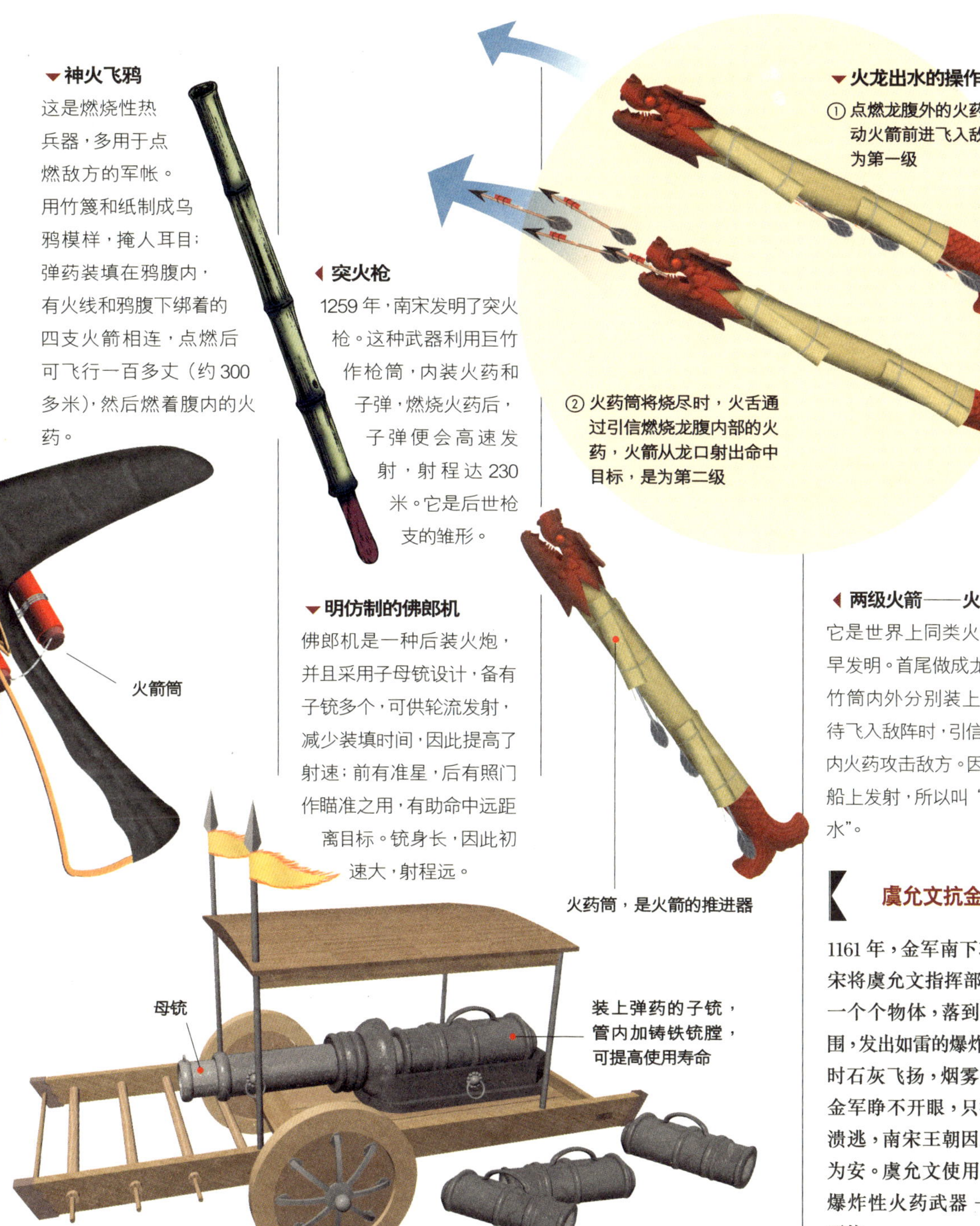

神火飞鸦

这是燃烧性热兵器，多用于点燃敌方的军帐。用竹篾和纸制成乌鸦模样，掩人耳目；弹药装填在鸦腹内，有火线和鸦腹下绑着的四支火箭相连，点燃后可飞行一百多丈（约300多米），然后燃着腹内的火药。

突火枪

1259年，南宋发明了突火枪。这种武器利用巨竹作枪筒，内装火药和子弹，燃烧火药后，子弹便会高速发射，射程达230米。它是后世枪支的雏形。

明仿制的佛郎机

佛郎机是一种后装火炮，并且采用子母铳设计，备有子铳多个，可供轮流发射，减少装填时间，因此提高了射速；前有准星，后有照门作瞄准之用，有助命中远距离目标。铳身长，因此初速大，射程远。

火龙出水的操作方法

两级火箭——火龙出水

它是世界上同类火箭的最早发明。首尾做成龙形，长竹筒内外分别装上火药，待飞入敌阵时，引信引爆筒内火药攻击敌方。因为多从船上发射，所以叫“火龙出水”。

虞允文抗金

1161年，金军南下攻宋。宋将虞允文指挥部下抛出一个个物体，落到金军周围，发出如雷的爆炸声。顿时石灰飞扬，烟雾弥漫，金军睁不开眼，只得狼狈溃逃，南宋王朝因此转危为安。虞允文使用的就是爆炸性火药武器——霹雳炮。

北方民族的传统制度

北方民族过着游牧或游猎的生活，但不是单家独户，毫无组织的。游牧民以族为基本，族内有许多分支，其中有特别强大的分支和领袖。每个部族有相对固定的牧或猎的地盘，与另一些族也会结成世代通婚的关系。遇到天灾人祸，各部族或敌对或结盟，出色的领袖被自己的联盟推举为首领，公推为汗。最出色的领袖经过激烈的争战，一统草原，建立强大的草原帝国，成吉思汗就是其中的佼佼者。

推选出来的领袖，虽然获得联盟内其他部族首领誓言效忠，但他不能直接指挥下面的游牧民。他的权力来源于推选，他的决策也需要与各部族首领商量，他的继任人也要经过推选。蒙古的大汗要经过忽里儿台（贵族决策大事的大聚会）推选，就是这种制度的遗制，亦因为这样，大汗死后，常常有激烈的争斗，才选出新的大汗。今天沈阳故宫（满族入关前的皇宫）东部亦留下共议大事的大政殿和十王亭。

此外，游牧民没有固定的居停和城市，成吉思汗的宫帐是牛车拉着，可以转移的。及至仿效定居者建立首都，仍然按本来的游猎习惯，随着季节和打猎地点转移都城。自辽开始，建立五京制度，金元清三朝都有类似的安排。

▼八旗军服

八旗是满族入关前的社会和军事组织，推动了满族能在短时间内入主中原。这个制度起源于出猎，当出猎时，按旗寨而行，每十人推举一个临时的首领。努尔哈赤为了把松散的各部组织起来，推广这种临时组织，把所有人民都编到旗下，组成八旗，以颜色区别。凡年满十六岁的男性都有资格选为士兵，这既是权利，也是义务。八旗分担下派的任务，有利益亦按旗分享。

▲ **猎归图**

猎归图反映北方民族对狩猎习俗的重视。辽人的墓爱绘壁画，携鹰引犬，联群出动，满载而返的猎归图，在辽墓里常常见到。

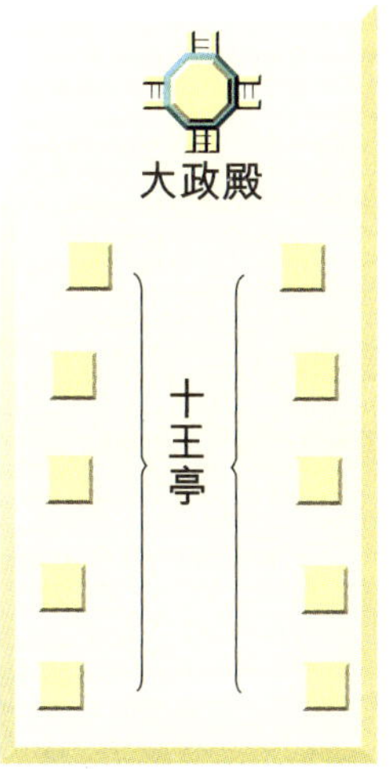

◀ **大政殿和十王亭的布局**

沈阳故宫是满族入主中原之前的宫殿，其中最早兴建的大政殿和十王亭最能反映由合议过渡到中央集权的情况。当时，满族已经向中央集权过渡，但还未称帝，下面则推行八旗制度。首领努尔哈赤准备在这里与他的八旗旗主开会议政。中央的大政殿是努尔哈赤办公和听政的地方，十王亭就是八旗旗主办公的地方。

▶ **反映女真族组织的印**

金朝建立前，“猛安”是部落的统军首长，“谋克”是氏族长。金朝早期，以“猛安谋克制”为地方行政制度，具有军事、政治、生产三合一的部落特色，直至金朝中期才被中央集权的制度取代。这是“撒土浑”谋克的印信，是金朝推行猛安谋克制的物证。

▲ **辽疆域及五京的分布**

辽的五京制，实际上是游牧生活在都城建设上的反映。以后金、元、清都有模仿。

辽军的屠城政策

蒙古旧制，凡攻城邑，只要对方进行过抵抗，破城后就杀尽城中军民。窝阔台时期，汴梁将被攻破，大将要求屠城，提倡以儒治国的耶律楚材坚决劝阻：“屠城只得一时快意，但却落得人财两空。”为窝阔台采纳，147 万百姓才得免于难。

汉化，还是不汉化？

北方民族虽然有强大的军事实力，但政治制度、经济、科技和文教水平不及中原汉人。当他们占有了一大片有城市的农业土地，建立一个新政权后，面对的最大问题，是怎样治理这个不只游牧的王朝，怎样使它强盛。当时中原的政治制度在世界上很先进，而且在东亚，除了中原之外，也没有更先进的模式可供学习。汉化因此成为当务之急。在当时，汉化就等于现代化，并不是一个民族问题。

中原王朝制度的最大特色，是中央集权帝制和文官统治。北方民族的帝国大部分推行这种中央集权、文官统治的制度：在政治和军事上把掌握于部落首领的兵权，转为掌握在皇帝手里，不再用与各王合议的方法作决策；在地方上设立州县制度。此外还模仿中原的文官系统，举行科举考试。辽朝比较早在汉人地区恢复科举，但不许契丹人参加，辽末才打破禁令。就连最瞧不起读书人的元朝，到后来也恢复科举，不过录取的人数只占文官系统的少数，而且录取的时候，也按民族而有差别。

汉化的同时，要顾及本族人的适应问题，像辽朝虽然皇族汉化很深，但也要实行一朝两制，在汉地用汉法，在契丹的地方用契丹的法。几个北方民族王朝的汉化程度各有深浅，女真族的金和清，汉化程度极深：清朝皇帝深信“敬天法祖，勤政爱民”，遵守汉族古老的伦理规范行事的程度，连许多汉族皇帝也远远比不上；很多满族人成了文学、艺术名家，在传统的汉族文艺上大放异彩。

◀ **辽朝文官**

辽朝辖域内包括了众多的民族，统治者采取因俗而治、分而治之的办法，“以国制治契丹，以汉制待汉人”。南部汉人地区任用许多汉族官员，实行汉人传统的政治制度。这个辽墓壁画中的文官形象，穿汉式官服，应为当时辽南境的汉族官员。

▶ **孝子故事鎏金银罐**

儒家的孝悌观念得到辽金两朝的贵族接受。这件契丹贵族的随葬品，在罐上刻有共八幅的孝子故事图。

▲ **御赐“万岁台”石砚**

这个砚应是辽太宗赐给大臣耶律羽之的。耶律羽之是契丹贵族，在征战之余，爱好读书和方术，有深厚的汉文化根基。石砚是汉族写字绘画的工具，以游牧民族喜欢的金银物料来做砚盖，以龙和花做装饰，刻上汉字，是结合汉族文化和游牧民族喜好的产物。

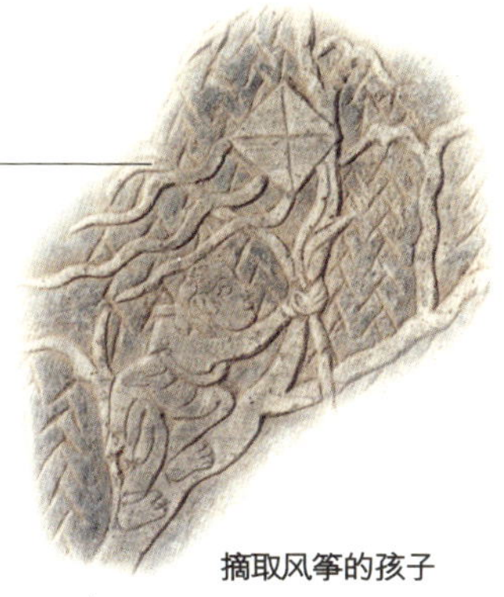

▲ **五子登科石刻**

这件元朝的石刻，以五个孩子摘取树梢上的风筝为主题。“棵”、“科”音近义同，孩子攀树，有“登科”亦即考中科举功名的寓意，显示汉人父母念念不忘子女能通过科举获得好前途。因此，统治汉人的北方民族，明白这种心理之后，也恢复科举，以减轻汉人反对的压力。

▼ **北京孔庙内景**

孔子是汉人儒学精神的代表，北方民族也来敬奉孔子，是他们汉化倾向的最佳说明。这是元朝政府在1302 年于北京建的孔庙，是元至清朝政府祭祀孔子的场所。

▲ **康熙帝读书像**

清朝的康熙帝是一个满族的汉式明君。他崇尚汉族传统文化，与他自幼受到汉文化的熏陶有关。他的父亲顺治帝是汉文化的崇拜者，笃信禅宗佛学。康熙的启蒙老师都是明朝的读书人，所以他自小打下汉学根基，喜欢读书写字，研究学问。他每次离京出巡，都要给各地孔庙和学府题写匾联。

【元昊兴夏】

北宋前期，党项族首领李德明附宋。其子元昊继位后，坚持以本民族文化为主，走自我发展的道路，故下令恢复传统发式、废除汉姓和宋朝所封年号。不过他建立的大夏国，还是承袭了汉族文化和典章制度，创造的文字也深受汉文的影响。

忽必烈的汉化之路

在历史发展的长河中，野蛮的征服者往往最终被所征服民族的高度文明所征服。中国历史上曾有多个北方游牧民族入主中原。他们无一不受到汉族高度发达的农业文明的熏染，走上汉化的道路。元朝是由蒙古乞颜·孛儿只斤氏贵族建立的、中国第一个由游牧民族统治全中国的大帝国，也是中国历史上疆域最大的帝国，面积达2300万平方公里，仅北疆就到了西伯利亚北极圈内，并在东欧和中亚建立了与元朝并立的四大汗国。如此强大的蒙元王朝在入主中原后，也不能不经历一段曲折的汉化过程。

元帝国的开国世祖忽必烈是成吉思汗之孙。他即汗位后，面临着蒙古帝国分裂的危机。忽必烈采纳“帝中国当行中国事”的策略，毅然改弦更张，大刀阔斧地进行汉化改革，采纳宋朝的一套中央集权体制，巩固元朝统治。

忽必烈首先以开平（今内蒙古正蓝旗东）为上都，燕京（今北京）为中都，将大蒙古国的政治中心由漠北草原移到中原。他按照宋朝的国家体制，在中央设立中书省、枢密院、御史台、宣政院，分管行政、军事、监察和宗教。特别是他设立行省作为地方最高行政机构，强化了元朝对广袤国土的管理和控制，结束了汉唐以来东北和西南地区的分治状态，统一以行省建制管理。这套行省建制一直沿用至今，堪称忽必烈的丰功伟业！

忽必烈实行重农政策，设立专管农业的机构，以农业成绩作为考核官吏的主要标准。1283年至1292年的十年间，他在山东开凿三条运河与隋代大运河连接，形成京杭大运河。这条运河还与黄河、海河、淮河、长江、钱塘江五大水系联网，构成中国水运主动脉。

忽必烈汉学颇深，常给人读解《资治通鉴》，尤善书法。他标榜文治，尊孔崇儒，在各地修建孔庙，并在中央设立国子学，用儒学教育蒙古贵族和各族官僚子弟。还在地方建立各级官学，以科举取仕，使程朱理学上升到官方意识形态的至高地位。

忽必烈采取的汉化政策巩固了元帝国的统治。可惜他在实行“汉法”的同时又保存“国俗”，即在吸收汉族农业文明的同时又大量保留畜奴、军事长官世系制、民族歧视等游牧民族的旧制。并存的二元统治政策虽为入主中原的少数民族所共有，但元朝表现最为突出，故而其汉化进程最缓慢。元帝国统治未能长久，与此不无关系。

乾隆的汉化

满族为了完成入主中原的宏图，很早就开始学习汉文化，入关前已具有相当高的汉化程度。入关后更大力推行汉化，甚至对明代的政治模式只稍作改动，照搬过来。如在中央设六部、不设宰相，任用汉族文人，采用八股取士，加强皇帝集权等都是汉化的表现。

为了更好地统治中原，他们将满族原来没有，而中原王朝又最为重视的礼乐制度也全盘地吸收过来，如天子登基大典，祭天、祭地、祭先农等祭祀活动皆是全然的汉化。如乾隆时的《皇后亲蚕图》，便是帝后祭祀先农的实物证据。

汉化的过程中，皇帝可谓以身作则，他们身体力行地彻底学习汉族的文化，继承汉人传统的价值观，标举“敬天法祖、勤政爱民”的美德。经过往几代帝王的经营，到乾隆时，整个清王朝的汉化已相当深入，乾隆是一个汉学造诣极深的皇帝，在吸收汉文化方面大大超过了他的各位祖先。他能诗善画，创作了大量的诗文。自谓“即以汉人文学而论，朕所学所知，即在通儒，未肯多让，此汉人所共知”。他陶醉于江浙的山水，迷恋南方的园林，在位期间，多次亲下江南，并将著名景观仿建于皇家园林之中，以供时时赏玩。除此之外，乾隆还在边疆的少数民族地区推行汉化，使其加快了汉化的进程。

清朝在整个汉化的过程中始终秉持着自己的准则，对于传统的汉文化有所取舍。满族是一个重骑射、尚武勇的民族，也正凭借着强大的军事力量，清朝才得以入主中原，为此他们时时警惕，以免失去了根本。关于这点，乾隆大加整饬，并严格执行木兰秋狝、东巡谒祖等制度。其中，木兰秋狝是清代帝王演练骑射的一种方式，即每年秋天皇帝到避暑山庄附近的木兰围场巡视习武，行围狩猎。而东巡谒祖是皇帝出巡东北盛京、吉林、黑龙江等清王朝发祥之地，祭祀祖宗先帝的活动。

同时，清朝储君的废立，也坚持满族独特的方式，他们并不建储立嫡，而是实行秘密立储制，如乾隆反复强调“不可不立储，而尤不可显立储”。同时诫谕后世子孙不必拘泥立嫡立长的古制。这种择优选择皇储的做法，既提高了继位者的优选率，又有利于国家最高权力的平稳交接。

清朝前期的几位帝王通过一系列的措施，使满族的统治完全融入了汉文化之中，但又坚持自身所长，各有取舍，较好地把握了满族汉化的方向。

游牧人的定居生活

马可·波罗来中国的时候，在元上都拜见游牧骑兵的大帝忽必烈。元上都在内蒙古广袤的草原上。马可·波罗住惯了房子，大概从未奇怪过游牧人的首领怎么会住在城市里。其实，蒙古人初占有城市时，还想将中原地区改成大片牧场。

游牧王朝而有固定的首都是新一代游牧民族的风气。辽、西夏、金、元、清无不这样。首都营建富丽堂皇的宫殿，甚至还建孔庙，又设市场供商品买卖，十分繁荣。游牧王朝都城也有自己的特色，像元上都西面有一片地，专门扎蒙古包，又有棕毛殿等少数民族风尚的宫殿。此外，游牧皇帝也不惯长年住在一处，因此辽朝有五京，以后金、元都仿效五京制。

除了都城，草原上有些临河的地方还建了不少城市，像松花江沿河就发现了四十多座金朝城市遗址。这时游牧人也有了农田，可能是被俘或北来的汉人开垦的，有了河水，也方便灌溉附近的农田。房子起初不一定是长期居住的，辽金时期的房子有些只是就地用沙土拍打成为墙壁，不很牢固，估计是临时的，可能到天暖就搬走。北方天气冷，房子里有火炕、烟囱，但煮食的灶却是露天的。从这些房子可以看到游牧人逐渐走向定居的情况。

▲鎏金门铰和锁匙

门铰和锁匙都是与门有关的构件。门的使用，是游牧民族转为定居的象征。这几件工具用上鎏金，可见珍贵，不是一般房屋所用。

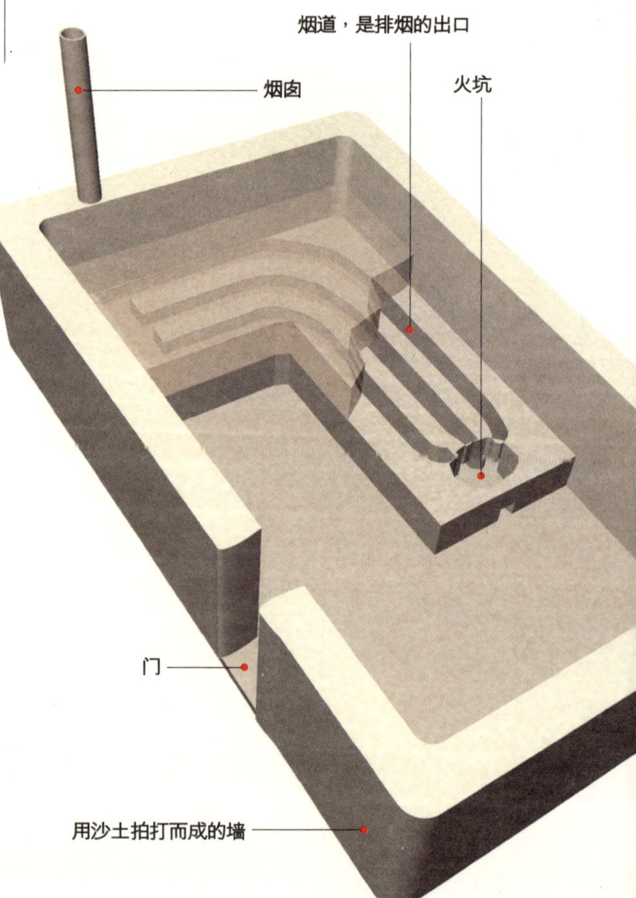

▶辽金房屋遗址复原图

在吉林发现了迄今规模最大的辽金时期聚落遗址，揭示了游牧民族逐步走向定居生活的过渡形态。

房址朝东南，有利于朝阳背风御寒。墙壁就地取材，用沙土拍打而成，可能只拍打到一定高度，以阻挡风水雨雪，然后用棉、毡、皮类的蒙古包式帐篷盖在上面。室内普遍建造曲尺形火炕，还有灶台、烟囱等，说明当时汉族的生活器具、生活习俗不断传入，而契丹和女真已掌握了娴熟的建造火炕取暖的技能。

▲ **金人的木床**

从金墓出土的木制家具，可见金人已经逐渐适应以农业生产为主的定居生活。

▶ **妇人启门图**

辽墓壁画内容丰富，充满生活气息。画中妇女正在开门，门上画了金色的凤凰，有门环，可见富有人家的定居生活已和草原生活相去很远。

▼ **煮茶图**

在蔬菜、瓜果资源不丰富的北方地区，茶叶有除腻、提神功效，极受欢迎。北方本不产茶，从南方买得的茶叶，格外珍贵。所谓茶马贸易，显示南方想要北方的马，北方需要南方的茶。这幅壁画反映契丹人煮茶的情景：长方形的桌子上放了茶具，几个人正忙于煮茶。

1. 提壶准备斟水的男子
2. 吹火的孩子
3. 碾茶的孩子
4. 手持杯盏的侍女

◀ **满族入关前的生活**

这幅版画描绘了女真族一个城镇的生活。女真族各部的文明发展程度，有很大分别，越北的越落后。明朝时，原来散居在东北较北地区的女真，分成三部，较文明的两部不断南迁，大约在明朝嘉靖时期（1522－1566 年）已稳定散居在接近长城的辽东地区，并向汉人学习耕种、建屋，不再是只知射猎的民族。

成吉思汗西征

蒙古国建立后，成吉思汗与其子孙先后三次西征，扩张势力范围。兵锋曾到达今俄罗斯、波兰、匈牙利、伊拉克、耶路撒冷等地，给中亚各族带来很大灾难。但西征客观上推动了东西方经济文化的交流，使元朝的对外关系有很大的拓展。

从畜牧到农商

畜牧业虽然成就了游牧民族的军事强势，畜牧经济本身却很脆弱。逐水草而居的生活，时常受旱灾雪灾威胁，严重时人畜大量死亡。新一代的游牧民族建立的政权，因此还大力发展农业、商业、手工业。

北方民族王朝占领了传统农业地区之后，逐渐认识到农业对经济稳定的作用，改变了想把农田变成牧地的想法，还利用汉人的耕作技术，发展农业。又把农业推广到草原地区，作为辅助性生产。除了元和清后来吞并南方之外，这几个王朝的国土主要在北方。北方地区的耕种条件当时已赶不上南方，而且这些北方民族王朝起初只占有农业较落后的地区，雨量不平均、风沙大，对农业发展构成阻碍。为了农业灌溉，纷纷用国家的力量兴修水利。金朝后来还可以种植水稻这种高产量农作物。有了农产品，草原发生天灾也可以调集粮食救灾。

至于商业，游牧民族向来重视，因为游牧生活的物资常常要靠贸易交换来补充。因此纵使与中原王朝处于对立状态，但是边境上的贸易仍很兴盛，不过，双方对对方欠缺的战略物资，例如马、金属、粮食等，是禁止贸易的。游牧民族可以贸易的主要商品是畜产品，牛羊肉食、皮革、毛裘、毛毡等等，由于欠缺其他手工业技术，所以很重视抢夺工匠，蒙古人对俘获的工匠都免死，带回后方工作。获得工匠之后，北方民族王朝的手工业大有发展，丝织、瓷器、玉器都有很不错的成就。

不过，畜牧还是很受重视，用国家的力量经营牧场，对饲养的管理很严格。窝阔台时又在草原没有水的地方凿井，使逐水草而居的范围比较固定。窝阔台还视之为自己一大功绩呢。

▲点茶图

北方少数民族都爱饮茶，中原与北方民族贸易称为茶马贸易，可说是各取所需。辽的茶叶，主要是通过贸易和宋朝的馈赠获得。契丹贵族喜爱饮茶，而且看重宋朝的名贵茶叶。辽墓中与饮茶相关的壁画很多。

▼犁耕图

二牛抬杠在汉朝已经出现，并开始在各地推广。西夏仍然用二牛抬杠方式耕作，一方面说明西夏的农业生产根植于中原，也说明由于宋夏对立，东南地区先进的耕犁没有传过来，所以深耕技术远远落后于宋朝。

▶辽三彩陶鸳鸯壶

游牧民族的陶瓷器制造，在他们立国后渐有发展。虽然受中原工艺的影响，但又形成各自的特色。辽朝的陶瓷器造型质朴，其中以三彩器和形如皮囊的鸡冠壶最有特色。这件辽三彩黄绿相间，鸳鸯的羽毛也刻画细致，艺术性很高。

▶双凤齐飞玉饰

金朝玉器制造业发达，留下许多传世精品。这件双凤齐飞玉饰造型精巧，一对飞凤嘴尖相对，双腿合并交叉，作比翼齐飞的姿态。玉饰琢制、抛光技术高超，显示了金朝制玉的工艺水平。

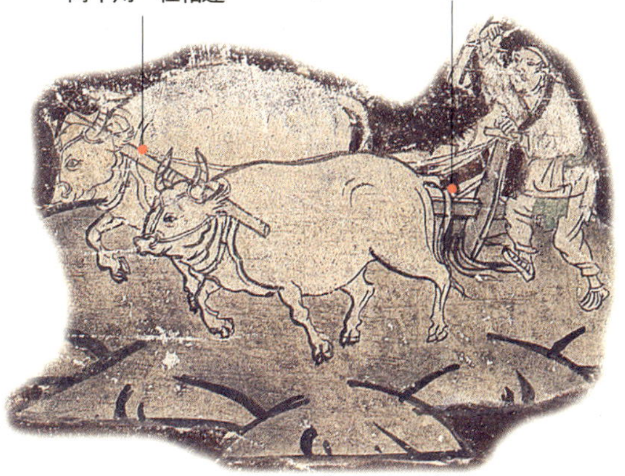

◀饮饲图

这幅元朝的画中，生动描绘出官营牧场中饲养者精心照料马匹的情景。辽夏金元各朝都设有专门管理畜牧业的机构。元朝在全国设立了十四处官营牧场，朝廷每年派专人巡视各地牧场。

不能返农为牧

来自草原的蒙古贵族不知如何治理中原，很多人认为应把汉人赶走，把农田变成草原，才能产生财富。为了说服他们，耶律楚材成立课税所，征收土地税、商业税，每年的收入支付军粮和军费绰绰有余，这才让他们认识了农业的意义，避免了返农为牧的倒行逆施。

民族文字的创立

早期的游牧民族大多没有文字，历史和生活经验都靠口传，但是新崛起的游牧民族认识到文字对提高文化水平的重要性，纷纷创制自己的文字。

环顾当时其他地方，中原用汉字已经两千年以上；东边的日本、西边的回鹘、西南的藏族，分别受到中原、中亚、印度影响，都创造了文字。

北方民族造字受两个方法影响：方块的汉字和非方块的拼音文字。最早兴起的辽、西夏、金的文字主要受方块汉字影响。看起来是一个一个方块字，字形结构也和汉字相似。但是除了西夏之外，北方民族的语言不属于汉和西藏的语系（词多是由单音节的单纯词和多音节的复合词组成），所以模仿一字一音的方块汉字总有点不便。后期的蒙古和满族则模仿另一个系统，尤其是回鹘文（亦即畏兀儿文字）。蒙古灭了突厥系的乃蛮人之后，借用乃蛮人使用的畏兀儿文字，做成畏兀儿蒙古文。明朝末年，满族因为仿汉字的女真文已经不通行，借用仍然使用的畏兀儿蒙古文，后来模仿而造满文。蒙古还有另一套模仿藏文、畏兀儿蒙古字和汉字创制的文字，是直写的，称为八思巴文。元亡后，八思巴文不再通行。

不过，北方民族王朝境内，其实仍然通行汉字，不但境内的汉人使用，官方文书也有汉文，而皇族中人不少懂得汉语，文学家也有用汉语写作诗文的。

▼ 西夏文雕版印经

西夏文在当时流行的少数民族文字中十分突出。创造后，大力推行，从立国到亡国，甚至亡国后二百多年，未曾中断使用。前后共用了四百六十多年。而且西夏雕版印刷业发达，更有利西夏文广为流传。

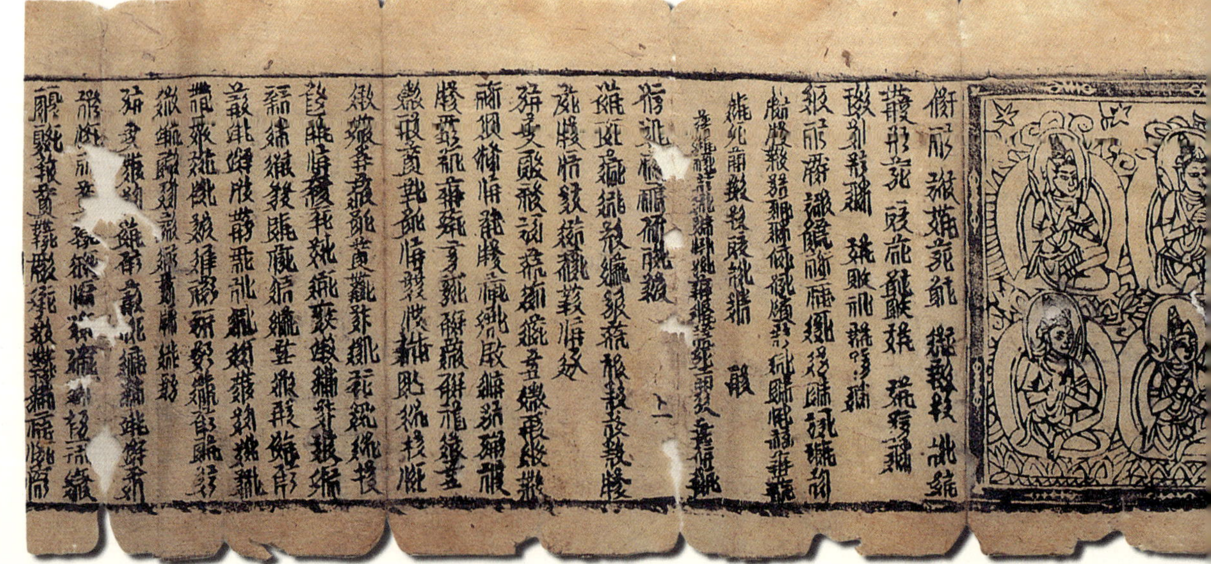

▲契丹文字

契丹建立后，先后参照汉字创立了契丹大字和契丹小字。辽亡后，使用了一段时间才被金朝废止。图中是契丹小字。

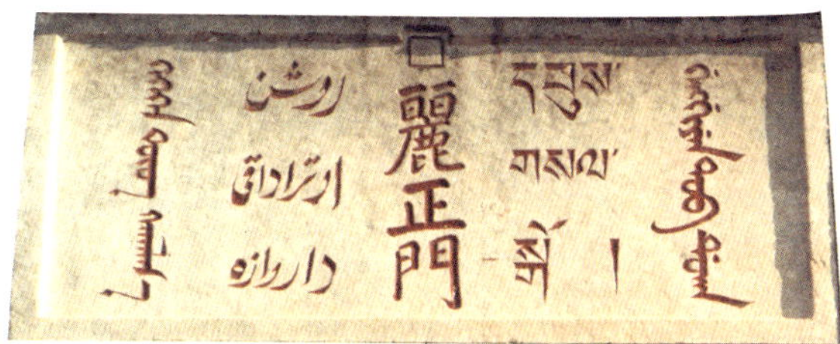

▲五体文字匾额

清朝修建的承德避暑山庄，正门匾额有满、藏、汉、维、蒙文字，很能见到多民族的中国的多文字特色。清朝的文献都有满、蒙、汉三种文字版本，无论紫禁城还是离宫别馆，各殿的匾额都有满汉两种文字。

汉字周边文字创制时间

7世纪	突厥文
7世纪前后	藏文
未详	回鹘文
9世纪初	日文
920年	契丹文
1036年	西夏文
1119年	女真文
1225年	蒙古文
1444年	朝鲜文
1599年	满文

回鹘人的文化中介角色

回鹘人聚居于丝绸之路，唐朝时曾建立汗国，亡国后，向南迁徙，分成三支，分别住在河西走廊、新疆的高昌，以及今帕米尔高原以西。元朝时称回鹘为畏兀儿，后来发展成现今的维吾尔族。河西走廊一支称为“黄头回鹘”，并发展成今天的裕固族。

回鹘人多经商，有自己的文字，对中亚、西域和东亚（尤其是宋、辽、元三朝）的经济交流和文化传播，有重要的中转作用。

▲畏兀儿蒙古文

有了蒙古文可以用来发布命令、登记户口、记录所断案件和编集法律文书，使蒙古人的文化大大提高。1219年，成吉思汗召集大会，重新确定了世代相传的规范，他历年发布的法令和训言，命用蒙古文记录成卷，名为大札撒。每代大汗即位或处理重大问题，都必须依例诵读大札撒条文，表示遵行祖制。这是内蒙古石窟的13世纪畏兀儿蒙古文题记。

壁画里的辽朝生活

唐亡之后，一千年的北方民族潮里面，辽朝是第一个兴起的北方民族王朝，对它北邻各族有文化传播的作用，对它以后的北方民族王朝也有先例作用。辽朝的社会和生活到底是怎样的？由于辽人的墓里面画了许多壁画，它的生活图像比其他北方民族王朝更具象。辽的壁画题材广泛，以饮宴、猎归、出行、家居生活为多，是当时贵族生活的生动写照，而附带又见到林木、鸟兽、羊马等北国风情。有一个皇帝陵里画的四季狩猎壁画，等于一套描绘四季的山水画，面积很大，可以见到辽朝的绘画水平很高，可惜已经残破。

壁画和墓里的其他文物一样，很明显见到唐朝的影子，毕竟契丹在唐朝时先后依附突厥、回鹘和唐，突厥、回鹘相继衰落，辽朝建国之前，契丹和唐的来往最紧密，受唐的影响很多，连法律都近似唐律。唐和契丹都有胡汉文化交杂兼容的特色，透过两朝的壁画，很感受到胡汉文化混合的新鲜气氛。

写经的贵族妇女

辽人崇信佛教，达到狂热的地步。抄写佛经，传播佛法，是一种功德。这女子在花园中抄写佛经，专心致志，她的衣饰华美，阔袍大袖，头插金饰，完全是养尊处优的贵妇模样。这个墓的壁画色彩鲜丽，而且描金，十分珍贵。

▶出行图

这幅图描绘契丹贵族出行游猎的场景。其中一个侍从头顶一筐饮食用具，从形状看来，像是瓷器，把易破的瓷器带上出行，可见生活中已渗入许多不是游牧的因素。

◀贵妇图

壁画中的贵妇仪态端庄，面部丰满，有唐朝贵妇的风格。

▼奉侍图

壁画中描绘的是在贵族家中正在忙碌的佣仆，都穿汉式服装，反映的是汉地辽朝贵族家中的日常生活。不过这些佣仆的衣服，不像一般下层人短衣束袖，戴的帽子也像官员。究竟是贵介官家中连仆人都衣服华美，高人一等，抑或是其他原因，还可以研究。

◀童嬉图

几个孩子玩耍，躲在箱笼后面。他们的脸部和手部经过晕染，更显逼真。发式既有绿衣小孩剃去额发的契丹式，也有红衣小孩的汉式髻发，反映出辽朝统治下汉人和契丹人杂居的情况。

▶门吏图

契丹以武立国，得以逐鹿中原，因此尚武之风盛行。在辽朝墓葬的许多壁画中都有手持兵器的士兵形象。这两个画于墓门两侧的门吏，守卫墓室。

萧太后临朝

辽朝萧太后，美而聪慧。其子圣宗即位时才十二岁，萧太后就临朝称制，管理国家大事。她特别宠信汉人韩德让，两人在严酷的政治斗争中配合默契，稳定了政局。契丹族妇女地位较高，也不太忌讳男女交往，为萧太后施展政治才能提供了可能。

融汇世界各大宗教

北方民族本来的宗教称为萨满教。萨满教是一种原始宗教，相信万物有灵，天地山河树石禽兽都有神灵。萨满巫师穿上有许多动植物装饰的衣服，手拿大鼓，旋转歌舞，举行跳神仪式，驱赶邪恶的精灵。

北方民族攻掠的地方扩大，接触到其他宗教之后，很少排斥，一般都容许这些宗教自由传播，这种包容态度可能和他们本来的多神信仰有关。

元朝因为地域广大，而且中西往来频繁，因此各地的宗教传入很多，元朝境内，佛、道、基督、伊斯兰、犹太教并行不悖。蒙古人后来改信藏传佛教，又称为喇嘛教，但他们的祭祀仪式里，保留很多萨满教和草原生活的习尚。与蒙古族通婚的满族，为了与蒙古联盟进攻中原，也支持藏传佛教，还在中原境内建了不少藏传佛教寺庙和白塔。

以崇信其他宗教出名的还有辽朝，当时佛教兴盛的程度，比中原还要厉害，到处都有佛寺，佛塔建造得很精美。又为了超越宋朝，花很大气力刻成《大藏经》。

鎏金银道冠

这顶辽墓出土的道冠，反映出汉人传统的道教已经为契丹贵族所接受。道冠由十六片鎏金银片缀合而成，另钉上二十四件凤、鸟、花卉、火焰宝珠等银饰件。

道教人物

八思巴觐见忽必烈壁画

元朝从忽必烈开始，尊崇藏传佛教的萨迦派（俗称花教）。1252年，该派教主八思巴觐见忽必烈，深得忽必烈赏识。忽必烈成为大汗之后，封八思巴为帝师，统领全国僧人，又是西藏的行政领袖。帝师受皇帝优待，赏赐无数，忽必烈仅第一次灌顶所献的供养即为十三个万户；帝师在朝会时有专座；往来大都和西藏，沿途都要隆重接送。

八思巴

忽必烈

▲ **摩尼光佛像**

创立于波斯的摩尼教，公元7世纪传入中国，也叫“明教”，曾产生很大的影响。位于福建泉州的摩尼教草庵是中国目前仅存的摩尼教遗址。这神像在泉州摩尼教草庵出土，背雕毫光四射纹饰，称“摩尼光佛”。

▶ **辽朝石雕观音像**

辽朝帝王提倡佛教，尤其信奉观音。辽朝的观音像十分精美，很能代表辽朝的雕塑艺术水平。

▲ **印度寺的石柱**

元朝时各国商旅云集泉州。泉州当时有印度寺，这个寺中的石柱带有浓厚的印度文化色彩。

▶ **元朝景教墓顶石**

用灰白色花岗岩雕琢成。正面和侧面各阴刻一个“十”字架。背面阴刻一行古叙利亚文。基督教的聂斯脱里派在唐朝已经传入中国，被称为“景教”；到唐朝末年在中原已湮没无闻，但在西北地区以及蒙古、中亚，景教依然流行。

少数民族的多神崇拜

契丹人“好鬼而贵日”，特别崇拜太阳。每月初一，都要向东方拜日，朝典仪式皆以东向为尊，连房屋也都朝东。女真人崇拜山川神灵，长白山作为“兴王之地”，获得了许多香火。党项人崇拜鬼神，房屋往往留其当中一间，以奉鬼神。

草原之路的世界联系

大家熟知的丝绸之路，主要是中原王朝与西面各国来往的通道。早在这条闻名世界的丝绸之路开通之前，在北方，草原上已经有一条贸易通道。不过，商旅往来不光看道路难易，还看商品的丰足与否，所以丝绸之路开通之后，变成最受瞩目的世界性通商大道。

北方民族纵使控有中原，他们的政治中心主要在北方，其中辽和元两个朝代，都控制了广阔的东亚草原，国力亦盛，草原之路又变得兴旺起来。尤其是辽，受阻于西夏，主要通过草原之路，与西边的各国各族贸易，输入珍宝、兵器和细毛织品。由于辽和西域、中亚的交往密切，因此辽亡后，部分契丹人在西域建国，称为西辽。今天俄语里的中国，来源可能就是契丹，可见辽的贸易传播到很远。元朝既有草原之路，也拥有丝绸之路，灭了南宋，更继承了海上之路，东西往来很频繁，而草原之路不似辽时兴旺。不过，马可·波罗来中国，所走的也是草原上的大道。

元朝的驿站系统也很完善，虽然主要用作传递政府讯息，不是供商人用，但对各地的交通联络还是有促进的。驿站系统以首都北京为中心，东北到达黑龙江口，北方去到叶尼塞河，西北去到伊儿汗国和钦察汗国，西南到西藏，而原来交通发达的中原，分布驿站更密。

骑骆驼俑

这个元朝陶俑重现了外国商旅骑骆驼远赴中国经商的情景。

大漠中的驼队

在一望无垠的草原和沙漠绿洲中，骆驼是主要的运输工具，驼队和商旅的西去东来使得这条横贯欧亚的天然通道，成为中西文化交流的大动脉。

▲ **双羊提花织锦被面**

这件元朝被面上的羊有欧洲神话的神兽“格力芬”的特征，嘴形似鹰，并有卷云纹的翅膀。“格力芬”形象在中国北方草原出现，是中西文化交流的具体证据。

▶ **察合台汗国银币**

蒙古军队西征后，在被征服地区建立了四大汗国，察合台汗国是其一。蒙古入主中原，四大汗国与元朝驿路相通，使节往来频繁，带动东西方物资和文化交流。这枚银币在正面压印了库法文和阿拉伯文，意思是“安拉”是唯一的神。

▶ **刻花高颈玻璃瓶**

出土于辽国贵族墓中，是典型的伊斯兰玻璃器，可能是公元10世纪末伊朗地区所制。

▲ **色目人俑**

元朝的色目人是对蒙古以外的西北各族、西域以至欧洲各族人的统称，他们在元朝的地位仅次于蒙古人，而高于汉族。这尊色目人俑，头盘长辫，眉隆凸，目深陷，满腮须髯，双脚蹬靴，颇像西域色目人。

蒙古人本身不善经商理财，色目商人在元朝商品经济领域中极为活跃，其中以回族商人为最。

▼ **胡人驯狮琥珀饰**

狮子不是蒙古草原的动物，胡人、狮子和琥珀都是外来的，这件辽的装饰品将三者结合在一起，是东西文化交融的实物见证。

马可·波罗来华

马可·波罗是意大利人，他的父亲和叔父经商来华，奉忽必烈之命出使罗马教廷。1271年，马可·波罗随父亲来华覆命，经丝绸之路，跋涉了三年半，终于来到元上都，在华居住了17年，深得元世祖信任。后来口述在华所见撰成《马可·波罗游记》。

蒙古高原新形势

13世纪时，成吉思汗崛起，统一蒙古高原各族，既是蒙古族的大事，对中华民族亦产生了极大的影响。

自古以来，蒙古高原上的游牧民族，像匈奴、鲜卑、突厥等，强大时，高原上各族归附，都号为其族，失败时，纷纷瓦解。成吉思汗出自蒙古一个不算很强大的部，他先统一了蒙古各部，成为蒙古的汗，再打败了高原上其他强大的汗，像属于突厥系统的乃蛮，统一蒙古高原。在这统一过程中，许多经常与高原各族来往或攻战的森林民族，也被卷入其中。蒙古不光是原来的蒙古族，还融入了这许多或降或附的蒙古高原居民。元朝灭亡，蒙古族北迁，形成东西两大部族对立，下面再分成很多部，但蒙古仍然是北方很重要的军事力量。

元亡时没有北返的蒙古人，分布的范围很广，后来世代与汉族通婚，改了汉姓。有许多著名文人学者，如果不查祖源，根本认不出先世是蒙古人。

蒙古人可能从来没有想过，他们的宗教宽容政策加上掠夺性的西征，为中华民族留下深刻的印记：中华民族从此多了一个新成员——回族，并对元朝社会经济文化产生重要影响。在现代中国，回族仍与汉、满、蒙、藏并列为中国五大民族。

▲**成吉思汗**

游牧民族的历史经过上千年的积累，到成吉思汗终于爆发出震惊世界的力量。

蒙古民族的扩大、民族共同体的形成，以及他们西征、改奉藏传佛教，从蒙元到清前期，深远影响中国政治和文化，最少六百年。

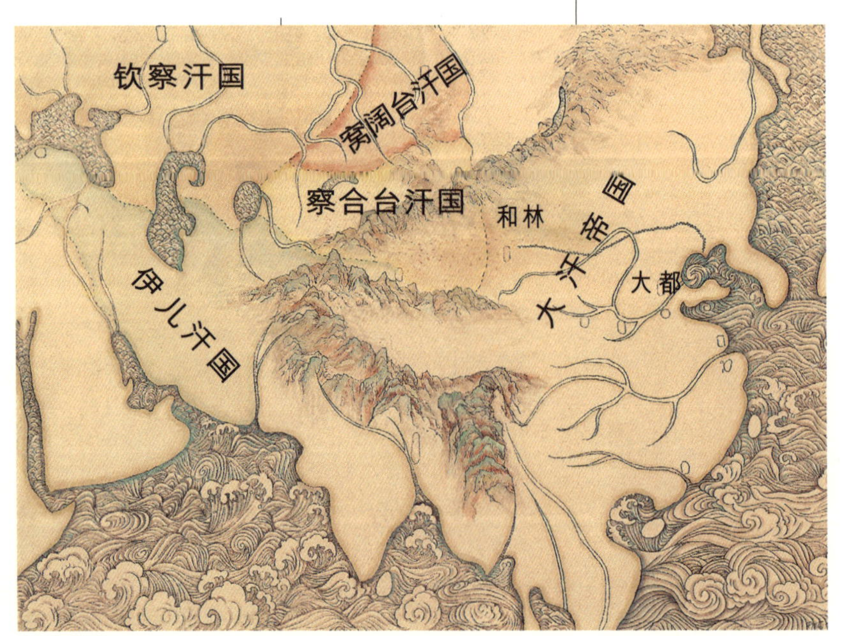

◀**蒙元疆域及四大汗国分布图**

蒙古人通过不断的军事扩张，建立了四大汗国，足迹遍布欧亚。四大汗国的建立，是蒙古不断融入世界的表现，深刻地影响了当地的历史发展。

中华民族新成员——回族

回族的祖先，主要是蒙古西征时归附，大批东迁，组成“西域亲军”的西域和西亚居民，信伊斯兰教；部分是循海路来元朝做官或做生意的穆斯林。当时称为回回，在元朝色目人中人数很多，分佈很广。他们地位高于汉人，善于经商，很多成了高官或巨商，专擅天下水陆之利，俗称“富贵回回”。

◀ **蒙古族老大娘**

▼**《塞宴四事图》宰羊场面**

▲ **宰羊**

蒙古人热情好客，有用全羊或全牛款待贵宾的传统礼仪。他们宰一只羊只需几分钟。

◀ **摔跤**

摔跤、骑马和射箭是蒙古男性传统的三项基本技能，孩子自小已经开始接受训练。

▶ **冬季迁徙**

蒙古民族在今天已经过着半农半牧的生活，但由于牧畜的需要，冬季和夏季会在不同地方放牧，故此每年还有两次较大规模的迁徙行动。

▼ **草原与马**

草原是游牧民族生活的大舞台，成吉思汗和他的骑兵所建立的功业就以此为起点。

满族与中华民族融合

▲**避暑山庄普陀宗乘之庙**

避暑山庄是清朝皇帝与蒙、藏族联络感情的重要行宫，山庄外建了多座藏传佛教寺庙，供蒙古王公到来时参拜。普陀宗乘之庙是最大的一座，仿西藏布达拉宫。最高处的大红台，只有最高级的王公和喇嘛才能参拜。

满族是中国最后一个王朝的统治者，入主中原近三百年。它的崛起、民族政策，对中华民族的融合形成，影响很大。

满族前身是女真族。金朝灭亡后，先后受蒙古和中原的明朝统治。在明朝治理期间，不断南移，直到距明长城不远的地方。明朝末年，女真各部统一，而且得到蒙古很多部归附，打败北迁的元皇室嫡裔，得到元朝的传国玉玺，被东部蒙古各部推举为汗。女真和东部的蒙古早已有接触，这时结为联盟，世代通婚，共同以入主中原为目标。

满族既来自关外，又与蒙古结盟，进入中原后，原来抵御关外民族的长城再不受重视。清朝还在接近北京的明长城以北，建造避暑山庄，接待入朝的蒙古各部，山庄外围又修建很多藏传佛教寺庙，供入朝的蒙古王公参拜，清朝本身也优礼藏传佛教。每年秋天，清帝在山庄北面的围场与蒙古各部围猎。

满族入关后，面对人数占绝对优势的汉人，高压和怀柔并用。虽然圈占土地、迫汉人剃头发换服饰，引起极大反抗，但也大量用早在关外已归附的汉人到各地做官，宣布保持明朝制度，维持科举，稳定人心。清朝皇族以至八旗旗民的汉化程度相当深，语言文字都已汉化。清朝灭亡后，满族几乎完全融入汉族之中。

清朝的多民族大一统政策，与中原传统王朝一样，而联络蒙古和藏族更加深入。自唐亡之后，北方民族一千年的南下潮，到满族入关，各族更深融合之后，可说告一段落。

中国的民族进程，从商周的华夏族，到结合五胡的汉族，再结合蒙、满和回、藏族的中华民族，经历了三千年以上。

▲ **满族男女服饰**

满族男子剃去前额头发，梳一条长辫在脑后，即图中男子的发型。他身穿圆领长袍，在腰带上挂满了各式小物，也是满族人的习惯。左面妇女梳两边高髻，是满族女子的时尚。她穿对襟外套，绣鞋的鞋底很高。

◀ **苗族**

《皇清职贡图》描绘了清廷所辖边疆各少数民族的历史、地理、风俗、物产等情况，由乾隆十六年（1751年）开始，花了十年完成。图中二人是苗族人的形象。苗族分布于西南。这对苗族男女，女的衣饰颜色和纹样鲜艳细致，表现了苗族的染绣艺术；男的执芦笙，是每年跳月盛会时用的乐器。

◀ **清帝观看蒙古摔跤**

每年秋天满蒙的贵族、军士齐集行围打猎之后，清帝会接受蒙古族宴请。宴会时表演蒙古技艺助庆。图中是乾隆帝在看摔跤表演。

▶ **新疆民族**

这是新疆各地各族的朝贡者。旗上有朝贡者的名，包括新疆北部的伊犁，新疆南部的库车、和阗、乌什、阿克苏、叶尔羌。哈萨克和布鲁特蒙古则是族名。哈萨克是游牧族，有分布于清朝境外的，常往来于境内外游牧和贸易。

清迁都北京

清王朝原建都于盛京。公元1644年，多尔衮率清军进入北京。他从统一和管辖整个中国的战略出发，力主迁都。他顶住了重重压力，终于在当年十月迁都成功。从此，清朝在关内进一步站稳了脚跟，并逐渐统一了全中国。

以宗教维系的藏族

藏族是自蒙古入主中原而正式加入中华民族成为一员的，而其纽带除了是政治的，还是宗教的。

西藏地区，本来部落很多，约在唐朝同时，出现两大变化：政治方面，吐蕃王朝统一各部，是西藏高原上第一个具严密组织的政权；宗教方面，佛教传入，佛教的密宗，与西藏原有的宗教结合成藏传佛教。吐蕃之后，西藏地区长期处于分裂状态，然而藏传佛教信仰深入。地方家族势力和不同的藏传佛教宗派结合，因此教派林立。蒙古强大，西藏接受招降，首先投诚的萨迦派（俗称花教）及相关的家族受扶植，蒙古亦改信藏传佛教，封萨迦派教主为元朝的国师。西藏原有的政教合一状况加强。元亡后，明清两朝亦继续这一政策，但明朝时花教的势力衰落，由达赖和班禅喇嘛为首领的黄教（格鲁派），在蒙古部落支持下，成为藏传佛教的领袖，也由蒙古部引荐给满族皇帝，蒙藏于是成为支持满族统治中原的力量。

西藏以藏传佛教影响其他中华民族成员之外，中央王朝也在西藏推行很多稳定政治的改革工作。自元到清，中央王朝在西藏统计户口、征收赋税、制订法律，设计和改良政治制度，委派最高层官吏。其中一次极重要的改革，是在18世纪时，改革达赖、班禅及各级活佛的继承制度，亦即改革转世灵童的选择方法。西藏的地方权贵家族经常因为选灵童而发生纠纷，清朝于是改用在黄教祖师像前抽签的方法选出灵童，最后由中央政府册封认定。这方法一直沿用到今天。达赖负责西藏的地方行政事务也是由清帝确立的。

▲珐琅僧帽壶

僧帽壶是藏传佛教僧人的用器。而珐琅技法在元朝从西亚传入，中国仿制，明朝时极为精美。这个珐琅壶制作讲究，具宫廷风格。

▶达赖喇嘛五世银像

达赖喇嘛是藏传佛教的黄教的最高领袖。黄教因为联合游牧在青海的蒙古族推翻西藏的汗，成为西藏的最高宗教领袖。五世达赖（1617－1682年）经蒙古的引荐，在清初率三千侍从到北京觐见清朝皇帝，并受册封。这尊银像是他献给清帝的礼物。

▲ **掣签所用的金奔巴壶**

乾隆五十七年（1792 年）规定达赖、班禅和各地活佛转世，不再由巫师作法指定，改由金瓶掣签决定。目的是避免各派贵族贿赂巫师，选各自所推的人选。这抽签制度今天仍然奉行。金瓶即金奔巴壶，由清政府颁发，分别藏于北京雍和宫和拉萨大昭寺。抽签在大昭寺宗喀巴像前举行，由清朝驻藏大臣监察，抽出名字的灵童便成为黄教活佛的继承人。

▲ **藏族贵族服饰**

9 世纪末，吐蕃王朝灭亡后，西藏便一直处于分裂割据的局面。各地形成由贵族组成的政治集团，教派也为了本身发展而与贵族紧密结合。

▶ **玛尼石**

玛尼石本来是西藏的原始宗教——苯教的崇拜物，西藏人在渡口要津、山顶等处摆上一块石头，同时高呼“天神必胜，恶魔必败”，为守卫的战神助威。佛教传入后加以改造利用，在玛尼石上刻佛像和六字真言。

▶ **不动明王缂丝唐卡**

这是宋朝后期的西藏工艺品。唐卡是指用颜料在锦缎、布帛上绘制各式图案的卷轴画。缂丝是汉族传统工艺，在宋朝取得了很高的成就。

◀ **镏金文殊菩萨像**

明朝在宫内建藏传佛教庙宇，设番经厂习念经籍，并制作西藏佛教造像，赐给西藏、青海等地区的宗教领袖。这些明朝廷赏赐的镏金铜像，至今还存于西藏、内蒙等地寺院。

驻藏大使的设立

1727 年，清政府在西藏设立正、副驻藏大使，分驻前后藏。驻藏大使代表中央政府，与达赖和班禅共同管理西藏，负责处理对外交往和财政，转世灵童的确立也要在其监督下进行。驻藏大使的设立，标志着中央政府对西藏管辖的加强。

中央集权帝制加强

唐朝开创了新的政治制度后，后继的四个王朝再没有什么大创造，包括两个北方民族王朝也是萧规曹随。可是中国帝制时代这最后四朝，有两种不良发展：一是皇帝的威权越来越强，明清两朝，相当专制了；另方面，中央的权力加强，地方受防范和限制，难有活力。

皇帝的威权是逐渐加重的，理学是个新的儒家学派，也是当时的显学，它从哲学理论上加强了皇权的合理性。皇权侵害了臣权，尤其是最高级的宰相的权力。唐朝宰相可以坐着和皇帝议事，宋朝就只能站着，明朝最黑暗的时候，大臣被当廷杖打侮辱，甚至打死。皇权的最大膨胀，是明朝的开国皇帝废除宰相，直接管理各部大臣，什么事情都由皇帝决定。事实上，中国领土大，事情多，一个人根本管不过来，决心当圣明皇帝的，也不免心劳力绌，想当享乐皇帝的，为数更多。可是皇帝再荒唐，也没有其他权力可以制衡。

至于相对远离皇帝的地方制度，也没有起色。唐朝末年地方的军事长官割据，弄致全国四分五裂，再上场的宋朝皇帝便一意加强中央的权力，不光地方军力要限制，收得的赋税也要交给中央。到得后来，中央推行的政策，在地方未必行得通，地方官自己变通，做成上有政策，下有对策的局面。

清帝玉玺

普天之下，只有皇帝的印章才能称“玺”。玉玺是皇帝的信物，也是权力的象征，凡正式公文的批审都要盖此印鉴。这枚清帝玉玺刻有汉文和满文两种文字。

《大驾卤簿图》局部

描绘宋朝皇帝出行的场面。皇帝出行，百官相随，这幅图表现了高官坐驾的气派。

 日	 月	 星辰*	 山*
（日、月、星辰）普照大地			稳重
 龙	 雉	 宗彝	 藻
灵活	普有文采	威猛聪敏	高洁
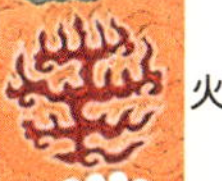 火	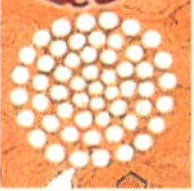 粉米	 黼	 黻
奋发	济养人民	决断	君臣和衷共济

*绘于袍服背面的纹饰

▲荒唐的明朝天启皇帝

传统要求皇帝是圣人，可是平凡人还是多数。明朝尤其多坏皇帝，像二十多年不见大臣一面的万历皇帝。这个天启皇帝穿着皇帝的礼服，礼服上绣满代表皇帝德行的专用纹饰——十二章，可是，正是他宠信乳母和宦官，使明朝彻底衰败，在关外又大吃败仗。继位的末代皇帝崇祯想力挽狂澜，亦未能成功。

▼四库全书

《四库全书》是乾隆时期编修的大型丛书，在编书过程中，大量征集与理学相关的书籍，并禁毁那些对清廷统治不利的言论，以达到倡导理学，加强皇权的目的。

▲皇帝礼服上的政治理念

十二章图案从周朝继承下来，是皇帝礼服上的专用纹饰，包含了中国古老的政治理念：希望皇帝做德行高超的圣人。

【明朝的特务机构】

为了加强专制统治，明朝政府先后设立了锦衣卫、东厂、西厂、内行厂等特务机构，合称“厂卫”。厂卫直接由皇帝指挥，可以从事侦查、逮捕、审判等活动。厂卫的监狱简直是人间地狱，其刑罚惨绝人寰，入狱者很少有活着出去的。

紫禁城的中轴线

▼太和门广场

紫禁城把皇帝比作天上的紫微星(北极星)，居其所，众星都围绕着它。作为中心的皇帝，他的办公大殿、寝宫特别高大，而且都布置在中轴线上。两边是对称展开的建筑物。广阔的紫禁城是一首以皇帝为主题的建筑交响曲。

明画中的紫禁城建筑及设计者 ▶

▲ 紫禁城图

三教合一与宋明理学

经过了魏晋南北朝胡汉民族和文化的大融合，再经隋唐五代的演进，自此中国形成儒、道、佛三家思想汇流的新文化动向。到宋以后，三教合一的思潮已深入学术的各个领域，也进入了社会文化价值和民间信仰的各方面。三教之间互相影响、互相渗透，最后成为三教合一的文化整体。儒家以自己为主，吸收了佛教和道教。佛教和道教，也紧靠儒家的纲常名教的思想。形成你中有我，我中有你的三教合一的发展。

自汉朝以来，作为中国文化主体的儒家思想，是以注疏经典的汉学为主导的。到了唐朝，儒家虽然仍旧是国家的官方教义，但活力早已丧失，不能满足时代精神的兴趣和社会需要。佛教的传入与道家的复兴，深深地影响了儒家的思想形态，而逐渐形成了追求形而上的宇宙本体论和道德价值的性命之学的新儒学。新儒学的开端虽然可上溯到唐朝，但它的思想系统的明确形成，已是11世纪宋朝最繁荣的时期，所以新儒学亦称宋学。

新儒学系统的开创者，最初是以经典《易传》太极为基础，演化出新儒学的宇宙论和心性之学。继之而形成理学和心学两个学派。而新儒学的集大成者，是理学派的领袖朱熹。他是一位精思、明辨、博学、多产的哲学家。理学的哲学系统到朱熹才达到顶峰，是最有影响的独一的哲学系统，对此后中国文化的影响也是最大的。

新儒家认为《论语》、《孟子》、《大学》、《中庸》是学习最重要的课本，称为“四书”，朱熹为“四书”倾尽心力作注解，并认为是他最重要的工作。到元朝颁令，以“四书”为国家考试的主课，以朱注为官方解释。朱熹对其他经典的解释，也同受官方的认可。凡是希望科举考试获选的，都必须遵照朱注来解释这些经典。这种考试办法和取向，明、清两代一直沿用，直到1905年废科举兴学校为止。朱熹的理学思想主宰了中国思想界七百多年。

▲ **太极图**

太极这个词最早见于《易经》，涉及宇宙发生的问题。

▶ **镬汤地狱**

经过佛教的渲染，民众相信地狱里有刀山、油锅，坏人死后，打入地狱，受尽酷刑，才能再生投胎。父母给孩子讲地狱的情况，教他们不要做坏事。宋朝的佛教艺术里，地狱的形象很多，极力刻画地狱残酷凄惨的景象。

◀ **宋朝的太极图**

宋朝时理学家周敦颐以太极为宇宙本源，人和万物是由于阴阳二气、金木水火土五行互相作用而生成的。太极生成的万物中，人最灵秀，圣人又为立人之极。这学说影响很大。

明朝道教的主要教派

教派	创始人	主要事迹
正一派	张天师	受朝廷敕封，是明朝最盛的道教派系。
武当派	张三丰	太祖、成祖多次派人寻找张三丰的行踪，皆不遇。成祖即位后，声称自己受真武大帝的护佑，故大规模修建武当山宫观，武当派因此成为明朝道教的主要支派。
丹法派	陆西星	原以烧炼丹药为主，到陆西星时，发展了男女同修的阴阳丹法，以炼就内丹。这种修炼法很合晚明士大夫的纵欲心理，受到欢迎。

▲天坛圜丘

真正的天坛，在天坛建筑群的南部，是一个三层高、汉白玉台的祭天圆坛。圆形是取天圆地方的意思。三是吉数，天坛建筑以这个阳数来象征天。台高三层，而坛面、台阶、栏杆所用的石块数目也是三的倍数。祭祀包括祭天地、祭祖、祭先农等等，在中国皇帝的工作中有极重要的地位。各种祭祀中又以祭天最隆重。

“理学名家”匾额

这面“理学名家”的匾额挂在江西一个累世功名的家族的建筑上，可见理学的作用。宗族若只靠血统，只能维系而难以发展。宗法制度有了理学的依据，就具有精神感召的作用，形成稳固的宗族关系。

佛教水陆画里的道士

水陆画是佛教举行超度水陆一切亡灵的法会时挂的，图上有时画道士和儒生。这一幅明朝山西的水陆画，题为“往古道士升霞烧丹未明众”，画中是道士的形象。

鹅湖之会

南宋理学主要有朱熹和陆九渊两派，吕祖谦则兼取两家之长。1175年，吕祖谦为了调解朱陆的学术争执，出面邀请至江西铅山鹅湖寺聚会论学。双方争论激烈，最终无结果而散。但这次论辩有利于理论思维的提高，促进了中国哲学思想的发展。

南宋皇室八卦田

南宋君主每年都在此举行春耕礼仪，并亲身耕作，这是中原的古老遗风。中国以农立国，皇帝在春天躬耕，有重要的象征作用。

宋明理学家朱熹和王守仁

宋明理学是儒学自春秋战国之后的一个学术高峰期，也是佛教道教在唐朝大兴之后，儒学对佛道既吸收、又力辟其说的新时代。儒者企图维持中国不需宗教而导人向善的取向，努力研究良知的性质和实践方法。宋代理学成就最大的是朱熹。明代则以王守仁为最。

南宋理学家朱熹（1130～1200年），字元晦，又称云谷老人，是程颢、程颐的三传弟子李侗的学生。是宋代理学的集大成者，被世人尊称为“朱子”，又称朱文公。朱熹出身贫穷但天性聪颖，自小就有非凡才智，且对哲理有着浓厚兴趣，他和小孩游戏时在沙上画八卦，又常常思考天之外是什么等等。他像当时读书人一样，学写时文去考科举，中进士之后，也去做官。他对朝中政治是有意见的，也常常上书言事，但他的官不大，不见得很受重用，虽然曾经为皇帝侍讲，但不足两月皇帝就听不进去。晚年还因被指控为伪学，不但门人被黜，自己也几乎丧命。朱熹最关心的，仍是道德学问。他曾辞官居家，全心用在教育事业上，朝廷多次征用，他都极力推辞，他一生著述讲学，学生很多，并努力恢复和重建了著名的白鹿洞书院，又请名儒去为学生讲学。

朱熹提倡诚意正心，但认为要格物，时时研究外物，才能致良知。他上书给皇帝时也要皇帝诚心做正事，注意用人，远离小人。有一次到京任职，别人劝他不要再向皇上讲诚意正心那套了，皇上都听腻了，但朱熹认为平生学问就是这四个字，因此不能不讲。当时朱熹的学说，并没有像后来那样，被官方定为最高权威，因此曾受不少人抨击，说是伪学。权相韩侂胄恨朱熹在皇帝面前讲他的坏话，也大肆攻击他。此外，道学家讲道德的学问，但并不是每个道学家都能够言行一致，朱熹的门人多，不会没有假道学的。《四朝闻见录》就曾记载韩侂胄主政而以伪学诬朱熹时，罢黜朱熹门人刘德秀。此前他就看不过朱熹门人的假道学，表面不折节求人，其实早就乞求引进，又或者本来有讲有笑，见他进来立即正襟危坐的惺惺作态。

朱熹对后世影响很大，他继承周敦颐与二程学说，创立了宋代研究哲理的学风，称为理学。他把《大学》、《中庸》、《论语》、《孟子》合称为四书，并为这四书作注，《四书集注》成为儒家经典，成为宋以后读书人的必读书，朱子注四书被作为明代以后国家考试用的教科书，明清时科举考试都以朱熹的《四书集注》为标准，儒家的思想经他整理注释后普遍被人们了解。他的学术思想，在中国元明清三代，一直是统治阶级的官方哲学。他提倡守节，认同程颐饿死事小，失节事大的讲法，认为这讲法自世俗来看，是迂阔的，但从知经识理的君子来看，是应该的。结果世俗的实践结果，是把它变成压迫妇女的教条，成为巩固社会统治秩序的精神支柱。朱学强化了“三纲五常”，对后期政治社会的变革，起了一定的阻碍作用。他的学术思想在文化史上，也有重要影响。凡此种种，都令朱熹提倡的哲理，成为宋到清重要的思想，但又为人攻击。据清人的笔记，元代书法家陆居仁读《论语》、《孟子》时，刻朱熹的像，见朱熹的注有纰缪，即击像一下。但无论如何，朱熹是宋代理学家里最博学、最集大成的人物。

至于王守仁（1472－1528年，因曾筑室阳明洞而称阳明先生），也是终身以圣贤事业为职志的思想家，他也以致良知为目标，但强调实践，提倡知行合一。认为心是万事万物的根本，世界上的一切都是心的产物。他是明朝最重要的理学家，同时又是罕有的事功型儒者，被视为与曾国藩般能做到立德、立功、立言三不朽的少有人物。王守仁出生在一个官宦人家、诗书世家，为东晋大书法家王羲之后人，父是明成化十七年状元，做过南京吏部尚书。王守仁小时候很笨，五岁还不会说话，在父母的帮助下，用刻苦和勤奋来弥补不足，终于成了“神童”。王守仁也是进士出身，也努力讲学授徒，但他自小重视兵法，带领过军队，军事成就骄人，曾在一个半月里平定声势浩大的宗王叛变，又以德服人地以兵不血刃的姿态，劝服揭竿而起的农民。论功业，他比朱熹显赫得多，但是在五十七岁去世前，用了许多时间为皇帝保江山，却连面圣抒发己见的机会都没有，可见他比朱熹更不得志。他极重视修身的实践，因此虽然在戎马倥偬之间，仍然努力做着致良知的功夫。他著作不及朱熹多，因此在著述上的影响不及朱熹大，但是跟从者亦不少，他曾到岳麓书院讲学，后来弟子继续致力湖南教育事业，对湖南影响很大。但王学的末流被认为只尚空谈，游谈无根。

禅的生活哲学

佛教传入之后，不断中国化，与道家哲学结合之后，在唐朝产生了禅宗。禅宗可说是最中国化的中国佛教宗派。自宋开始，禅宗一枝独秀，对中国哲学、文学、艺术影响深远。

禅是梵文禅那的略称，原意是静寂、幽玄的印度式思维。最初到中国的僧人都重视打坐、禅观，以想明白佛理，这是印度禅，重视寂，但中国的禅宗则重视悟。禅宗说除了佛经之外，还有只以心传的佛祖教化，是教外别传的，不立文字。这些心传的佛法才是最高的义蕴和真谛，是不能言说的。

这个最高的义蕴是认识“空”的真谛，禅宗把一切皆空推到极致，不光外在是空，心也是空幻，所以也就不必苦修，而重视一刹那间的顿悟。禅师喜欢讲令人摸不着头脑的偈语，因为最高真谛不能言说，这些偈语和参禅者互比机锋的公案，成为很流行的故事；禅师又喜欢对问问题的人当头棒喝，让修行到成熟，只差顿悟一刻的参禅者一刹那间，障碍如桶底飞脱，得以了悟。

文人对禅的兴趣很大，因此受文人趣味主宰的诗文和艺术也深受禅的空寂精神影响。唐朝开始，很多诗人爱写禅味浓厚的诗，又提倡诗要有韵外之致，要悟；宋朝开始流行的文人画，不求神似，追求象外之象，讲究意境，表现个人的心灵自由。

禅还透过文人，影响那与山水自然大有关系的中国园林艺术。

禅是那么流行，连一般民众也满口是参禅、逃禅、禅机、禅僧、禅寺、口头禅、野狐禅。

▼《八高僧故事图卷》之达摩面壁

据说当年佛祖拈花，迦叶微笑，这样师徒以心传心，不知多少代后传给在南北朝时到中国的达摩。于是在少林寺坐禅面壁九年的达摩被追尊为禅宗的创始人。其实禅宗的理论背景早在佛教传入中国后已经酝酿，追认达摩为初祖，对禅宗的兴起关系不大。《八高僧故事图卷》是南宋画家梁楷的作品，描绘南北朝至唐朝八位禅宗高僧的故事。

▲ **白居易谒鸟窠禅师**

白居易是唐朝著名诗人，同时也是热心的佛教徒。他的诗作虽然有很多描写社会现实的作品，但充满佛教味道的也很不少。

▼ **充满禅意的《潇湘奇观图》**

文人的水墨山水画和禅宗意境相通。米友仁是南宋的文人画家，同时又深受禅宗思想影响。他所画的云山雾霭，充分表现出千变万化不可名状的趣味，展示出一种物我两空的艺术境界。在手法上用水墨横点，再加渲染，画面显得迷蒙无际，在当时也是水墨技法上的突破。

▼ **禅宗祖师弘忍**

弘忍是达摩之后的第五祖，也是提倡顿悟的六祖慧能的师傅。禅宗是在弘忍之后才兴起的。

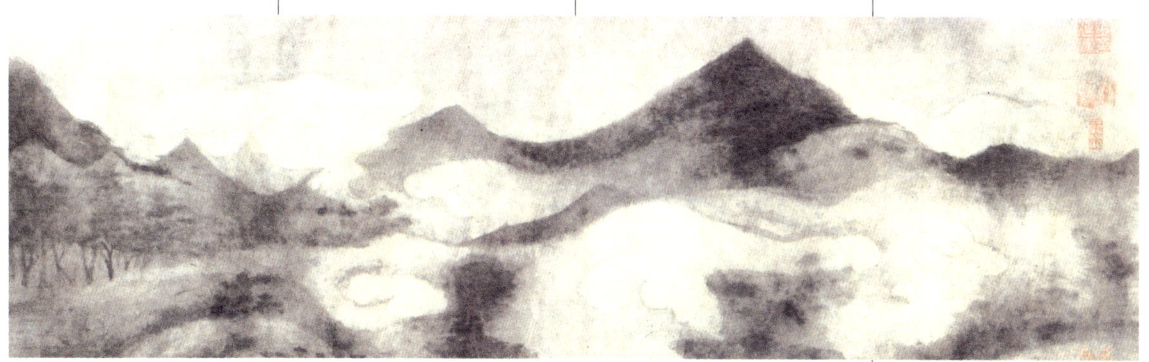

▶ **师备乘舟图**

师备是唐朝的高僧，是禅宗的代表人物之一。此图绘师备独乘钓舟。

禅宗的南北派

南北朝时，天竺僧人达摩到中国北方传播禅学，以一件棉布袈裟作为历代相传的凭证。五世弘忍看中了一个未剃度的舂米行者慧能，就将衣钵传给他，并嘱他到南方去。从此禅宗分南北派，北派沿袭达摩的渐修法，南派讲究“顿悟”。

科举与教育

始创于隋唐的科举制度改变了中国选举人才的方法，自宋至清影响很大。科举制度用考试招纳治国人才，公平竞争，使低微贫寒的人都有进身的途径。

有了这个动力，加上印刷术使书籍大为普及，启蒙学校开设日多，想上进的孩子于是奔忙在读书和赶考的路上。富贵人家占了资源、环境、师资等等便宜，但是穷苦人家却有无限奋发的动力。

于是自宋开始，文人、官员、政治家三位一体，真是“满朝朱紫贵，尽是读书人”，“万般皆下品，唯有读书高”。凡是武官和不从科举出身的文官，都自觉矮了一截。

从此，家族很重视挑选聪明孩子细心培养；有点能力的家族，务必要世代书香，保持地位；富有人家还主动和高中的读书人结亲。

不过，科举既是选拔人才的方法，也是统一思想的手段。既然以儒术治国，因此考的是儒家的四书五经，因为朱熹的理学有助巩固统治，皇帝规定四书五经的解释都要跟从朱熹。全国三年一考，考了上千年，很多读书人连老子、庄子都不认识，书肆里考试天书充斥。明朝中期还规定考试文章的起承转合写法，结果束缚更甚。

在这种科举热之外，也有追求更高层次学问的读书人，到私人办的书院跟从名师。宋明两朝都是书院教育的兴盛时代。

书院主持人一般是有名望的学者，虽然讲的也是儒家经典，但讨论自由，风气开放，成为各种文化思潮的中心，明后期还闹成学潮，知识分子在书院抨击败坏的朝政，书院成为政治舆论中心，招致政府四次禁毁。

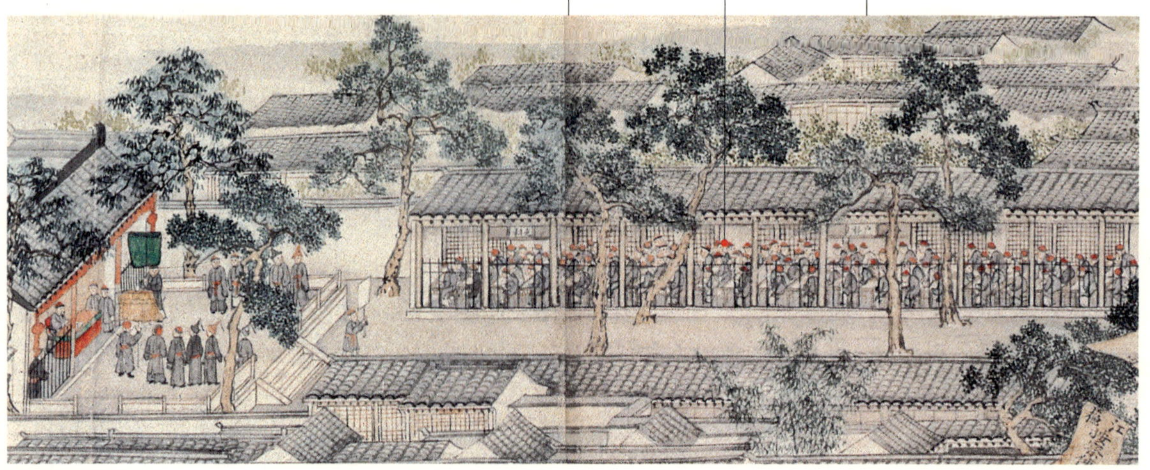

▼试场

科举价值观如此深刻地影响汉族，因此北方民族当政的辽、金、元、清各朝代，为了减少汉族民众反抗，也或先或后推行科举。这是清朝苏州举行地方科举考试的情形。

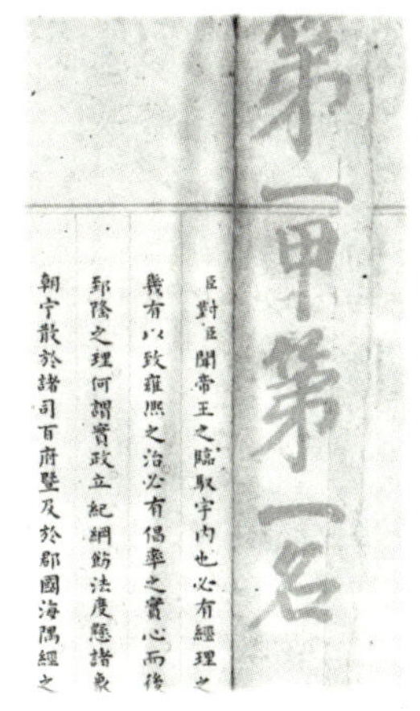

殿试试卷

科举考试分三级，殿试是最高一级，在首都举行，考取的成为进士，第一名称为状元。这份是明朝一个状元的殿试卷。

许国石坊的雕饰

牌坊是中国特有的门洞式建筑，上面雕饰各种吉祥图案。这个牌坊在屯溪（今黄山市）通衢大道上，成一立体长方形，很独特。这牌坊的主人，科举登第，做了大学士、大官，显赫荣耀，因此牌坊四面写上大学士、恩荣等字样，表现了传统社会追求的价值。

科举考场

这是位于南京的科举考场，考棚排得密密麻麻，应考的人每人一间房，在考试期间，吃喝起居也在里面。

岳麓书院藏书楼

书院选址在名山大川，经费大多由私人捐助，后来也得到读书人官员支持，成为半官方性质的学术机构。岳麓书院是北宋四大书院之一，南宋重建，朱熹曾经在此讲学，可谓书院中的名牌。

书院不但作育英才，而且藏书丰富，甚至出钱刻版印书，对推动学术有很大作用。

进士题名碑

北京孔庙内竖立着元明清三朝的进士题名碑，共一百九十八块，记录进士名单，包括姓名、籍贯和名次。孔庙既是祭祀孔子的地方，也是官学的所在。

八股取士

明清科举考试的程式和内容都有了新规定。考试以四书五经命题，答题必须按照经义，考生不能有自己的见解。为了博取功名，读书人只能死记硬背儒家经典，专门研究八股文，其他学问都漠不关心，对学术文化的发展产生了非常不利的影响。

落第名人左宗棠

明清时的科举考试分成三级，读书人都以考到最高一级的进士为光荣，如果只考到第二级的举人，虽然社会地位已经不低，但是很多人还是耿耿于怀，如果连最初一级的秀才也考不上，就更会觉得怀才不遇。其实，每三年考一次进士，每次只取录一两千人中的二三十名，少的时候，只录取几名。唐诗中有“桂树只生三十枝”，说明了进士科每次录取名额仅三十名左右。考不上进士的人里仍有不少落第人才。

号称清朝中兴三大臣的曾国藩、左宗棠、李鸿章，都是功勋卓著的人物。曾国藩和李鸿章都是进士，但是左宗棠却只是举人。他虽然很早就有文名，但科举路途并不顺利。由于为父母守丧，不能参加考试，左宗棠并没有秀才资格，为了赶上服丧期满那一年的举人考试，左宗棠按当时的做法，捐钱获得应试资格。他的举人也得来不易，当时科举的所谓好文章，就是格式化的八股文，文章的起承转合，都要按规定。许多人把时间都消磨在怎样写好八股文上面。左宗棠几乎就因为格式不够规矩而落第，所幸主考官有眼力，让他得了一个举人。向进士迈进之途就没那么幸运了，左宗棠考了三次都落第，前后花了六年时间。考进士要到首都会试，筹措旅费并不容易，考试过程也很艰苦，而且左宗棠重视能救国济民的学问，如此花费精神去做应试文章，心里很不是味道，因此从第三次落榜后，就绝意功名。由于左宗棠留心世务，有经国大志，在读书人之间早就被认定是个人才。他还只是穷举人时，主政江南的大臣陶澍坚持和他做儿女亲家，因为他认定将来左宗棠的名声在自己之上。这位比左宗棠大三十多岁的亲家很有远见，因为此后十多年，左宗棠只是个乡中教师，到四十岁才做幕僚接触政治。但他交往的都是曾国藩、林则徐等名臣，他们对左宗棠赞不绝口，极力向咸丰皇帝推荐，终于得到擢拔。

此后左宗棠平太平天国，成为西北的封疆大吏，稳定新疆政局，防御俄罗斯入侵，最后主政东南，发展洋务，成就了比许多进士甚至状元都出色的功业。

进士名人蔡元培

唐太宗积极推行科举考试，据说有一次看着新取录的进士鱼贯而出时，很高兴地说，“天下英雄，尽入吾彀中”，他认为这样可以网罗天下的人才。但科举因为举办了太久，到明清时已很僵化，考中进士的人虽然是僵化的考试制度的得益者，但其中也有不少人才，不但会写文章，还能够做大事，扭转一个时代的风气。像五四时做北大校长的蔡元培，就是个有进士头衔的改革家。蔡元培的科举路比较顺利，十七岁中秀才，二十六岁就成为进士。年青高中，让蔡元培有更多时间按兴趣读书，他中秀才后，就开始随意看书，不限于在四书五经里打滚。当进士后两年，中国在甲午战争中受挫，蔡元培就开始读译自外国的书报，留心世事。

蔡元培虽然中进士点翰林，但没有只顾升官，他眼见百日维新失败，知道清朝不易改革，索性辞官回江南办教育，以启发民智。他鼓励学生自由读书，提倡民权，抛开传统的忠君思想。为了表示尊重女权，他的妻子去世后，他向媒人提出的续娶条件是，女方要识字，不缠足。他自己则不娶妾，若死去，女方可再嫁，夫妇不合可以离婚。这些条件在1900年提出来是很令人震惊的，其思想之前卫由此可见一斑。

蔡元培在国家大事上也很有胆识，他很早就主张改革旧制，提倡革命，成了清朝政府要追缉的人物。1904年还组织了一个革命团体“光复会”。当时世界上盛行刺杀，尤其是俄国革命党人，热衷刺杀行动。蔡元培也和留日学生一起，学习做炸弹，准备刺杀清朝权贵，实行暴动，推翻清朝。不久加入了孙中山组织的同盟会。所以推翻清朝建立民国之后，蔡元培就成了国民党的元老级人物。虽然清朝末年政治腐败，很多知识分子参加革命，但身为进士翰林的革命者却极少。蔡元培的翰林好友，怕社会动荡，都主张逐步改良，不主张革命。

蔡元培做北京大学校长时，以吸纳包容各种不同政见思想的教授而闻名。创办《新青年》杂志，领导五四新文化运动的陈独秀，就是由蔡元培聘任为北大的文科学长的，终于使1919年的五四运动，与北京大学结下不解缘。

图书与文化普及

纵使中国早就发明造纸术，但书还是要手抄，至唐朝发明印刷术，情况才有改变。印刷术对宋和以后的文化普及，产生了很大作用。雕版印刷改良和活字印刷术的出现，使出版成本大大降低，书本更便宜，流通量更广，知识更为普及。

印刷最初主要是印佛经，及至技术普及，题材就丰富繁多了。官方刻本多数刻经史书籍，刻得很精美，不惜工本。民间刻本方面，只要有钱，就可以请人刻书，不少知识分子刻印自己或先人的诗文集，又或出钱刻印严肃的书籍；出自私人刻坊的，为了商业利益，多刻印唱本曲词等通俗消闲读物、科举考试用书、儿童启蒙课本。

插图书也是一个重要新品类，明朝以雕版技术印插图书，题材非常广泛：如小说、戏曲、时文里的故事情节插画，儿童故事书的插图，地方志书里的山川形势，科技的、地理的、百科全书式的工具书里的实物图。套印技术出现，还可以印书画，并且引出一种全新的出版物——画谱。

出版发达，书籍普及，一方面有助提高文化水平：书既容易得到，农村人口也能读书，“崛起于寒微”也就有了条件，而人民整体的文化修养也相应提高。书与文化有立竿见影的关系，大才子苏东坡的故乡，就是宋朝的雕版印刷中心。另一方面，书也使实用知识传播得更快更明白：农业书、机械设计书、武器书有实物和操作图，农民工匠可以看图复制；医学书有经络穴位、草药矿物等图，医生可以对比检阅；地方志有地势图、山川景物图，一目了然，比千言万语描述优胜；百科全书有附图，民众可以看得津津有味，增加知识。明朝对图像很热衷，连翻印前代的书也加入插图呢。

▶ 明朝说唱刊本

这是戏曲的曲辞文本，上图下文。图以版画制作，先由画工绘出线条清晰、适合雕刻的画稿，由雕刻工刻成版画拿去印刷。这种插图书在明朝非常受欢迎。绘图雕刻以江南为盛，当地又画家辈出，名画家如陈洪绶、仇英也有为版画绘稿的。刻工的技艺，可以做到与原画稿乱真的地步。

《西游记》图册
《西游记》是中国四大古典小说之一。这本图册以图画配上简单的情节文字，使《西游记》不但可读，还可以观赏收藏。由此图亦可以见到明末清初的彩色套印技术。

法医书的解剖验尸图
南宋司法官员宋慈编撰的《洗冤集录》，象征法医学成为一门独立的学科。此书一出，皇帝立即下令颁行全国。书中讲述验尸、验伤、中毒等各种检验方法，不少内容都符合现代法医学原理。它比欧洲的第一本法医著作早三百五十年，曾翻译成多种文字广为流传。这是讲验尸的插图，说明人体正面的"致命之处"。

国家文献资料库——皇史宬内景
重视出版自然重视藏书。明朝的藏书家多，藏书精，私人藏书风气很盛，著名的如天一阁。北京的皇史宬是收藏国家文献的书库，用汉朝以来石室金匮藏书的形制：墙身由特制的砖砌成，厚达6米，有利防火，堪称"石室"；两侧各开一窗，使空气对流，有利防潮，减少温差。明朝的皇室档案如圣训、玉牒、实录等便是收藏在上百个樟木制的"金匮"内。

《十竹斋画谱》之花石图
这是著名的木刻画谱，是木版水印的代表作。画谱分两种，一种是图录，一种是画法图解。木刻的画谱也按传统的路子分成这两类。《十竹斋画谱》属于图录类。无论哪一种画谱，印成品要像手绘作品，对雕刻艺术和彩色印刷都有很高要求。木版水印是十分复杂的工艺，一幅画往往要刻上三四十块版，分先后轻重印刷六七十次。通过多种色调的套印、叠印，充分体现原作的艺术风韵。明朝雕版印刷的发展，使有彩色图的绘画书普及，为美术教学和欣赏开辟了新局面。

范仲淹断齑划粥

北宋范仲淹自幼立下"不为良相即为良医"的志向。他长年废寝忘食苦读，倦了，冷水沃面。饿了，划一块冷粥，拌点盐和齑末果腹。外面有热闹事，他仍然正襟危坐，专心致志读书。多年苦读使他学问大进，最终成为一代名相。

理想的农业社会

中国文明是以家庭为基本的农业文明。自宋到清，虽然工商业发达，但农民人口仍占了八成以上，农业是每一个朝代的经济基础。宋朝商业繁华，农民越来越多把余裕产品投入市场，本来正改变自给自足的状态。但在这初兴的商品社会中，理学的引导、因抵抗北方民族而回归汉族传统价值的思想，也成为往相反方向牵引的力量。

在儒家的理想投射下，一家一户男耕女织，各安其分，自给自足，个人的衣和食有了着落，国家的经济也有了基础。于是男耕女织，成为农村家庭的理想模式，耕种之余，读一下书，又有机会通过科举进身做官。况且无论商业怎么发达，商人的地位都在读书人、农民、手工业者之后，所以读书和农业结合，才是最高尚的事业。农民经读书而做官，有了钱回乡买地，退休时还乡耕作，并使子孙继续读书，这模式得到皇帝、知识分子大力提倡。耕读传家的理想，开社会风气新局面。

当时的教育也适应农业社会的情况。男孩子会受一点基本的识字教育，读书人又花时间编了不少教科书，让他们一边识字，一边长点知识，再上去就是精英教育，大部分农民不会花时间去接受不切实际的圣贤教育，他们最多再加学点特别实用的知识，因为小农式的耕作，并不要求很高的书本知识。精英教育是为成为士大夫而设的，道路漫长。只有重视科举，又或有读书传统的家庭，才会叫孩子完成这个过程。以农业社会的标准来说，当时受教育的人数，算得上普及。

▲《耕织图》之送饭

男耕女织这种农村的现象，被南宋一个留意农业生产的地方官，绘成《耕织图》献给皇帝，图中详细描绘耕和织的步骤，得到皇帝嘉许，开始成为宫廷画的题材，以后历代帝王多次摹绘《耕织图》，以反复提倡男耕女织的价值观。这幅《耕织图》是出自清朝的摹本。

▼《耕织图》之进仓

▲《耕织图》之织机

“唧唧复唧唧”，中国妇女勤劳精巧，支持家庭，连女英雄花木兰也不例外。家庭纺织是每家农户的重要副业，很多家庭纺织品是用来交纳租税的，对缺少土地的农户，家庭纺织业对维持生计有重要作用。有些女性迫于环境，例如丈夫去世或不顾家，甚至凭双手辛勤来养活全家。

▲《耕织图》之卷布

图中三个妇女在卷布，孩子在地上玩耍。纺织任务由家中妇女承担，连小女孩和老太太都可以参加，晚上也可以进行。丝织要求的技术和资金较多，但作坊也主要是家庭式。

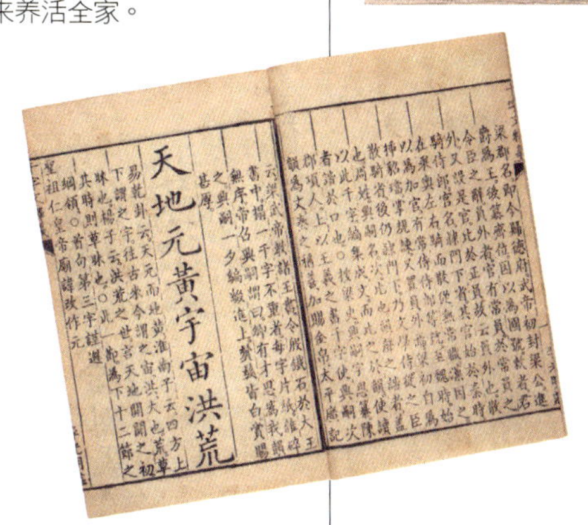

天地元黄宇宙洪荒

▶儿童课本《千字文》

《千字文》用一千个浅易的字，组成一篇有文采的文章，而且没有一个字重复。这本书出现于6世纪（南朝），到清朝还有人读，是流传时间最长的启蒙识字课本。

◀寺庙学堂

让不让孩子读书不完全看经济，还看家风。穷孩子不是没有读书机会。宗族会在祠堂提供义务教育给族中贫寒的孩子，同村的异姓孩子有时也可以入读。此外还有其他慈善团体办学，像这家学校就以寺庙为校舍。

妇女的贡献

古代的劳动妇女多参加社会生产。农业上她们采桑养蚕，浇水割麦，过着日出而作、日落而息的生活。手工业方面，她们纺织和裁缝，产品除了缴税，还投放市场。商业方面，她们坐列贩卖，促进了商品的产销。妇女对社会经济的发展作出了贡献。

养活上亿人

中国长期发展，农业高度发达，粮食丰足，医疗和科技水平比较高，虽然也常常有战乱，但是人口还是反复上升。北宋人口已经超过一亿，清朝时达到三亿。人口多，人均耕地面积越来越少，社会容易不稳定，剩余人口也要谋发展。

为了保证社会稳定，自宋到清，不管什么民族主政，都很重视农业，勤修水利，治理河道，保证灌溉，又阻挡海潮，保护农田。

在农业作物方面，一千年里发生了两次革命。一次是在宋朝初年，引入成长期短，抗旱力强的越南占城稻，使一年内可以收成两次，大幅增加每单元土地的收获量。另一次是明朝后期，欧洲人殖民美洲，使美洲四大作物：马铃薯、玉米、花生、甘薯传到欧洲，后来再辗转传入中国，这些农作物适应性强，可种植在很多地方，发挥了养活更多人口的效果。

中国的农业一直向精耕细作发展，自宋到清，还是再进一步精耕细作，增加中间环节的工序，务求细致，又把边边块块的可用土地都加以开垦；人烟稀少的地区，大量人口涌去开荒。

中国农民以最勤奋的态度，最精巧的手艺，经营他们能够耕作的小片土地，以最多样的农业品种，博取世界最高的亩产量，以养活一家。虽然不富裕，但能够温饱，善良的中国农民就满足了。

如果宋元两朝，中国的农业还在黄金时代，到了明清，农业生产力已达到它的极限，开始停滞不前。这种经济结构耗尽了农民的精力，窝藏了许多剩余劳动力，直到矛盾尖锐化，才爆发出灾难性的结果。

▼宋至清的人口增长示意图

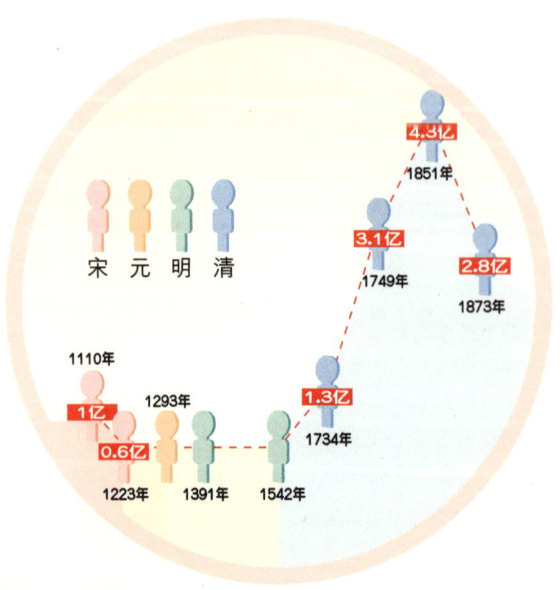

▼《耕织图》之农家

◀ **牧牛的农民**

农具经过唐、宋、元的高度发展，已经足够满足传统农业的需要，明清两朝除零星发明外，没有重大突破。由于人口多，人力资源充足，生产方法主要还是以人力和畜力拼命精耕细作。

▲ **健康勤劳的养鸡女**

四川大足石刻地狱变中的养鸡女，以健康勤劳的农村妇女为原型塑造，充满乡村生活气息。农民为帮补家计，从事各种家庭副业，布匹、食品、农具等大部分生活用品都是自己加工的。

▲ **人力耕地机**

这种新农具，与其说是促进农业的发明，不如说是农业衰败的产物。明朝末年，由于灾荒、瘟疫，一些地方缺乏耕牛，农耕生产受影响，便发明人力牵引的耕地机械。两边辘轳由二人操控。还需一人扶犁，但只一人出力，力量比得上两头牛。这工具清朝仍有使用。

▶ **鱼鳞清册**

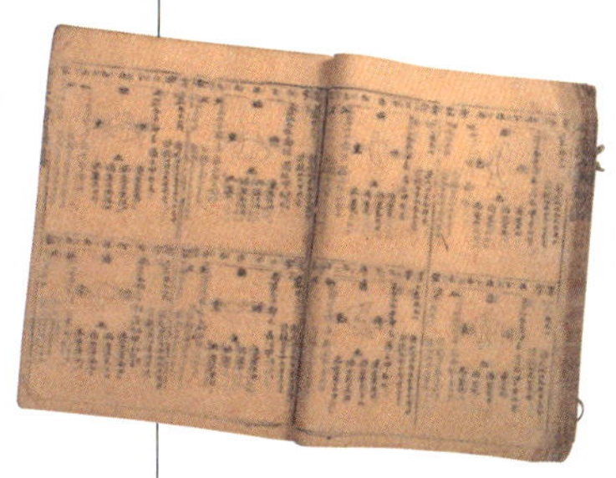

《鱼鳞图册》是明初为丈量登记全国土地而绘制的土地册，因为状似鱼鳞而得名。万历九年（1581年），为了增加政府收入，清查隐匿的土地，再次清丈全国土地，此图即该次清丈土地的记录之一。

◀ **太湖围田**

围湖做田，向海争地，都是开发新耕地的方法。江南是中国的粮仓，太湖地区又是江南的精华，较早开发在低洼地方筑堤建闸，以控制水量的圩田，北宋时圩田数目已经以千计。

引进优良稻种

为了促进农业的发展，宋代统治者重视水利建设，增加垦田面积，还从越南引进耐干旱、播种期短的占城稻。经不断改良，农民们又纷纷培育出适合各地土壤条件的新品种。占城稻的引进和改良，推动了南方农作物由单熟制向多熟制的过渡。

宗族复兴

祖先在中国有特殊的生命力。本来宗法制度随着上古的制度崩溃，唐朝又有意打破大家族的势力，到宋朝前期，一般民众都不重视家族宗法观念，更不讲究家族源流。可是宋朝知识分子却大力提倡一种新的宗族组织，影响一直到近代中国社会。

宋朝士大夫复兴宗族组织，不是为了再建门阀，垄断参政权，而是为了实践儒家理想，他们意识到家族是社会的基本单位，家庭秩序稳定，社会容易安稳。于是便鼓吹重建家族制度，甚至身体力行，建立典型的家族组织模式。新的宗族制度下，出现祠堂、族谱、族规、族田、族长制等完整的制度。

供奉祖先的祠堂是一族的中心。通过隆重的祭祖仪式，唤起族人同根同源的意识。祠堂也是宗族的活动中心，族内大事如选族长、平息族人争讼和执行家法等，都在祠堂进行，族人学校也常常建在祠堂里。

宗族里行为规范的中心思想是尊敬长辈、勤俭持家及息灭争讼等儒家的伦常道德观。

宗族制度还起了社会保障的作用。有能力的族人购置田地作为族产，族人不得私自占有。所得的田租拨作族人的福利费用，生活不继的族人可以得到接济，失学的贫苦子弟可以到族学上学。地方的修桥修路事业，也常常由宗族主持。

乡村聚族而居，也有不少流弊，长辈受尊敬，后辈必须服从，后来很受人诟病。同族内也有阶级，有些分支世代显贵，有些长期是一介平民，并不完全和谐。而且常常有排斥异姓和新来人户的情况，械斗也时有所闻。

◀ **聚族而居的村落**

宗族以血缘关系维持，维系的最好方法就是聚族而居，因此同一祖先的男性子孙世代居住在一个或相邻的几个村落。然而，因为人丁繁衍，同族之间也有亲疏之别。如果人口成百上千，宗族内还会分出各支，由族长来管理。

▲ **进士的祠堂**

本来只有皇室及少数特许的高级官员，能建立家庙来祭祀祖先。为了推广敬拜先人的传统，南宋理学家提倡建立祠堂。每个宗族都有一个大祠堂，并视乎分支而有几个小祠堂。特别的族人也享有另建祠堂供奉的殊荣。这是江西流坑村董氏为纪念该姓在宋朝的第一位进士建造的祠堂。

▲ **族谱**

族谱是一个宗族的家世和血缘记录，知识分子认为通过族谱可以“敬宗收族”，即追敬祖先，团结家族。凡是男性，不分贫富，都收入族谱中。族谱里有世系图、家规、家仪等。定期修族谱以更新资料，是宗族的大事。

这是江西流坑村董氏的族谱。宋朝时董氏很多人做大官。

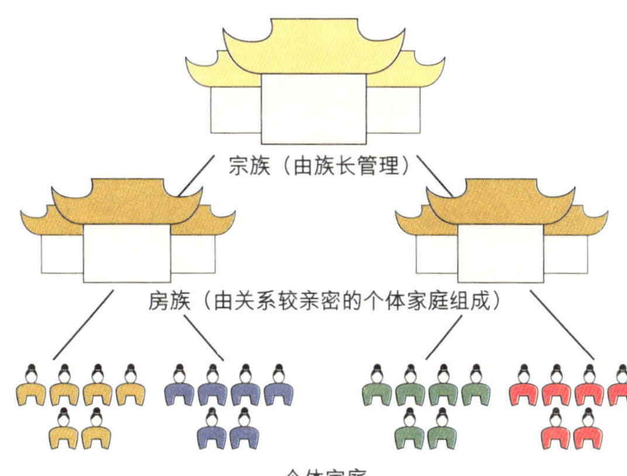

▲ **宗族制度的社会组织关系图**

▶ **宗祠前举行的驱邪仪式**

流坑村至今保留了古老的傩舞驱邪仪式，在宗族祠堂前表演者戴起各种面具，跳起充满神秘色彩的舞蹈，这类仪式同时也是凝聚族人的活动。

▶ **徽州棠樾牌坊群**

表示纪念和表彰，欧洲爱塑像，南宋以来中国爱建牌坊。受理学礼教影响，牌坊以表扬孝行、义行及节烈等为主，有的由朝廷颁赐，有的是后人追念先人德行而兴建，它在宗族制度中，起了巩固价值、团结族人的作用，和祠堂同样重要。这一连串牌坊属于一个家族，树立在由祠堂通往聚居村落的路上，都是表扬孝义、贞节、功名等等。

村落里的文化中心

一个聚族而居的大家族，一般都有一所塾学。辟房一间，聘请“文义通晓、行宜谨厚”的塾师一人，带领数个或十数个儿童，教他们读书识字。塾学是一村或一族的最高文化中心，儿童们在这里学习修身、齐家、治国、平天下的道理。

文人雅趣

文人对宋朝以后的中国影响很大。他们是科举培养出来的新兴精英阶层，人数比以往大增，兴味容易接近。加上宋朝重文轻武，士大夫得到朝廷的优待，经济优裕，饱读诗书。由于本身的学养，他们日常的活动倾向高雅，这风气对当时的市民和后世的文人，发挥影响。论宋朝以后的艺术和生活风尚，文人都有领导作用。

士大夫也有经世致用，爱好科学的一面，宋朝在科学、技术和学术领域上的进步，跟士大夫的热衷求知有很大关系。但他们整体共通的趣味则是文学、哲学、历史。消闲活动包括写诗填词、书法绘画、弹琴喝茶，由追寻古代历史进而收藏古董做研究。他们又讲究生活艺术，宋朝的瓷器、明朝的家具，都受他们爱雅致简洁的影响，部分文人还亲自参与园林设计。

商业繁华，市民阶层兴起，虽然是文人趣味的竞争者，但是市民大众也推崇读书人，模仿他们的趣味，像饮茶就是文人带动起来的高尚活动。皇帝经常以各地进贡的上好茶叶，款待王公大臣；太学生、士大夫也经常举行茶会；就连一般市民饮茶时，也不忘附庸风雅一番，宋朝茶坊遍布城镇，大都布置幽雅，茶具精美，张挂名人书画，又有乐师、歌女卖艺。文人参与，使饮茶的品位大大提高。

▲钧窑玫瑰紫釉尊

钧窑瓷器以难以控制的釉色变化闻名，这瓷器上部天蓝，下部玫瑰紫色，充分表现了窑变釉色的美妙。

宋瓷没有唐朝瓷器那样仿金银器的装饰，也不在外形奇巧繁复上做功夫，但特别重视雅致耐看的效果。窑变、冰裂，青瓷如美玉的质感，白瓷上绘水墨画，黑釉瓷的深沉温润，都不夸张、不炫耀，而境界自高。这种水平，是宋朝整体的文化艺术气氛造就的。

▶玉印

这个印用名贵的田黄石为材料，玉印上雕了犀牛望月，作为印纽。这种形式的印是南宋官员或士人大私印的代表。

▼《杏园雅集图卷》的明朝文官

唐朝的新科进士在杏园饮宴，从此文人官员的聚会就雅称为杏园的集会。这是明朝的大学士和内阁阁员聚会，与会者都穿着明朝文官的衣服：乌纱帽、团领衫、补子及革带。衣长垂地，袖长过手，可以想见文官那一派儒雅风流，不事劳动的形象。

明朝绘画流派

时期	代表画家	风格特色
明早期（洪武至弘治，1368～1505）	宫廷画家为主，多浙江及福建人，如戴进、吴伟等，故称“浙派”。	承南宋院体风格，以花鸟、山水为主，人物画多写皇帝肖像及皇宫行乐生活，称“院体”。 戴进以绘山水尤佳，健拔劲锐；吴伟的山水以奔放磅礴见长。
明中期（正德至万历，1506～1620）	沈周、文徵明、唐寅、仇英等苏州画家，称“吴门画派”。	继承宋元文人画的传统，描写江南风景及文人生活，抒发优游林下、淡泊仕进的情怀。
明晚期	董其昌、徐渭、陈洪绶	董其昌擅画山水画，矫正吴门末期绘画的靡丽纤弱之风，主张摹古、重笔墨、追求“士气”。徐渭擅画花鸟写意画。陈洪绶的画作以夸张变形的人物画为主要特色，格调高古，富有装饰味及金石味。

◀ 黑釉木叶纹茶盏

饮茶成为宋人优雅生活的重要部分。他们对茶的要求很高，连用哪处的水来煮茶也有讲究。三五知己一起品茶之余，还互相比拼煮茶的功夫，煮成的茶面以有鲜白泡沫为佳。为了衬托出茶汤的白，多会选用深色的茶具。这件纹饰素雅的黑釉茶盏，在当时应该大受欢迎。

▶ 明朝家具

这件朱漆石面木桌是明朝早期的家具，虽然不是硬木制的，但明式家具那种造型简练的特征，已经很清楚。文人的口味明显影响了中国家具的风格。

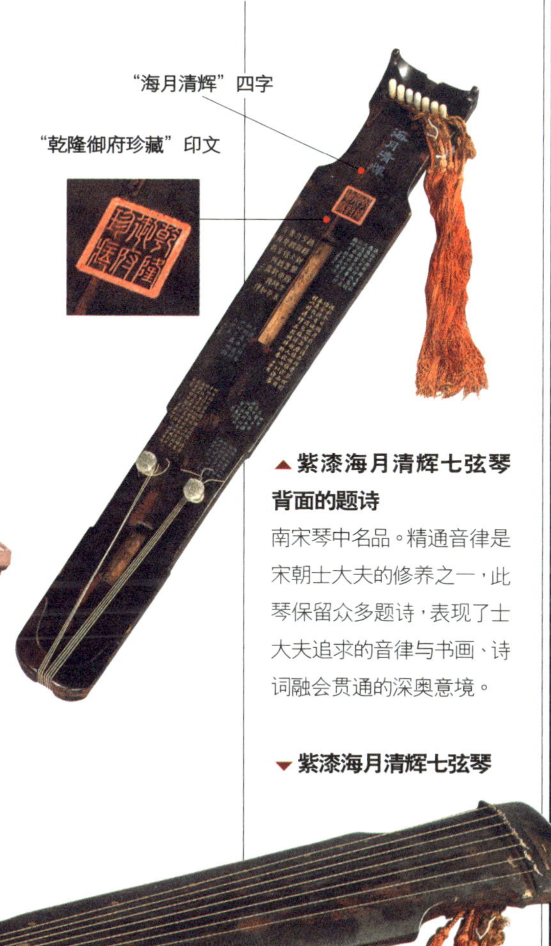

▲ 紫漆海月清辉七弦琴背面的题诗

南宋琴中名品。精通音律是宋朝士大夫的修养之一，此琴保留众多题诗，表现了士大夫追求的音律与书画、诗词融会贯通的深奥意境。

▼ 紫漆海月清辉七弦琴

六一居士欧阳修

欧阳修自号醉翁，晚年改变名号叫六一居士。有人不解“六一”的意思，欧阳修说：“我家藏一万卷书，集录三代以来金石遗文一千卷，有琴一张，有棋一盘，又经常备好酒一壶，再加上我一老翁，不就是六个一？这就是我的乐趣。”

诗词书画各擅胜场的苏轼

宋朝经济相对繁荣，政府又推行重文轻武的政策，大部分要职都由文人出任，宽松政治使文人兴起了追求高雅生活情调的风尚。社会风气亦催化了苏轼对浪漫与自由思想的追求，也造就了他开诗词豪放之风的先河。他自幼才气横溢，聪颖过人，受到良好的家庭教育，十六岁已博通经籍史集。二十岁时赴京应进士考，主考官是当时的文坛泰斗欧阳修，试卷得到欧阳修的赏识，被评为第一。

入仕后官至翰林学士，但仕途却并不坦荡，他既反对司马光尽改旧制，又不赞成王安石新法变革，总避不开政治漩涡对他的冲击。他一生中经历了几次放逐，每次都长达数年，长期的放逐造就了他的诗词境界。浪漫性情使他在谪居地黄州写下了“大江东去”的千古绝唱，至今人们仍称黄州为文赤壁。他在黄州还自奉为东坡居士。“昨夜东坡春雨足，乌鹊喜，报新晴。”这首《江城子》表达了他开朗的性情。放逐使他有机会接近民众，每到一地都有浪漫故事流传，在杭州时与佛印禅师交往留下东坡鱼和东坡肉的传说，疏浚了西湖中的淤泥筑成苏堤传颂至今。放逐的生活使他的心灵产生了蜕变，与大自然的亲近使他的思想变得更豁达、开放。与友人游西湖时写下“水光潋滟晴方好，山色空蒙雨亦奇，欲把西湖比西子，淡妆浓抹总相宜”的浪漫诗篇，诗句令人欲死欲仙。

官场的失意与他向往自由的文人雅调形成了对比，苏轼虽然厌倦了官场的忧谗畏讥，但又想重返朝廷，他让思想插上驰骋的翅膀尽情地在文学作品中遐想、翱翔：“我欲乘风归去，又恐琼楼玉宇，高处不胜寒。”词中清新、浪漫，独具风格的艺术表现手法和他在许多作品中表现出的豪纵奔放、明了晓畅、情景交融的气势，使他登上了北宋中期文坛巨匠的地位，将北宋文学推向了新的高峰。

苏轼的兴趣广泛，他擅长行书、楷书，用笔丰腴跌宕，又能自创新意。在黄州时写下了流传千古的黄州“寒食帖行书卷”，现藏台北故宫博物院。他还喜画竹，也喜作枯木怪石。论画主张“神似”，所以后人既称他是文学家，亦称他是书画家。

苏轼大半生在贬谪和流放中生活，大起大落无数，但他面临苦难，总是乐观以对，绝不困于怨恨之中。他运用选择的自由，反而在逆境中造就了他的千古文章。

《三国演义》和《水浒传》

市民大众在繁忙的生活中，最喜欢的娱乐就是听故事和看戏。听故事当时叫做听书，而讲故事就叫做说书或者说话。自唐朝寺院里开始讲佛经故事之后，听故事的热潮持续不减，题材也多起来。宋朝时，到处都有说书表演，所谓“身后是非谁管得，满村听说蔡中郎”，讲的就是蔡伯喈的故事。宋明两朝讲的短篇故事底本，就是宋明话本。这种听故事说故事的热潮，也催生了中国的著名长篇章回小说《三国演义》和《水浒传》。这是元末明初，由文人收集民间的三国英雄和梁山故事，整理写成的，每回最后有“欲知后事如何，且听下回分解”的口吻，就是说书的痕迹。这两部中国最早的长篇小说，用白话或浅白的文言撰写，完全反映当时口头文学的盛况，这种新的写作文字也改写了中国小说史。

《水浒传》的作者施耐庵的生平并不清楚，因为当时写小说并不受人重视。他是江苏人，可能中过元朝的进士，但是官运不亨通。他虽然不是山东人，但曾经在山东做过小官，奠下他与梁山英雄故事的缘分。罗贯中是施耐庵的门人，年纪比施耐庵小。《水浒传》就是在罗贯中的帮助下完成的。这是中国第一部用白话文体写就的长篇小说。罗是山西人，但是可能长期居住在杭州，他创作的小说或戏曲，都是以历史为题材的，可能他对说书里的讲史题材特别有兴趣。施耐庵和罗贯中生活的江浙地区，尤其苏州、杭州都是繁华之地，流行说书，他们两人对说书这种市民娱乐艺术，非常熟悉。梁山英雄和三国英雄的故事，也不是他们独力创造出来的，应是在口头文学和说书人话本，以及当时开始发达的戏曲的基础上发展出来。《三国演义》就有历史书可依凭，但也是经过民间渲染，和他们的创作而来的。施、罗的成就，为中国六百多年来的文坛增添了异彩，给后世的文学创作带来了巨大的影响。

有了这两部长篇章回小说开辟的天地，明代中期，就出现了中国四大长篇古典小说的第三部《西游记》。该书也是以民间小说和戏曲为基础。四大古典小说里，只有《红楼梦》纯粹是个人创作，不是从民间说唱艺术里发展出来。当然，《红楼梦》的影响更加深远，此篇就不多述了。

文人和山水画

文人不是为钱，也不是受人之命去创作艺术，他们喜欢抒发自己的情怀。写作诗文固然这样，写字作画也重视寄托自己的意兴。他们轻视形似，提倡神似，强调书画不是讲求法则、技巧的“技艺”，于是开创了文人画，而书法也转而重视个人意趣。

文人意气飞扬的宋朝之后，来了个一百八十度转变，换上轻视文人的蒙古人王朝。元朝歧视汉人，汉人知识分子的地位很低，又长期停办科举，文人的苦闷和彷徨，只有到艺术中去排解，促成了元朝文人画的划时代作品。尤其是山水画的成就，引领着后世文人画的路向。

文人纷纷隐逸于山林，寄情自然造化，使山水景色成为元朝画家的经常题材。风格上故意简率，强调神韵，不少作品弥漫冷寂的气氛，情怀落寞，时代气息明显影响画家心境。画家既然强调个人风格，作品的面貌亦因人而异。还有一个影响很大的做法，是诗、书、画、印结合。画家都能画善书，题款洋洋洒洒，既表现书法，又表现文才，最后还盖上精心雕刻的印章，把文人的多种艺术修养汇合在画作上，对后世影响颇大。

后世的文人画仍然强调个性，但是时代有变，商品市场大有发展，市民富裕，买画成风，又受文人的趣味引导，爱好文人书画。文人未必能在官场上一帆风顺，往往卖字卖画为生，画坛以受市民文艺影响的文人画为主，职业的文人画家应运而生，富庶地区出现许多著名画派。他们已不是为个人而创作，但是仍然在理念上推崇神似、尚意的文人趣味。

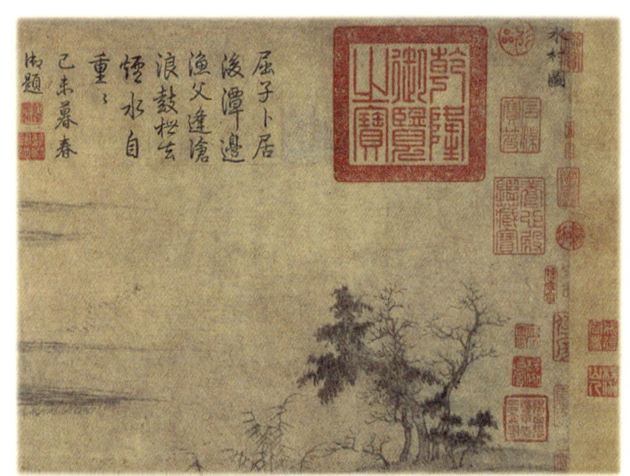

▲ 画上的书法和印章

明朝书法流派

时期	代表书法家	风格特色
明初	宋克	以健美见长
永乐以后	沈度	台阁体为主
明中期以后	祝允明、文徵明、王宠	祝允明讲求师从古法再作创新。文徵明以功力见长。吴门三家以小楷成就最高，其草书传世最多。
明晚期	徐渭、张瑞图、董其昌、米万钟、黄道周、倪元璐等	徐渭的行草纵横驰骋，张瑞图书风奇异，董其昌生拙秀雅。从黄道周、倪元璐、王铎、傅山等的书法中可见明朝末世对文人风格的影响。

具质感的湖石

梧竹秀石图轴

元朝四大画家之一倪瓒的作品。高高的梧桐树，叶子用阔笔湿墨画成。竹叶的墨色有浓有淡。太湖石用浓墨皴，有石质感，又有湖石皱、秀、漏的特点。石旁还有画家题的字和一首诗。诗画结合，文人本色。

墨梅图轴

梅在中国文人心目中，是高洁的象征。梅兰菊竹合称为四君子，松竹梅又称为岁寒三友。因此梅成为画家喜爱的题材。画家王冕考科举未中，卖画为生，擅长画梅花、竹石。画上题诗："明洁众所忌，难与群芳时，贞贞岁寒心，唯有天地知"，表达了画家的思想。

月夜秋声图页

这是南宋的作品，画在扇面上。文人画追求意兴，不求画工细致。图中人物、河流的线条，是随心所欲地勾画出来，并不细腻逼真，跟精细的宫廷"院体画"有很大差别。

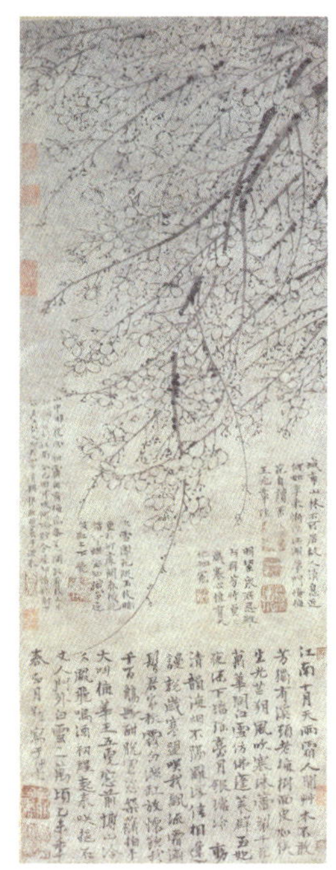

水村图卷

这幅水村图画江南水村景色。清淡的水墨画，细看远山披麻皴的线条、近处有繁有简的树木芦草线条，平远的意境，是元朝山水画的代表作。画家赵孟頫主张以书法入画，"石如飞白木如籀"，影响了元朝及以后的中国画。

墨竹图卷

北宋文人画家的作品。竹是文人画的主要题材，不少士大夫都借画竹来抒发自

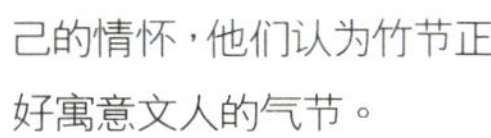

己的情怀，他们认为竹节正好寓意文人的气节。

米点山水

米芾是宋代四大书法家之一，本不善画。因常徜徉于山水间，以目所见摹仿之，竟然自成一家。他师法自然，创造出一种水墨渲染的大写意画法，以表现烟云迷漫、雨雾昏蒙的江南山水。绘画史上称之为"米点山水"。

仿自然的园林艺术

宋明两朝，文人士大夫崇尚山水的雅兴，及造园游园的热潮，加上社会富裕，令中国园林建筑进入高潮，并且建立了一套理念，留下不少园林实例。

宋明两朝的园林很多，皇族有大型园林，士大夫和富商有私人园林，宋朝连政府办公的建筑物里也有园林，除了给办公人员休憩，还经常开放供人游览。

这时文人士大夫的趣味主宰时尚，他们发展出不少造园的理念，中心思想是师法自然。选址布局、建屋造桥、种花引水虽然都有人工，但要不显得修饰造作，而又像自然般有变化无穷的趣味。文人还参与造园，指点工匠，把他们的审美观在私人园林中大加发挥。

他们重视空间和景物的变化，在有限的地方生出无限的感觉。要求大园不能一览无遗，小园要不觉局促，总要因应本来的地形，高低错落，左右曲折，利用墙、廊遮隔空间，再用门窗透见另一个空间的景物，做到一步一景，风光随人变化。

细节处又要流露自然的气氛。山石和水边驳岸都尽量不加人工切削，甚至水上没有桥，只放踏石；花木要因应季节栽种，使园林里四季分明。连窗户也不要方形，做成多边形、扇形、花形、叶形等等。

园林里的建筑物都用素雅的颜色，使建筑融入画图之中。所挂的匾额楹联，都是诗文精妙、书法美观的艺术品，诗情画意，完全配合文人气味。

中国园林的技术和艺术，此时都已十分成熟，在江南发展最出神入化，连向来追求瑰丽的皇家园林，也受到影响，清朝皇帝干脆把南巡时见到的美丽园林景物，在离宫别苑中照抄一个呢。

▲ **留园的叶形窗景**
在花园的粉墙上做出各种形状的门和窗，为色彩淡雅的园林增加趣味。透过窗去看透出的景，又有裁图聚焦的作用。

▶ **皇家园林**
造园不仅在士大夫阶层成为热潮，就连清朝的皇帝也在北京城的西郊建造多处园林，为方便皇帝处理政务，园中设有办公的地方。皇帝后妃在这儿游玩饮宴，举行特别节目，如放烟花、赛龙舟、钓鱼等。这幅画描绘了一次端午节的龙舟盛会。

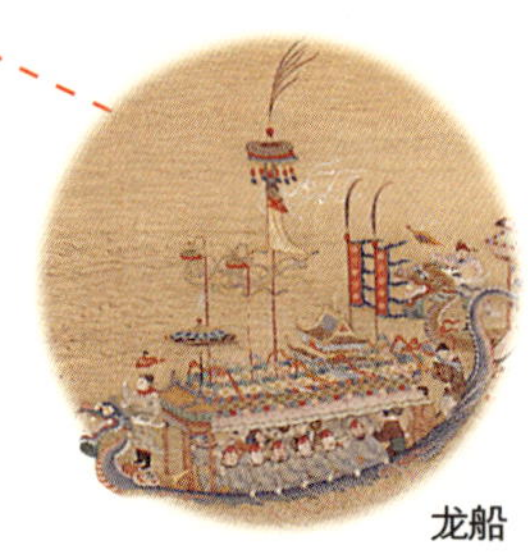
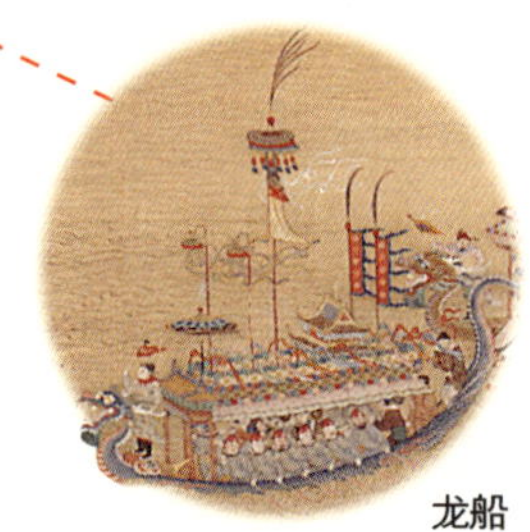

龙船

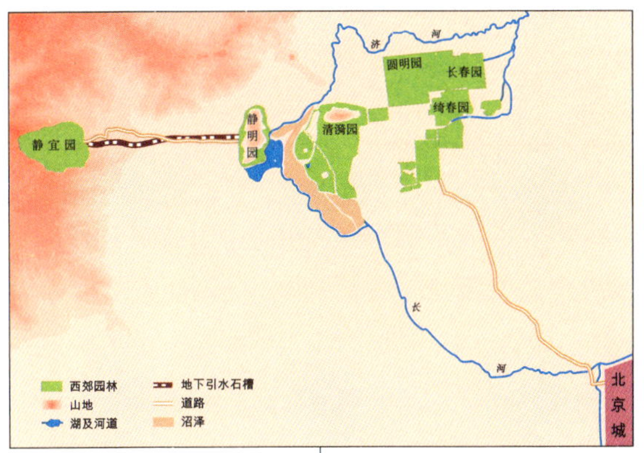

▲**清中叶北京西郊诸园位置图**

位于北京城西北面的皇家园林密集布置，为方便皇室人员到各园游乐，修筑了连接各园的道路；为解决位于山地的静宜园供水，开辟了地下的引水管道。

江南园林甲天下

苏州素来以山水秀丽、园林典雅而闻名天下，有“江南园林甲天下，苏州园林甲江南”的美誉。有大小园林近200处，沧浪亭、狮子林、拙政园和留园分别代表宋、元、明、清四个朝代的艺术风格，被称为“四大名园”。

▲**无锡寄畅园**

楼台依水而建，小桥石岸，花木扶疏，虽是人为的山水，却有自然的美。

▼**《四景山水图》的住宅园林**

为了追求自然的趣味，宋朝官员、富豪的住宅，常常建有园林，这些园林打破传统规整对称的房屋布局，参差错落，依山傍水。

繁华的商业社会

宋朝以来的商业大发展，使社会面貌为之一新。

最突出的是城市的发展，全国城市数目和非农业人口都急速增加。庞大的城市人口要消费，带动农村的商业活动。农民多种经济作物，明朝时，京郊的农民专门种花种菜，供应给京城，冬天也有暖室种植的黄瓜和鲜花供应，农业的商品化可见一斑。农产品和家庭手工产品同时为市场提供充裕的原料，使私人手工业从城市兴起。政府收农民的田税也因时而变，不再收粮食，连力役也折算做钱银，实行单一税法。

城市里工商业者纷纷组成“行会”。商人赚了大钱，社会地位提升，影响力也明显加强。宋朝时，甚至有士大夫抨击抑商政策。商人团体在明清时发展出以同乡结合，在城市里设会馆互相支援的商帮。商帮很现代，用集团方式经营；实行股份制；重视员工的培训。但商帮也重科举、讲宗族。赚到钱就带回家乡，又援引族中子弟到城市发展；又或者发展家乡教育，谋取功名。

明清时商业繁华到奢侈的程度，拜金思想流行，因此时常争论应不应禁奢，但奢侈消费养活更多人，在上亿人的国家，不失为纾缓失业的方法，因此也有不少人反对传统禁奢的思想。

商业税收是宋元两朝政府的重要财政收入，可是明清两朝，财政税收制度反而倒退，商税不受重视。政府怕社会不稳，又不敢随意加田亩税收，遇到战争、治河、庆典等，只好向商人摊派，乾隆时，商人动辄捐助数以百万两。结果农民负担没减轻，商人也得不到正常地位，使中国的经济不能朝向正途发展。

象牙算盘

算盘最早出现在元朝，到明朝已是商业贸易必要的用具。最迟在万历年间，已经形成完整的珠算运算法则和口诀。汉语单音节的特征，令中国的心算很方便，但未有阿拉伯数目字之前，以中国数目字计数很麻烦，算盘对减轻笔算的麻烦大有帮助。

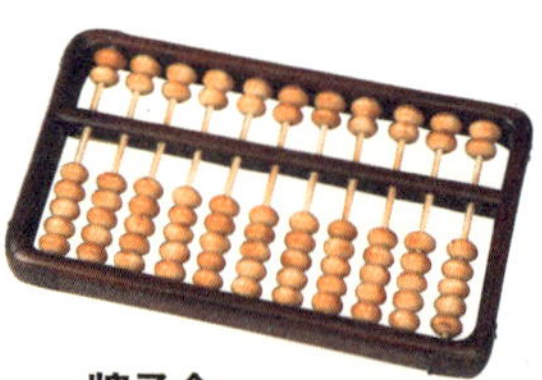

牌子金

这种纯金金牌经常被皇帝用来赏赐臣下，但制造者却是普通的商人，上面往往刻有制造的地名、铺号、姓氏、成色。

镏金花瓣形银盏

宋人重视饮食，同时也注重饮食器具的精雅，从这件手工精细的银器食具便可以得到证实。

宋朝的达官富商喜欢用金银器来炫耀财富，高级的酒楼妓馆，使用银制食具。因此社会对金银器的需求很大。北宋首都一家酒楼，两人对坐饮酒，使用了银制餐具近一百两。

苏州的商业场面

苏州是明清时代中国最繁荣、最富裕的水乡城市。画中所见的是清朝最鼎盛时期，在苏州一道桥上挤满了摆地摊的小贩。

财神婆

宋朝商品经济大潮甚至冲击到佛门净土。佛教石窟中出现财神婆的形象。

鱼翅、燕窝

今日中国人仍视为高级食物的鱼翅、燕窝，是明朝时从东南亚传入的。明中后期还输入许多珍贵硬木木材，做成讲究的明朝硬木家具。

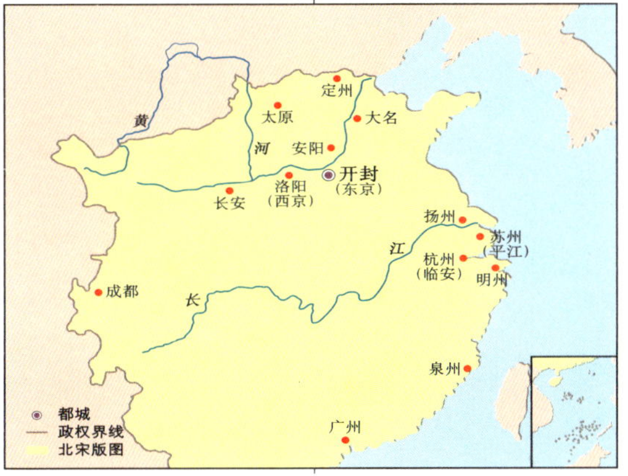

宋朝的主要城市

贪图享乐的统治者

宋徽宗虽然多才多艺，但在政治上却昏庸无能。他信用蔡京等“六贼”，大兴土木，人工堆筑了万岁山，所有馆阁皆精雕细凿，金碧辉煌，还到东南各地搜寻奇花异石。江南百姓不堪承受“花石纲”的盘剥，最终揭竿而起，爆发了方腊起义。

新型商业城市

城市化是宋以来商业兴盛的标志。商业发展使政治性城市的经济功能不断加强，规模不断扩大，宋朝首都开封和杭州就是最繁荣的商业城市，明清的商业城市就更多了。

随着商业发展，宋以前保安严密的都城管理面目，不得不打破，宋朝推倒坊墙就是这种巨变的象征。唐朝的大城市是封闭性的，城市最明显的面目是划分为坊，每个坊有坊墙、坊门，商业交易在规定的市进行，城市实行宵禁。唐朝以开放见称，最有规划的长安城，最热闹的东西市，也是这样管理的。

宋朝商业十分活跃，城市人口急速增长，首都开封的人口，达到一百万以上。如果仍然把全城的庞大商业活动限制在市中进行，根本没法应付。于是不少大城市的商户为了增加营商空间，都拆掉坊墙，将房舍改成面向大街的铺位。街道两旁是密密麻麻的商店、食肆和酒楼。于是，市民的活动不再局限于封闭的坊市之中，商业活动渗透到城中每一个角落。

商贩和市民都要求延长营业时间，宵禁制度因而受到冲击，宵禁取消之后，市民不必听见鼓声就急着出入城门。城内各式各样的夜市兴旺起来，有些通宵营业，令市民的生活更多彩多姿。宋朝这种城市发展，影响到辽朝的城市，辽的皇帝受夜市吸引，还偷偷跑去游逛。

城市人口形成了庞大的市民阶层，使社会出现了一股市肆风俗的文化。

开封市井百态

《清明上河图》描绘北宋首都开封在清明节时，漕船把南方物资运到首都的热闹情景。图中的城市内再没有坊墙，都是临街开铺，摆满了各式货物，还结了彩楼。

元宵灯节

取消宵禁，开夜市，使市民的晚间生活充满乐趣。元宵节时，市民都到街上赏花灯，并且欣赏烟花。《明宪宗行乐图》描绘了1485年的宫廷元宵灯节。殿前台阶上放了好几层高的牌坊灯，鼓乐齐鸣，烟花齐放，还有各种杂技表演助兴。

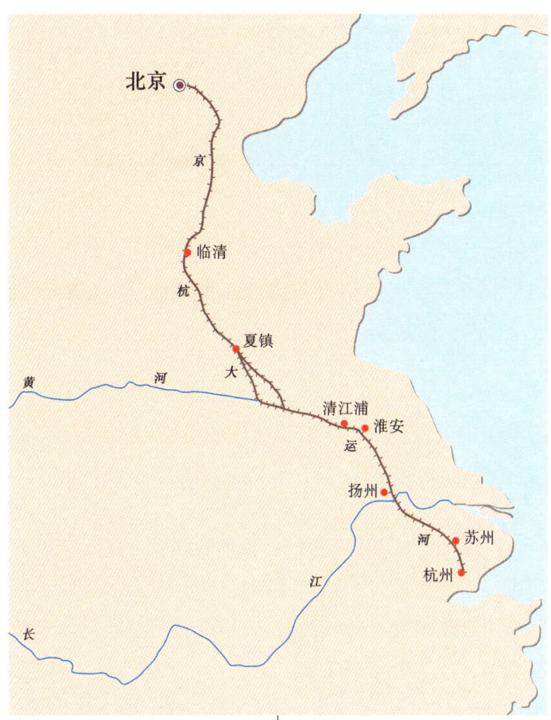

▸ 开封的乞丐

在城楼外的街道上，坐着一个正向路人乞讨的残疾人士。开封城内的乞丐相当多，每遇大寒，他们会被强制性地"拘收"在福田院，立春之后才能离开。

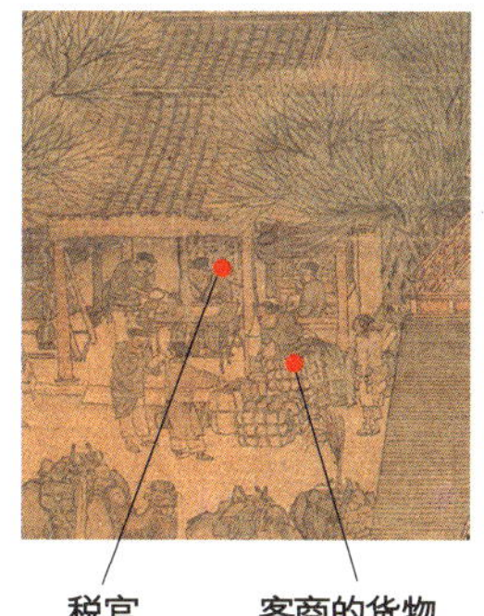

◂ 开封的税务机构

宋朝商税分"过税"和"住税"两种，所谓"过税"就是流通税，是商人把货物带到其他地方贩卖时，经过关卡所纳的税。图中所见应为开封的一个税卡。

▾ 北京皇城前的商贩

明朝商人的生意做到皇宫前的街道上来。这是大明门前的棋盘街，小商贩遍地。从有顶棚、桌子的摊贩，到地摊都有。所售货物纷陈。大明门已拆除，位置在今天天安门广场上。

▴ 大运河及沿岸新兴城市的位置

京杭大运河促使沿岸城市兴旺，明朝李东阳曾有"城中烟火千家集，江上帆樯万斛来"之句，可以想见当时商船泊岸的繁华景象。

四大名镇

明清时期，各地涌现出一批特色鲜明的新兴城镇，成为区域经济发展的枢纽。汉口镇、朱仙镇因地处交通要道，成为商业中心。佛山镇以冶铁业名扬四方。景德镇则是当时最大的瓷器生产和集散地。号称"四大名镇"。

精美的手工业商品

宋到清仍是手工业高峰期，精美的手工业产品使中国对外贸易长期出超，但国内市场更大，庞大的人口，制造了一个大需求的国内市场。

这时候的手工业技术和品种仍然有大发展，新兴的陶瓷业的日新月异姑且不论，古老的丝绸业活力不减：宋朝的绢细、密和轻薄，比唐和元都好，亳州生产的轻纱仿如无物，裁做衣服，像一层烟雾；缂丝有新突破，可以织出多种颜色的花草禽兽。元朝的蒙古贵族喜欢金，大批擅长织金技术的西域工匠东来，令丝绸织金技术空前发展。织金是用金箔切成的金线织花，使织物呈现金属光泽。明清的丝织品也名目繁多。

商业竞争也引发了品牌意识。宋朝金银器主要由私人作坊生产，大城市有不少金银铺，小城市中有流动的金银工匠。现存的宋朝金银器，不少都刻上金银铺的商号或工匠名称，反映当时的金银器已出现了品牌竞争。元明时有不少著名工匠，名字刻写在产品上，有这标记，肯定更受欢迎。

这时候代表手工业最高水平的，前期仍然是官营作坊。商业发展虽然催生农民分工发展，宋朝已有全职种桑养蚕或者从事丝织的农民，后来城市里更出现丝织作坊，雇用专业工匠，但是手工业还未脱离家庭副业。

明朝后期，支持官营作坊的古老工匠制度瓦解。因为工匠按古老的服役制度，义务为皇家和政府服务时，消极怠工，甚至逃亡，明政府终于容许工匠交纳银两代替服役，政府再拿这些钱请私人手工业者代役。数以十万计的官营作坊工匠纷纷以钱代役，私营手工业作坊、民间全职手工业工匠涌现，各种手工业蓬勃发展。除了少数产品之外，从规模而论，私人手工业已成为支柱。

▲**工匠**

宋元以来，随着城市经济的发展，行业分工越来越明确，这是元朝的土木工匠。

▼**织了“朱克柔印”的缂丝**

缂丝是用横向的纬线织花，宋朝的缂丝可以织成画一样。这一幅由南宋缂丝名家朱克柔制作，盛开的三朵山茶花引来飞舞的蛱蝶，虫咬的叶子像真的一样。朱克柔的缂丝被誉为缂丝技艺的高峰。

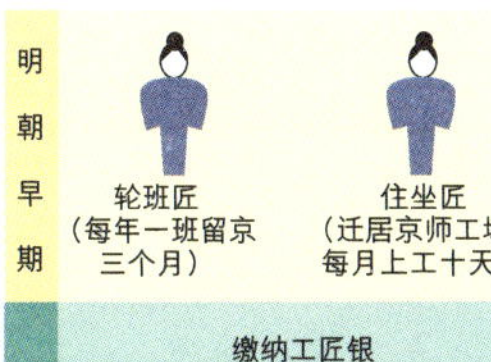

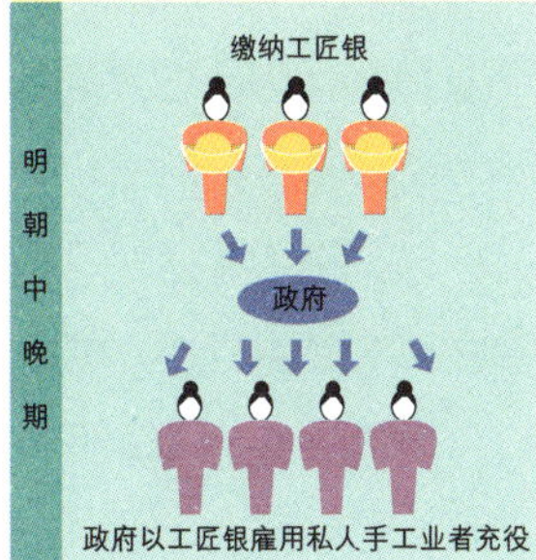

◀ **明朝工匠服役规定的转变**

▲ **元朝重要瓷窑遗址分布图**

▼ **楼阁人物金发饰**

这支金钗是利用花丝工艺编成的，不但营造了立体效果，更有如微型雕塑品。工艺之精细，令人啧啧称奇。明朝的发钗式样新颖，可在小小的发钗上雕出“仙人楼阁图”，图案细致，工艺复杂；除了发钗以外，妇女也喜欢戴金银首饰，采用花丝工艺，以幼细的金银丝编织首饰，是金银饰物制作的一大跃进。

◀ **时大彬款紫砂胎剔红壶**

明朝在各个工艺领域均出现专业工匠，风格独特，技艺高超，犹如个人品牌。此壶底刻“时大彬”款，时大彬是明朝万历年间的著名制壶工匠，尤其是制作紫砂壶。这件雕漆器便是以时大彬制器为胎，上髹红漆而成。

▶ **手工染布**

纺织业发达，纺织原料的种植趋于专业化，其中以种植棉、桑及印染原料为主，并且出现了种植地区的分工，为纺织业发展奠定了良好的基础。

现存最早的广告

宋朝商业竞争激烈，商铺为争取生意，纷纷以广告宣传。目前遗留下来最早的广告实物，这是一间造针店铺的广告，上面标明店铺的名字——“济南刘家功夫针铺”；又印上白兔捣药图，注明“认门前白兔儿为记”，颇有现代宣传品的风格。

市民趣味

城市化的结果形成了强大的市民阶层，这阶层品流复杂，有官宦、富豪、士兵、各行业的平民，连寄生人口也不少。

市民的生活方式与农民有异，品位又跟士大夫不同。他们人数多，有消费能力，于是针对他们的口味，出现了形式较为通俗，讲求刺激，不少以城市生活为题材的娱乐和商品。市民趣味深深影响了中国许多娱乐艺术形式。

城市的娱乐活动，最常见的是听故事、看戏曲、看百戏、逛集市。

听说唱故事从唐朝佛寺流行开来，这时已不再是佛经故事的变化了。许多以当时生活为背景的小故事，专以曲折离奇号召，不出鬼怪、侦探、男女情爱题材，像白蛇传等等，后来汇集成短篇的话本——近似广播剧本。历史故事十分流行：三国英雄、玄奘取经、宋朝造反的梁山好汉、破金兵的岳飞等等，全部编成动听的故事，后来就成为长篇古典小说。表演这些说唱故事的，是专业的艺人，他们以生动的口语，绘声绘色，又讲又唱，讲到关节处，故意卖关子，好让听众付钱。

这些艺人在街头巷尾或者专门的娱乐场所（称“瓦舍勾栏”）演出。大型勾栏可容纳数千人，集中各种的表演艺人，除了曲艺、说书，还有杂技、魔术、摔跤、马戏，为市民增添无限欢乐。

市民大众又有自己喜欢的绘画商品，大都是描绘城市生活和民间风俗，像货郎图描绘走街串巷的小商贩，婴戏图则是以儿童为主角的喜庆风俗画。这些画由民间画家绘制出售，他们有自己的行会。受欢迎的画工会把画稿画成几百幅出售，以满足市场需要，又防止别人模仿竞争。后来有了雕版印画的技术，又印成充满吉祥寓意的年画，以迎合大众讲意头、讨口彩的心理。

▶烹茶画像砖

一女子正在用火箸拨着火炉中的燃料煮茶。宋朝城市生活奢华，普通人家每生女，则“爱护如捧璧擎珠”，因为长大之后可以教以各种技艺，其中厨娘虽然地位很低，但“非极富贵家不可用”。

◀瞽子说唱

听说唱故事是市民大众的普遍娱乐。画中描绘一位失明的说唱人，一边敲击，一边绘声绘色地说故事。

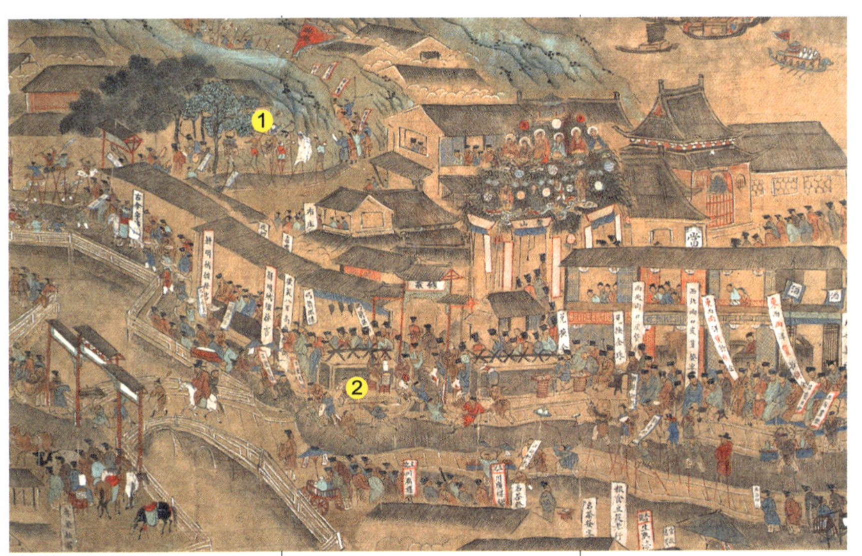

▲ 迎神赛会的情景

民众的娱乐往往和宗教节庆连在一起，图中一队踩着高跷扮成阴间鬼物形象的迎神演出者正绕行山间，表演杂技的人则刚经过闹市。沿途有观众或坐在屋前或站在路边观看。这种出会情景很可能是迎神赛会，表演者可能是专业艺人，也可能是各行会的职员，但表演水平很高。迎神赛会可说是全城全乡的节日活动，观者万人空巷。

踩高跷的迎神队伍

杂技艺人

◀ 婴戏图

南宋民间画工苏汉臣的作品，是一幅描绘儿童的市肆风俗画，具有浓厚的生活情趣。苏汉臣画艺出众，后来进入宫廷，成为宫廷画家。

◀ 孩童垂钓枕

磁州窑以平民阶层为主要销售对象，花纹图案也较多民俗生活题材，这件瓷枕就以孩童垂钓为主题，绘有一个额前留刘海发、身穿紧袖长衣的宋朝小童形象。

◀ 杂耍图

这是一幅清朝的画卷，所绘的包罗万有：说书、听曲、看相、木偶戏以及各式各样的杂技表演。

宋代的百戏

宋代魔术节目变幻无穷，如藏人、藏舟、藏剑、吞刀、吃针等，都属于“藏去之术”。口技摹仿飞鸟和禽兽的鸣叫声，叫做“百禽鸣”。骑手的马术特技表演和动物表演都属马戏，如笨熊翻斤斗、蠢驴跳舞、禽鸟认书、乌鸦下棋等，都受人欢迎。

张择端《清明上河图》长卷

北宋

绢本　设色

纵 24.8 厘米　横 528.7 厘米

清宫旧藏

藏于北京故宫博物院的《清明上河图》是北宋画家张择端绘制的长卷风俗画。张择端，字正道，东武（今山东诸城）人。早年在汴京（今河南开封）学习绘画，后为宋徽宗赵佶时期的画院待诏。善画市桥、郭径和舟车等。

《清明上河图》描绘的是北宋都城汴京在清明节时的繁华热闹景象。清明上河是当时的民间风俗，有如现在的节日市集。全卷图大致分为三个部分：第一部分是市郊景物，绘有茅屋、树木和耕田的农夫等；第二部分是汴河及两岸风光，即图的中心部分，第三部分是城内街道和城门内外景色。

本书选载的是《清明上河图》的中心部分，它由汴河中的大船及一座虹形大桥和桥头大街的街面组成。穿城而过的汴河上巨大漕船接连不断，有只大船慌忙中横在了桥下，繁忙紧张的场面引得桥上、岸边许多游人驻足向河中观看，桥上和岸上的各色人群一时汇成了一条熙熙攘攘的人流。两岸各色店铺林立，有卖刀、剪、杂货和茶水的；有看相算命和卖各色小吃的。有坐轿的、骑马的、挑担的，还有赶毛驴运货的等等林林总总。街道向东西两边延伸，一直延伸到城外较宁静的郊区，这部分恰似一幅开封的市井百态图。

《清明上河图》长卷气势恢弘，笔法细腻，人物、景物虽多而不紊，皆呼之欲出，跃然纸上，全卷前后呼应，一气呵成。如此浩瀚的画卷，观之者无不为之震动。历代帝王贵族曾争相收藏，视它为稀世珍品。

张择端绘制的这幅不朽杰作，堪称我国绘画史上的瑰宝。亦不愧是誉满中外的艺术珍品。

翰林張擇端字正道東武人也幼讀書遊
學於京師後習繪事本工其界畫尤嗜於
舟車市橋郭徑別成家數也按向氏評論
圖畫記云西湖爭標圖清明上河圖選入
神品藏者宜寶之大定丙午清明后一日燕
山張著跋

大众的娱乐——戏曲

市民爱听的说唱故事加上舞蹈、扮演，在宋朝发展出有复杂情节的戏剧，由于唱的成分重，称为戏曲，是结合了唱、做、念、打的综合舞台艺术。戏曲出现后，以后几个朝代高潮迭起，把贵人到平民都迷得如痴如醉。

第一个高潮在元朝，这时文人地位低，迥异于“唯有读书高”的宋朝。他们苦闷无出路，生活于社会底层，用活泼的口语创作了很多反映社会黑暗面的戏曲，很受市民欢迎。剧中人以第一人称来表达，不像宋朝用叙事的方式，在艺术上价值更高。这些戏曲作家大多是北方人，以首都北京为活动中心。不过元朝末年，恢复科举，文人都去考功名，创作的人大减。

元朝之后，南方的戏曲凭着江南的文化程度、经济能力、商业城市多，掀起新热潮，明剧各种地方风格中，发源于苏州附近的戏曲，最受文人青睐，加以改革后，就是现在所称的昆曲。苏州是明清两朝最富有的城市，又是出产状元最多的地方，因此昆曲与元剧那种硬朗作风不同，温婉细腻，能入大雅之堂。到清朝，昆曲仍然是文人的雅兴，而有地方戏色彩的安徽戏班入北京，成为新的大众戏曲，无论满汉，甚至连皇帝，都成了京戏迷。

戏曲的热潮由城市带起，深入到大大小小的村落。每年农闲的节庆，就请来戏班临时搭台演出，有些戏一连演上十天半月，大人小孩都盼着这个热闹日子。

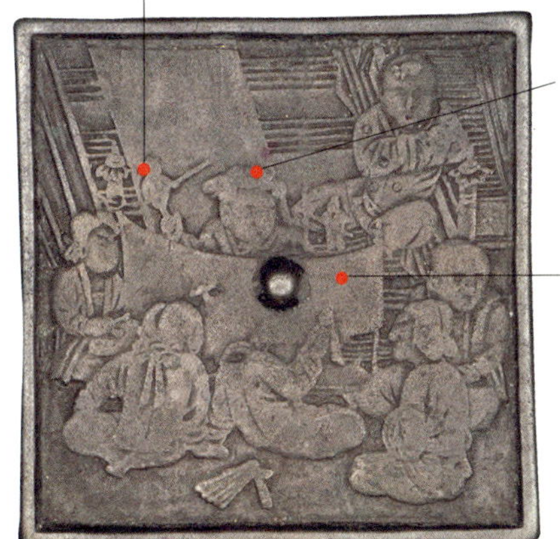

傀儡戏画像镜

这面铜镜表现的是傀儡戏的演出情景。傀儡戏是用木偶进行表演的戏剧，现在通称木偶戏，有布袋、提线、杖头木偶等形式。宋朝市民喜欢欣赏傀儡戏。

到皇宫表演的艺人

明清时代，不少皇帝也是戏迷。这队穿上各式戏服的表演者正准备入宫表演。

临时戏台和观众

在民间节日活动中，演戏是很吸引人的娱乐。除了大城市可以常常演戏，有固定的戏台之外，城外及一般乡镇每年可能只演出几次，因此戏班要巡回表演，戏台也是临时搭建的。很多观众就围在戏台前的空地观看。图中的戏台用木料搭成，应该是一个临时戏台。

丁都赛砖雕

这是宋朝建筑物上的砖雕。砖上刻画北宋后期著名的杂剧艺人丁都赛表演的情景。

吹口哨俑

随着元朝曲艺的发达，出现各式各样的民间艺人。在元朝墓葬中也出土了许多艺人形象的陶俑。

关汉卿和元杂剧

元杂剧的出现标志着中国戏曲艺术达到成熟阶段，关汉卿是最负盛名的元杂剧作家。他一生创作杂剧60余种，大多揭露社会的黑暗腐败，表现生活在底层的人民，尤其是妇女的遭遇和苦难。悲剧《窦娥冤》是他最震撼人心的代表作。

三大发明：火药、罗盘、印刷术

所谓中国四大发明：造纸、火药、罗盘和印刷术，除了造纸早在公元前后就有，其他三种是唐宋以来的新发明，自宋开始，发挥了很大影响。

火药的情况，在热兵器部分已经提过，宋人也用火药来制造烟花和爆竹。这里集中介绍印刷术和罗盘。

中国发明的印刷术有两种：雕版和活字。雕版在唐朝后期已有，宋朝改良，用铜版代替木版。

北宋的新发明是泥活字印刷，元明两朝又创木、铜、锡、铅等活字，发明了转轮排字方法。活字印刷节省工夫，比雕版印刷灵活方便，又能够再用。近代印刷术是活字印刷发展而成的。但是汉字不是拼音文字，做字模并不比雕版省工夫，印出的书又没有雕版印刷的精美，何况雕版印刷可以印图，因此没有被活字印刷取代。活字印刷虽然也使用，但多用于印族谱等。

罗盘是把指南针加上有方位的底盘。指南针在战国就有，宋朝改良了制造和使用方法，把以磁石磨针锋，改成利用地磁感应来制作。放置磁针的方法，热衷于指南针研究的科学家沈括，记载了漂浮式及缕悬式指南针，认为比较稳定。这两种指南针后来分别演变成"水罗盘"和"旱罗盘"。沈括又发现磁针常常微偏东，这是世界上首次记载磁偏角现象。

至于应用到航海事业上，北宋后期的书（1119年）已记载水手日间观日，晚间观星，阴天时观指南针。元朝指南针使用方法不断改良，又绘成由罗盘测定的航线图。元朝远洋航运发达，与熟练运用指南针是分不开的。1180年左右，指南针经阿拉伯人传入欧洲。

▼使用转轮排字盘的情况

转轮排字是由活字印刷衍生出来的技术。木活字按照音韵分类排列在排字盘上，一人读稿，另一人坐在两个转动的排字盘中间，转动排字盘，依照稿本挑选出所需要的木活字，排于书版之上。印刷完毕，重新将木活字按照原来的位置归放到排字盘上。

▼山东潍坊明清古版

雕刻印版是把翻转上版的黑色线条浮雕出来，而雕版的效果优劣往往是插画书的成败关键。雕刻绘画作品，绝不容易，要用锋利的刻刀配合雕版师的娴熟手艺，方能制作出精细的雕版。

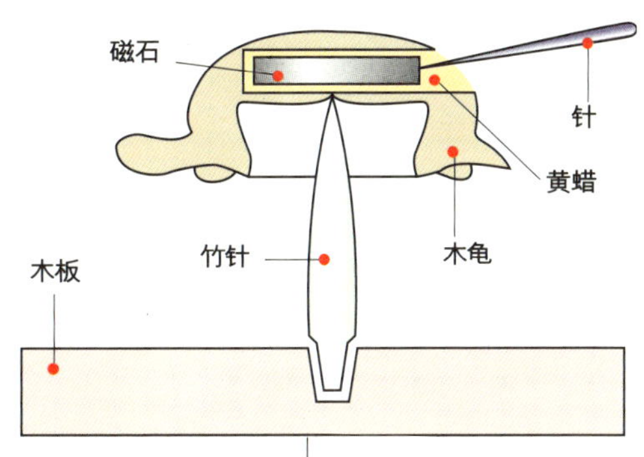

▲ **支撑式的指南仪器——指南龟**

元朝出现的支撑式指南工具，在民间很流行。把木龟腹部挖空，嵌入磁体，再放在竹制的尖柱上，木龟的首尾自然指向南北。磁针加上固定支点这种做法，和旱罗盘相似，西方用旱罗盘比中国早，恐怕与指南龟西传阿拉伯后改良有关。

▲ **缕悬式指南针**

将蚕丝系于木架上，蚕丝下端用蜡黏接磁针中部，再在木架下装上方位盘。磁针在地磁场的作用下，即可指示方向。后来发展成旱罗盘。中国在明朝正式出现旱罗盘。

▲ **泥活字版模型**

北宋平民毕昇以胶泥刻字，用火烧硬。排版时，在铁盘内铺放一层松脂、蜡及细纸灰等，在盘上排满一版字后，将铁盘放在火上烤熔松脂、蜡，用平板把字压平，松脂、蜡冷却后，便会跟泥字黏连，即可印刷。印刷后，再把松脂加热，便可取下泥活字再用。泥活字印刷术估计出现在庆历年间（1041 — 1048 年），是近代活字印刷术的先驱。

◀ **金朝印钞票的铜钞版**

铜版印刷的质量高，铜版又能长久保存，适合印制精细的纸币和商标等小型印刷品。宋朝这种印刷改进新技术很快就传到其他地方，金朝也用铜版印钞票。这是金朝后期——贞祐时期(1213 — 1217 年) 的印钞票铜版。

▼ **中国造纸技术传入欧美示意图**

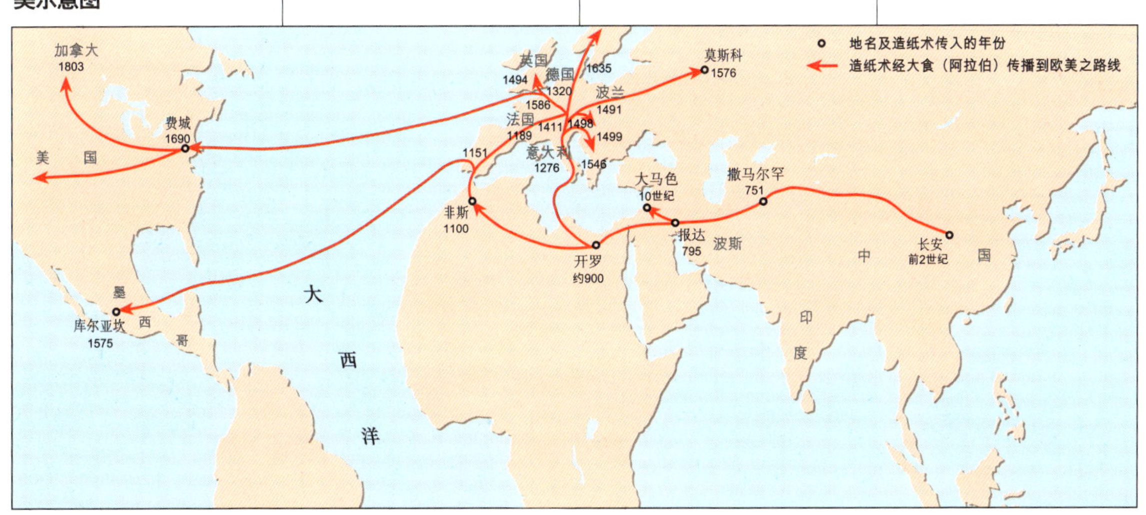

用纸做钱

用纸来做钱是宋元时代的一大发明，也是人类历史上首次用钞票的大试验。马可·波罗在游记里讲到这种新货币，感到十分神奇，纸币因此在欧洲很受注目。

马可·波罗知道的纸币不是最早的，元朝之前，宋、辽、金都发行过纸币。这时候商业繁荣，纸币是针对当时经济形势采取的对策。中国一向主要用铜钱，但是宋以来商业极为繁荣，铜钱面值小，大宗交易用不上，何况铜钱也常常欠缺，四川还要用铁钱。针对缺钱和携带不便的情况，信用制度开始发展，宋朝时四川的商人收取客人的铁钱，向他们发出一张等于活期存款单的证明，保证可以换回钱，这单据叫做交子。这种方法被政府接受，成为一种法定货币，和铁钱一同通行，纸币于是正式出现，所以后来的钞票也叫"交钞"。此后纸币的历史还有一点反复，到元朝最有实效。

纸币的使用到元朝时已经累积了很多经验。发行时，有储备金，使人对纸币有信心；推广使用纸币，规定可以用来交某些税；真钞盖上官员和皇帝的印，防止钞票作伪，伪造钞票罚得很严。

不过，政府虽然明白滥发是纸币的死敌，但是到了财用不足的时候，总是抵受不住多印钞票的引诱。结果元朝的纸币和宋辽金各朝纸币的命运一样，因为通货膨胀而大失人心，钞票制度崩溃。明初，中国继续发行纸币，但人民对纸币没有信心，很快就出现通货膨胀，于是先锋性的纸币制度到此结束。中国重新用铜钱，加上一锭锭的银元宝，以应付日益发达的商业交易。

宋朝的铜钱铸造量

宋太宗至道年间（公元995~997年）	80万贯
宋真宗景德末年（约1007年）	183万贯
宋神宗元丰三年（1080年）	506万贯
宋徽宗宣和二年（1120年）	300万贯
宋高宗绍兴二十六年（1156年）	22万贯

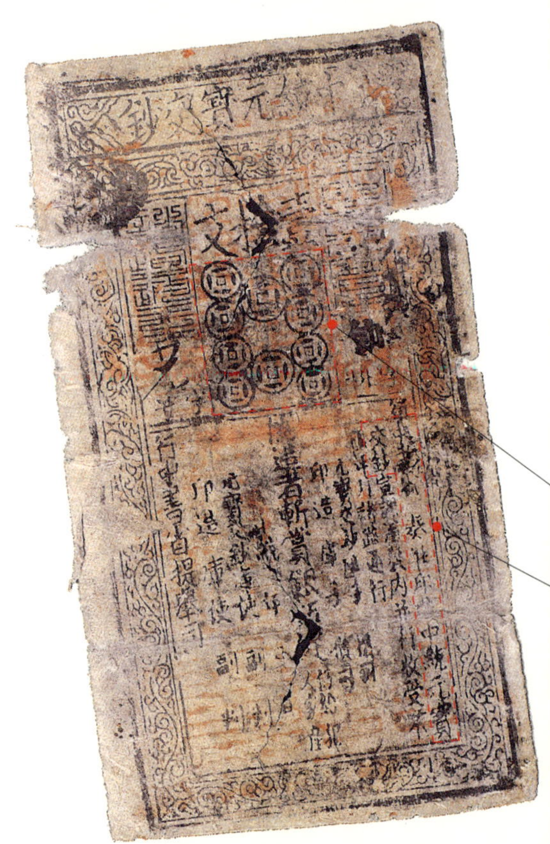

元朝最早的纸币

这是忽必烈中统元年（1260年）颁行的中统元宝交钞，长16.3厘米，宽9.5厘米，桑麻纸质。面额从十文至两贯文不等。马可·波罗记载的纸币，可能就是它。马可·波罗来中国时，是元朝发钞正常的时候，他惊讶于忽必烈汗用桑树皮做的纸就可以买到天下的宝藏，每年可以印无数钞票，不花一点钱，称它为大汗的点金术。当时马可·波罗似乎还不明白发行纸币的道理。

▲ “天禄通宝”铜钱

中国的货币系统并不先进，主要是用铜钱。铜钱面值小，难以应付大额的交易，又重，不好携带，何况常常被人拿去收藏、熔了做铜器或者改铸做劣质伪币，加上商业发达，唐朝后期已出现流通钱币不足的情况。这是辽朝铸造的铜钱。辽宋两朝南北对峙，都限制铜钱流到对方的地区。但是辽朝铸钱有限，为了缓解通货不足，努力通过贸易吸引铜钱入境，出现了宋钱滚滚北流，宋朝陷入钱荒的情况。

十个铜钱图案，代表面值十文

“中书省奏准印造中统元宝交钞”说明中书省参与发行

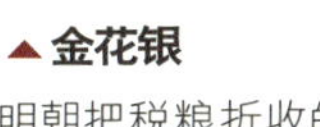

▲ 金花银

明朝把税粮折收的银两称为金花银，表示足色的上好银两。明初为了推行纸币，严禁民间用金银交易，但收效不大。后来政府放宽了禁令，白银变成主要货币。及至交田赋也收白银，白银的使用更普及。江南田赋是最早折银征收的。地方政府将收到的散碎银两铸成银锭，上缴中央。这锭金花银是福建上缴的五十两银锭，凹面刻了地名、税别、重量、内耗、有关官员和银匠的姓名等。

▶ 大明通行宝钞

这是明初通行的主要货币，由首都南京的宝钞局督印。这种一贯的宝钞，面额最大。长约 30 厘米，是中国历史上最大的纸币。可是，由于政府滥发纸币，导致贬值，大家不肯用来交易，嘉靖元年（1522 年）正式废止。

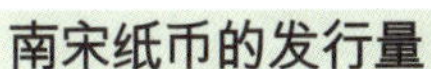

南宋纸币的发行量

宋高宗绍兴三十一年（1161年）	100万贯
宋孝宗淳熙年间（1174~1189年）	240万贯
宋宁宗嘉定年间（1208~1224年）	2300万贯
宋理宗淳祐六年（1246年）	6500万贯

◀ 印刷南宋纸币的铜版

这是南宋政府印刷会子的铜版，会子出现在交子之后。这个铜版最下一行有“行在会子”几个字，说明这是政府在 1160 年颁布法例之后发行的，是正式的纸币印版。会子最初发行时，只有一种面值，其后增加了几种面额。

◀ 戥子

戥子是用来称量金、银等贵重物品的小型衡器。这件戥子的最小称量单位是二分，最大称量单位是二十两。

“伪造者斩”

棉的影响

丝、麻、葛是中国传统的纺织材料，丝昂贵，平民百姓只能穿麻、葛织的布衣。棉在宋朝开始广泛种植，改变了以后几百年的平民衣料。

棉产于印度，很早就由南北两个途径传到中国，但是推广不开，只在新疆、云南等边疆地区种植。因为棉布最初是一种高级衣料，而中国早已有丝绸，丝织技术又非常好，棉布与丝绸相比，败下阵来。宋末，棉花和棉纺织发展到长江下游，这是中国的经济重心地区。由于品种改变，去籽和弹棉花工具传入，经济效益提高很多，又何况棉布温暖，比麻布适合北方天气，于是夺得平价衣料的市场。加上元朝和明朝政府用政策奖励种棉，棉的种植范围大了很多。棉和棉布的需求量很大，连士兵的军服都用棉做，又曾经用来与边疆地区的少数民族换马。

棉业推广，却也造成一个意想不到的后果：纺织棉布既有经济收益，又可以一个人完成，成为农村重要的家庭副业。家家户户都纺织棉布，竟然令棉纺手工工厂没有发展出来，不但这样，还使丝织技术里一些很先进的机器被淘汰，像大纺车和水力纺车。结果，棉纺织业在英国是工业革命的先锋，在中国却成了巩固小农经济的因素。鸦片战争后，中国开放通商口岸，但是英国的机织棉布却没有预期的好销，当时英国人想了很多原因，用了很多方法，包括强迫中国减税等等。他们没有想过，这些棉布是妇女、儿童，在农闲和晚上织的，没有什么人力成本，收入再微薄，也可以帮补家计。男耕女织的传统，令手工棉布的生命力，出奇地大。

▲**脚踏轧棉花车**

棉花加工先要去掉棉籽。人手去籽很花时间，效益不高，直到轧棉机器出现，问题才得以解决。这种轧棉工具在14世纪已经使用，以手转动曲柄，脚踏动车下踏条使另一轴向反方向转，两轴互相碾轧，便可令喂入的棉花排挤出棉籽。有了这工具，轧棉工作可以一个人独力处理，适合家庭副业。

▲**白坯布**

白坯布即原色布，经染整加工后可制成色布、印花布等。中国家庭手工织的棉布，可以极为均匀细密，不光自用，还曾经出口外销。尤其是今天上海郊区的松江，因为是最先输入海南制棉先进工具的地方，从元朝以来就是棉织业中心，产的棉布最有名，行销全国。清末开放通商初期，开放的口岸虽然流行进口的机织棉布，内地还是穿用手工棉布。直到19世纪七八十年代，才因洋布售价降低，布幅又比手工织的阔，普及内地，农民开始穿洋布。

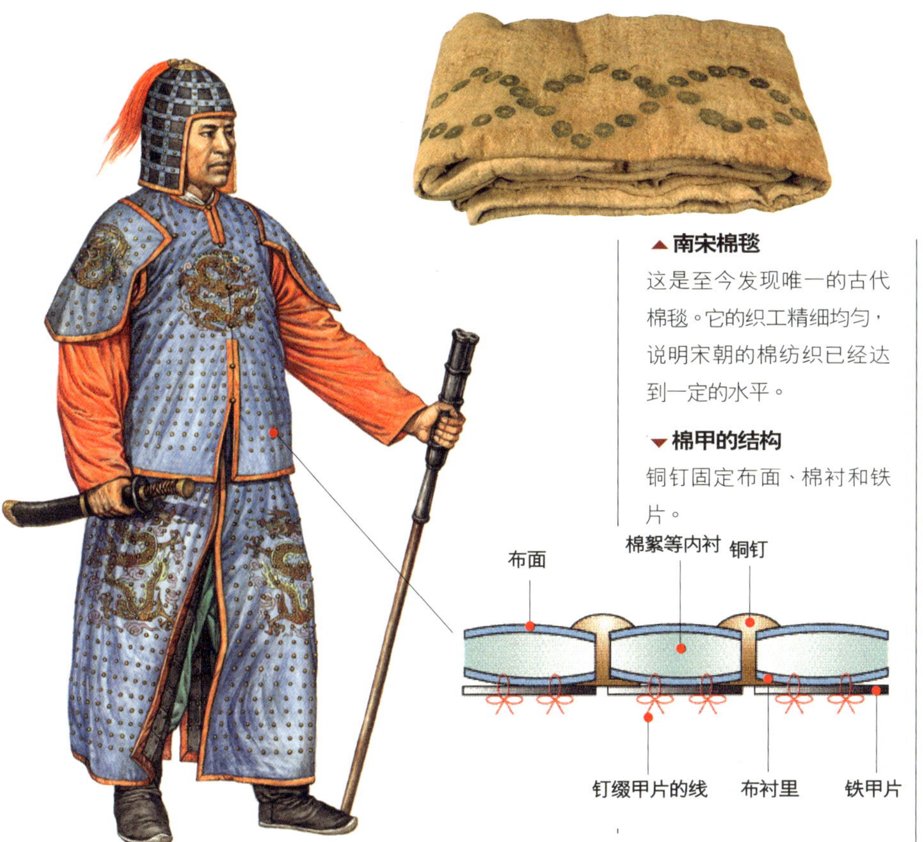

▲ **南宋棉毯**

这是至今发现唯一的古代棉毯。它的织工精细均匀，说明宋朝的棉纺织已经达到一定的水平。

▼ **棉甲的结构**

铜钉固定布面、棉衬和铁片。

▲ **穿棉甲的明朝军官**

棉在明朝的产量很大。明初已经用棉花制战衣、战袄，明朝中后期大量使用布面的软甲，取代铁铠甲，内塞棉花或者缝铁片，重量大为减轻，称为棉甲。制法是把棉花放入水中浸透，然后铺在地上，捶打踩实，直到成为不胖胀的薄毡，晒干后即可缝在棉布内。棉甲使士兵动作灵活，见雨不重，被鸟铳所击也不会大伤，是热兵器出现后的新式铠甲。

▲ **19 世纪末的纺织厂**

18 世纪蒸汽机的发明并用于棉纺织业，引发了西方的工业革命；到了 19 世纪，中国亦迈出了工业化的步伐，纺织业由家庭式人力为主的小规模生产，进入工厂式的大规模生产。采用机器纺纱织布的纺织厂逐渐增多。

◀ **纺织厂使用的粗纱机**

发展机器棉纺织业，要有机器和新式技术。这台粗纱机，是把纤维条制成粗纱，并绕成卷装，这样才能继续下一个纺细纱的工序。粗纱机在 19 世纪初出现，而图中的粗纱机则是在 19 世纪末成立的一家上海纺织厂使用的款式。

◀ **弹棉花**

轧去棉籽的棉花，要经过弹松才能用来纺纱，称为弹棉，过程中也能去除一些杂质。这种以一根竹竿悬挂起来的弹弓，在宋朝已开始应用了。

海　上　贸　易　大　兴

与北方民族潮同样关涉中国长久命运的，是海上贸易潮。

海上贸易在唐朝已见端倪，到宋元两朝，一发不可收，是海上贸易最兴旺的时期，高峰期时与中国有海上贸易关系的国家和地区达到一百四十多个，远涉西亚和非洲。明清两朝，中国仍然是东亚最富有、航海技术最先进的国家，但却经常实行海禁，只容许官方作有限度的贸易。

海上贸易能够急速兴起，一方面因为西北方常常受军事纷扰，宋时受阻于辽、西夏、金，元朝则受阻于诸王叛乱，丝绸之路不是时常畅通；另一方面海道贸易便捷、运量大、地域广，加上人类的航海和造船技术渐渐成熟，海运取代陆运已经是大势所趋。

宋元两朝的海上贸易不仅规模大，更有可观的经济收益，有时甚至成为国家的重要财源，如南宋建国时，一度占政府全年财政收入的15%。对这重要财源，宋元政府都在重要港口设了市舶司，负责管理、接待和抽税。最多时在七个港口设市舶司，其中福建泉州一直是第一大港，马可·波罗说它“是世界上最大的港口之一，大批商人云集，商货宝石珍珠输入之多，不可思议”。

蓬勃的海上贸易，到明清时却经常被禁，对沿海居民的生计影响很大，海上贸易税收也不再受政府重视。然而以有限的孔道和不稳的贸易情况，明清两朝却仍然有大量出超。由于中国的手工业领先世界水平，又有茶、瓷器、丝绸几项独家产品，各地对中国商品需求极殷。这种贸易顺差的局面，一直维持到1820年代。18世纪是手工业产品领先工业文明的最后一个辉煌时期。

▶榜葛剌进麒麟图

明朝经常实行海禁，只容许有限度的官方贸易，名叫“朝贡贸易”。榜葛剌在印度东北部，是与明朝有朝贡关系的国家，榜葛剌国王于1414年和1438年两次来中国进献长颈鹿，由于从未见过这种生活在热带的动物，当时有些中国人就把它视为瑞兽麒麟。

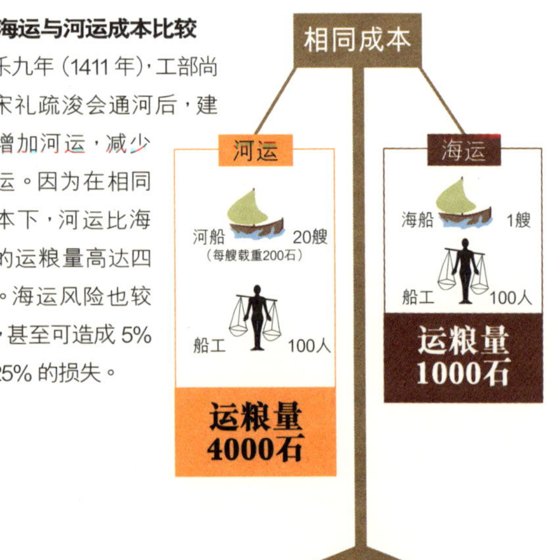

▶海运与河运成本比较

永乐九年（1411年），工部尚书宋礼疏浚会通河后，建议增加河运，减少海运。因为在相同成本下，河运比海运的运粮量高达四倍。海运风险也较大，甚至可造成5%～25%的损失。

▲ **海船纹铜镜**

这面宋朝的铜镜，背面是一艘在波涛汹涌的大海中扬帆航行的海船。以航海为题材的工艺品，在宋朝并不罕见，说明当时的海上交通和贸易相当繁荣。

▶ **祈风送舶石刻**

泉州城西7公里晋江北岸的九日山上，“山中无石不刻字”。现存的十方宋朝祈风送舶石刻尤为珍贵，石刻记录了宋朝泉州郡守和市舶司官员为祈求“番船”一帆风顺，往来平安，向海神通远王祈祷的史实。

地区	输入中国		从中国输出			
	白银	其他	丝及丝绸	茶	瓷器	其他
泰国		米				
日本	√	刀剑、硫黄、扇、海产	√		√	棉布、化妆品、金银箔、书籍、铜钱、名画
俄罗斯		呢绒、毛皮、玻璃	√	√		棉织品、染料
葡萄牙		枪炮、玻璃				农副产品
西班牙（经菲律宾）	√					
荷兰		东南亚产的胡椒、锡、香料	转售欧洲各国			
英国	√		√	√		
美国（18世纪末独立）	√	洋参、毛皮、羽纱、胡椒、棉花、铅、檀香木、平布				棉布、肉桂

▲ **中国对各国贸易的商品**

明

洪武朝		永乐朝	
朝鲜	安南	古里	满剌加
暹罗	琉球	苏门答腊	婆罗
占城	真腊	小葛兰	阿鲁
日本	爪哇	榜葛剌	锡兰山
琐里	西洋琐里	麻林	苏禄
三佛齐	渤泥		
百花	彭亨		
淡巴			

▲ **与明有朝贡贸易关系的国家和地区**

根据《正德大明会典》，早期与明有朝贡贸易关系的国家和地区共有六十三个，大部分均是在洪武及永乐年间开始建立关系的。《会典》记载了表中这二十五个国家和地区与明交往的详细资料。

▼ **元朝的海外交通路线**

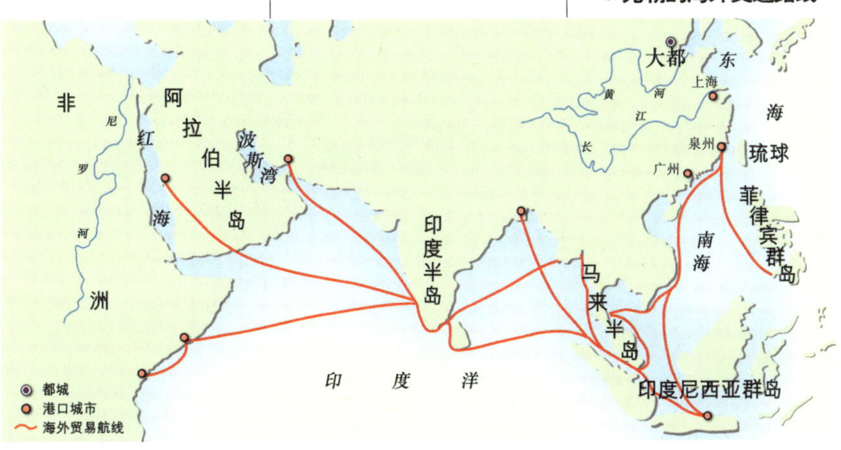

造海船下西洋

由宋到明，中国的造船业相当发达，可以造多种和极大的船，采用隔舱设计（用隔板将船舱分为若干个互不相通的空间），减低船舱入水沉没的危险。而且装备了指南针，中国航海事业因而居于世界领导地位。船舵技术亦有创新，例如“开孔舵”是在舵叶上开许多孔，减少水的阻力。

远洋航行上的突破是去到印度洋以西。虽然唐朝的海外贸易繁盛，但远洋航行却由阿拉伯商船垄断；宋朝中国船只去到印度，但再往西去，则要换乘阿拉伯船；元朝船只则在非洲各大港口来往穿梭了。由于具备了指南针导航、船尾舵控制航向、有效利用风力等远洋航行的必要条件，元朝的航海业享誉世界，经常有三至十二帆的大型帆船行驶在印度洋上。

宋元的海船，大的可以容纳数百到上千人，有几层甲板，船员有明确的分工。泉州出土的一艘宋朝海船上有许多表明身份的木牌签，反映船员有严密组织。远洋船上储存了大量生活必需品，粮食充足，还养猪、狗、羊等动物；有储水的水柜，连酒也不缺。

明朝初年，中国维持技术领先的优势，速度和作战性能还比宋元提高。从1405年开始，明政府在二十九年里七次派大船队下西洋，领队的是宦官郑和。这支远洋船队的规模在当时是世界最大的，最多的一次有二百艘船，二万七千人，在世界航海史上未有前例。可以想象，为这些下西洋活动，要投入大量人力、物力，作长期准备。而这时葡萄牙亦开始向海洋探索。

但在这种领先的情况下，明朝出现了一个奇怪的转折。明政府并不大力推动海上贸易以争取外贸收入，反而满足于朝贡贸易，而回赠往往比贡品还多，是亏本的官方行为。郑和之后，明朝再没有大规模的航海活动，后来还实行海禁。到清朝重开海禁时，航海世界已是另一种局面了。

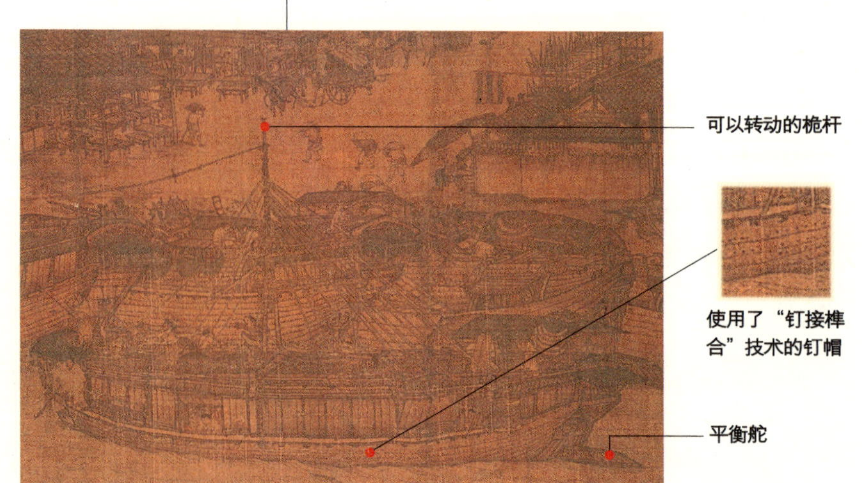

▶《清明上河图》中的船
宋朝的造船技术，在当时很先进。图中航行在河中的货船，在桅杆下使用了转轴，能调整帆的角度，以迎合风向；船尾使用了平衡舵，这种宋初已经发明的技术，将部分舵面，分布在舵柱的前方，以缩短舵压力中心与舵轴的距离，操作更加轻便灵活；船身有成排的钉帽显露在外面，说明造船时使用了“钉接榫合”的技术。

▲ **郑和船队图**

根据仅存的资料估计，郑和船队应以燕子式展翅行进，帅船被重重保护。

▶ **《唐船之图》之宁波船**

中国船在日本称为"唐船"，明末清初往日本贸易的中国商船络绎不绝。由日本人绘制的《唐船之图》中可见十一种帆船，均是当时来自中国及东南亚港口的船只类型。这艘宁波船属福船类，船底尖，有龙骨。船身各部位还注明船的名称及尺寸，是非常珍贵的资料。

▶ **郑和宝船模型**

根据记载，郑和下西洋早于西方的哥伦布、麦哲伦八十七年和一百一十六年，而规模比他们大得多。宝船是郑和的指挥船，是船队中最重要和最大的船种，出土的宝船的舵杆，用铁力木制造，高度是一般人的七倍。宝船的体积和外观仍有争论，但它是当时世界最大的木帆船，则无可怀疑。旗舰的船型应是短宽型的，船宽则速度较慢，但相对平稳。

何处是西洋？

西洋的意义随着来往的范围而扩展。郑和下西洋时，西洋是指南中国海以西的海洋和沿海地方，这是自南宋以来的称呼。欧洲兴起，东来中国大搞贸 易后，西洋就变成欧美。

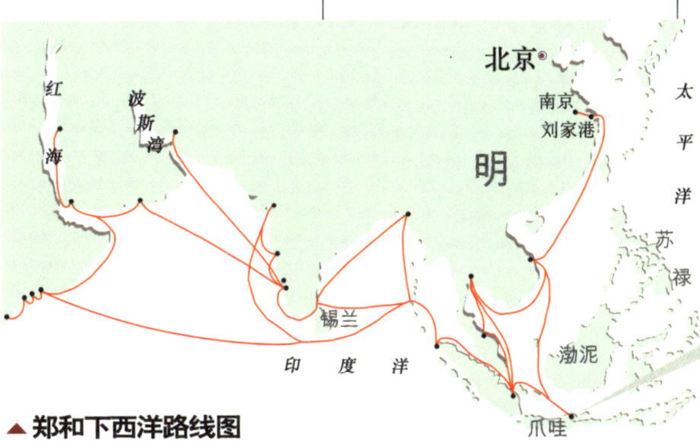

▲ **郑和下西洋路线图**

郑和七次远洋航行，前三次船队抵达印度半岛西南海岸，后四次远及波斯湾和东非。

▼ **印尼爪哇岛三保庙**

位于印度尼西亚爪哇岛三宝垄市的三保庙，是当年华侨和当地印尼人为纪念郑和而修建的，坐落在郑和登陆的地方。庙内有一"三保洞"，供奉了一尊郑和的全身塑像。

大航海时代来临前的壮举——郑和下西洋

明代继承元代，维持着海陆两个方向的国际联系。但自明初开始，来自日本的倭寇时常侵扰中国的东南沿海，从而进入一个需要时刻考虑海疆安全的历史时期。这使海禁和开禁在明代社会经济和对外关系上，具有了不同于以往的新动向。

面对这一问题，明王朝最初实行的是消极的海禁政策，明成祖朱棣即位后马上改为积极的管制。明成祖为了扩大明朝的声威和自己的影响，积极开展朝贡贸易，联络海外各国，鼓励其与明廷发展官方关系，以将其纳入一个以中国为主体的海外关系网。在这一历史背景下，自朱棣始，明朝皇帝先后派郑和七次下西洋。

郑和，本姓马，小字三保。明初入宫为宦官，后赐姓郑，升为内官监太监。从明永乐三年（1405年）起，郑和作为当时世界上最庞大舰队的总指挥，从有六国码头之称的苏州刘家港出发，开始了他漫长而又充满荣耀的伟大航程。

为拓展朝贡贸易，明朝投入大量的人力、物力，郑和每次远航，都是万人出征、百舸齐发。船只最多达200艘，各船各司其职，分别负责指挥、运粮、运兵等任务。船队配备有水手、船师、工匠、医生、翻译和武装人员，人数最多达27000人。其规模、人数是当时世界上任何一个国家的船队都无法比拟的。

庞大的船队是中国驶向世界各地的和平之船，郑和向各国人民伸出了友谊之手。每次出发，船上都满载金银、丝绸、瓷器、漆器、铁器、金幡、香炉、香油、中药、茶叶、食物、家畜、植物等作为礼物和用于交换的货物，受到各地人们的欢迎。同时，郑和用佛教徒兼穆斯林的身份，与各国进行交往，尊重亚非各国的文化和宗教信仰，收到了良好的效果。如1405年，满剌加、苏门达腊和古里酋长分别派使者来华，明成祖赐以国王封号，并赐给印诰彩币。随后又在地处马六甲要冲的满剌加立镇国山碑铭，象征两国稳固的邦交。并在当地建立基地，作为宝船的“外府”。1409年，郑和又以虔诚的佛教徒身份在锡兰立供施碑，分别用汉文、泰米尔文和波斯文三种文字刻写，此碑至今仍保存在斯里兰卡科伦坡博物馆里。

作为和平的使者，郑和船队所到之处皆留下了历史的印记。如在印度的科钦（明称柯枝），当地渔民用于捕鱼的渔网至今被称作中国网，相传是在郑和下西洋时，由中国水手教会的。同时，科钦的一些建筑，也具有中国的传统风格。另外，东南亚各地所建的三保洞、三保井、三保庙等，都是对郑和的纪念。

和平友好的交往，也得到了各国的积极回应。每当宝船回航，都会有许多国家的国王或使者随船来到中国，以亲睹中华的盛况。如1417年，菲律宾苏禄国的东王、西王和峒王率众来华访问，归国途中，东王病逝今山东德州，中国政府为其就地建造陵墓，予以厚葬，并助其继承者回国继位，稳固政局。当时东王次子及侍从留下来为其守陵，死后附葬在墓地周围，其后裔的一支至今仍生活在中国。

由郑和船队传达的和平外交，传播到了更为遥远的国家，各国使节来华访问也越发地频繁，他们带来自己国家的特产进献给明朝皇帝。其中，榜葛剌国王于永乐十二年（1414年）和正统三年（1438年）两次来中国进献长颈鹿。由于从未见过这种热带动物，当时有些中国人就将其视为中国传统的瑞兽——麒麟，认为是极其祥瑞之物，在当时引起轰动。明初外国使者进献“麒麟”的图画至今仍珍藏在北京故宫博物院，另有很多文人学士应时而作的瑞应麒麟诗。

永乐年间，米昔儿（埃及）、沙哈鲁（西西里）和阿速等国都曾派使团来华。并通过他们，将遥远的中国的消息传递到地中海和黑海沿岸的伊斯兰国家，使其纷纷与中国建交，频繁交往。

从1405年到1433年，郑和用28年的时间，先后七次下西洋，航迹遍及太平洋、印度洋和大西洋，以至红海和非洲东海岸，足迹遍布占城、暹罗、马来半岛、南洋群岛、印度、波斯、阿拉伯以至索马里等30多个国家和地区。其中，马来半岛、南洋群岛及印度洋东部地区都处在明廷的政治控制之下，并足以对这些国家的对外政策直接施加影响，以振明朝的声威。再加上与世界很多国家的友好交往，可以说郑和在外交上为明朝取得了巨大的成功。

七次西洋之行，成为大航海时代来临前的伟大壮举。郑和的船队开辟了历史上最长的航路，最远抵达了属于南半球水域的肯尼亚麻林港，建立了多条纵横交错的远洋航线网络。而且郑和还根据亲身体验，在《过洋牵星图》中详细记录了众多的星宿定位数据和不同海区天体高度的变化，对古代的天文导航作出了重要贡献。郑和也凭借着最大的船队、最远的航程，以及世界各地至今犹在的众多足迹，不仅取得外交成功，也在世界航海史上留下了划时代的印记。

热销商品——瓷器

来往于频繁海道上的商船，抢购的是几种世界性热销商品。从海外输入中国的，宋元时以香料最瞩目，占了相当比例，所以宋朝的海外贸易又称为“香药贸易”。至于输出的商品，早在陆路交通时，丝绸已蜚声国际，从宋到清，丝绸之外，有两种商品冒起，一是瓷器，一是茶叶。茶叶是元朝时开始从海路输出的，在18、19世纪欧洲风行喝茶时销量很大，甚至牵动美国独立战争：1773年波士顿人民把茶叶倒进海里，抗议英国的转售厚利。然而，瓷器出口更早，在宋朝就成为出口货的新星，直到清朝，没有中断，宋朝以来的海上贸易之路，被称为“陶瓷之路”。

瓷器在中国有悠久历史，宋朝时达到高峰，虽然未有彩绘瓷器，但宋瓷的造型简洁，在色的处理上尤其令人赞叹，青瓷可以做到玉一样温润。宋以后，瓷器仍不断创新，尤其是在瓷器上绘画，每朝都有新变：元朝青花瓷成熟，五彩瓷初露头角；明朝把青花和釉上绘画结合，创出斗彩；清朝又创出珐琅彩和粉彩，前者有油画效果，后者属粉色系，能表现晕染的立体效果。

这个时候瓷器的创新热潮里面，善于利用外来的物料的情况很值得注意，像青花的钴料，中国也有出产，但不及西亚的好，对外贸易发达使西亚钴料大量传入中国；珐琅彩把铜器上的珐琅技术与瓷器结合，而铜胎珐琅是元朝时从西亚输入的；珐琅彩和粉彩的颜料是仿造和改良输入的珐琅颜料。中国的手工业工人心灵手巧，又有了新的元素和原料，加上贸易的热潮，于是出现长期的瓷器艺术高峰。

瓷器发展的历程

商	东汉	魏晋南北朝	隋唐	宋
原始青瓷	正式青瓷	青瓷成熟，出现褐斑点彩，白瓷初创	白瓷成熟 花釉产生	釉色大发展，冰裂纹、窑变等盛行

▲青釉弦纹尊

▼青瓷罐

▲青釉褐斑鸡首壶

▼绿彩枕

◀窑变色彩

▲冰裂纹

青花八楞瓷罐

瓷罐器型端庄，装饰纹样蓝白相间、淡雅匀润，是罕见的元朝青花珍品。青花是以含钴的矿物颜料在瓷坯上绘画，然后上釉烧制。唐朝工匠已经知道使用钴蓝作为彩绘原料。伊斯兰国家亦早在9世纪前后已经能烧制青花瓷器，但技术较低。西亚的青花原料比中国的呈色鲜艳，传入中国以后，元朝在唐的基础上，烧制出精美亮丽的青花瓷器，远销海外，直到清朝仍是外销的热门瓷器。

五彩鱼藻纹盖罐

五彩是明朝的特色产品，在白瓷上加的色彩真是五彩纷呈。这是明朝官窑青花五彩的名品，体积硕大，画法古拙，设色明快。罐身八尾红色鲤鱼姿态各异，身施黄彩，覆以红彩，极其醒目；以荷莲瓣纹与蕉叶纹作配饰，构图丰富。

白釉黑花婴戏图罐

这件元朝磁州窑的罐是从元朝沉船中打捞上来的，可见瓷器是当时海外贸易的大宗商品。

米色地珐琅彩洋花瓶

这件清朝瓷器是景德镇的出品，八块琵琶式花瓣组成的图案装饰，有西洋特点。珐琅彩瓷是清朝的瓷器新品种，为皇帝专门烧制，民间少见。它把元朝从西亚传入的珐琅技术，改用到瓷器上，颜料凝厚，烧成后微微凸出。

元	明	清
青花、釉里红大盛，五彩初创	斗彩新创，五彩大盛，色釉瓷丰富	珐琅彩、粉彩新创

釉里红玉壶春瓶

斗彩

霁蓝釉

翠绿釉

红釉

黄釉

粉彩花卉盘

海禁三百年

从世界的角度来看中国历史，明朝实在是一个大转折。这个派出庞大舰队下西洋的王朝，却又受制于日本海盗为患，实行海禁，只容许朝贡贸易。在欧洲刚进入地理大发现的时候，强大的明朝却自我封锁在重重海防后面。

海禁法令从明朝开国（1368年）第一次颁布，到清初的1684年撤消，三百多年间不许私人造船下海贸易，令中国远离了海洋世界。

海禁可能起于日本海盗抢掠沿海地区。日本海盗在元末已经出现，明后期变得严重，前后困扰中国达三百年。明政府在沿海重重布防，部署兵力数十万，投入最先进的战船，建防卫的堡寨关隘，像守长城一样。于是中国在北方的长城之外，又有一条沿海的“长城”，明朝就龟缩在这两条长城之内。

明朝禁止私人出洋贸易，实行朝贡贸易，境外的国家或部落来进贡，明政府再回赠礼物。这种官方贸易对明政府没有经济利益，又满足不了境外对贸易的需要，结果走私风行，海盗问题更严重。

清朝继明而起，由北方民族入主。这时海盗问题已解决，但是清朝不擅长水战，为了削弱沿海和台湾的抗清力量，继续海禁，还迫使沿海居民内迁，烧掉民居和船只。直到收复台湾，才撤消海禁。但是航运和造船业仍然不能正常发展：清政府对大船有戒心，限定出海的船的梁宽，船桅不得超过两支，而且不可以带武器。元朝时可以开到非洲的中国帆船，海禁之后只集中在东亚海域。

另一边厢，1600年英国设立东印度公司，以国家的武力开拓海外贸易。18世纪时，欧洲的木船已经在船底夹了铜板，而且有火器和先进的导航设施；英国经过工业革命，所造的船也越来越大。18世纪末，中国帆船连东南亚的航运领导权亦丧失，让出了最后一片远航的海洋。

▼明水军与倭寇激战

明末绘的《倭寇图卷》描绘嘉靖时倭寇船侵入浙江沿海，登陆、探查地形、掠夺、放火、百姓避难、明军出战、获胜的全过程。这段是官军与倭寇激战的情况。

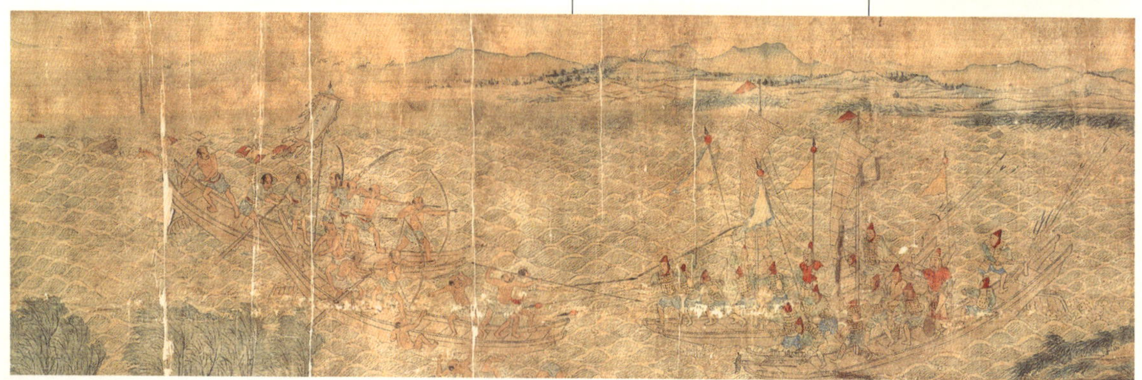

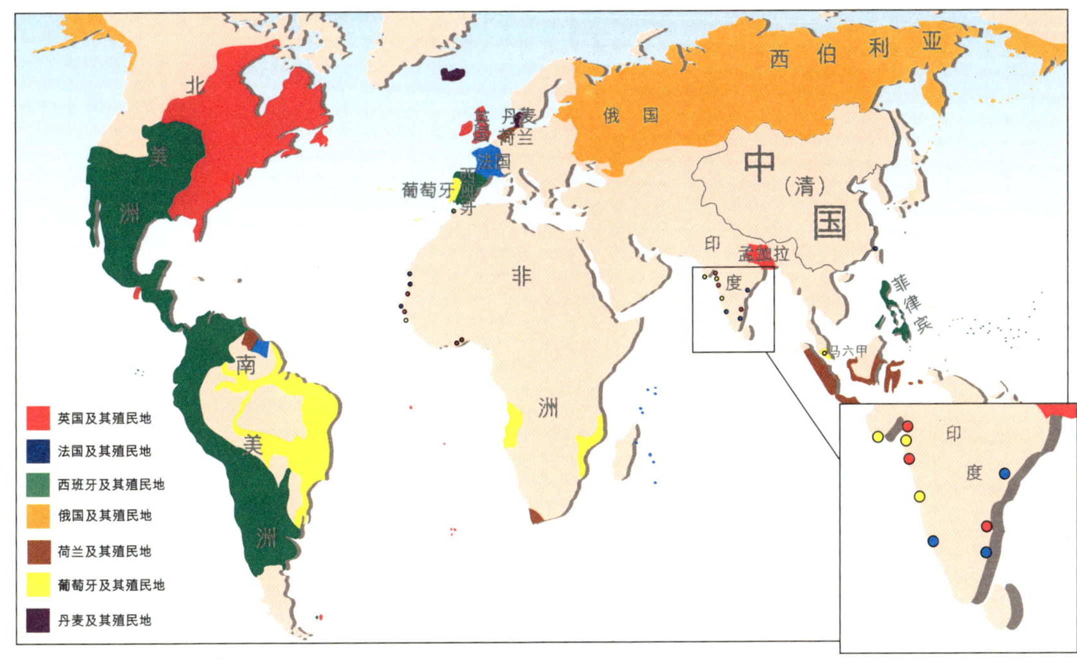

▲18 世纪中期欧洲殖民国家海上霸权形势图

阔12米的炮台城城墙

◀ **倭寇**

倭寇是当时对日本海盗的叫法。元末，日本政局混乱，失业和破产的人到中国沿海抢掠。明政府颁布海禁，修整海防，大败日本海盗，令形势较为平静。明朝中期，海防废弛，日本的局势亦更乱，海盗越多，这时的海盗有日本南方的藩国支持，又有中国人参与。

◀ **广东战船模型**

清朝虽然开放海禁，但对船只有很多规限，例如不能做三桅的船，故在 19 世纪初，与西方的造船业的差距越来越大。清朝水师战船很多取自民船模式，可乘载八十至一百人，都只适用于江河缉匪。这只以广东米艇改良的大兵船，两桅，以杉木造，体积大，吃水不深。

▲ **蓬莱水城山上的炮台**

山东的蓬莱水城又名备倭城，是现存唯一完好的明朝海防要塞。这是水城的西北面城墙和炮台，位于丹崖山上，是这一带的制高点，若有敌人来犯，可观察及控制海面情况。在此筑炮台，又可与水城东面的炮台形成夹角之势，利于防守。

纳入世界商业体系

当中国取消海禁时，英国早已打败西班牙无敌舰队，继葡萄牙和西班牙之后，在美洲占据殖民地；印度莫卧儿帝国衰落，欧洲各个殖民国家又从沿海蚕食印度。一个以欧洲为中心，连结欧洲在亚洲、非洲和美洲殖民地的世界商业体系逐渐形成，正靠近东亚的中国。富裕的中国是欧洲殖民扩张运动余下的最后目标，而且是自马可·波罗游记流行以来，一直吸引着欧洲人的目的地。

中国这时虽然国力强大，但内部问题仍然不少。清朝制度遵从明朝，对外贸易也像明朝一样被动消极，加上满族是入主的北方民族，担心外商和汉人接触，因此对外贸抱防范态度。乾隆自满地说中国自给自足，不需要对外贸易，可没料到欧洲主宰的世界商业体系早已影响到中国，而线索是银元。

明朝商品经济发展，白银成为正式货币。由于中国缺银，美洲新开采的银矿，被欧洲殖民国家铸成银元，经由贸易，在明朝后期大量流入中国。机铸的银元不必剪下称量，比中国的银两方便，广受欢迎。这银元大潮到清朝重开对外贸易时越益巨大，流通地区已深入内陆。

这场白银流向中国潮历时近三个世纪。怎样使巨量的白银从中国流出，成为殖民国家的关心点。17～18世纪初，欧洲流行重商主义，认为金银多国家才富强，重视从外国输入金银。可是同期英国东印度公司来中国的货船，所携白银却占了90%。直到1820年代末或30年代中，中国才因大量鸦片走私进口，由白银进口逆转为白银出口国。

▲行商

这是1803年担任十三行总商的怡和行行商，外国人叫他浩官。由于对外贸易是垄断性质，因此行商不少腰缠巨万。要获得行商资格，要花很多钱以求批准。但政府也常常逼迫行商捐献，以救灾、充军饷、修建公共建筑。若想不当行商，也往往要花很多钱去贿赂，才能允受辞退。

◀广州十三行

清朝乾隆时定广州为唯一对外通商口岸，又颁布了限制外商的琐细条文。外商不得与中国商人直接贸易，也不能直接交税给海关，而必须经过特许的对外贸易商，习称为十三行。十三行的行商也负责管理约束外商，为外商的不守法行为负责。外商到广州不能和中国人杂居，必须住在十三行的夷馆。夷馆都是西式洋房，下层作仓库、中国雇员办公室、仆役室等，上层作账房、客饭厅，再上面作卧室。

▶从美洲传入中国的辣椒、番茄、马铃薯

除了美洲铸的银元之外，欧洲在美洲殖民，把美洲物产品运到各地贸易，使辣椒、番茄、马铃薯这些美洲特有的农作物传入中国。辣椒成为许多地方祛寒去湿气的佐餐食物。如果说番茄改变了意大利菜，那么辣椒也使四川菜变了个样，辣椒和原有的花椒结合，变成四川菜今天的麻辣风味。

▶检验外国银元

这是香港的商人在检查银元的真伪和成色。检查时把两个银币拿在手上，敲击边缘，根据碰撞的声响辨别真伪。

▲西班牙银元——双柱

明朝后期，中国的银矿已开采近于枯竭，虽然每年流入以百万计的外国银元，但是当时储蓄和信贷机构未发达，民间把大量白银埋入地下作为储蓄，使贸易得来的银元从流通领域消失，因此，中国对吸收国际的白银的意欲很大。西班牙银元是最早流入中国的外国银元，是机制币，多在墨西哥铸。鸦片战争前后在外国银元中占主导地位。这种银元背面是直布罗陀海峡的格格立斯双柱。

初遇欧洲

大约在郑和下西洋的同时，欧洲人被马可·波罗描写的富庶东方世界吸引，努力探求到东方的新航路。16世纪，葡萄牙、西班牙终于来到中国。从西班牙治下独立的荷兰，以及与西班牙竞争的英国也接踵而来。它们通过国家支持的商人和传教士，与中国展开第一阶段的接触，长达三个世纪。

但是中国已经不是马可·波罗笔下的情况，变成长期海禁，只实行有限的对外贸易。欧洲国家虽然想过动武，但是担心中国强大，于是像在印度那样，先寻求贸易据点。1557年葡萄牙占住澳门，并引来西班牙和英国抢夺。荷兰则占领台湾一段时间。

商人的活动不及传教士受人注意。这几百年共有近八百名耶稣会传教士来到中国。求财的海上贸易竟然和传教士东来结合，与欧洲当时的宗教情况有关。

16世纪初，新教成立，宗教改革运动在欧洲中部如火如荼。罗马天主教会反击，在南欧巩固地位。几任西班牙皇帝都厉行清除异端，并且认为扩张海权，对西班牙和天主教有利。1534年一个西班牙人创立耶稣会，以保护罗马教会，争取新教徒回归，向异教地区传教为目的，得到罗马教会承认。1583年第一个耶稣会士来到中国。刚巧当时理学在中国思想界的一统地位动摇，各种思潮活跃，有利于天主教的发展。

康熙致罗马关系文书

耶稣会士曾经得到教廷认可，不反对中国祭祖。17世纪后期，这种传教方式受到非难。1705年，教皇派特使到中国，命令入教者不能祭孔子祀祖。康熙接见特使并说明中国情况，凡传教士愿守中国法度的可留下来，不愿守的回国。康熙多次致函罗马教廷，教皇一再重申禁令。于是康熙亦下令禁教，此后数朝皇帝多次重申禁令。

耶稣会对如何向中国传教，有两派意见，一派主张用武力，另一派主张温和传教。利玛窦代表的温和派当时占了上风，他主张尊重中国文化，以西方科学吸引士大夫，得到教皇批准。不过天主教内情况也复杂多变，后来罗马教皇不再赞成利玛窦一派的方法，反对中国信徒拜孔子和祭祖，导致清朝禁教。

16～18世纪的中西交往相对和平。然而欧洲内部，正从中世纪转向近代化，对外扩张已经开始，加上中国锁国，冲突正在酝酿。只是地理阻隔，加上中、西的国力消长还不明显，所以未至于全面冲突而已。

指罗马教皇不了解中国文化，不应批评中国礼教

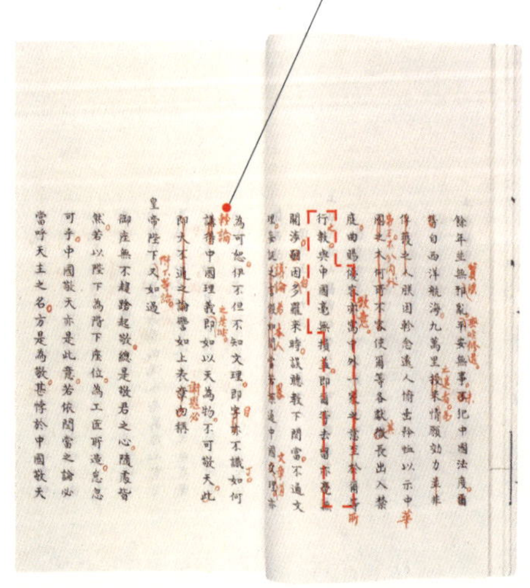

◀ **利玛窦（左）与徐光启（右）**

传教士利玛窦试过直接宣传天主教、打扮成和尚传教，都不成功。后来他明白在科举主宰的中国，要以读书人面目出现，才能获得尊重，终于成功打入士大夫圈子。徐光启是明末的大官，热衷西洋科技，接受天主教义，利玛窦和他合作译出欧几里得的《几何原本》。

▼ **南堂内景**

这是利玛窦获得明朝皇帝准许，在北京建立的教堂"南堂"。除了与士大夫交往，利玛窦也迎合皇帝对欧洲科技和艺术的好奇心。1601年，利玛窦到北京，向万历皇帝赠送时钟、西琴、天主像等西洋珍宝，获准在北京传教，建立教堂，奠定了在中国传教的基础。

明末中国天主教徒的人数

万历三十一年（1603年）	500人
万历三十三年（1605年）	1000人
万历三十六年（1608年）	2000人
天启七年（1627年）	13000人
崇祯九年（1636年）	38200人

▲ **《英使谒见乾隆纪实》**

英商对限于广州通商及货物不畅销啧有烦言，为了扩大通商，1793年，英使马戛尔尼以祝寿为名，获乾隆接见。马戛尔尼不肯跪拜，乾隆没有强迫，而英国的通商要求亦被拒。随团的秘书司当东把这次经过写成本书。

▼ **澳门大三巴**

葡萄牙人为了通商和传教，积极经营澳门。葡萄牙在澳门设立澳门圣保禄学院，培养熟悉中国的传教士，学院被焚毁后残存的前壁，就是今日澳门的大三巴牌坊。

东西方文明互相试探

耶稣会士来中国时，欧洲已经从中世纪迈入近代，文明程度上了一个台阶。相反，中国的发展已停滞，虽然政治和经济仍然有优势，但是天文学、地理测绘、机械和火炮制造等都已经落后。

东来的耶稣会士，发觉用科技知识最能吸引士大夫甚至皇帝，因此请求教会派更多擅长科技的传教士来。那时当传教士除了要懂神学，还要对科学、艺术、机械、语文有相当修养，可说是欧洲的精英。于是东来的传教士成了文明传播者，把文艺复兴之后的西方文明传播到东方，他们带来发明不久的望远镜和各种测绘量度仪器，编修新历取代元朝以来的回回历，绘制世界地图、中国全境地图，在中国的士大夫帮助下，译出欧几里得《几何原本》、《人体解剖学》。当然，他们传来的学说也有局限，教会反对的，像伽利略的地球绕太阳转的学说，就不敢传入。

另一方面，传教士也把中国的情况告诉教会和欧洲朋友。由于他们交往的都是欧洲知识界，他们对中国的描述：像利玛窦称赞中国文人政治制度；清初传教士对康熙的明君的称誉等等，在欧洲引起不少反响，启蒙运动思想家用这些观点来攻击欧洲旧制度。王致诚记述圆明园的艺术特色，亦令圆明园在欧洲获得极高声誉。

在东西方未大通的时候，传教士以平等和尊重的态度，对沟通两方面的文明，起了很好的作用。

不过，耶稣会士在中国的交往范围以上层为主。明末时还结识了一班追求新学问的士大夫，使新文明影响知识界；清初时在宫廷里为皇帝做事，影响不出皇宫范围，对他们自己、对中国吸收新文明，都是遗憾。

准星及照门，可调整射击角度

▲红夷炮

红夷炮的长度是口径的二十倍以上，炮壁厚，是射程远、杀伤力大的火炮。弹丸是从炮口装填的。红夷炮是明末时由中国主动传入，是英国火炮，当时误以为是荷兰的，所以称为红夷。明清易代的战争中普遍使用，尤其是在宁远之役，是袁崇焕胜清军的重要武器。明朝在 1621 年开始仿制，后来清军缴获明军红夷炮，也大量仿制。

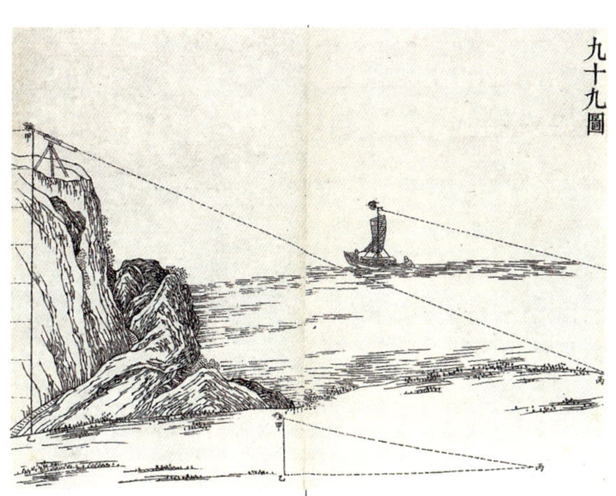

▲望远镜使用情况

这是康熙时的《古今图书集成》里使用有支架的望远镜的情况。望远镜发明不久就传入中国。

▲圆明园的水法

水法，亦即喷泉。圆明园内东北角有多组宏伟的西洋建筑，以喷泉为主题，用机械推动，是在清廷供职的传教士按乾隆的要求建造的。用十三年时间全部完成。这组西洋庭园建筑，以各种形式的喷泉和水池景为主题。

◀《坤舆万国全图》

利玛窦带来一幅世界地图献给明朝皇帝，那幅地图表现的地球是圆的，各大洲都有，只欠了澳洲。利玛窦后来以那幅图为蓝本，摹绘、修订成好几种版本，其中 1602 年的《坤舆万国全图》资料最详备。

▲传教士墓碑

耶稣会由西班牙一个军人创立，成为耶稣会传教士，要立誓终身服从。耶稣会把世界分成许多教区，向中国教区传教是其中一项重要任务。传教士被派到中国，不少人终生未回欧洲。他们的墓碑上既有龙纹，又有耶稣会的徽号。

以鸦片为商品的战争

1842年是中国历史的分水岭，古老的农业帝国与新兴的工业帝国因鸦片打了一场仗，中国战败。这个战果当时震动中国，也令世代中国人长久不能释怀。

战胜者英国，1588年打败西班牙无敌舰队，成为海上霸主。为了抢夺葡萄牙、西班牙的东方贸易财富，以及不再贵价买入东方产品，促使英国积极东来。这个新兴霸主与葡、西、荷兰等老牌殖民国家有一点不同，它不光贩卖从殖民地得到的产品，1760年代，英国发生工业革命，生产力大幅提升。它有大量工业产品要找出路。

18世纪时，英国已成为中国外贸的最主要国家，可是它的产品像毛呢和棉布却打不入中国市场，反而因为爱上喝茶，要用巨额白银大量买入中国茶叶。当时重商主义流行，金银被视为国家财富的基础，白银长期大量流入中国的问题必须解决。正途的解决办法，是派使节到中国要求扩大通商，东印度公司的解决办法，却是走私鸦片入中国。

1793年英国使节到来时，正当清朝盛世后期，在文治和武功方面都自认有建树的乾隆皇帝八十三岁，为治下的富足和安定很自豪，对祖上传下来的朝贡贸易不觉得要改变，对中国社会自给自足的想法认为理所当然。英国使节无功而还。老皇帝并不知道，早在1767年，鸦片走私已大升，他拒绝开放商贸时，鸦片已经泛滥。延续一个半世纪的清朝盛世已近尾声。

东印度公司在印度种鸦片，通过分销商人运到中国沿海，走私入境。1829年底英商用新出现的快速帆船贩运鸦片到中国，航行时间短，走私的鸦片更多。不久，中国就变成白银出口国。

▲**南京条约签署情况**
中国在鸦片战争中战败，1842年钦差大臣耆英赴南京议和，8月29日中英代表在英国战舰上正式签署《南京条约》，中国赔款二千一百万两，割让香港，并开放五个口岸城市通商。

由于毒害严重，中国下令商人交出鸦片销毁。英国传言领事受辱，商务受威胁，决定出兵。鸦片战争是三百年来欧洲以武力迫使中国通商言论的总爆发，也是中国由闭关到落后的可悲结果。不过将鸦片称为商品，声称是贸易战争，中国人却不会同意。

中方代表耆英

英方代表璞鼎查

鸦片种植区，有一百多万有特许证明的烟农，种植的罂粟田达50多万亩

东印度公司的派出机构，是生鸦片的收购处，以及负责鸦片从晒干到装箱的加工厂

东印度公司在广州设代理处，确保鸦片贸易顺利进行

▼鸦片走私的路线

中国
鸦片
茶叶
白银
印度
棉织物
英国
棉花

▲中英印的三角关系

▼卖吸鸦片的用品

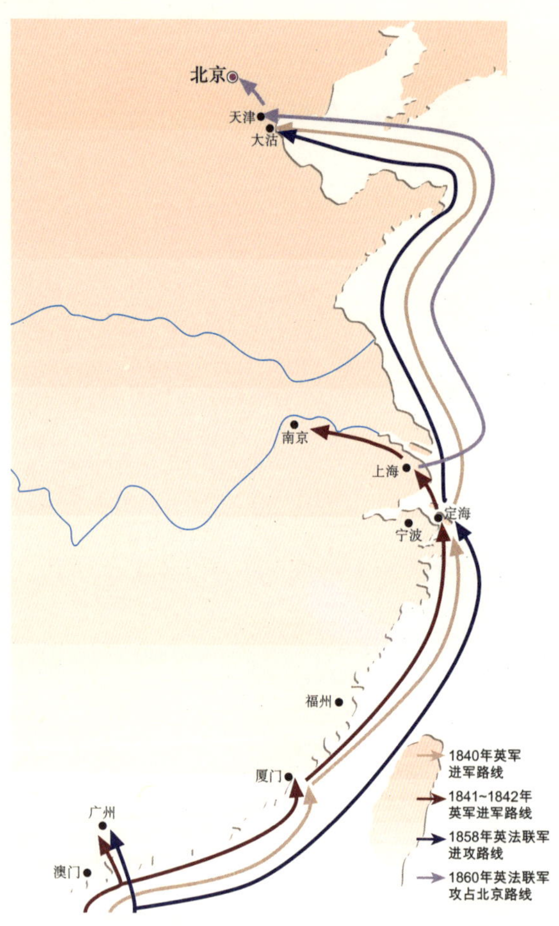

◀ 鸦片战争及英法联军战事路线

▲ 鸦片飞剪船

19 世纪新出现一种快速帆船，因为帆的形状，俗称为飞剪船，1830 ～ 1850 年间，贩卖鸦片的公司用这种快速帆船从印度运来鸦片，可以缩短航行时间，每年多运一两次。

▼ 吸食鸦片用具

鸦片是一种很古老的镇痛药。由药物变为毒物之后，在商业贸易的利润吸引下，由西方商人导演，贪污的中国官员配合，19 世纪时曾是中国最大宗的进口货，成为严重的社会问题。吸食是后来出现的食鸦片方法，进入人体的毒素更多。这是吸食鸦片的工具，使用时把烟斗接在烟枪上，放入烟膏，点燃烟灯烘烤烟斗，使鸦片受热变成气体，吸食者顺烟枪吸入体内。

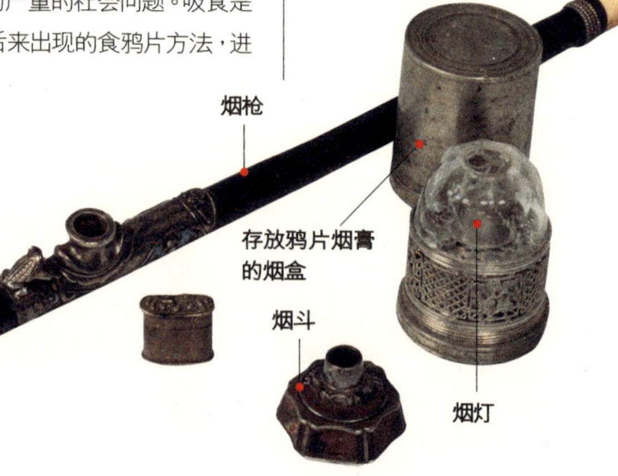

割让香港和香港回归

香港是鸦片战争后割让给英国的，当时香港是指香港岛。现在讲的香港，则包括了后来割让的九龙半岛和租借的新界。1980年代以后，经过中英两国政府多次谈判，我国在1997年7月1日恢复对香港行使主权，香港回归祖国。

林则徐虎门销烟

19世纪上半叶，以英国为首的西方资本主义国家经济飞速发展，而中国闭关自守，因循守旧，国力日趋衰落。西方殖民者对东方帝国垂涎欲滴。于是，他们便以鸦片作武器，加速它对中国人精神的腐蚀。鸦片的大量输入，使中国白银大量外流，经济发生严重危机。

林则徐等有识之士上书请求禁烟。林在奏折中写道：鸦片泛滥将使“中原几无可御敌之兵，且无可以充饷之银”。1838年道光帝命林则徐任钦差大臣，前往广东查禁鸦片。林则徐到达广州，雷厉风行地开展禁烟。他命令外国烟贩三天内交出鸦片，并保证以后永远不再贩运，否则处以死刑，对拒不交出鸦片的英国商贩坚决打击。1839年6月3日～25日，林则徐将缴获来的2万多箱、共100多万公斤鸦片集中到虎门海滩公开销毁，这一壮举沉重打击了英国殖民者的嚣张气焰，向全世界昭示了中国禁毒的决心和反对侵略的坚强意志。

中国禁烟运动损害了英国烟贩的利益，在西方引起很大震动。而道光帝下达的禁止一切对英贸易的政令在更大范围，更深层次上损害了大英帝国的经济利益。利欲熏心的英国殖民者为了维持对华鸦片贸易，鼓动英国政府向中国发起了蓄谋已久的战争。英军凭借着先进的坚船利炮攻陷沿海一带诸多城市，最终强迫清政府惊恐求和，签订了丧权辱国的《南京条约》。

其实，虎门销烟是鸦片战争的导火索，也是英国发动战争的借口。西方商品经济的发展和工业革命的完成，使英国迫切需要打开中国巨大的市场，即使没有虎门销烟，列强也会用枪炮打开中国国门的。

鸦片战争全面爆发后，道光帝把战祸归咎于林则徐销烟所致，将他革职，充军伊犁。以后转任陕西巡抚、云贵总督等职，六十六岁病逝。

林则徐是朝廷重臣，二十六岁中进士，一生侍奉过三朝皇帝，担任过两广、湖广的总督，官场沉浮，大起大落，晚年被大臣们推举为求贤的首任候选官，可见声望之重。他不仅是勇于抵御外侮侵略的斗士，还是冲破天朝樊篱，“开眼看世界的第一人”，林则徐在广州期间，组织翻译英文版的世界地理、西方法律以及报纸资讯等，由他组织编著的《四洲志》，成为中国第一部系统的世界史地著作，向国人开启了探求世界的知识之门。

中国的彻底挫败

鸦片战争虽然令中国震惊，但是这个古老文明没有立即认识到自己落后。以后六十年，中国走上屡战屡败，几乎亡国的地步。标志性的几次战败包括：

1860年再败于英国和法国联军，而且首都陷落，皇帝出逃，圆明园被抢掠和焚烧。

1894年经过三十年建设的海军，被新兴的日本歼灭。

1900年八国联军侵华，首都再次陷落，圆明园再次被焚，无法恢复。

要想串起中国衰落的图像，那么还要补入一些重要环节：鸦片战争后，鸦片公然进入中国，毒祸和白银流出更厉害；而战败赔款摊到民间，受白银升值和鸦片毒害的农民，再加了负担，社会骚动在酝酿；战败使清朝的威信下降，社会下层的反清秘密团体纷纷活动。战后不到十年，清朝最大的内部动乱从最南方发起，席卷江南，使这个经济精华地区扰动。

与日本战争之前的三十年，环境相对平稳，中国在努力加强军备，以为从此可以不再受侵略，谁料在深切厚望里，全军覆没。中国的国际地位一落千丈，各国唯恐落后，争相逼迫中国租借土地，又私自划分势力范围。短短几年间，中国几乎被瓜分。亡国的危机引起另一次大乱：农民因为贫穷破产，本来已极度不安。外国人在中国特权很多，外国传教士恃着本国的武力，偏袒教徒，鄙视中国习俗，令农民积聚的怒火，结合民间的秘密宗教，终于出现义和团，以杀传教士和外国人为号召。

上个世纪还称盛世的清朝，这时被一个无知的太后操纵，竟然相信神力，与八国联军作战，终于又以割地、赔款收场。

中国已经败无可败了，革命的呼声逐渐受到支持。

▼破败的圆明园大水法

圆明园的西洋建筑以水法，亦即喷泉为中心。大水法又是各西洋喷泉的中心，对面设有皇帝观赏水法的御座。当大水法所有蓄水池都供水时，声音极大，对面不相闻。圆明园被焚，大水法的雕花巨石成为引人注目的遗迹。

▶八国联军入北京

联军入京后，分区占领。德国占领区的情况最残酷，凡中国人，不分男女老幼，格杀勿论。本来不曾逃走的极少数中国人，也争相逃离德国占领区。

▼青岛和胶州湾景

中国败于日本后，各国争相逼迫中国借出港口，德国迫借胶州湾九十九年。胶州湾在山东半岛南边，湾内航道水深，水流平稳，潮差不大，常年不冻，是一个半封闭的天然良港。德国在租得的地界内建青岛市和港口，作为军港和商港；建造船所；开辟国际及中国沿海航线。青岛是德国在远东最大的商业和工业中心。第一次世界大战后，日本占领青岛，强迫中国承认日本继承德国在山东的权益。

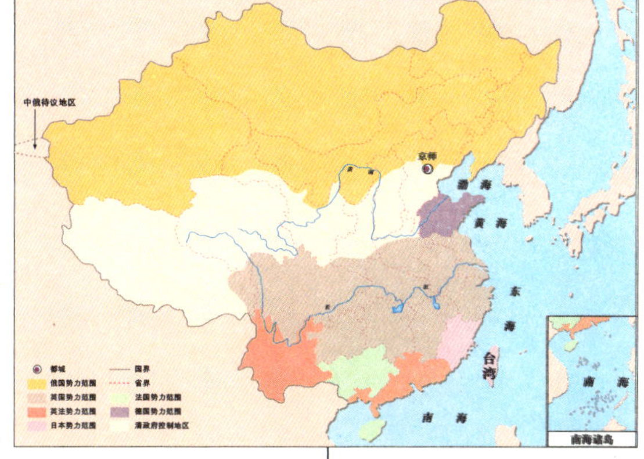

▲甲午战争后各国划分的势力范围

势力范围的争夺划分，由1895年法国要求划分中国南部和西南为其势力范围开始。

万园之园——圆明园

圆明园是清朝盛世以无量财富建设起来的皇家园林，在北京西北，占地5000多亩。集中了中国各地园林精华，是中国自宋以来园林建造的最华丽体现。法国作家雨果没有到过中国，他凭在欧洲听到的对圆明园的称誉，称它为人类梦幻艺术的典范，是属于全人类的成就。对英法联军焚烧圆明园，大感愤怒。

▶义和团团民

在中国北方农村爆发的义和团运动，最初称为义和拳，参加者迷信传统武术加上神力降身，可以刀枪不入，为了贯彻灭洋的宗旨，只用传统刀枪，不用洋枪。义和团的来源复杂，有说是民间秘密宗教组织的支派，也有说是民间保护家园、习武自卫的组织。

甲午战争前夕被日舰击沉的高升号

1894年7月25日清晨，日本于牙山攻击中国军队并击沉中国运兵船，因此而导致清朝8月1日与日本正式宣战，揭开了甲午中日战争的序幕。

中国在甲午战争中战败，影响极大。甲午之战有陆战有海战，但都以中国战败告终，海战之败，令建设了三十年的北洋舰队全军覆没，尤其令中国人目瞪口呆。甲午战役战况之惨烈，令人动容。这里只准备讲开战之前一艘运兵船高升号的故事。

高升号不是战船，而是英国怡和洋行的商船，租给中国运送士兵到朝鲜半岛增援。船长和水手是英国人，当时有950名中国官兵在船上。1894年7月25日高升号在海上航行时，忽然遇到日本战舰拦截。当时中日两国还未正式宣战，但就在拦截高升号之前不久，三艘日舰已偷袭清军济远号舰，炮战一小时，造成死伤枕藉。济远舰虽然拼命还击，但自知不敌，向西南逃走。日舰穷追负创的济远舰，这时高升号远远驶来，接到济远舰的旗语通知，立即掉头，但商船行驶较慢，终于被日舰追上。日舰要求英籍船长驶到日本或仁川，俘虏中国士兵，中国士兵以两国并未开战，自然不肯投降，要求船长驶回大沽口。双方僵持不下。没想到，这时日本突然要求英籍船长和水手下船，不理轮船属于英国，又不是战船，仍准备开炮。船上的中国官兵并没有大炮等武器，但坚决拒绝投降，只好以步枪还击，胜负结果不问而知。最后高升号被击沉，士兵浮泅于海上，日舰非但不施援手，反而继续猛射，结果高升号全船中国官兵七百余人壮烈殉难，鲜血染红了黄海。

消息传到中国，舆论哗然。对日本不顾国际惯例的野蛮行为，愤恨之极，对中国海军徒然拥有铁甲战舰，却没有预作筹划保护，致令高升号上的中国官兵无端牺牲，大表愤慨。高升号官兵完全是清末政府无能，决策失误下的牺牲品。他们可能没估计到日本军人会这样残忍，但面对生死抉择，他们抱必死的决心，在无奈中作负隅的一击，虽然有如螳臂挡车，以卵击石，但是浩气长存，给甲午海战增添了一曲悲壮的战歌。

百日维新

鸦片战争以后，西方列强不断入侵中国，迫使清政府签订了一系列不平等条约，割地赔款，开放通商口岸，使中国沦为半殖民地半封建社会。为了挽救国家命运，朝廷内部进行了一些改革尝试。但是，中日甲午战争的惨败，《马关条约》的签订，以及列强在中国掀起的瓜分狂潮，使明智的中国知识分子开始提出从更基本的层面，包括政治体制上，进行变法维新的要求。

1895年5月，以康有为为代表的“公车上书”揭开了维新变法的序幕。光绪帝眼见朝廷上下要求变革和抵御列强的呼声高涨，他亦不甘做亡国之君，就极力支持变法维新，于1898年6月11日颁布“明定国是”诏，宣布实行变法。

变法期间，光绪皇帝根据康有为、梁启超等人的建议，颁布了一系列变法法令，包括裁汰冗员、废除科举制度、创办京师大学堂、奖励科学发明、提倡兴办民营工业、实行言论自由等，内容涉及政治、经济、军事、文化教育等诸多方面。但是，当时中国社会和政界支持变法的力量十分微弱，阻力重重。慈禧太后为首的顽固势力异常强大，官僚体制、地主经济以及功名教育根深蒂固，变法法令往往只是一纸空文。随着变法运动的高涨，维新派与顽固派的斗争迅速加剧。1898年9月21日，以慈禧太后为首的顽固派发动政变，光绪帝被幽禁，康有为、梁启超流亡日本，谭嗣同等人被杀。除京师大学堂继续筹办外，一切新政措施被摧毁殆尽，变法运动彻底失败。此次变法，历时103天，史称“百日维新”。

百日维新是新兴资产阶级在民族危亡时，自下而上发起的一场变革，得到了朝廷上层势力的支持，发展为自上而下的改良运动。但是，当时中国资本主义经济基础薄弱，资产阶级力量极为有限，难以改造延续两千年的强大的封建中央集权体制。变法的失败也表明：在半殖民地半封建社会的中国，资产阶级改良道路是行不通的。

百日维新是近代中国资产阶级的第一次全面改革运动，也是封建思想和资本主义思想的第一次大交锋。变法虽然失败，但是西方先进的科学文化知识、社会政治学说在中国得到了广泛的传播，极大地解放了中国人的思想，开阔了向西方学习的视野。西方的先进文明，唤起了民主意识，促进了中国人民的觉醒。

现代化的艰难之路

中国是逐步认识自己落后的，因此它寻求改变也是渐进的。像巨石击出水波，一层一层推开去。改革明显分成几个重要阶段，每个阶段的内容、提倡的人都不同。

1842年鸦片战争之败，震动了在江南受战祸，又或在沿海得风气之先的少数士大夫。但是他们人数少，地位不高，只能用文字鼓吹，他们是先行者，但是数少力弱。

十多年后，中国又败于英法联军，震动了清廷一些军政重臣，其中一些在江南与太平天国军队作战时，已体会过洋枪洋船的威力。这些军政重臣不分满汉，他们抵挡着朝中的守旧者，努力造船炮，想建设一个船坚炮利的中国，不再吃败仗。但在他们心目中，中国的制度和文化仍然是优良的，西方的威力只是在技术上。

三十多年后与日本战争之败，震动整个士绅阶层，乡绅之家奔走相告。他们不明白三十年的军备建设怎么能在几个月里灰飞烟灭，不明白日本以相似的基础，国力还要小得多，怎么能一举打败中国。他们开始怀疑，开始想彻底了解西方文明。面对各国瓜分中国的危局，他们不断上书要求改革，要求推行仿效西方的新政。他们得到年轻皇帝重用，但被年老的太后视为夺权。改革变成权力之争，太后发动流血政变，软禁皇帝还不甘心，两年后还心理变态地想靠所谓神力抵御外国入侵。政治上的改革，无可奈何地受制于满族想维持统治的思想，夹杂了复杂的元素。

眼见政局不可为，在民间和商界，西化已自动展开，但是民间的改革不免受政治左右，19世纪几乎没有任何中国民间推动的改革能遇到好环境去发展。直到1900年败于八国联军，太后一党知道再阻挠改革是自找死路，现代化才算较为顺利和全面地开展。

▲首批出洋留学的幼童

为培养兴办洋务的人材，清廷在1872年曾挑选幼童赴美留学。后来，这批幼童因为剪辫以至信教，与清朝的管理委员发生冲突，1881年全部返回中国。

▶北洋舰队的基地

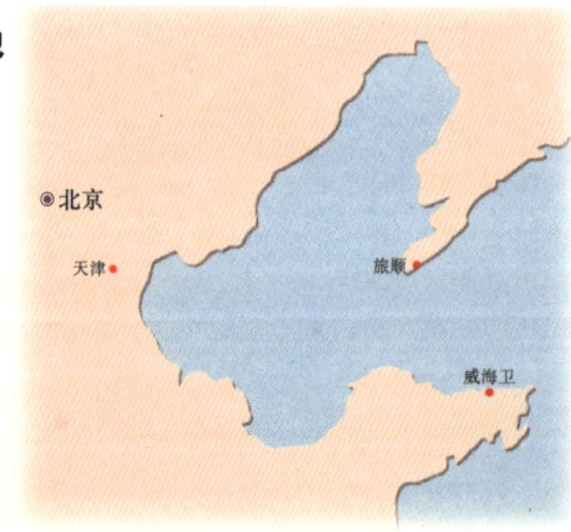

四支海军舰队的规模及布防范围

	总吨位	布防基地
北洋	41,200	大沽、旅顺、威海、营口、烟台
南洋	19,000	江苏、浙江海面及长江口
福建	9,700	厦门、马尾
广东	14,000	虎门

▲购自德国的大炮

1860年代开始的洋务运动，以模仿西方达到船坚炮利为目的。这是洋务运动期间，从德国克虏伯兵工厂买入的280毫米口径大炮，当时德国的船炮相当先进。可是西方的武器竞赛日日出新，甲午战争前，英国发明的速射炮赶过德国，日本针对中国海军设施，买入速射炮安装到舰上。

▼以海军军费修建的颐和园

中日甲午战争之前，日本天皇以内帑支援海军，中国的慈禧太后却用各种名义占用海军经费，修建颐和园和紫禁城的北海、中海、南海御苑。

▲举人上书

1894年中国败于日本后，各地读书人对割让台湾极为激愤。本图描绘了当时各省在京准备考试的举人，上书洋洋千言。到1895年，发生最哄动的举人上书事件，更引起年青的光绪皇帝重视，结合这些举人，推行新政。可惜以流血政变告终。

▼贴有大龙邮票的明信片

邮局是由西方引入的，取代了中国民间的信局，算是中国政府推动的改革之一。中国邮局在1878年发行邮票，以江山云龙为图案，标志中国近代邮政的开始。当年海关试办邮政，五处海关收寄公众信件，并由上海海关印制邮票。清朝的邮政从一创办就由海关经营，而海关则由外国人主持。

国中之国的生活

西方文明究竟是怎样的？中国几亿人里，除了使臣、留学生、少量出洋的商人和悲惨地离国的贩运人口，更多人只能在中国土地上接触西方。西方的武力和文明再强大，也难以一下渗透到内地，所以又多是在被外国人占住的中国领土上接触，其中以上海和香港最有代表性。

香港是割让的殖民地，由英国人直接管治；上海是最早的租界，中国的主权被外国逐步侵蚀。外国人在这里做生意，包括卖鸦片；他们互相竞争，争着铺设电话线、电报线，以便更快知道欧洲市场需求，决定中国商品的收购价；又开银行，自己发行钞票，决定汇兑牌价，几乎代替了中国银行；传教士拼命建教堂、发展信徒，同时又办学校、医院和各种慈善团体，帮助传教。

无论是上海还是香港，最初都是华洋分住的，但是中国多次战乱，一批一批难民避入租界或香港，只好华洋杂处。

从一方面讲，中国人生活在外国人控制的地方，他们有治外法权，有军队和警察，遇有冲突，外国人常受袒护；在管治机构里，没有中国人的位置；而且罪恶横行，有许多猪仔馆，不少中国人被拐骗出国，俗称“卖猪仔”。中国人忍气吞声地生活，逐步争取地位。

从另一方面讲，通过长期接触，感受新式城市管理，使用各种新式城市设施，使谋求现代化的中国人得到很多新见闻。

租界和殖民地的华人生活，若与祸乱不断的中国内地居民比较，有方便、自由、先进的地方，但在趾高气扬的外国人下面生活，又不免受压和自卑。

德国德华银行发行的钞票

外国银行在中国发行的纸币以中国货币或它们本国货币为单位。发行额不受中国控制。有些可以兑换，有些不可以。

庆祝法国国庆

每逢西方的节庆，各国外侨都按自己的方式庆祝一番。这是上海法国租界内张灯结彩，庆祝法国国庆的情况。

上海会审公廨

会审即是由中国人和外国人一起审理案件。理论上，这是中国的司法机关，主审官是中国官员，全权审理租界内华人的案件，涉及洋人时，外方参与会审，是一种中外混合的司法机关。实际执行时，租界巡捕捉到华人罪犯，领事都参与会审。

▲上海的外国巡捕

巡捕就是警察。上海本来只聘请欧洲人任巡捕，1880年代才开始用华人巡捕。上海租界的巡捕还有印度、日本、越南人等。印度当时是英国殖民地，越南是法国的殖民地。

▶华人大律师

大律师资格要在英国考取。在香港生活的华人要逐步改善自己的地位，包括考取各种英国资格，要求有代表参加议会。这是第一个考得大律师资格的华人，他后来还争取到进入香港立法局，又在推翻清朝后参与民国外交部工作。

▶清末全国租界及殖民地分布图

鲁迅的且介亭杂文

《且介亭杂文》中的“且”字左边加“禾”为“租”，“介”字上面加“田”为“界”，鲁迅说自己是在半租界的亭子间里写这本书的。鲁迅在1927年由广州到上海，直住到1936年10月去世。上海有中国最早、最有名的租界，鲁迅的居所是在半租界，所以他以“且介”为书名，表示他对外国人管理中国土地的无奈和愤懑。什么叫半租界呢？鲁迅当时住在今天虹口区鲁迅公园一带。那里是公共租界（由英美租界合并而成）的北面，本来不属租界区，但是公共租界通过越界筑路的方法，扩大租界范围，攫取租界外地方的行政管辖权。越界筑路早在1860年代已进行，进入20世纪，越界筑路仍没收敛，但因形势改变，没有得到承认划入租界范围，而维持半租界局面。半租界的面积，比原来的租界还大。

上海的出版业非常发达，不少作家住在上海，那些阮囊羞涩的，则租住石库门房子里一种叫亭子间的房间。它低矮窄小、采光差，因被不少小说家提起过，所以，在中国知名度很高。这种房间向北，面积小，位置差，多给佣人住或放杂物，这种住在狭小空间里的作家，泛称为亭子间作家。著名的像鲁迅、巴金、叶圣陶、茅盾等等。鲁迅在上海虽然不一定住亭子间，但作为中国人，住在外国人管理的租界里，心情总有点别扭，且洋人总高人一等，甚至洋人雇用的印度、越南警察也对中国人颐指气使。但租界地区又为中国作家逃避言论思想和政治倾向的迫害，提供了略可喘息的地方。他们在这里可以较自由表达对中国社会不满的意见。不过，特务横行的时候，租界也不是安全的，鲁迅也曾搬家，又或躲到日本人经营的小旅馆里避难。鲁迅在上海写了很多散文与杂文，作各种演讲，提携奖励文学青年，如柔石、萧军、萧红等，也和不少人进行过论战。1930年起先后加入中国自由运动大同盟、左翼作家联盟、中国民权保障同盟等，有时还因盛名而变成发起人，但他并不是中坚分子。毛泽东称他为中国文化革命的主将。《且介亭杂文》编集了他1934年在报章上发表的36篇杂文，杂文集于1937年7月出版。

西化城市

欧洲的新式城市是应工业化而生的，一切市政要满足工业的需要，例如有清洁的自来水，有电力推动机器，要解决工人上下班的交通问题。卫生、消防、街道照明、水电煤气的供给、市内交通道路，都是衡量城市管理水平的指标。

外侨初来中国时只是贸易，不是设厂，但他们习惯了欧美城市的自来水、电力供应，一旦在中国获得土地，也想维持同样的生活享受。办市政要巨额资金，于是有税收。上海租界和香港对市政建设的经济规划很仔细，用商业化方法经营，招标承包。其间一次次战乱使大批中国人避入租界和香港，房地产涨价，房地产税收大增，市政建设的经费也大增。

经过长时间建设，上海租界和香港的马路宽阔，铺碎石或铁力木，下雨时不会一片泥泞，有煤气、洋油灯、电灯、自来水、电车，五光十色，喧嚣而有序，内地乡镇居民去到上海和香港，都有大开眼界的感觉。这两个城市的市政，对中国的现代市政建设起了示范作用，甚至影响了中国改革者。孙中山说，他的革命思想和新思想的发源，和香港市政有关。他在香港读书时，闲步市街，见秩序整齐，建筑闳美，工作进步不断，与他那个只在 80 公里外的故乡香山迥异，留下很深的印象。他是由研究市政进而研究政治的。

上海租界内的华人比例

年份	华人数目	占人口比例
1880	约10万	96%
1890	约17万	97%
1900	约34.5万	98%

▼上海租界扩张示意图

上海租界包括英、美、法租界。1848 年以青浦教案为借口，英领事要求扩张租界，由最初只有 820 亩范围扩张到 2820 亩，1863 年，英美租界合并，1899 年改称公共租界。

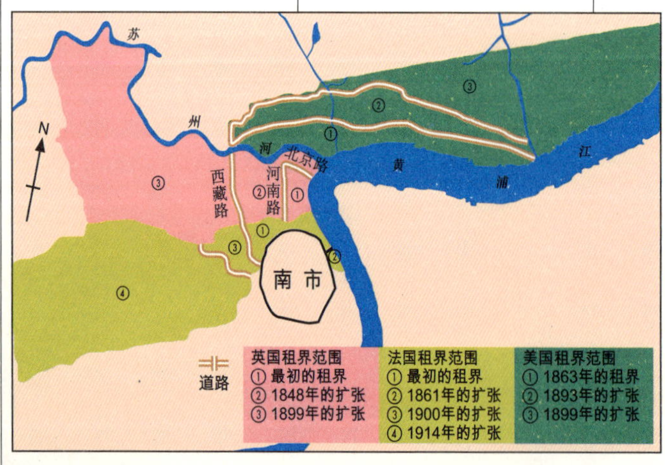

▼消防救火

中国传统城市也很重视救火，但只能是储水救火。新式城市的救火从地下水管取得水源，救的可能是高楼火灾。上海的消防队最初由外国侨民义务担当，后来因租界范围太大，才聘请专职消防员。图中是上海消防队在外滩的中国通商银行大楼灭火。

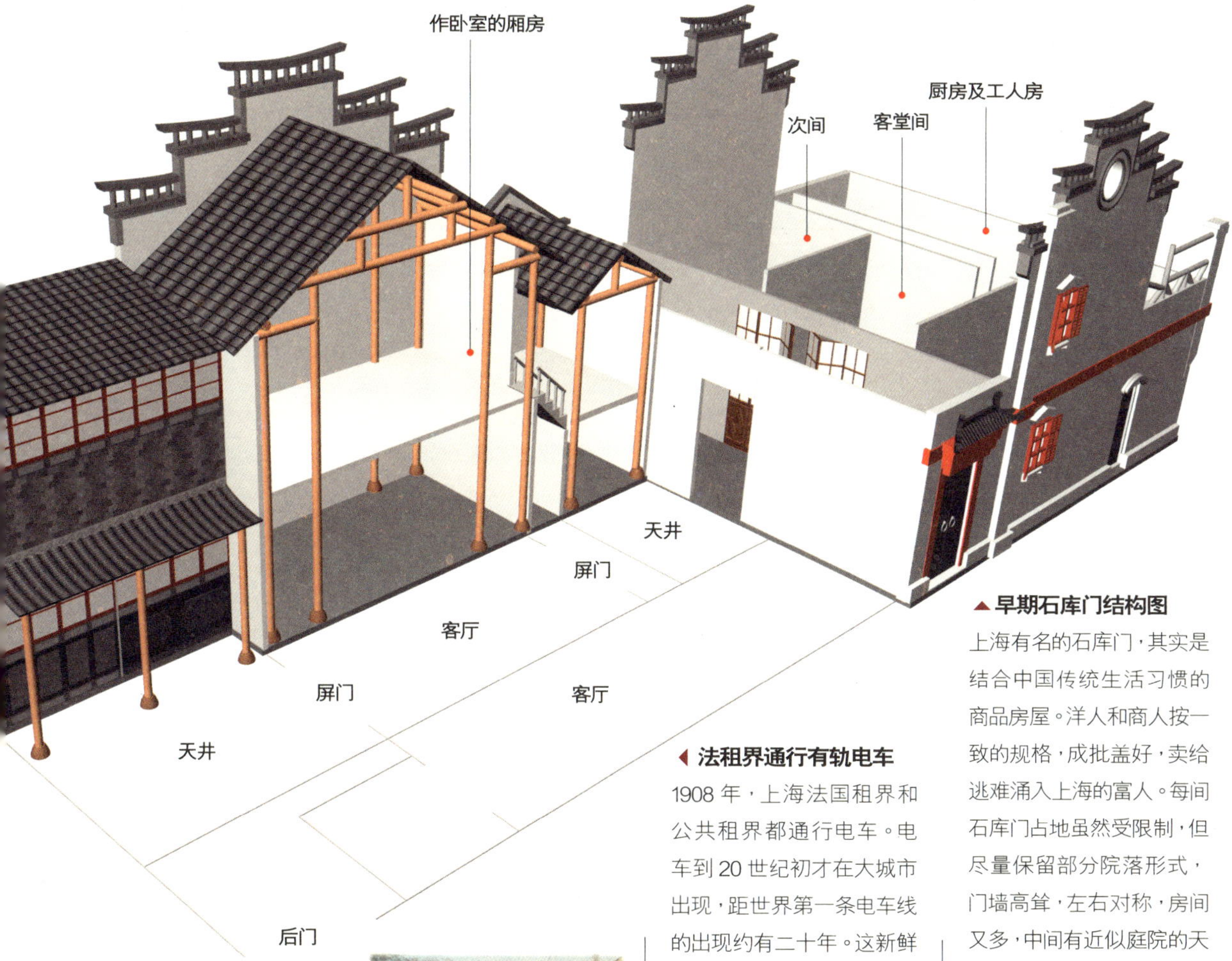

作卧室的厢房
次间
客堂间
厨房及工人房
天井
屏门
客厅
屏门
客厅
天井
后门

▲早期石库门结构图

上海有名的石库门，其实是结合中国传统生活习惯的商品房屋。洋人和商人按一致的规格，成批盖好，卖给逃难涌入上海的富人。每间石库门占地虽然受限制，但尽量保留部分院落形式，门墙高耸，左右对称，房间又多，中间有近似庭院的天井，符合住惯了传统大院落的大族富户的生活习惯。

石库门是有别于传统的新生活标志，代表近代中国人都市生活的开始。

◀法租界通行有轨电车

1908 年，上海法国租界和公共租界都通行电车。电车到 20 世纪初才在大城市出现，距世界第一条电车线的出现约有二十年。这新鲜事物虽然有中国人在外国坐过，搬到中国来，仍然令惯见新鲜事物的城市中国人惊奇，曾经怕触电而不敢轻易尝试。

自从电车等出现后，初次到大城市的，又不光看上个世纪的自来水、电灯了，看了电车、汽车，无不觉得新奇。

▼租界市容

两岸分别是英租界和法租界。街道宽广，市容整洁，是租界比华界吸引人的地方。

▼洒马路

洒水在马路，可以防止尘土飞扬。

通讯和交通的变化

现代讯息交流的威力在速度和孔道。19 世纪欧美的科技还在高速发展，新发明火车、轮船、电报、电话、无线电，有些发明不久已传入中国。世界变动的步伐越来越快速，已经不是以世纪，而是以年计算了。

为了加快取得讯息，赚更多钱，欧洲人在租界和香港引入许多新事物，像电报和电话。比如用连接海底电缆的电报，了解欧洲的订单，来决定收购中国的丝和茶的价钱，不再根据中国生产情况决定。各种新通讯方法，影响中国的政治、军事和商业。

其中对民众影响最大的是报刊。中国早期的报刊是外国人办的，他们掌握先进印刷技术，也更认识报刊的作用。传教士为了传教，又拼命做字模，代中国人攻破了中文活字印刷的难关。中国人见识了这些工具，又迫于被瓜分的危亡感，终于在 19 及 20 世纪之交，无论沿海或内陆省会，纷纷办报，建印刷厂，发挥讯息传播的爆炸性作用。一时间各种改良以至革命主张竞相宣传。民间思想活跃，成为推翻帝制的一大动力。

长途交通渗入内陆的能力，可以和报刊相提并论。用蒸汽和机械动力的交通工具，19 世纪中期传入中国，火车和铁路是欧洲国家夺取沿线矿产开采权的工具，蒸汽舰在英法联军战役中成为主力，外国轮船则大量来到中国做航运生意，把传统帆船航运驱赶入支流。巨变迫使中国官方和民间应付竞争，自办铁路和轮船公司。

火车和轮船影响人心，动摇了许多传统观念。在铁路沿线的农村，大人小孩争看飞驰而过的火车。青年人已不限于赴京考试，还坐轮船漂洋过海去留学。广大的中国土地上，更多人嗅到时代气息了，虽然在几亿人里，还只是一个小数目。见闻增广，是中国人整体改变的推动力。

▶清末教科书上的电报线
有线的电报以电码传达讯息。1860 年代西方列强已想在中国设电报，中国反对。1870 年丹麦和英国的公司违反中国意向，设电报线。了解电报作用的中国官员，也加紧铺设电报线，80 年代已铺设在沿海地方，90 年代已遍及中国，包括边远地区。

▼飞船图
1884 年上海出现中国最早的画报，创办人是英商美查。画报以画为主，画上有说明，介绍当时大事、中外新鲜事物、民情风俗，甚至下层市井人物等，是知识普及的有效工具。最能向中国人传播新知的是介绍西方的最新发明，例如热气球、潜水艇、各种飞行实验等。这是美国一次飞船试飞的报道。

▶电话局接线员

电话在 1876 年发明，1881 年美国设立第一家电话公司。电话出现后，几乎同时就引入中国。70 年代上海和天津已有电话，1881 年上海有丹麦公司设电话服务。

▲教科书上的轮船和火车

清末的教科书对西方传来的新生事物已经有概括的介绍，这是国文教科书中有关轮船和火车的内容。

▼1908 年的字林西报排字间

《字林西报》是英国人在上海租界办的英文报纸，1864 年出版。

▲中国第一条铁路

1825 年英国第一次通火车，掀起欧美各国修筑铁路的热潮。四十年后，铁路和火车出现在中国，是英商在北京修筑的，只 1.6 公里长，被清朝拆毁。有人认为这不能算是中国第一条铁路。1876 年由卖鸦片到中国的怡和洋行建成由上海到吴淞的铁路，长约 15 公里，被视为中国第一条铁路，图中可见洋人、中国工人和火车头。但这条铁路又被反对者买回权利后拆毁。不过，主张学欧洲造船炮的官员明白铁路的重要性，因此四年之后，就出现第一条中国人办的铁路了。

大变下的中国人

宗族、农村、科举是中国社会的基础，它在城市化和西方思想冲击的大变局面前，动摇了。

由于农村经济破产和战乱，无论农民或富户，都纷纷涌入租界或香港。虽然城市里有宗亲会、同乡会，但是不能聚族而居，也难以执行族规。在西化的城市里，外侨的体育风尚，跳舞、赛马等娱乐活动，成了中国新潮城市居民的时髦玩意。而光学和机械发展，又带来电影和机动游乐设施，娱乐生活更见多彩。西式的城市没有城墙和门禁，电灯照明，夜夜笙歌，夜生活更显得自由甚至放纵。勤俭持家、黎明即起、祖宗法度统统和新式生活格格不入。

民生日用方面的改变就更容易了，化学工业发展，使火柴、肥皂、煤油、橡胶制品大量进口，取代了原有的产品，挤去不少人的生计。除了煤油易惹火灾，曾被人抗拒之外，其他新鲜的生活用品既方便又价廉，大部分与传统生活习惯没有抵触，因此很快被接受。西方医学虽然有不少进步，包括麻醉、外科手术、无菌操作，以至改良明朝传去欧洲的人痘接种为牛痘接种，不过中国民众基于隔膜，又不满传教士欺压非教民，对教会医院和西方医术有许多谣传，后来才逐渐接受。

在追求文明和西化生活的影响下，中国的改革掺有不少西方思想，像主张妇女解放，女子也可以读书，反对三妻四妾，尤其反对缠足。废弃科举制度和私塾，设大中小学，加入许多新课程，连音乐、手工和体育也大受重视。抱着工商业救国的希望，耕读不再是知识分子的唯一理想，不少科举出身的精英做实业家、办现代企业。旧精英——科举士人，和新精英——留学生一同摸索中国的现代化之路。

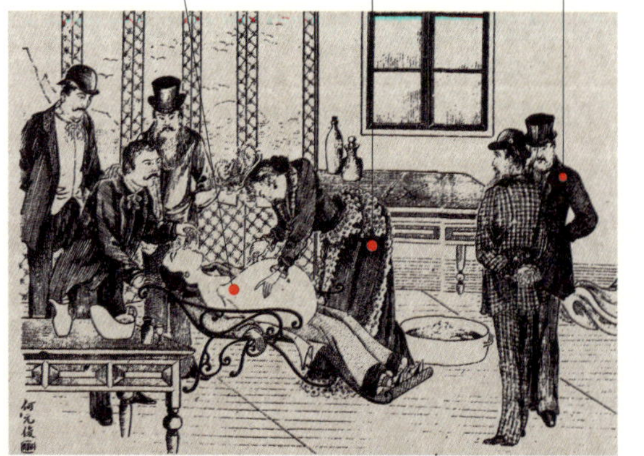

割瘤手术

这是画报上一次有关西医手术的报道。女西医替胸前长肿瘤的女病人做手术，病人后来康复。报道又指，由于西方未曾见过类似病例，故西医把切割下来的肿瘤寄回本国研究。

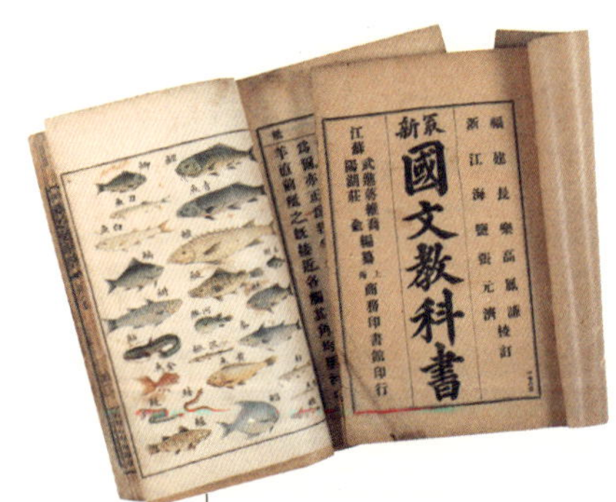

最新国文教科书

1905年废除科举之后，教学内容由儒家哲理转向科学知识，这本清朝末年的国文书有各种彩印的鱼作插图。

▲乞丐

鸦片战争之后，农村经济破产，大量农民涌入城市出卖劳力，或成了乞丐。1850~1870年代，农民被哄骗或拐卖出洋，顶替了全球奴隶解放后的劳动力缺乏，许多死在异乡。

◀撑竿跳

运动、习武，并不在私塾学生的课程内。眼看中国接连战败，吸鸦片成风，有舆论认为中国人体质不佳、体育不振，因此新式学校都很重视体育课，男女学生一律穿上体操衣，许多人围看体操课，认为是一种新时尚。受日本影响，男学生的体操课还有教兵操和学开枪的。学校还举行运动会。这是清末上海田径赛的撑竿跳情景。

畸形的美——缠足

缠足以追求走路时摇摆的美态，可能是汉族在宋朝时兴起的风俗，明朝宫眷不缠，民间妇女已普遍缠足。清朝时，缠足已经成了社会上扭曲的审美观，妇女的美丑，第一是看脚小不小。因此，为了女儿嫁得出，母亲要狠心把幼女的脚骨扭断。这种畸形的美是清末提倡妇女解放的显著改革对象。

▼外侨的板球队

外国侨民喜欢划艇和各式球类活动，足球、板球、网球、棒球比赛纷纷举行。

革帝制的命不革民族的命

中国迈向近代的两个大挑战：一、与北方民族的融合；二、西欧新文明的东来，最后以1911年推翻清王朝、结束帝制告终。

1911年革命成功后，没有大规模杀戮或驱逐满族。革命党人立刻提出以汉、满、蒙、回、藏五族为代表的多民族合作，建立民主共和体制的政治理念。提出这新理念，虽然有照顾、调和政治和社会现实的因素，但是，中国历史长久形成以汉民族和汉文化为主体，兼融其他多元文化和民族的历史性格，也是能迅速揭示新民族和新政治理念的重要基础。另一方面，近代多民族国家的政治理念的输入，也是重要的因素。

共和政体出现，标志中国维持了两千年的帝国体制彻底告终。自公元前221年到公元1911年，无论分裂或统一，汉族或少数民族统治，治域大小，国家盛衰，中国历史都遵从朝代兴替模式，维持中央集权帝国的体制。清末革命虽然有内部叛变和统治民族更替的性质，但由于主导革命的是一群由传统士大夫蜕变而成的现代型知识分子，受过西方传入的民主思想和政治理论的洗礼，因此能跳出朝代兴替的传统，而有近代政治革命的性质。中国历史在西欧新文明所开示的政体中，走上新的阶段。

不过，革命的成功，出于突然，及后军阀割据，乱象丛生，而外国入侵的压力没有消失，新生的中华民族和共和体制仍然要经历长久的考验。

▲教科书上的大清国旗

清朝的国旗以龙为主题，随着清朝的覆亡，龙旗也被中华民国的国旗取代。

▲挂上旗帜的太和殿

太和殿是明清皇帝的金銮大殿，革命成功后，革命军受制于掌握清朝军队的军阀袁世凯，临时大总统孙中山被迫退位，袁世凯就在太和殿登位为中华民国第一任大总统。1916年，他又想在太和殿登基做皇帝，最终失败。

孙中山祭明太祖

孙中山1894年成立革命团体的目标，包括“驱除鞑虏，恢复中华”，因此革命成功后，在南京明太祖陵墓前，拜祭清朝以前的汉族王朝开国者。孙中山领导革命时，曾依赖民间秘密团体的武力，这些团体大都主张“反清复明”。但是革命成功后，立即转到五族共和为目标，驱除鞑虏已经不重要。

青天白日旗，是19世纪末革命期间使用的旗帜。

五色旗，是中华民国南京临时政府成立时的国旗

五色旗

旗上的五种颜色代表汉、满、蒙、藏、回五族。中国的民族有几十个，这五个族人数比较多，在清末民初时政治影响力也比较大。五族共和，是民国成立提出的理想。

▲国民革命成功

1911 年革命成功，帝制结束，揭开中国历史的新一页。民国的建立，曾经为不少人带来希望。

清朝末代皇帝

中国最后一个皇帝是满族人，他三岁登位，六岁下台，但没有被杀，还在紫禁城里维持一个小朝廷，长达十三年。但像所有末代皇帝那样，他命途坎坷，被各方面的势力摆布。日本侵略中国时，做过日本控制的伪满洲国傀儡皇帝，战后变成战犯，1959年被特赦。他写过一本自传，生动地描述自己前半生的生活。这就是穿起朝服的末代皇帝溥仪。

优待清室条件

第一条	大清皇帝辞位后，尊号仍存不废，中华民国以各外国君主之礼相待。
第二条	规定民国政府每年拨出经费予清皇室。
第三条	准许清朝皇帝暂居宫禁之内，一如以往地设有护卫队。
第四至八条	中华民国承诺永远奉祀清朝宗庙陵寝。
第九至二十条	保证王权世袭，以及满蒙回藏四族的权利。

由帝国到民国的大转折

公元前221年	秦始皇建立中央集权王朝帝国体制
公元439年	北方民族拓跋鲜卑成为第一个统治半个中国的少数民族王朝
公元581年	融合汉族和北方民族的隋王朝成立
公元1271年	北方民族蒙古入主，建立第一个少数民族统一王朝
公元1644年	北方民族满族入主，建立第二个少数民族统一王朝
公元1911年	推翻清朝，五族共和，成立民国

建立民国的孙中山

孙中山原名孙文，1866年出生于广东香山农民家庭，流亡日本时曾化名中山樵，大家则习惯地称他为中山先生。自小求学于广州、檀香山、香港等地，毕业于香港西医书院，是澳门的第一个西医。

从1840年的鸦片战争到1894年的甲午战争失败，清政府一路走来，与外国签订的不平等条约，不是割地就是赔款，大好中国任人宰割。清廷的丧权辱国和奢侈的帝制生活，激怒了国内大批仁人志士，对清廷彻底绝望的热血青年，纷纷奔赴西方先进国家寻求救国之路。当国家面临被瓜分的危险时刻，很多人主张以暴力彻底推翻满人清廷，建立新的共和政体，这些人大都接受过西方教育聚集在海外。1894年成立的“兴中会”，就是由孙中山领导和组织在美国和香港成立的，其他组织者还有黄兴、宋教仁、蔡元培等。他们将“驱除鞑虏，恢复中华，创立合众政府”的誓言化为行动。1905年又创立“同盟会”，将政纲发展为“驱除鞑虏、恢复中华、创立民国、平均地权”，也就是“民族、民权、民生”的“三民主义”，以此作为政治纲领，改革帝制，振兴中华。

孙中山深受西方宗教、科学、民主和法律教育的影响，痛恨祖国的愚昧与落后，誓言要彻底改革。为了尽早实现“三民主义”，他经常奔走于港、澳、欧美及日本等地宣传、筹款，向民众传播民主思想，呼吁各地华人支援。1905年秋在广州领导“同盟会”会众及追随者发动了“广州起义”。起义失败遭到清政府通缉，孙中山因而扬名国际。1911年10月10日辛亥革命推翻了中国最后一个王朝——清帝国，结束了两千多年的封建统治。曾经历多次起义失败，为实现民主富强的中国而奋斗的孙中山，终于1912年1月1日，在南京正式宣布中华民国成立，并宣誓就任民国临时大总统。这是中国历史上第一个共和政府。

推翻清朝后，口号改为“改革帝制、五族共和”以求统一当时分崩离析的中国。孙中山强调国家之本，在于人民。合“汉、满、蒙、回、藏诸族为一人，是曰民族之统一”。1月2日，孙中山通告各省废除阴历，改用阳历，1912年为中华民国元年。

卒于1925年3月12日的孙中山，是近代中国民主革命的伟大先行者，他鞠躬尽瘁死而后已的精神，是值得我们永远纪念的。

服饰里的多元民族和文化

在西化潮流和现代生活的影响下，很多中国人的衣着都已全盘西化，偶然才会穿民族服装。现在公认代表中华民族的国服，是蜕变自满族女服的旗袍。所谓“旗”，就是满族八旗制度。

服饰问题，在古代中国是改朝换代的大文章。满族刚入主中原时，以统治者身份，强迫全国男性遵从东北民族的习俗，剃发梳辫，当时引起严重的满汉冲突。最后有不成文规条：男从女不从，汉族妇女不必严格穿用满族服饰。而可能出自反抗心理，明朝时宫眷不缠足，清朝时有地位的汉族妇女却大力推行缠足。清末国力衰落，男性剃发梳辫这种在清朝盛世时没有受到西方来者讥笑的民族服饰习尚，和汉族女性的缠足一样，被视为古怪落后，受到歧视。天足运动也如火如荼，而推翻清朝后，亦正式取消剃发留辫制。

推翻清朝之后十多年，汉族女性却一改千年来上衣下裳的服饰，穿起满族的旗袍。1930 年代还由上海这个西化先锋城市领导其风，把旗袍发展成时装，变成展示曲线体态的现代服饰。旗袍几乎完全脱离原来样子，再配以西化发饰、高跟鞋、手袋，与西化的城市生活并存不悖。

中华民族服饰以出人意表的方式，结束了近三百年的满汉文化、百多年的中国和西欧文化冲突和融合的历程。

▲**高尔夫球的装束**

图中男的穿西服，女的穿西服或新式旗袍，打高尔夫球，中西共冶一炉，有点叫现代人意想不到。

▲**穿长衫马褂的新潮人物**

图中四人都是北京大学著名人物。左起是蒋梦麟和蔡元培，先后做北京大学校长，蔡元培开创的北京大学精神直到今天还受人推崇。右起是李大钊和胡适，五四新文化运动的积极参与者，李大钊还是中国共产党始创者之一。照片摄于 1920 年，四人穿着清朝男性的服饰，当时要求从文化上改革的五四新文化运动已展开。事实上长衫马褂是当时男性的日常衣着，也是出席盛典的正式衣服。

▲**新式旗袍**

民国之后新式的旗袍花样多端，加了立领，衣身收窄，配上有跟皮鞋，成了妇女展现摇曳风姿的时装，已无法想象与关外生活的关系了。这是穿旗袍的名演员阮玲玉。

▲**满族旗袍**

满族妇女多穿袍服，因为八旗制度，满人又称旗人，所以满族妇女的袍服也称旗袍。未入关前两边开衩，方便骑马，入关后有取消开衩的。衣和领分开，衣服是圆领，天冷或隆重场合可以装一条围在脖子上的假领，假领的一头垂在胸前。

◀**新发型配汉装的民国女性**

汉族女性上衣下裳，这是名诗人徐志摩的太太陆小曼，著名的新潮人物，以西式剪短的发型，配汉族的上衣下裳服饰。亦可见民国时期服饰的多元和混合。

◀**剪辫穿西装的留学生**

清末留学美国的学生早已剪去辫子。这一群留学康奈尔大学的中国学生拿着代表清朝的龙旗拍照。

索 引